高認界のカリスマ親方が伝授！

理科
5科目版
科学と人間生活・
物理・化学・生物・地学

“読んでわかる”新感覚の参考書！
試験直前対策に最適！

しまりすの親方式
高認 理科 学習室

とりあえず高認に合格したい！
大学進学やその先も視野に入れたい！

合格ライン「45点」を押さえ
A評価80点以上も目指せる！

しまりすの親方 著

理科嫌いでも安心な優しい解説！

目次 contents

P003 はじめに

目標をカタチに！

P005

科学と人間生活

高認の理科では、科学と人間生活はほぼ全員必須科目だゾ！

P057

物理基礎

物理はほぼ純粋に理論的な科目だ。暗記することが少なく、理論の組み立が得意な人にお勧めだ！

P135

化学基礎

化学は論理性と暗記の両方が必要な科目だ。だが物理ほど論理的ではなく、生物ほど暗記量は多くない。

P211

生物基礎

生物は暗記することが多い科目だ。ただ絵や図とともに覚えることが歴史科目との違いだ。

P319

地学基礎

地学は理科のなかで一番ラクな科目だ。だが、大学の理工系学部を目指すなら他の科目を選ぶべきだ。

100

はじめに

高認の理科では、**「科学と人間生活」はほぼ全員の必須科目**である。「ほぼ」と言ったのは、「科学と人間生活」を受験しない場合、理科の他の3科目を受験することになって、非常に学習準備の負担が増えるからである。幸いにも「科学と人間生活」はそれほど難しい科目ではなく、合格するだけならば国語力だけでもなんとか合格できる科目である。この本で少し勉強すれば全員が合格することができる。

理科では「科学と人間生活」のほかに、物理・化学・生物・地学のなかから1科目を選んで受験することになる。この4科目からどの科目を選ぶかは、キミの好き嫌いで決めていい。ただ、特にこれといって好きな科目がない場合、どう考えて科目を選ぶのがよいのかについて書いておこう。

※注意：高認での正式な科目名は「物理基礎」、「化学基礎」、「生物基礎」、「地学基礎」である。

【物理基礎について】

物理は、ほぼ純粋に理論的な科目である。

力学にしろ、熱、光、音、電気、のどれをとっても、簡単な原理から組み立てられる理屈が把握できていないと問題を解くことはできない。また本質をちんと理解していないと正しく答えられない問題も出題される。この点は数学に似ている。そのかわり、理屈抜きに暗記しなくてはいけない項目はそれほど多くない。この意味で、キミが「理科好き」なら物理はおすすめだが、理論の組み立てが苦手なキミにはお勧(すす)めできない科目ということになる。↗

【化学基礎について】

化学は科目としての性格は、物理の論理性と生物の暗記の必要性の両方を平均的に持った科目である。

というと、学習負担が非常に多いように感じられるが、論理性は物理ほど重苦しくはない。また暗記といっても生物ほどは多くはない。時間をかけてまじめに勉強すれば、必ず高得点の合格にたどり着ける科目である。理科の中で一番「努力が報われる」科目と言えるだろう。化学の学習にオ能は必要ない。ただし努力が必要である。

2014年の理科科目の改定で、高認の化学基礎の範囲から暗記項目の多い有機化学の分野がなくなり、その分ラクな科目になった。

【生物基礎について】

生物は、世界史や日本史と同じような暗記量の多い科目である。

ただ、世界史や日本史とちがって、「形」がある科目である。つまり暗記の事柄は、図に描かれていて図とともに記憶するのである。世界史の「仏教の教えを結集した古代インド・マウリア国のアショカ王」と言ったって、アショカ王の「絵」なんてまずお目にかかれない。その点、「細胞の中で呼吸の役目をするミトコンドリア」の絵はちゃんとある。この点、記憶するといっても世界史などより多少はラクであろう。

ただ、正直に言って高認生物の問題は難しい。特に第3章「体内の環境と恒常性」の問題の難しさはただ事ではない。しかし第4章「植生」、第5章「生態系とその保全」はものすごく易しい。だから生物で40点の合格ラインを取るのは簡単だ。しかし80点以上の高得点を取るのは難しいということができる。

【地学基礎について】

地学はあまり高校では教えられていない科目だが、内容は地震、火山、地質、古生物、地形、気象、太陽系、宇宙をテーマとするロマンあふれる科目である。

論理的なセンスもそれほど必要ない。これらの学習に興味があって暗記の負担を感じないキミにはお勧めである。実は、理科の科目のなかで一番ラクな科目が地学なのである。

以上で理科４科目をキミの性格に合わせてどれを選べばいいかを述べてきたが、理科の科目を選ぶ際に、もう一つ考えなくてならないことがある。それは、高認後の大学入試、さらには大人になった時の進路、つまり職業選択の問題と併(あわ)せて考えるとどうなるか？　という問題である。

大学入試で理工系を目指す人は、地学は選んではならない。地学が私立大学の入試科目になっている大学がほとんどないからである。理工学のなかで、土木、建築、電気、機械などの研究者やエンジニアを目指している場合、物理が必須科目である場合が多い。実際問題として、将来これら工学分野のエンジニアになるのに物理が苦手ではどうしようもない。こういう人は高認段階から物理を選ぶべきである。

国公立大学へ進学を希望する場合、文系志望の人でも大学入学共通テスト（旧センター試験）での理科１科目は必須とされる。この文系の人の「しかたなし理科」は地学がお勧めである。大学入学共通テストでは、ラクな地学が立派な理科の１科目になっている。

大学は農学系、医学系、薬学系、食品系を目指す人は化学か生物を選ぶべきであるが、化学を選ぶ方がお勧めである。生物は将来、いくらでも独学で学べるが、化学は基礎が分かっていないと大学での授業についていけない恐れがある。

以上を参考に理科の受験科目を選んでください。↗

高認理科科目の勉強方法

この本で高認理科の各科目を勉強する人へ、学習の仕方を述べておこう。高認理科の科目は、どの科目もだいたい５～６個の分野からなっており、これに合わせて大問(だいもん)がだいたい５～６題出題される。各大問は３題～５題の小問からできており、小問１題あたり１個の正解を選んでマークしていく解答方法になる。小問は１個５点の配点で、全部で20問で100点満点になっている。

この本では、大問１題ごとに内容をおよそ述べた「解説」の部分があり、そのあとに2016年から2018年の11月試験の過去問と「答の出し方」を載せてある。皆さんはまず「解説」の文をざっと読んでもらいたい。そして多少わからないところがあってもとにかく過去問に進んでほしい。この過去問勉強は「解説」で勉強したことの「腕試し」ではない。過去問の内容も勉強材料なのである。答が分からないときは、意地を張ってないで、さっさと降参してどんどん答を見ていい。その方が能率よく学習が進むのである。

高認の試験は一年に２回、８月と11月に行われている。科学と人間生活、化学、および生物の３科目の過去問は11月試験のものを教材にした。８月試験の内容は他社が発行している過去問題集で紹介されているからである。本書で勉強した後、さらに完璧に勉強したい人、実力のチェックをしたい人にはお勧めの本である。ただ大変残念なことにその過去問題集には、物理と地学の過去問が載っていない。物理は将来理工系の大学を目指している人にとってほとんど必須の科目であり、地学は文系の国公立大学を目指す人にとっては共通テストでの理科科目としてやはり重要な科目である。そのため大変残念なことであるが、物理、地学の勉強は本書で徹底的に勉強してください。

私は失敗したことがない。ただ10,000通りの、うまく行かない方法を見つけただけだ。

I have not Failed. I've Just Found 10,000 ways that won't worK.

トーマス・エジソン（アメリカの発明家、起業家）

科学と人間生活

Science & Our Daily Life

Ⅰ　高認「科学と人間生活」の受験に向けて

1　高認「科学と人間生活」の出題構成

「科学と人間生活」という科目は、全部で４つの「編」からなっており、第１編が物理、第２編が化学、第３編が生物、第４編が地学からなっています。「科学と人間生活」の教科書によると、これらの各編はそれぞれ２つの章からなっています。例えば第１編の物理では、第１章は「光の性質とその利用」、第２章は「熱の性質とその利用」となっています。同じように第２編の化学も「金属、プラスチックとその再利用」と「衣料と食品」の２章からなっており、第３編生物も「生物と光」と「微生物とその利用」の２章からなっています。第４編地学も同様に「自然景観と災害」と「太陽系における地球」の２章からなっています。

高等学校で教科書に従って「科学と人間生活」を学習するときには、これら４つの各編に含まれる２つの章のどちらか一つの章だけを学習する、となっています。

このような高等学校での学習方法を反映した高認の「科学と人間生活」の出題内容は、大問が８題からなっており、大問１と大問２が物理、大問３と大問４が化学、大問５と大問６が生物、大問７と大問８が地学の内容になっています。そうして、高認の試験では、次のように大問を選んで解答することになります。

◆物理分野の、大問１か大問２のどちらか一方を試験場で選んで答える
◆化学分野の、大問３か大問４のどちらか一方を試験場で選んで答える
◆生物分野の、大問５か大問６のどちらか一方を試験場で選んで答える
◆地学分野の、大問７か大問８のどちらか一方を試験場で選んで答える

物理分野の問題では、「光」と「熱」に分かれています。ここ数年、「光」の問題が大問１、「熱」の問題が大問２であることが多いようです。

化学分野の問題は「金属・プラスティック」と「衣類と食品」の問題に分かれます。このうち、どちらが大問３として、どちらが大問４として出題されるかは、試験ごとに違っていて決まっていません。

生物分野の問題は「生物と光」と「微生物」の問題に分かれます。ここ数年は大問５が「生物と光」、大問６が「微生物」であることが多いようです。

地学分野の問題は「自然景観と災害」と「太陽と地球」も問題に分かれます。大問７と大問８として出題されますが、どちらが大問７で、どちらが大問８として出題されるのかは試験ごとに違っていて、決まっていません。

2　高認「科学と人間生活」の受験作戦

以上のような出題がされる「科学と人間生活」ですが、各分野ごとに試験場でどちらかの問題を選ぶことになりますが・・・。

各分野でどちらを選ぶかは、この本を読んでいる今決めてしまいなさい。選ばない方の問題はいくら勉強しても全部ムダになるのですから。

ここは黙って、しまりすの親方に従いなさい。

大問１、大問２の物理分野の問題では、「熱」を選びなさい。「光」の方は捨ててしまいます。たぶん大問２を選ぶことになるでしょう。

大問３と大問４の化学の分野では、「衣料と食品」を選びなさい。「金属とプラスチック」は全く勉強しないのがよいでしょう。「衣料と食品」の問題が大問３になるか大問４になるかは、今は分かりません。試験場で問題用紙を開いてから判断しなさい。

大問５と大問６の生物の分野では「微生物」を選びなさい。「生物と光」は全く勉強しない方がいいです。たぶん、大問６を選ぶことになるでしょう。

大問７と大問８の地学の分野では「太陽と地球」を選びなさい。「自然景観と自然災害・地震」の勉強はしてはいけません。「太陽と地球」が大問７になるか大問８になるかは、今は分かりません。試験場で問題用紙を開いてから判断しなさい。

しまりすの親方がなぜこういう選び方を推薦するのか？　じつは、ここで選ばなかった方の問題が多少難しいことに気が付いたからなのです。

この本では、各分野の過去問の答を出すに当たっておよそ必要な知識を述べた後、2016年11月、2017年11月、2018年8月、および2018年11月の４回の高認試験の過去問題と答えの解説を載せました。およそ40ページあまりの分量にすぎませんが、これで勉強すれば高認「科学と人間生活」の科目で十分高得点がとれるはずです。

ところで「科学と人間生活」は大学の入試科目にはありません。このため、この科目は半分程度正解が出せて高認を合格しさえすれば良く、高得点をねらって深く勉強する必要はないでしょう。分かりにくいところは少々とばしてもいいですから、気軽に最後まで取り組んでください。

II　高認「科学と人間生活」の問題研究

第1編　物理分野の解説

物理分野の大問は「熱の物理学」の方を選びます。大問2であることが多いです。

【熱の物理学の基本知識】

まず、次の文章をざっと読んでください。その後、過去問研究を始めてください。

1　セ氏温度（せしおんど）℃とケルビン温度 K

我々が快適に感じる気温は15度から20度ぐらいである。0度になると水は氷（こおり）となる。また、水は100度になると、沸騰（ふっとう）して水蒸気になる。このように、日常使われる温度は「セルシウス温度」あるいは「セ氏温度」といい「℃」と表示される。

これに対して、セ氏－273度（℃）を0度とする温度を「絶対温度」あるいは「ケルビン温度」といい、(K) と書かれる。セ氏とケルビン温度は、目盛りの幅は同じである。例えば、セ氏で10℃温度が上がった場合にはケルビン温度でも10K上がったことになる。セ氏で書かれた温度の数字に273を加えれば、ケルビン温度になる。例えば0℃は273Kである。同じように27℃は300Kであり、100℃は373Kである。

2　エネルギー（熱量）の単位（J）

エネルギーや熱の量を表す単位は「ジュール」といい、単位は「J」と書き表す。1kgの物体を1m上に持ち上げるのに必要なエネルギーはだいたい10Jである（厳密には9.8J）。2L（リットル）入りペットボトルの飲み物の重さ（厳密には「質量」）はだいたい2kgだから、これを1m上に持ち上げるエネルギーは20Jになる。体重60kgのキミが段差25cmの階段を1段上がるのに必要なエネルギーは、だいたい10×60×0.25＝150Jになる。

水1グラム（g）を1度温度を上げるのに必要な熱量エネルギーは4.2Jである。

1.5L（＝1.5kg）入りのヤカンに15度の水を入れて、95度の熱湯（ねっとう）にするには、80度温度を上げる必要があるので、

80 × 1,500 × 4.2
＝504,000（J）
＝50万4千（ジュール）
のエネルギー（熱量）が必要になる。

3　比熱cと熱容量C

水1グラム（g）の温度を1度上げるのに必要なエネルギーは4.2Jである。このことを「水の比熱（ひねつ）cは4．2〔J/（g・K）〕であるという。単位は「ジュール、毎グラム、毎ケルビン」と読む。

100gの水の温度を1度上げるには、1gの100倍の質量があるのだから、420Jが必要になる。一般にある物体について1度温度を上げるのに必要なエネルギーを「熱容量」という。

（熱容量 C）＝（比熱 c）×（質量 m）

あるいは $C = cm$　の関係がある。

熱量 Q(J) を加えて物質がΔT(℃)または(K)上昇したときは、$\Delta Q = C\Delta T = mc\Delta T$の関係がある。「$\Delta$」は差を表す。$\Delta T$とは「前」「後」の温度差である。

では水ではなくて、銅や鉄などの金属だったらどうであろうか？　例えば銅（Cu）の比熱は0.38である。ということは1gの銅の温度を1度上げるのには0.38（J）の熱量ですむことになる。同じ重さ（正しくは質量）の水（比熱4.2）の約11分の1の熱量で、同じだけ銅の温度が上がるのである。10円玉は4.5gの銅（わずかに亜鉛が含まれる）でできている。したがって10円玉の熱容量は、0.38×4.5＝1.71（J/K）になる。10円玉の温度を1度上げるには、1.71Jの熱量が必要という訳である。「水より銅の方が温（あたた）まりやすく、冷（さ）めやすい」ことになる。

それでは高認の過去問をみておこう。

2 熱に関する現象や実験について，**問1～問5**に答えよ。

問1 水を冷却すると凝固し，加熱すると沸騰する。1気圧（約1013 hPa（ヘクトパスカル））のもとで水が凝固，沸騰するときの温度をもとに定められ，熱運動の大きさを表す目安となるものとして適切なものを，次の①～④のうちから一つ選べ。

① セ氏（セルシウス）温度

② カ氏（華氏）温度

③ 絶対温度

④ 凝結温度

問2 高温（T_A〔℃〕）で比熱（比熱容量）が大きい物質Aと，低温（T_B〔℃〕）で比熱が小さい物質Bがある。質量が等しいAとBを接触させた場合の，温度の時間変化を表すグラフとして最も適切なものを，次の①～④のうちから一つ選べ。

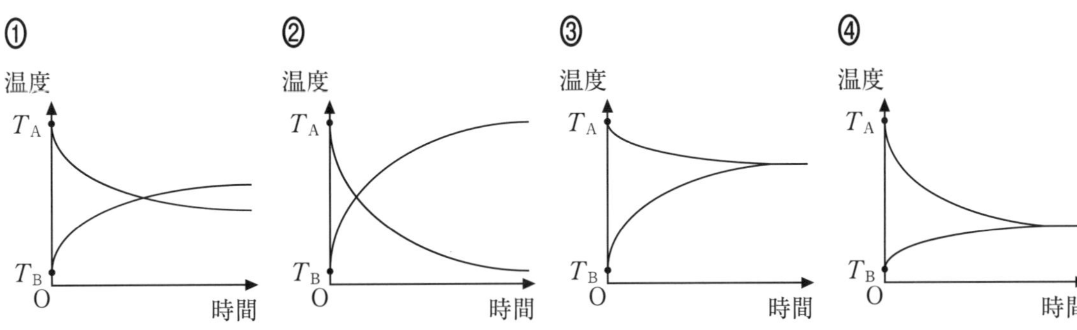

問 3 同じ質量の鉄球を複数個用意し，一定の熱量を加熱器から与えて鉄球を温める。同じ条件のもとで，温める鉄球の個数のみを変えて，加熱前からの鉄球の温度変化を測定した。横軸に温めた鉄球の個数 N を，縦軸に鉄球の温度変化 ΔT を表すグラフとして最も適切なものを，次の①～④のうちから一つ選べ。ただし，加熱器から加えた熱量は全て鉄球のみに与えられたものとする。

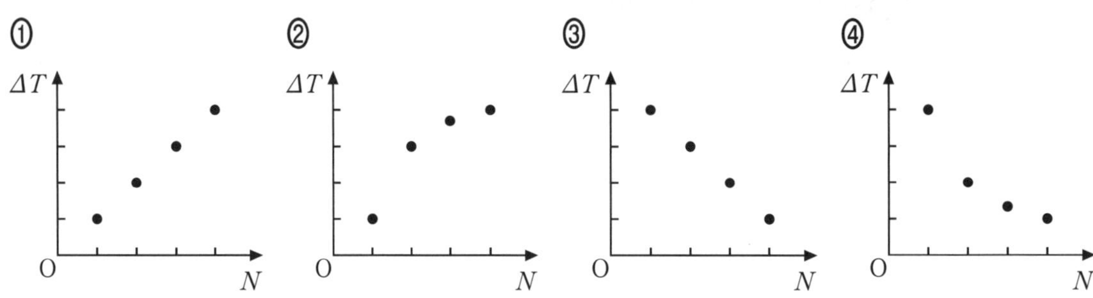

問 4 熱効率が 20 %(0.2) であるエンジンから排出された熱量は Q であった。このときに得られた仕事として正しいものを，次の①～④のうちから一つ選べ。

① $\frac{1}{5}Q$

② $\frac{1}{4}Q$

③ $\frac{4}{5}Q$

④ $\frac{3}{4}Q$

問 5 不可逆変化を説明する例として**適切でないもの**を，次の①～④のうちから一つ選べ。

① 温度が下がって，やがて室温と同じになる，湯飲みに入れたお茶

② とけて水に変わる，暖かい部屋に置かれた氷

③ 摩擦のある斜面を滑り下りてくる，斜面上に置かれた荷物

④ 静かに放すと，再び同じ高さに戻ってくる，振り子の小球

（2018年8月試験）

答えの出し方

【問１】

①セルシウス温度が正解である。③の絶対温度はセ氏－273℃を0°とするケルビン温度Kのことである。②のカ氏（華氏：ファーレンハイト温度F、0℃を32Fとし、100℃を212°Fとする）を使っているのはアメリカ合衆国だけである。**正解は①。**

【問２】

接触させた物体A、Bの温度は、十分時間がたてば同じ温度になる。したがって①、②は誤りである。Aの方が比熱が大きいので、「温まりにくく、冷めにくい」ことから、最終温度はA寄りになるはずで、**③が正解である。**

【問３】

一定の熱量を１個、２個、３個、４個で分け合うのだから、$y=\frac{1}{x}$の双曲線型の温度になるはずで**④が正解である。**

お父さんが1,200円を１人に渡すと一人1,200円。２人の子どもに渡すと一人600円、３人の子どもに渡すと１人400円、４人の子どもに渡すと一人300円になるでしょ。↗

【問４】

エンジンは「熱エネルギー」を「仕事（動力）エネルギー」に変える装置である。ただし、エンジンに与えた熱の100%が仕事になるわけではなく20%から25%のエネルギーが仕事になるだけで、残りは「排出された熱」となってしまう。この20%から25%の割合のことを「熱効率（ねつこうりつ）」という。

この問題では、エンジンに加えられた100%の熱のうち、20%だけが仕事となり、残りの80%が「排出された熱」になってしまう。この80%がQなのであるから、20%はその４分の１である。したがって**②が正しい。**

【問５】

「自然に元の状態に戻すことができない変化」を不可逆変化という。紙を燃やすと灰になるが、灰を元の紙に戻すことはできないので不可逆変化である。選択肢のなかで④だけが状態が元に戻っているので、不可逆変化ではない。①〜③は不可逆変化である。**④が正解である。**

2 物質による比熱（比熱容量）の値を**表**に示す。この**表**を参考に**問1**～**問5**に答えよ。

表　物質の比熱

物質	比熱〔J/(g・K)〕
銀	0.24
銅	0.38
鉄	0.45
アルミニウム	0.90
なたね油	2.0
水	4.2

問1　比熱（単位〔J/(g・K)〕）の説明として正しいものを，次の①～④のうちから一つ選べ。

① 物質1gの温度を1K上昇させるのに必要な熱量
② 物体の温度を1K上昇させるのに必要な熱量
③ 物質1gに1Jの熱量を与えたときに上昇した温度
④ 物体に1Jの熱量を与えたときに上昇した温度

問2　比熱の単位〔J/(g・K)〕の読み方として正しいものを，次の①～④のうちから一つ選べ。

① ケルビン毎グラム毎ジュール
② ジュール毎グラム毎ケルビン
③ グラム毎ケルビン毎ジュール
④ ケルビン毎ジュール毎グラム

問 3 次の文中の ア , イ に入る語句の組合せとして正しいものを，下の①～④のうちから一つ選べ。

質量が等しく，比熱が大きい物質Aと比熱が小さい物質Bがある。この2つの物質を同じように温めたり冷やしたりすると，比熱が大きい物質Aのほうが ア ， イ 。

	ア	イ
①	温まりやすく	冷めやすい
②	温まりやすく	冷めにくい
③	温まりにくく	冷めにくい
④	温まりにくく	冷めやすい

問 4 鉄100 g，なたね油20 g，水10 gのそれぞれの熱容量が大きい順に並べたものを，次の①～④のうちから一つ選べ。

① 鉄100 g ＞ なたね油20 g ＞ 水10 g
② なたね油20 g ＞ 鉄100 g ＞ 水10 g
③ 鉄100 g ＞ 水10 g ＞ なたね油20 g
④ なたね油20 g ＞ 水10 g ＞ 鉄100 g

問 5 20 gの金属球を93 ℃に熱し，100 g，20 ℃の水の中に入れてしばらく放置すると水の温度が23 ℃になった。この実験で使用した金属球はどの物質でできているか。次の①～④のうちから一つ選べ。ただし，外部への熱の放出はなく，熱のやりとりは金属球と水の間のみで起きたものとする。

① 鉄
② 銀
③ 銅
④ アルミニウム

（2018年11月試験）

答えの出し方

【問1】

$Q = C\Delta T = mc\Delta T$

と書いてみよう。「物質1g」は$m = 1$。「1℃上げる」は$\Delta T = 1$。このときは$Q = c$となる。

C（比熱）は熱量Qに等しくなっている。だから**①が正解。**

②は比熱に重さ（質量）を掛けた「熱容量C」である。③④はでたらめ。

【問2】

$J \to g \to K$の順番に読めばよい。**②が正解。**

「毎グラム」は「1gあたり」の意味。「/」のあとに現れる単位に「毎」が付く。

【問3】

（質量m）×（比熱c）を「熱容量C」という。($mc = C$)

熱容量が大きいほど「温まりにくく」、「冷めにくい」。物質Aの方が熱容量Cが大きい。**③が正解。**

【問4】

公式は熱容量Cは比熱c×質量m。

つまり$C = mc$。

鉄100gの熱容量は、$100 \times 0.45 = 45J/K$。

なたね油20gの熱容量は、$20 \times 2.0 = 40J/K$。

水10gの熱容量は$10 \times 4.2 = 42J/K$。

したがって鉄100g＞水10g＞なたね油20gである。

③が正解。

【問5】

20度の水100gを23度にするために必要な熱量Qは$Q = C\Delta T$だから、

（熱容量）×（温度差）

＝（質量）×（比熱）×（温度差）

$= 100 \times 4.2 \times 3$

$= 1{,}260$ (J)

の熱が必要である。

金属の比熱をcとすると、

この金属を70°（93 − 23 = 70）温度を下げるためには

（質量）×（比熱）×（温度差）

$= 20 \times c \times 70$ (J)

の熱を出すことが必要で、

これが水が出した熱量に等しい。

したがって

$1{,}260 = 20 \times 70 \times c = 1{,}400c$

これからその金属の比熱$c = \frac{1{,}260}{1{,}400} = 0.9$となって、「物質の比熱」の表示から、その金属はアルミニウムであると推定される。**④が正解。**

（注：この問題はやや高度である。これまでのセンター試験のレベルである。）

2 熱に関する，問１～問５に答えよ。

図はジュール(イギリス，1818～1889)が行った実験を示したものである。左右のおもりが静かに落下すると回転翼が回転し，熱量計の中に入っている水を回転翼がかき回す。おもりの落下を繰り返したところ，水の温度は上昇した。

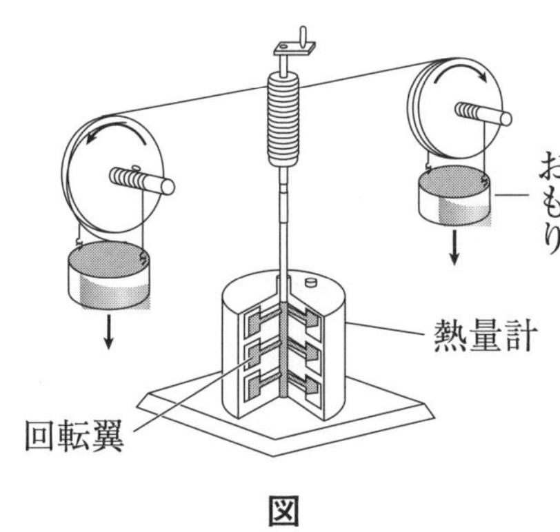

図

この実験で水の温度が上昇した理由は，おもりが落下することで重力のした A が水の B エネルギーを増加させたからである。この実験から， A と B とを関係づけることができ，1 cal はおよそ 4.2 C であることが求められた。

問１ 文中の A ， B に当てはまる語句の組合せとして適切なものを，次の①～④のうちから一つ選べ。

	A	B
①	仕　事	熱
②	仕　事	化　学
③	運　動	光
④	運　動	電　気

問２ 文中の C に当てはまる単位として正しいものを，次の①～④のうちから一つ選べ。

① K
② ℃
③ J
④ W

問 3 次の文中の D ， E に当てはまる語句の組合せとして適切なものを，下の①〜④のうちから一つ選べ。

私たちはエネルギーの形態を変換して利用している。火力発電所では，石炭や天然ガスが持つ D を燃焼によって E に変換し，それを使って発生させた水蒸気で発電機を動かして電気エネルギーを得ている。

	D	E
①	原子核エネルギー	重力による位置エネルギー
②	原子核エネルギー	熱エネルギー
③	化学エネルギー	重力による位置エネルギー
④	化学エネルギー	熱エネルギー

熱を通しにくい発泡スチロールの軽い容器に 10 ℃ の水が 100 g 入っている。この水の中に質量 100 g，100 ℃ の金属球を入れた。よくかき混ぜてしばらくしたところ水温は 25 ℃ で平衡状態になった。水の比熱は 4.2 J/(g･K)であり，熱の移動は水と金属球との間のみで起こったものとする。

問 4 このときの熱について述べた文で最も適切なものを，次の①〜④のうちから一つ選べ。

① 金属球から水に熱が移動して熱平衡となるが，全体としての熱量は変わらない。
② 金属球から水に熱が移動して熱平衡となり，全体としての熱量は減少する。
③ 水から金属球に熱が移動して熱平衡となるが，全体としての熱量は変わらない。
④ 水から金属球に熱が移動して熱平衡となり，全体としての熱量は減少する。

問 5　この実験結果から求められる金属球の比熱として正しいものを，次の①～④のうちから一つ選べ。

① 0.21 J/(g·K)

② 0.42 J/(g·K)

③ 0.84 J/(g·K)

④ 4.2 J/(g·K)

（2017年11月試験）

答えの出し方

【問１】

羽根車の仕事のエネルギーが熱エネルギーになった。**①が正解である。**

【問２】

エネルギーや熱量の単位はJ（ジュール）。

③が正解。問１の実験をやった人の名前。

【問３】

石炭や天然ガスが持つ化学エネルギーを燃焼によって熱エネルギーに変換するので**④が正解。**

【問４】

①が正しい。「熱を通しにくい容器」だから外部との熱のやり取りはなく、全体としての熱量は変わらない。

【問５】

10℃の水100gが25℃になったので、温度は15℃上昇したことになる。これによって水が受け取った熱量は

$4.2 \times 100 \times 15$ (J)・・・①

100gの金属球は100℃から25℃になって、温度は75℃下がった。金属の比熱をcとすると、金属球が失った熱量は

$c \times 100 \times 75$ (J)・・・②

①と②が等しいから

$4.2 \times 100 \times 15 = c \times 100 \times 75$

これから、金属の比熱cは

$c = 4.2 \times (\frac{15}{75})$

$= 4.2 \div 5 = 0.84$

となって**③が正しい。**

【作戦】

この問題の解法のように、①や②の段階では、かけ算の計算はしないほうがトクなことが多い。この問題は高認の問題としては高度。

これまでのセンター試験並み。

2 熱やエネルギーについて，**問1～問5**に答えよ。

問 1 温度についての説明として**適切でないもの**を，次の①～④のうちから一つ選べ。

① 温度には下限があり，その温度はおよそ −273 ℃ である。

② セルシウス温度の単位は[K]であり，絶対温度の単位は[℃]である。

③ 27 ℃ はおよそ 300 K である。

④ 温度は，物体を構成している原子や分子の熱運動の激しさを表すものである。

問 2 質量が等しい鉄球(比熱 0.45 J/(g·K))とアルミニウム球(比熱 0.90 J/(g·K))がある。ある熱量を鉄球に与えたところ温度は 80 K 上昇した。同じ熱量をアルミニウム球に与えたときの温度上昇として正しいものを，次の①～④のうちから一つ選べ。ただし，与えた熱はすべて温度上昇に使われたものとする。

① 40 K

② 80 K

③ 120 K

④ 160 K

問 3 家庭用ヘアードライヤーに「AC 100 V　1000 W」という表示があった。このヘアードライヤーを使用したときに流れる電流の大きさとして適切なものを，次の①～④のうちから一つ選べ。

① 0.1 A

② 1 A

③ 10 A

④ 100 A

問 4 エンジンは，燃料を燃焼させて得た熱エネルギーを運動エネルギーに変える熱機関である。熱効率 25 % のエンジンが 100 kJ の仕事をしたとき，仕事に使われず外部に放出された熱量として正しいものを，次の①～④のうちから一つ選べ。

① 100 kJ

② 200 kJ

③ 300 kJ

④ 400 kJ

問 5　太陽光発電は，近年設置が増えている。太陽光発電が環境保全に適している理由として適切なものを，次の①～④のうちから一つ選べ。

① 光エネルギーをすべて電気エネルギーに変換することができる。

② 重力による位置エネルギーを無駄なく使っている。

③ 資源が枯渇することのない化石燃料を有効利用している。

④ 発電時に二酸化炭素を排出しない。

（2017年11月試験）   

答えの▸出し方

【問1】

①正しい。②セルシウス温度は℃であり、絶対温度の単位はKであって反対である。③正しい。④正しい。したがって適切でないものは②。**正解は②。**

【問2】

比熱が鉄はアルミニウムの半分である。ということは質量が同じなら、鉄の熱容量はアルミニウムの半分である。同じ熱量を与えたときの温度上昇は、鉄はアルミニウムの２倍になる。したがって、鉄が80K温度が上がる熱量をアルミニウムに与えると、温度上昇量はその半分の40Kとなる。**①が正解。**

「熱容量はバケツの断面積」である。熱量は「水の量」、温度は「水の深さ」に相当する。

「バケツの断面積が鉄のほうが半分。ある量の水を鉄のバケツに入れたところ水面は80cmあがった。断面積が２倍のアルミのバケツに同じ量の水を入れると？　40cmまであがるね？　それと同じなんだよ。

【問3】

電気問題で、(ワット数：W) ＝ (電流I：単位はアンペアA) × (電圧V：単位はボルトV) である。↗

数字を入れると、

1,000 (W) ＝ 100 (V) × I (アンペア)

これから、I ＝ 10 (A) となって**③が正しい。**

なお、1,000W（ワット）とは１秒間に1,000Jのエネルギー(熱量)を出す「仕事率」を意味する。

【問4】

加えた熱全体を100％とする。そのうち25％が「仕事」になったのだから、仕事に使われなくて放出された熱は全体の75％である。25％が100KJであるから75％はその３倍で300KJである。**③が正解である。**

【問5】

①光エネルギーの一部（20％ならいい方）が電気エネルギーになる（×）。

【裏ワザ】理科に限らず、国語でも現代社会でも「すべて」という３文字が入っている選択肢はたいてい間違った選択肢である。

②太陽光発電に重力は無関係（×）。

③太陽光発電は石炭や石油のような化石燃料は利用していない（×）。また化石燃料はやがて枯渇(こかつ)する。

④正しい。**正解は④。**

第２編　化学分野の解説

化学分野の大問は「衣料と食品の化学」になります。

【衣料と食品の化学の基本知識】

以下の文章で、**太字の単語**は記憶すること。

１．繊維の種類

衣料、つまり服や下着、靴下など身に着けるものは「繊維」と呼ばれる糸状の物質でできている。繊維は（１）天然繊維、（２）化学繊維　の２つに分類される。

（１）天然繊維

天然繊維はさらに（Ａ）植物繊維、（Ｂ）動物繊維の２つに分類される。

Ａ　植物繊維

綿と麻がある。ともにセルロースからなっている。綿（木綿）の繊維はリボン状で中空である。肌着・タオルに利用される。

Ｂ　動物繊維

羊毛と絹がある。羊毛の主成分はタンパク質の一種であるケラチンである。人間の髪の毛や爪もケラチンでできている。繊維の断面は円形、表面はうろこ状。保温性が高い。毛布やセーターに利用される。

絹はカイコガ（蚕）のマユの糸から作られる。主成分はタンパク質の一種のフィブロインである。繊維の断面は三角形状である。

（２）化学繊維

Ａ　合成繊維

石油から作られる。高分子化合物を繊維状にしたもの。これを「鎖」に例えると、１個の輪に相当するのは「単量体（モノマー）」と呼ばれる。この１個１個の輪をつないで鎖（高分子化合物、ポリマー）にする工程を重合という。↗

Ａ—１　ナイロン

吸湿性がない。強い。靴下、スポーツ服、釣り糸、などに利用される。

Ａ—２　ポリエステル

ペットボトルの再生物。学生服、シャツ、ネクタイに利用される。

Ａ—３　アクリル繊維

羊毛に似て保温性あり。セーター、毛布、カーペットに利用される。

Ｂ　再生繊維

木質パルプなどを溶かして繊維状にしたもの。吸湿性大。

Ｂ—１　レーヨン

木質パルプや綿の短い繊維などを、水酸化ナトリウムなどで化学処理をしたもの。タオル・カーテンに用いられる。

Ｂ—２　キュプラ

綿の短い繊維で、そのままでは衣料の原料として使えないものを銅（Ｃｕ）アンモニア法によって改良した繊維で洋服の裏地として使われる。キュプラは本来は銅の意味。英語で銅はcopper[カパー]。

Ｃ　半合成繊維

Ｃ—１　アセテート

植物に含まれるセルロースに酢酸を反応させて作る。acid[アッシド] は酸。アセテートは「酸によって加工された」の意味である。

2．食品

五大栄養素とは、炭水化物、タンパク質、脂質、無機物（ミネラル）、ビタミンの５つである。

（1）炭水化物

糖分とも呼ばれ、単糖類、二糖類、及び多糖類に分類される。

単糖類にはグルコース（＝ブドウ糖）とガラクトース、果糖（フルクトース）がある。

形は「-⬡-」。

二糖類は単糖類の輪が二個重合したもので、形は「-⬡-⬡-」。二糖類にはサトウ（＝ショ糖、スクロース）、麦芽糖（マルトース）、乳糖等がある。

多糖類は単糖類の多数の輪が鎖のように連なって重合したもの。形は「-⬡-⬡-⬡-⬡-」こんな感じ。デンプンも多糖類である。

だ液中の酵素・アミラーゼによって単糖類、あるいは二糖類に分解される。

A　糖の検出に使われる試薬

A―1　ヨウ素液

デンプンは、ヨウ素液に浸すと青紫色に変色する。

A―2　ベネディクト液

（還元性の）単糖類、または二糖類にベネディクト液を加えて熱すると、赤褐色の沈殿を生ずる。

（2）タンパク質

タンパク質はアミノ酸が多数連なった高分子化合物である。肉や魚、卵の主成分であるタンパク質は、胃の中で消化酵素ペプシン、すい臓からの消化酵素トリプシン、小腸での消化酵素ペプチターゼによって、アミノ酸に分解され小腸で吸収される。

アミノ酸の中には人の体内では作ることができない「必須アミノ酸」があり、食品から取り込む必要がある。

（3）脂質（油脂）

食品の中の「あぶら」成分である。すい臓から分泌される消化酵素リパーゼによって、モノグリセリドと脂肪酸に分解される。油脂とモノグリセリドの分子構造は次の図のようである。

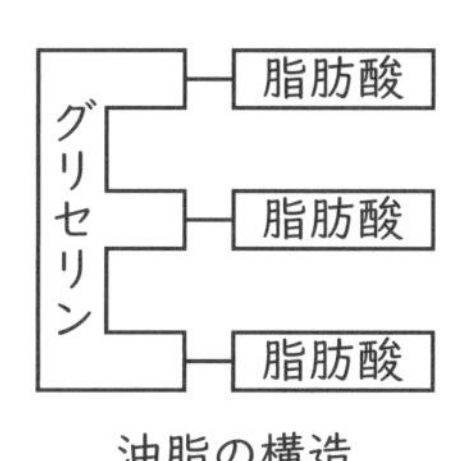

油脂の構造

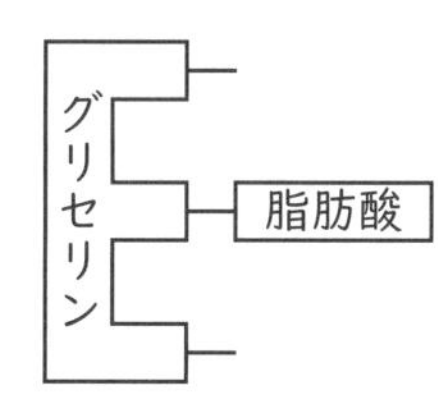

モノグリセリド

3 食品の栄養素としてあげられる重要なものは，炭水化物(糖類)，タンパク質，脂質(油脂)である。これらの物質について，**問1～問5**に答えよ。

問1 タンパク質を多く含む食品の組合せとして最も適切なものを，次の①～④のうちから一つ選べ。

① バター，マーガリン，オリーブオイル

② イチゴ，ホウレンソウ，レモン

③ サツマイモ，ゴボウ，パン

④ 豆腐，豚肉，卵

問2 タンパク質の構造や性質に関する記述として適切なものを，次の①～④のうちから一つ選べ。

① アミノ酸が多数つながった高分子化合物である。

② 分解されてモノグリセリドと脂肪酸になる。

③ 胃や腸で分解され，グリコーゲンとして貯蔵される。

④ 物理的性質や化学的性質は，熱や酸により影響を受けない。

問3 脂質(油脂)を体内で分解する酵素であるリパーゼに関する記述として適切なものを，次の①～④のうちから一つ選べ。

① 主に口の中ではたらき，脂質だけでなくタンパク質も分解する。

② 胃の中のような強い酸性の条件の下でよくはたらく。

③ 主にすい液の中に含まれている。

④ この酵素により分解されて生じた物質は，吸収されずに体外へ排出される。

問4 単糖類の構造を  で表した場合，炭水化物(糖類)であるデンプンを消化する過程で生成されるマルトースの構造を表す模式図として適切なものを，次の①～④のうちから一つ選べ。

①

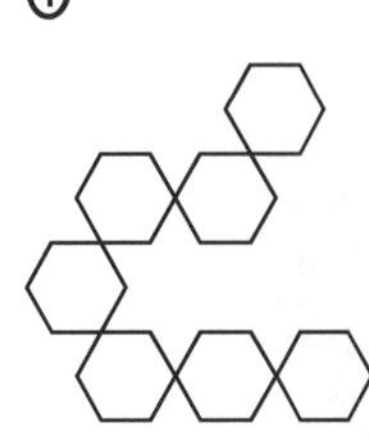

②

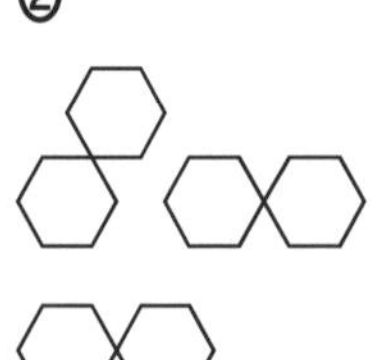

③

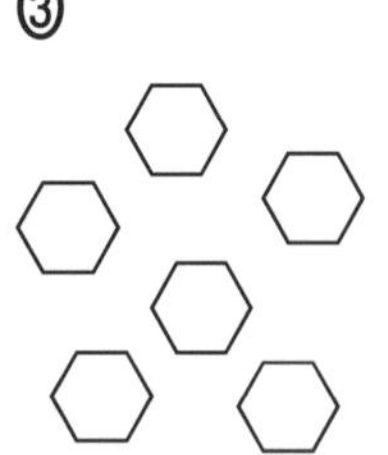

④

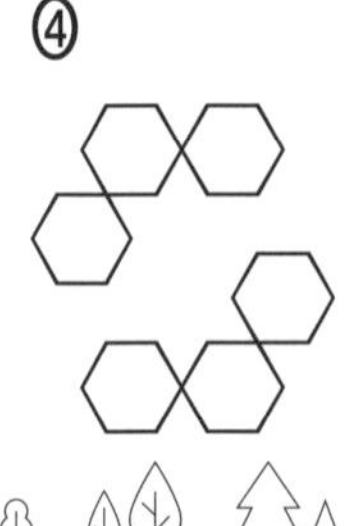

問 5　炭水化物(糖類)，タンパク質，脂質(油脂)の中に共通して含まれる原子の組合せとして適切なものを，次の①～④のうちから一つ選べ。

① 炭素，窒素，硫黄

② 水素，窒素，酸素

③ 水素，炭素，酸素

④ 水素，窒素，硫黄

（２０１８年８月試験）

答えの出し方

【問１】

タンパク質が多いのは、④の豆腐、肉、卵である。①は脂質（油脂）が多く、②はビタミンが多い。③は炭水化物が多い。**④が正解である。**

【問２】

タンパク質はアミノ酸が多数つながった高分子化合物である。**①が正解。**

②はタンパク質ではなく脂質（油脂）である。すい臓からでる消化酵素リパーゼによって油脂はモノグリセリドと脂肪酸に分解される。

③デンプンなどの炭水化物は、だ液やすい臓のアミラーゼでグルコース(ブドウ糖)に分解され、肝臓でグリコーゲンとして貯蔵される。

④完全な誤り。

【問３】

③が正しい。①口の中で働くのはだ液のなかの消化酵素アミラーゼであって、デンプンを消化してグルコース（ブドウ糖）に変化させる。②の胃の中で働くのは、タンパク質の消化酵素であるペプシンである。④こんな何の役にも立たない酵素はありません。

【問４】

マルトース（麦芽糖）はラクトース（乳糖）、スクロース（ショ糖：さとう）とともに二糖類であって、②のような「輪(わ)」が２個連なった構造をしている。①はデンプンなどの多糖類である。③は単糖類（グルコース（ブドウ糖）、フルクトース（果糖など））である。④はハテ何だろう？

②が正解である。

【問５】

炭水化物と脂質には窒素は含まれず、炭素Ｃ・水素Ｈ・酸素Ｏだけからなっている。**正解は③。**タンパク質には窒素Ｎが必ず含まれ、これに硫黄Ｓが含まれていることがある。

4 化学反応を利用してつくられる繊維を化学繊維，植物や動物から得られる繊維を天然繊維という。繊維について，**問1～問5**に答えよ。

問 1 天然繊維とその主成分の組合せとして適切なものを，次の①～④のうちから一つ選べ。

	天然繊維	主成分
①	羊　毛	フィブロイン
②	羊　毛	ケラチン
③	絹	セルロース
④	絹	デンプン

問 2 図はある植物の実である。種子を包む白色の繊維を収穫し，繊維として利用する。この天然繊維の名称として正しいものを，下の①～④のうちから一つ選べ。

図

① キュプラ
② 絹
③ 綿
④ 麻

問 3 図の植物からつくられる繊維について述べた文として**適切でないもの**を，次の①～④のうちから一つ選べ。

① 古くから世界中で利用され，現在でも生産量が多い。
② 吸湿性に優れ，肌触りが良いため，肌着，タオル，シーツなどに用いられる。
③ アルカリに弱い性質があり，表面はうろこ状になっている。
④ 繊維一本一本が平らなリボン状で，らせん状によじれているため糸にしやすい。

問 4　植物の実や木材から得られる繊維を一度適当な溶媒に溶かしたのち，改めて繊維として再生させたものを再生繊維という。このような製法でつくられる再生繊維を，次の①〜④のうちから一つ選べ。

① レーヨン

② ポリエステル

③ アクリル

④ 麻

問 5　天然繊維の分子構造を一部変化させてつくる繊維を半合成繊維という。半合成繊維にはアセテートなどがある。半合成繊維やアセテートについて述べた文として適切なものを，次の①〜④のうちから一つ選べ。

① 半合成繊維はモノマーの重合で合成しないので，高分子化合物ではない。

② 半合成繊維は石油を原料にしないので，化学繊維には分類しない。

③ アセテートは動物から得られる繊維を水酸化ナトリウム水溶液で処理してつくる。

④ アセテートは植物から得られる繊維を無水酢酸や酢酸で処理してつくる。

（2018年11月試験）

答えの出し方

【問1】

②が正解。絹はタンパク質のフィブロインが主成分である。セルロースは植物繊維の木綿や麻の成分である。

【問2】

③の綿（わた）が正解である。しかし①キュプラの原料であるが、キュプラは再生繊維だから（×）。だけど①は綿を原料としているので準正解だなぁ。

【問3】

「図の植物」は綿。①、②、④は正しい。③は羊毛である。適切でない**③が正解である。**

【問4】

木質パルプから作られる**①が正解である。**②、③は合成繊維である。④は天然繊維のうちの植物繊維である。

【問5】

紛（まぎ）らわしいので、だまされないこと。

①「半合成繊維はモノマーの重合で合成しない」までは正しい。しかし「高分子化合物ではない」の部分が誤り。アセテートも植物のセルロースから作られる高分子化合物である。

②「半合成繊維は石油を原料にしない」までは正しい。しかし化学繊維である。

③「動物」が誤り。また「水酸化ナトリウム水溶液」も誤り。「酢酸である」が正しい。なお「植物から得られる」とすると正しくなる。

④正解である。

【裏ワザ】

③④のような際立（きわだ）ったペアの文章があれば、そのどちらかが正解である。この場合①②はほとんど（×）である。

3 明治から昭和初期にかけて，生糸は日本の主要な輸出品だった。江戸末期より製糸の機械化が進められ，明治政府の殖産興業政策により1872年(明治5年)には群馬県富岡に富岡製糸場が開業した。生糸の輸出は日本の近代化を支えてきたが，戦後は生糸に代わり安価な化学繊維が使われるようになった。繊維について，**問1～問5**に答えよ。

問1 絹について述べた文として適切なものを，次の①～④のうちから一つ選べ。

① 独特の光沢を持ち，肌触りがよいので，和服，スカーフなどに用いられる。
② 毛髪や爪と同じ成分であるケラチンでできている。
③ 酸やアルカリなどの薬品に強く，染色性がよい。
④ 繊維の断面は丸く，側面はうろこ状になっている。

問2 生糸から作られる絹や，ヒツジの毛から作られる羊毛のように，自然から得られる物質をもとに作られ，化学的な加工を加えていないものを天然繊維という。天然繊維について述べた文として適切なものを，次の①～④のうちから一つ選べ。

① 天然繊維のうち，植物繊維は主にタンパク質でできている。
② 天然繊維のうち，動物繊維は主にセルロースでできている。
③ レーヨンは，木材から作られる天然繊維である。
④ 天然繊維は，高分子化合物でできている。

問3 1935年に世界最初の合成繊維がアメリカで発明され，ストッキングなどの材料として使われた。この繊維として正しいものを，次の①～④のうちから一つ選べ。

① アクリル
② アセテート
③ ビニロン
④ ナイロン66

問4 合成繊維について述べた文として適切なものを，次の①～④のうちから一つ選べ。

① 合成繊維の原料になる小さな分子をポリマーという。
② 合成繊維は，主に石油を原料に作られている。
③ 合成繊維と再生繊維，動物繊維をまとめて化学繊維という。
④ 合成繊維は，全て付加重合により合成される。

問 5　ペットボトルの材料であるPET(ポリエチレンテレフタラート)は，耐久性に優れ，乾きやすくしわになりにくい繊維としても用いられている。PETを主成分とする繊維として正しいものを，次の①～④のうちから一つ選べ。

① アセテート

② 綿

③ ポリエステル

④ アクリル

この年は、「衣類と食品」は大問４ではなく大問３として出題された。

（２０１６年１１月試験）

答えの出し方

【問１】

①**正しい。**②絹はフィブロインを主成分とするマユの繊維である（×）。

③絹は酸やアルカリに弱い。④これは羊毛の繊維（ケラチン）の性質である。絹の繊維の断面は三角形に近い。**正解は①。**

【問２】

①植物繊維はセルロースからできている(×)。

②動物繊維は主にタンパク質からできている（×）。

③レーヨンは木材の繊維から作られるが合成繊維の一種である再生繊維である。

④正しい。**④が正解である。**

【問３】

これはアメリカのカローザスによって発明されたナイロン**④である。**①のアクリルは合成繊維。②のアセテートは半合成繊維である。ビニロンは日本で発明された化学繊維であるが覚える必要はない。↗

【問４】

①「ポリマー」→「モノマー」とすれば正しい。小さなモノマーを重合して高分子にしたのがポリマーである。「モノ」は１、「ポリ」は多を表すギリシャ語。「モノレール」は「１本レール」の意味。

②正しい。

③動物繊維は化学繊維に入らない。

④高分子にするのに「付加重合」（例：アクリル繊維）と「縮合重合」（例：ナイロン）の２種類がある。（この正誤判定は高認としてムリ。）

②が正解である。

【問５】

ＰＥＴボトルを再利用して作られる繊維は③のポリエステルであって、シャツやネクタイが作られる。**③が正解である。**

4 デンプンに関する実験およびデンプンについて，**問1～問5**に答えよ。

実験

操作1　4本の試験管**A**～**D**にデンプン水溶液を5mLずつ取り，試験管**A**，**C**には水で薄めただ液2mLを，**B**，**D**には水2mLを加えた。

操作2　試験管**A**～**D**を湯の入ったビーカーにつけ，湯の温度を38℃に保ち10分間放置した後，湯から取り出して常温に戻した。

操作3　試験管**A**，**B**にヨウ素液を2～3滴加えた。試験管**C**，**D**にはベネジクト液を少量加え，[ア]。その後，試験管**A**～**D**の変化を観察した。

結果

	A	B	C	D
操作	水で薄めただ液 ＋ ヨウ素液	水 ＋ ヨウ素液	水で薄めただ液 ＋ ベネジクト液	水 ＋ ベネジクト液
結果	変化しなかった	青紫色になった	赤褐色の沈殿が生じた	変化しなかった

問1　操作3の[ア]の空欄に入る操作として適切なものを，次の①～④のうちから一つ選べ。

① さらに塩酸を加え酸性にした
② 氷水に浸けて冷却した
③ 沸騰石を入れてガスバーナーで加熱した
④ 試験管を静置した

問 2　この**実験**の**結果**からわかることとして適切なものを，次の①～④のうちから一つ選べ。

① だ液のはたらきによりデンプンが重合したことがわかる。
② デンプンの分解にはだ液は必要ないことがわかる。
③ 水があるだけでデンプンは容易に分解したことがわかる。
④ だ液のはたらきによりデンプンが分解したことがわかる。

問 3　**操作 3** でベネジクト液を変化させた物質として最も適切なものを，次の①～④のうちから一つ選べ。

① 水溶液中のデンプン
② デンプンから生じたアミノ酸
③ だ液から生じたアミノ酸
④ デンプンから生じた糖

問 4　**操作 2** の湯の温度だけを 100 ℃ に変えて**実験**を行った。このときの試験管 A ～ D の変化の組合せとして適切なものを，次の①～④のうちから一つ選べ。

	A	B	C	D
①	変化しなかった	変化しなかった	変化しなかった	変化しなかった
②	変化しなかった	青紫色になった	赤褐色の沈殿が生じた	変化しなかった
③	青紫色になった	青紫色になった	赤褐色の沈殿が生じた	赤褐色の沈殿が生じた
④	青紫色になった	青紫色になった	変化しなかった	変化しなかった

問 5 デンプンについて述べた文として正しいものを，次の①～④のうちから一つ選べ。

① デンプンを主成分とする繊維として，植物のワタからとれる絹がある。

② デンプンは多糖類に分類される。

③ デンプンはヒトの体内でトリプシンにより消化され，エネルギー源として使われる。

④ デンプンは植物が作り出す他，石油を材料に化学合成によっても大量に生産される。

（2017年11月試験）   

答えの出し方

【問１】

デンプンは多糖類であるが、だ液中のアミラーゼによって単糖類、二糖類に分解される。還元性の単糖類、二糖類の存在を検出するため、ベネジクト液を加えて加熱する必要がある。**③が正しい。**

水を加えたB、Dでは単糖類、二糖類は合成されない。

【問２】

だ液（つば）の役目は、多糖類のデンプン（–⬡–⬡–⬡–）を分解して単糖類（–⬡–）のグルコースに分解することにある。

Bの実験ではデンプンは水によって変化せず。デンプンのままであるため、ヨウ素液によって青紫色に変化した。

Aの実験ではだ液を加えたために、デンプンはグルコース（ブドウ糖）に変化したため、デンプンはなくなり、ヨウ素液を加えても色の変化は起きなかった。デンプンにだ液を加えると、デンプンはグルコースに変化したため、ベネディクト液を加えて加熱すると赤褐色の沈殿を生じた。

Dの実験ではだ液を入れなかったため、デンプンはグルコースに変化せず、ベネディクト液を加えて加熱しても変化が起きなかった。**④が正しい。**

この４個の実験の意味を十分勉強理解すること。高度な良い問題である。

【問３】

前問の説明を理解していれば、**④が正解である**ことはすぐ分かるはず。

なお、②、③のアミノ酸は、タンパク質の消化酵素ペプシン、肝臓からの消化酵素トリプシンなどによって分解されてできたものである。

【問４】

問１の実験で、だ液を入れた試験管を38度にするのはだ液の消化酵素（アミラーゼ）を一番働きやすい環境に置くためである。これを100℃にすると、だ液の消化酵素が「死んで」しまって、糖（単糖類グルコ　ス）ができない。

したがってこの場合には、デンプンは糖に変化せず、ABともデンプンがあるため青紫色になり、糖ができないためCDとも変化しない。**④が正解である。**

【問５】

①植物のワタから絹は取れない。植物のワタの主成分はセルロースである。③すい臓からの消化酵素トリプシンはタンパク質を消化しアミノ酸を作る。④デンプンは植物によって光合成によって作られる。石油からは作られない。**正解は②。**

第３編　生物分野の解説

生物分野の大問は「微生物とその利用」になります。大問５か大問６のどちらかになります。

【微生物とその利用】

Ⅰ．原核生物と真核生物

●原核生物

細胞の内部に核膜を持たず、細胞内にむき出しの状態でＤＮＡが存在する細胞によって構成される生物。乳酸菌など細菌（バクテリア）が原核生物である。また、イシクラゲ、ネンジュモなどのシアノバクテリアも原核生物である。

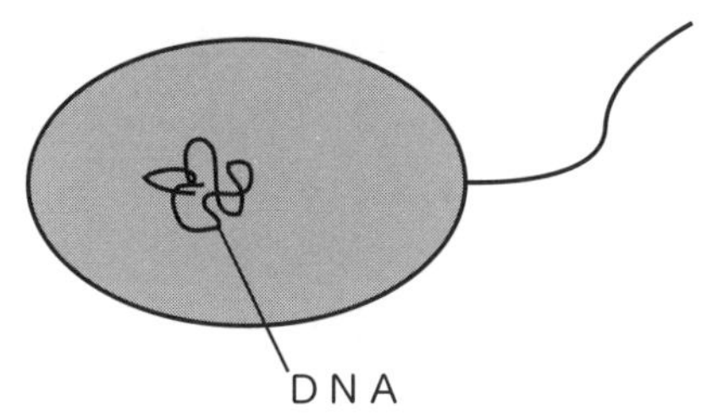

●真核生物

細胞の内部に核膜を持ち、**核と細胞質が明確に区分**されている細胞によって構成される生物。細菌（バクテリア）以外の大部分の生物は真核生物である。酵母、ゾウリムシは真核生物である。

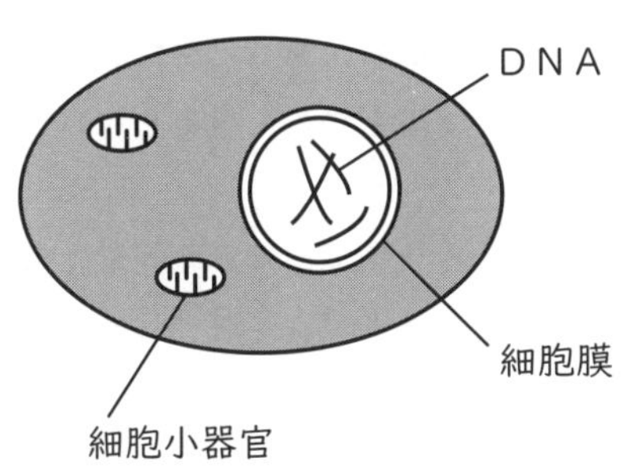

【微生物の研究史】

自作の顕微鏡で**微生物を初めて観察**したのは17世紀オランダの**レーベンフック**であった。19世紀フランスの**パスツール**は、**「微生物の自然発生説」を否定**するＳ字状の首をもつフラスコ内での**腐食**の実験を行った。19世紀末、ドイツの**コッホは病原菌の存在を証明した。**

20世紀ロシアの**イワノフスキー**は細菌より小さな「濾過性病原体」として**ウィルス**（たばこモザイクウィルス）を発見した。

天然痘、黄熱病、ポリオ、インフルエンザ、肝炎、エイズ、新型コロナウイルス感染症などの病原体は**ウィルス**である。

【微生物の利用】

Ａ　発酵

微生物が炭水化物を分解してエルギーを得ることを発酵という。

Ａ－Ｉ　アルコール発酵

酵母菌：パンの製造にはイースト菌か酵母菌が使われる。酵母菌はデンプンなどの糖類をエタノール（アルコール）と二酸化炭素（炭酸ガス）に分解する。またビールやワインの製造（醸造）にも酵母菌が利用される。

Ａ－２　乳酸発酵

チーズやヨーグルトなどは**牛乳中の糖分を乳酸菌で乳酸発酵させることによって製造する。**

B　医薬の製造

病気を引き起こす微生物を病原体をいう。

B－1　ワクチンの製造

はしかのように一度かかると、その後は免疫能を獲得し、はしかにかかりにくくなる。無毒化・弱毒化した病原体（**ワクチン**という）を接種することによって、人為的に免疫作用を体内に起こさせ、その病気にかからなくすることができる。

B－2　抗生物質の製造

アオカビは病原体の活動を妨げる酵素を作る性質がある。このことを発見したイギリス人フレミングは、この酵素をペニシリンと名付けた。このような役割を果たす物質を**抗生物質**という。

B－3　遺伝子組み換えによる医薬品の製造

ある微生物の遺伝子の一部に、他の生物の遺伝子を継ぎ合わせ、医薬品として有用な物質を合成させることができるようになってきた。このような操作を**遺伝子の組み換え**という。糖尿病の治療に有効なインスリンの製造に、人のＤＮＡから取ったインスリンを製造する働きを持った遺伝子を大腸菌の遺伝子に移植し、その大腸菌にインスリンを増産させることが行われている。

C　自然界の中の微生物

窒素（ちっそ）N_2の固定

大気の78％は窒素(N_2)からできている。いっぽう我々の体を作っている筋肉の主成分であるタンパク質を作るにも窒素Ｎ原子は不可欠である。それならば、空気を吸っているだけで、筋肉はできるのかしら？　残念ながらそうはならない。

空気中にある窒素は、そのままでは動物植物のタンパク質を作る窒素にはなってくれないのである。

空気中の窒素が生物の体内に取り込まれるには、アンモニウムイオン（NH_4^+）の形の化合物となる必要がある。これを「窒素の固定」という。

春の野原に咲く「れんげ草」や、マメ科の植物の根などには「根粒菌（こんりゅうきん）」が寄生していて、空気中の窒素を固定してアンモニウムイオンを作り、植物に与えている。植物はこれとデンプンを原料にして植物性タンパク質を作っている。それを動物が食べて、動物の体を作る動物性タンパク質に変わる。我々の体を作る筋肉のタンパク質も、もとは根粒菌などによって固定された窒素を利用しているのである。

自然界では雷（かみなり）による放電でも窒素の固定は起きている。雷の多い地方は米がよく取れると言われるのはこういう理由なのである。

6 **図1**は，4種類の微生物を示したものである。これらの微生物及び微生物に関する研究の歴史について，**問1**～**問5**に答えよ。

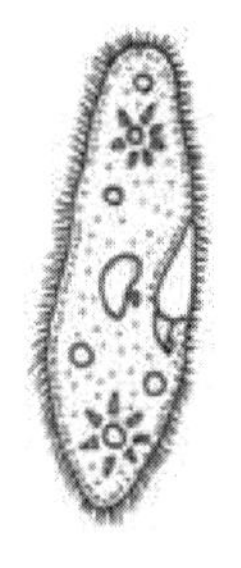
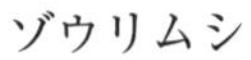
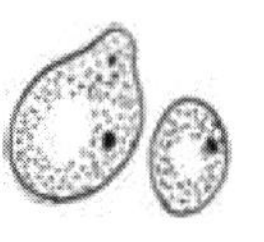
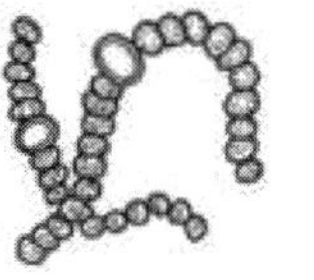
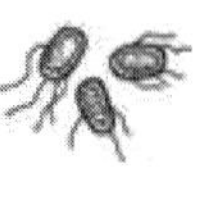

ゾウリムシ　　酵　母　　ネンジュモ（シアノバクテリアの一種）　　大腸菌

図1

問1 **図1**の微生物のうち，原核生物の組合せとして正しいものを，次の①～④のうちから一つ選べ。

① ゾウリムシ，酵母

② 酵母，ネンジュモ，大腸菌

③ 酵母，大腸菌

④ ネンジュモ，大腸菌

問2 **図1**のようなゾウリムシのスケッチを描くために，最も適切な観察方法を，次の①～④のうちから一つ選べ。

① 肉眼で観察する。

② 10倍程度の低倍率のルーペで観察する。

③ 600倍程度の倍率まで備わっている光学顕微鏡で観察する。

④ 電子顕微鏡で10万倍程度の倍率で観察する。

問 3 酵母は，我々の生活環境に関わりの深い微生物である。酵母がはたらく例として，最も適切なものを，次の①～④のうちから一つ選べ。

① 有機物を分解するはたらきを利用した活性汚泥法による水の浄化に使われている。

② 自然界で生物の排出物や遺体などを分解するはたらきを行っている。

③ 糖を分解してエタノールと二酸化炭素を生成するはたらきをさまざまな食品づくりに利用している。

④ 病原性のある微生物で，さまざまな感染症の原因として知られている。

問 4 図2のような「白鳥の首」と呼ばれる形のフラスコを用いて，19世紀に微生物の自然発生を否定する実験を行った研究者は誰か。下の①～④のうちから一つ選べ。

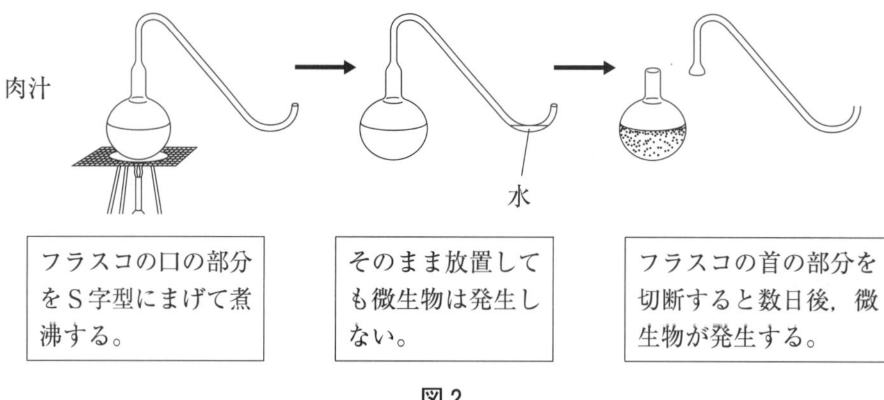
肉汁
水
フラスコの口の部分をS字型にまげて煮沸する。
そのまま放置しても微生物は発生しない。
フラスコの首の部分を切断すると数日後，微生物が発生する。

図 2

① パスツール

② 野口英世

③ レーウェンフック

④ コッホ

問 5　19 世紀末，ロシアのイワノフスキーは，タバコモザイク病の病原体が，これまで知られていた細菌と異なる特徴をもっていることを発見し，後のウイルスの発見につながった。ウイルスの説明として**誤っているもの**を，次の①～④のうちから一つ選べ。

① ウイルスは，細菌よりも極めて微小であり，形状を捉えるには電子顕微鏡が必要である。

② ウイルスは，他の生物の細胞内に入り込んで増殖する。

③ エイズ，はしか，インフルエンザは，ウイルスが原因の感染症である。

④ ウイルスは，遺伝物質を持っていない。

（２０１８年 11 月試験）

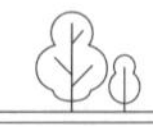

答えの出し方

【問 1】

細菌とシアノバクテリアが原核生物である。この問題ではネンジュモ、大腸菌が原核生物である。酵母、ゾウリムシは真核生物である。酵母には核が見えていることに注意する。**④が正解。**

【問 2】

ゾウリムシの長さは 0.1*mm* ぐらい。だから肉眼ではよく観察できず①はダメ。②を用いても小さすぎてダメ。**③が正解。**④はゾウリムシの観察をするには倍率が大きすぎる。電子顕微鏡はウィルスの観察に適している。

【問 3】

酵母はパンや葡萄酒の製造に利用される。**③が正解。**エタノールとは飲用のアルコールである。

【問 4】

この実験は①パスツールの「微生物自然発生説」を否定した実験である。**①が正解。**

②の野口英世は黄熱病の研究、③のレーウェンフックは顕微鏡を自作して微生物をはじめて見た人、④のコッホは結核菌やコレラ菌、炭疽菌（たんそきん）などの細菌性の病原体を研究した人である。

【問 5】

①、②、③は正しい。**④が正解。**ウィルスもＤＮＡ、あるいはＲＮＡでできた遺伝物質をもっている。

6 微生物とその利用について，**問1～問5**に答えよ。

問 1 19世紀に行われたフランスのパスツールの研究として最も適切なものを，次の①～④のうちから一つ選べ。

① 細菌と異なるウイルスの存在を確認した。

② 自作の顕微鏡を使い，さまざまな微生物を発見した。

③ 実験を行い，微生物の自然発生説を否定した。

④ 炭疽（たんそ）菌という病原性微生物の存在を明らかにした。

問 2 微生物とウイルスを，大きさの順に並べた組合せとして最も適切なものを，次の①～④のうちから一つ選べ。

	大きさ 小 ⟷ 大		
①	大腸菌	酵　母	インフルエンザウイルス
②	酵　母	インフルエンザウイルス	大腸菌
③	インフルエンザウイルス	酵　母	大腸菌
④	インフルエンザウイルス	大腸菌	酵　母

問 3 原核細胞からなる微生物として最も適切なものを，次の①～④のうちから一つ選べ。

① 酵　母

② アメーバ

③ 乳酸菌

④ ゾウリムシ

問 4　コウジカビ，酵母，乳酸菌のすべてを利用して製造される発酵食品として最も適切なものを，次の①～④のうちから一つ選べ。

① み　そ

② 漬け物

③ チーズ

④ かつお節

問 5　食品の保存に関する説明として**適切でないもの**を，次の①～④のうちから一つ選べ。

① 脱酸素剤を利用した食品は，生存に酸素を必要とする微生物の増殖を抑制している。

② 砂糖漬けや塩漬けなどの脱水された食品は，微生物のはたらきがおさえられている。

③ 冷蔵庫や冷凍庫で低温に保管した食品は，微生物のはたらきが進みやすい。

④ 真空パックや缶詰などの食品は，微生物の増殖や侵入を防ぐことができる。

（２０１８年８月試験）

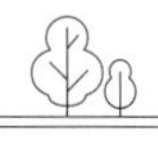

【問１】

③がパスツールの業績で正しい。①はロシアのイワノフスキーである。②はオランダのレーウエンフックである。④はコッホである。**③が正解である。**

【問２】

ウイルスは細菌より小さい。酵母は 10 μm = 0.01mm、大腸菌は 3 μm = 0.003mm と覚えてしまおう。**④が正解である。**

【問３】

①、②、④は単細胞生物であるが核があり、真核生物である。③の乳酸菌は細菌であって原核生物である。**正解は③。** ↗

【問４】

①が正解である。みそ、しょうゆの製造ともこの３種の微生物による発酵によって作られる。ただし、①～④はすべて発酵食品である。この問題は高認として難問になる。

【問５】

③が誤り。①②④は正しい。①の「脱酸素剤」とは密封容器に中に封じた食品の腐食を防ぐため、いっしょに封じられた空気の中の酸素を無くす薬剤で、主として鉄Ｆｅの酸化作用が利用されている。**③が正解である。**

6 自然界において重要な役割を果たしている微生物を，私たち人間は生活の中のいろいろな場面で活用している。微生物について，**問1**～**問5**に答えよ。

問1 微生物の存在を初めて示したのは，**図1**のような1枚のレンズでできた顕微鏡を自作した人物である。この人物名として正しいものを，次の①～④のうちから一つ選べ。

① コッホ

② フレミング

③ レーウェンフック

④ パスツール

図1

問2 **図2**，**図3**は，微生物の電子顕微鏡写真である。微生物の名称の組合せとして，正しいものを，下の①～④のうちから一つ選べ。

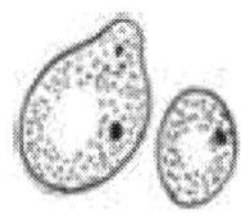

図2

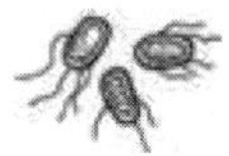

図3

	図2	図3
①	酵母菌	大腸菌
②	乳酸菌	タバコモザイクウイルス
③	大腸菌	乳酸菌
④	タバコモザイクウイルス	酵母菌

問 3　図 4 は，しょうゆを作る過程を模式的に示したものである。図 4 中の A ～ C に当てはまるものの組合せで，最も適切なものを，下の①～④のうちから一つ選べ。

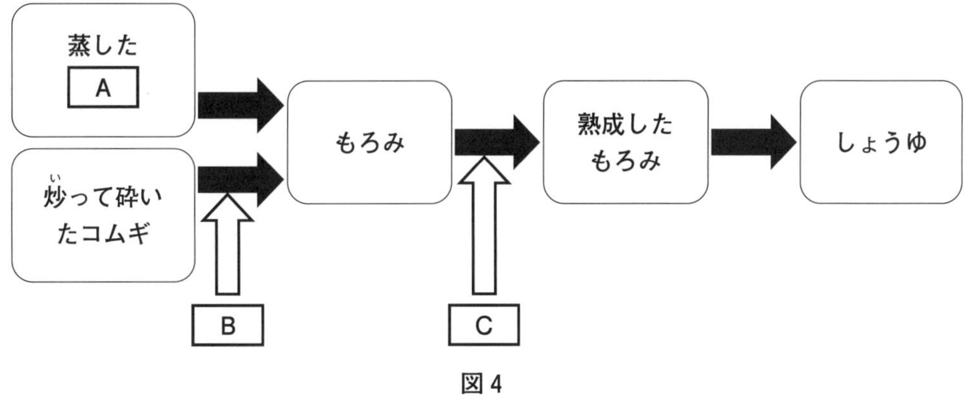

図 4

	A	B	C
①	コ　メ	酵母菌・乳酸菌	コウジカビ
②	コ　メ	コウジカビ	乳酸菌
③	ダイズ	乳酸菌	酵母菌
④	ダイズ	コウジカビ	酵母菌・乳酸菌

問 4　ヒトの遺伝子を微生物に組み込んで生産されている物質を，次の①～④のうちから一つ選べ。

① インスリン
② ペニシリン
③ エタノール
④ ビタミンC

問 5　根粒菌のはたらきについての説明で正しいものを，次の①～④のうちから一つ選べ。

① 根粒菌は根の周りで増殖し，水の吸収を手助けしている。

② 根の中に住みついた根粒菌が，大気中の窒素を植物が利用できる形にして供給している。

③ 土壌中には根粒菌が数多く生存していて，窒素ガスを合成し大気中に放出している。

④ 根粒菌が光合成を行い，有機物を植物に供給している。

（２０１７年１１月試験）

答えの出し方

【問１】

１７世紀のオランダ人、レーウェンフック**③が正解である。**①は病原菌を研究したドイツ人、②は青カビから抗生物質ペニシリンを作ったイギリス人。④はＳ字管付きのフラスコで腐食実験を行い、「微生物の自然発生説」を否定したフランス人である。

【問２】

図の通りだと①が正しい。

たばこモザイクウィルスの電子顕微鏡写真は緑色の「たばこ」を床に散らかしたように見える。乳酸菌の電子顕微鏡写真は、長さが不揃（ふぞろい）なウィンナーソーセージの集まりのように見える。（この問題の元の図は２つとも文科省から未公表で正確に元の問題が再現できない。）

【問３】

難問である。しまりすの親方もできなかった。教科書にも出ていない。文科省のページによると正解は④だそうだ。醤油は、小麦とダイズから作られる。コムギにコウジカビで発酵させて、蒸したダイズと混ぜ合わせ、もろみにした後、酵母菌・乳酸菌でもう一度発酵させるのだそうだ。へーそうでしたか。醤油はダイズが原料の一つということは知っていたのだが、③と④のどちらが正解かは分かりませんでした。**④が正解。**

【問４】

ヒトの遺伝子を大腸菌の遺伝子に組み込んで、大腸菌にヒトのインスリンを作らせている。**①が正解。**お世話になった大腸菌さんにお礼のお金をちゃんと払っているのかしら？　インスリンはヒトの血液中の糖分を減らす物質である。

【問５】

②が正解。③窒素ガスが合成できるのは太陽の中心付近で核融合によってできることである。また根粒菌はれんげ草など限られた植物の根だけに存在する。④光合成は植物の葉緑素で行われる。

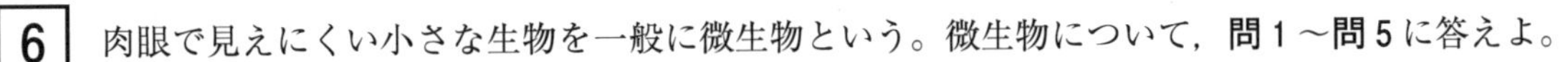

6 肉眼で見えにくい小さな生物を一般に微生物という。微生物について，**問 1** ～**問 5** に答えよ。

問 1 微生物について研究を行った人物とその業績の組合せとして正しいものを，次の①～④のうちから一つ選べ。

	人 物	業 績
①	レーウェンフック	結核や炭疽(たんそ)などの伝染病は，微生物が原因であることを明らかにした。
②	パスツール	微生物は自然に発生するものではないことを証明した。
③	イワノフスキー	顕微鏡を用いて微生物を最初に観察し，微生物の存在を初めて明らかにした。
④	コッホ	たばこモザイク病原体は，細菌より小さいものであることを示した。

問 2 微生物を観察するには，光学顕微鏡が必要である。光学顕微鏡の使用方法として適切なものを，次の①～④のうちから一つ選べ。

① まず高倍率で観察し，必要に応じて低倍率にする。

② 接眼レンズ，対物レンズの順に各レンズを取り付ける。

③ 倍率を上げて観察するときには，絞りを絞る。

④ 視野の明るさは，調節ねじを回して調節する。

問３　微生物である大腸菌，酵母菌，ゾウリムシを，体の大きいものから順番に並べた場合，正しい順番に並んでいるものを，次の①～④のうちから一つ選べ。

① 大腸菌 ＞ 酵母菌 ＞ ゾウリムシ

② 酵母菌 ＞ ゾウリムシ ＞ 大腸菌

③ ゾウリムシ ＞ 大腸菌 ＞ 酵母菌

④ ゾウリムシ ＞ 酵母菌 ＞ 大腸菌

問４　微生物のはたらきである発酵を利用して作った発酵食品として**適切でないもの**を，次の①～④のうちから一つ選べ。

① みりん

② しょう油

③ 砂　糖

④ かつお節

問５　フレミングは，アオカビが他の生物の細胞の生育を阻害する物質を作り出していることを発見した。この物質は，後に医療に使われる薬として実用化された。この物質として正しいものを，次の①～④のうちから一つ選べ。

① ペニシリン

② オルセイン

③ キサントフィル

④ グルコース

（２０１６年１１月試験）

答えの出し方

【問１】

①レーウェンフックは自作の顕微鏡で初めて微生物を観察した人である。(③の人)

②正しい。

③イワノフスキーは初めてたばこモザイク病の病原体が細菌より小さいウィルスであることを発見した人である（④の人)。

④は結核や炭疽病が微生物の病原菌によるものであることを発見した人である。(①の人)。

②が正解である。

【問２】

①まず低倍率で観察し、必要に応じて高倍率にする（×)。

②正しい。

③絞りは明るさを調節するものである。倍率を上げたときは、絞りは絞らず逆に広げて、倍率の高いときの狭い視野を明るくする（×)。

④明るさは絞りと反射鏡で調節する。調節ねじはピントを合わせるために回す（×)。

正解は②。

【問３】

ゾウリムシは0.1 ～ 0.3*mm*程度の大きさ。酵母菌は0.01*mm*（10 μ *m*程度)、大腸菌は0.003*mm*（３ μ *m*程度)。**④が正しい。**

【問４】

①みりんはアルコールが含まれておりその製造に発酵が行われ、酵母菌が利用されている。

②しょう油は、ダイズとコムギをこうじ菌と酵母菌などで発酵して作られる。

③さとうはサトウキビの茎に含まれるショ糖を水溶して煮詰めて得られる。発酵とは無関係である。

④かつお節は、「かび付け」という行程で微生物による発酵が利用される。

③が正解。

【問５】

アオカビから取れる抗生物質は、**ペニシリン**である。**①が正解。**④はデンプンを消化すると生成される単糖類で「ブドウ糖」とも言われる。②、③は生物を本格的に勉強する人以外は記憶の必要なし。

第4編　地学分野の解説

地学分野の大問は「太陽系における地球」の方を選び「景観と災害・地震」は選ばないことにしましょう。大問8になっていることが多いですが、2018年8月試験では大問7になっていました。試験場で選択を間違わないように。

地学の分野は、過去問を多くやることによって知識を増やしていくのがいいでしょう。

7 太陽系を構成する天体について，**問1**～**問5**に答えよ。

問1　太陽系を構成する天体の説明として適切なものを，次の①～④のうちから一つ選べ。

① 太陽の質量は太陽系全質量の約 50 % を占めている。
② 太陽系には現在 8 個の惑星がある。
③ 太陽系のすべての惑星は複数の衛星をもつ。
④ 木星と土星の間には多くの彗星（すいせい）がある。

問2　次の文は太陽系の惑星に関するものである。文中の [A] ～ [C] に入る語句の組合せとして適切なものを，下の①～④のうちから一つ選べ。

太陽系の惑星は，その特徴の違いから地球型惑星と木星型惑星に分けることができる。[A] 型惑星は [B] 型惑星に比べ，半径や質量は小さいが平均密度は大きい。また，[C] 型惑星の大気の主な成分は水素やヘリウムである。

	A	B	C
①	木　星	地　球	地　球
②	地　球	木　星	木　星
③	地　球	木　星	地　球
④	木　星	地　球	木　星

問3　金星の表面温度は 450 ℃ 以上と高いが，その原因は太陽に近いことと，大気に含まれるある気体の温室効果による。その気体として最も適切なものを，次の①～④のうちから一つ選べ。

① アンモニア
② 窒　素
③ 酸　素
④ 二酸化炭素

問 4 土星の特徴として適切なものを，次の①～④のうちから一つ選べ。

① 表面には大赤斑と呼ばれる数万 km にも及ぶ巨大な渦が観察できる。

② 太陽から最も遠い惑星で，表面温度は約 −215 ℃ と非常に低い。

③ 望遠鏡で観察できる環があり，表面には特徴的な縞(しま)模様が見られる。

④ 地球の 4 倍程度の大きさで，自転軸が公転面に対して大きく傾いている。

問 5 太陽や惑星以外で太陽系を構成している天体として**適切でないもの**を，次の①～④のうちから一つ選べ。

① 星　雲

② 小惑星

③ 衛　星

④ 彗(すい)　星(せい)

（２０１８年８月試験） 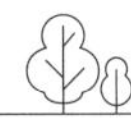  

答えの出し方

【問１】

正解は②。冥王星は、2006 年までは惑星とされていたが、この年の国際天文連合によって「準惑星」に格下げされた。したがって現在は、水星、金星、地球、火星、木星、土星、天王星、海王星の８個が惑星と認められている。①太陽の質量は太陽系全質量の約 99.7% を占めている。③水星と金星には衛星がなく、地球にも１個しか衛星はない（×）。④火星と木星の間に多くの小惑星がある（×）。

【問２】

太陽系の惑星のうち、水星、金星、地球、火星の４つは地球型惑星とされ、木星、土星、天王星、海王星は木星型惑星とされる。地球型惑星は小さく表面は岩石で覆われており、平均密度は４～６程度大きい。木星型惑星は大きいが平均密度は小さい、表面は水素やヘリウム、メタンなどの気体の厚い層で覆われていて平均密度は 0.6 ～ 2.0 と小さい。〔A〕には地球、〔B〕には木星、〔C〕には木星が入る。**②が正しい。**

【問３】

金星には二酸化炭素 CO_2 の厚い大気があるため、温室効果によって熱が宇宙空間に逃げず、表面温度は 450℃と灼熱の世界になっている。**④が正解である。**

【問４】

土星には「輪」があるので有名。①は木星の特徴。②は海王星、④は天王星である。**③が正解である。**

【問５】

①の星雲は、太陽系の外の天体である。アンドロメダ星雲など銀河系の外にある渦小宇宙なども星雲に含まれる。②は主として火星と木星の軌道の間に多数あって太陽の周りをまわっている小規模な惑星群である。③の衛星は惑星の周りをまわっている天体で月も地球の衛星である。④は「ほうき星」とも呼ばれ、ハレー彗星などは太陽系内の天体である。**①が正解である。**

8 太陽について，**問1～問5**に答えよ。

問 1 太陽表面の説明として正しいものを，次の①～④のうちから一つ選べ。

① かたい岩石などの固体でできている。

② 水素やヘリウムなどの気体でできている。

③ メタンやアンモニアなどの気体でできている。

④ 窒素や酸素などの気体でできている。

問 2 太陽の表面には黒点が観察される。黒点の説明として正しいものを，次の①～④のうちから一つ選べ。

① 黒点の部分はまわりより温度の低い部分であり，太陽の活動が盛んになると，黒点の数が多くなったり，規模が大きくなったりする。

② 黒点の部分はまわりより温度の低い部分であり，太陽の活動が盛んになると，黒点の数が少なくなったり，規模が小さくなったりする。

③ 黒点の部分はまわりより温度の高い部分であり，太陽の活動が盛んになると，黒点の数が多くなったり，規模が大きくなったりする。

④ 黒点の部分はまわりより温度の高い部分であり，太陽の活動が盛んになると，黒点の数が少なくなったり，規模が小さくなったりする。

問 3 **写真**は皆既日食の時の太陽である。中心付近の黒い円は，月に隠された太陽の光球である。この光球の周り全体に広がり，写真で白く見える高温のガスの層の名称として正しいものを，下の①～④のうちから一つ選べ。

写真

① コメット

② フレア

③ プロミネンス

④ コロナ

問 4　太陽が大量の光や熱を放出できるのは，中心付近で大量のエネルギーをつくり出しているからである。この中心付近で起きている反応の名称として正しいものを，次の①～④のうちから一つ選べ。

① 核融合反応

② 核分裂反応

③ 核化学反応

④ 核崩壊反応

問 5　太陽と地球の関係についての説明として**適切でないもの**を，次の①～④のうちから一つ選べ。

① 太陽活動が盛んになると，オーロラや磁気嵐の生じる回数が増える。

② 大気の外側までやってきた太陽放射は，大気に反射や吸収されることなく大気中を通過し，すべてが地表に届き，地表を温める。

③ 太陽放射のエネルギーは，風や雲などの気象現象を引き起こす。

④ 太陽活動の変化は，地球の気候変動に大きく関係している。

（２０１８年１１月試験）

答えの出し方

【問１】

②が正解。①は地球型惑星（水星、地球、火星）の特徴。③は木星型惑星（木星、土星、天王星、海王星）である。④は地球の大気である。

【問２】

①が正解。黒点（こくてん）は周囲より温度が低い部分で、約１１年を周期として数が増減する。黒点が多い年ほど太陽の活動が活発な時期である。

【問３】

④が正解である。①コメットとは彗星（すいせい）のこと。②フレアとは太陽表面に時々起きる局部的な爆発現象のこと。③プロミネンス（紅炎）とは、太陽表面で立ち上る炎のように見える現象。新型コロナウイルスの「コロナ」の由来は、この太陽のコロナに似ていることからきている。

【問４】

①核融合（かくゆうごう）反応が正解。太陽で起きている核融合反応には４個の水素原子が融合して１個のヘリウム原子になるとき、大きなエネルギーが放出される現象である。

【問５】

①、③、④は正しい。

②太陽光のうち紫外線は、地球上空にあるオゾン層で大部分が吸収されてしまう。**②が誤りでこれが正解である。**

【裏ワザ】

「すべて」があるとその選択肢はだいたい間違いである。

8 天体の運行と人間生活について，問１～問５に答えよ。

問１ 恒星の日周運動の周期を１恒星日と呼び，太陽の日周運動の周期を１太陽日と呼ぶ。１恒星日と１太陽日の関係として適切なものを，次の①～④のうちから一つ選べ。

① １太陽日のほうが１恒星日より約４分長い。

② １太陽日のほうが１恒星日より約４分短い。

③ １太陽日と１恒星日の長さは同じである。

④ １月から６月までは１太陽日のほうが１恒星日より約４分長く，７月から12月までは１太陽日のほうが１恒星日より約４分短い。

問２ ある時刻に北極星と北斗七星は**図１**の**ア**のように観測された。この時刻から６時間後に北斗七星を観測するとどのように観測されるか。最も適切なものを，下の①～④のうちから一つ選べ。

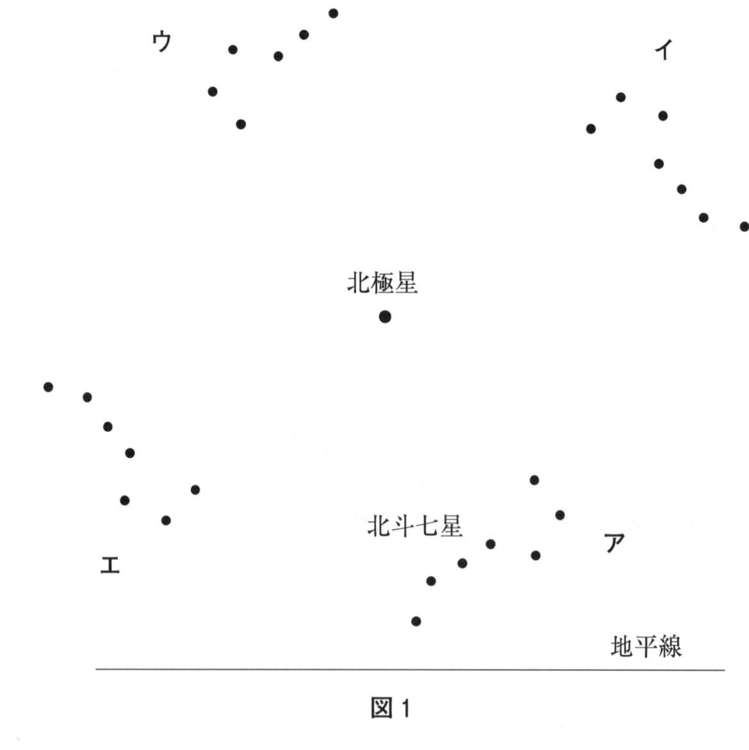

図１

① ア

② イ

③ ウ

④ エ

問 3　西の空に太陽が沈み，しばらくすると**図 2** のような月が東の空に上ってくるのが観測された。このような月が観測されるのは，**図 3** で地球，太陽と月がどのような位置関係にあるときか，下の①～④のうちから一つ選べ。

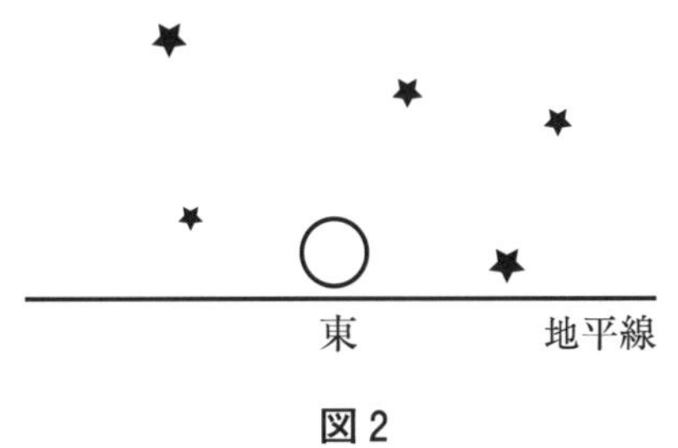

図 2

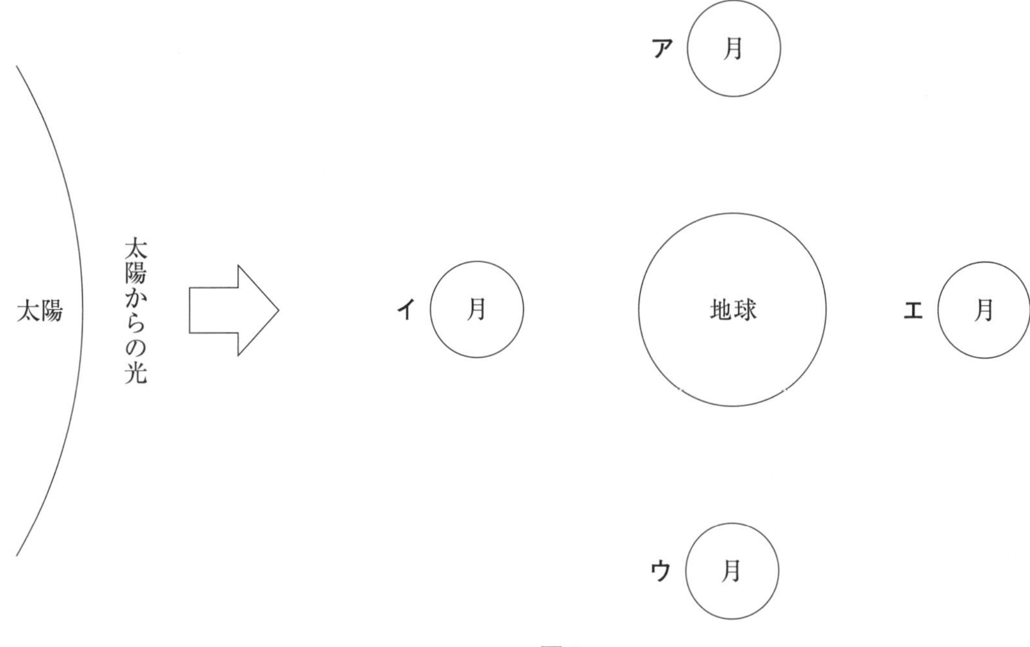

図 3

① ア
② イ
③ ウ
④ エ

問 4 月の動きと形の変化について説明した次の文中の A ， B に入る語句と数値の組合せとして正しいものを，下の①～④のうちから一つ選べ。

地球から見られる月の形は，満月から下弦の月，新月，上弦の月，満月と満ち欠けを繰り返す。この満ち欠けの周期を A とよぶ。
A は，かなり変動するが平均すると約 B 日である。

	A	B
①	太陰暦	15
②	太陰暦	29.5
③	1朔望月	29.5
④	1朔望月	15

問 5 太陽の動きを基にした暦ではうるう年が用いられる。うるう年の説明として正しいものを，次の①～④のうちから一つ選べ。

① 1太陽年と，1年を365日とした暦とのずれを解消するためにうるう年をおいた。
② ユリウス暦では，うるう年を400年に97回おいた。
③ うるう年では，1か月の日数を29日または30日とした。
④ グレゴリオ暦では，うるう年を必ず4年に1度おいた。

（2017年11月試験）

答えの出し方

【問1】

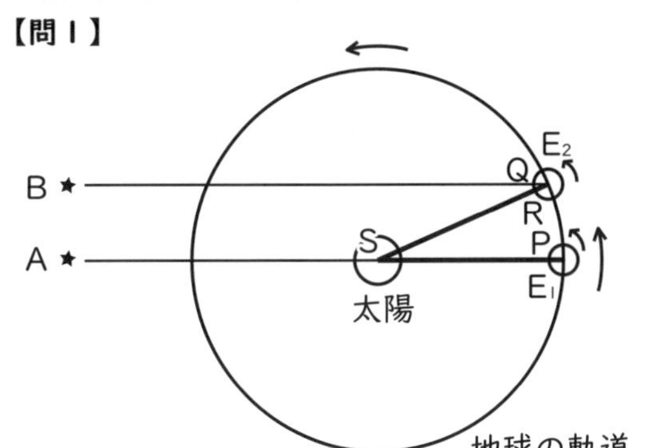

上の図は、太陽Sの周りをまわる地球の様子である。地球が太陽をまわる公転の向きがこの図の↑の方向（左まわり）とすると、地球の自転の向きも曲がった小さな矢印で表された左まわりの向きになる。この図の手前方向が北極方向である。さて最初地球がE_1の位置にいて、このとき太陽と同じ方向のE_1→Sの方向にある星があったとする。およそ24時間時間の後に地球はE_2の位置に来ていたとする。このとき、E_2からBの方向に同じ星が見え、しかも、E_1→AとE_2→Bが平行（同じ向き）になっていれば、地球がE_1からE_2まで来た時間が「1恒星日」となる。さて、地球がE_1の位置にあるとき、太陽を真上に見る点をPとすると、1恒星日の後には、P点はQの位置にあることになる。この点の真上に太陽が来るには地球はさらに∠QE_2Rだけ余分に自転しなくてはならない。この時間差が4分なのである。

以上の理由によって、1太陽日の方が1恒星日より約4分長くなって**①が正解である。**

【問2】

図1の正面が北であるから、地平線の右側方向が東、左側方向が西である。さて、毎日太陽は東から昇る。月も星も東から昇る。北斗七星もまた東から昇るように北極星のまわりを1日（24時間）で約360度回って進む。従って6時間後には、北極星は90度回ってイの位置にいる。**②が正解である。**

【問3】

地球から見て太陽と月が180度反対側に見えるのだから月はエの位置にあって満月である。**④が正解。**

【問4】

これは国語の問題。「朔」は陰暦の1日、「望」は十五夜の満月。月が新月から次の新月までを「1朔望月」という。陰暦の1ヶ月は二十九日か三十日であった。1朔望月の平均の長さは29.5日である。**③が正解。**

【問5】

現在用いられているのは、「グレゴリオ暦」という太陽暦である。これは、西暦年数が4で割り切れる年を閏年とする。ただし、西暦年数が100で割り切れる場合には、さらに400で割り切れる場合だけを閏年とし、そうでない場合には平年とした。（ユリウス暦はこの「ただし」以下を規定しなかった。）

たとえば2020年は4で割り切れるので閏年、2000年は4で割り切れるが、さらに400で割り切れるので閏年。2100年は4で割り切れるが400では割り切れないので平年となる。

このようにすると400年間に97回閏年があることになる。この場合、400年間の日数は、

365 × 400 + 97 = 146,097日となる。これを400年で割り算すると、1年の平均の長さは365.2425日となって、正しい1太陽年の365.2422にきわめて近い数となる。

①正しい。②ユリウス暦をグレゴリオ暦と書き直すと正しくなる。③これはでたらめ。29日か30日か31日になる。④「グレゴリオ暦」と「ユリウス暦」に置き換えると正しくなる。**正解は①。**

8 天体の運行と人間生活について，**問1～問5**に答えよ。

問1 日本で観察される地球の自転に関わる現象として最も適切なものを，次の①～④のうちから一つ選べ。

① 月には満ち欠けがある。

② 太陽は毎日東からのぼり，西へ沈む。

③ 季節によって同じ時刻に観察される星座が異なる。

④ 太陽が南中したときの高度は，月ごとに異なる。

問2 日本で観察すると，恒星は北の空では北極星を中心に反時計回りに回転している。これを恒星の日周運動と呼ぶ。恒星の日周運動の周期として正しいものを，次の①～④のうちから一つ選べ。

① 23時間56分

② 24時間

③ 12時間

④ 11時間58分

問 3 太陽が天球上を運行する道すじを黄道と呼ぶ。天球の中に黄道を示したものの中で，最も適切なものを，次の①～④のうちから一つ選べ。

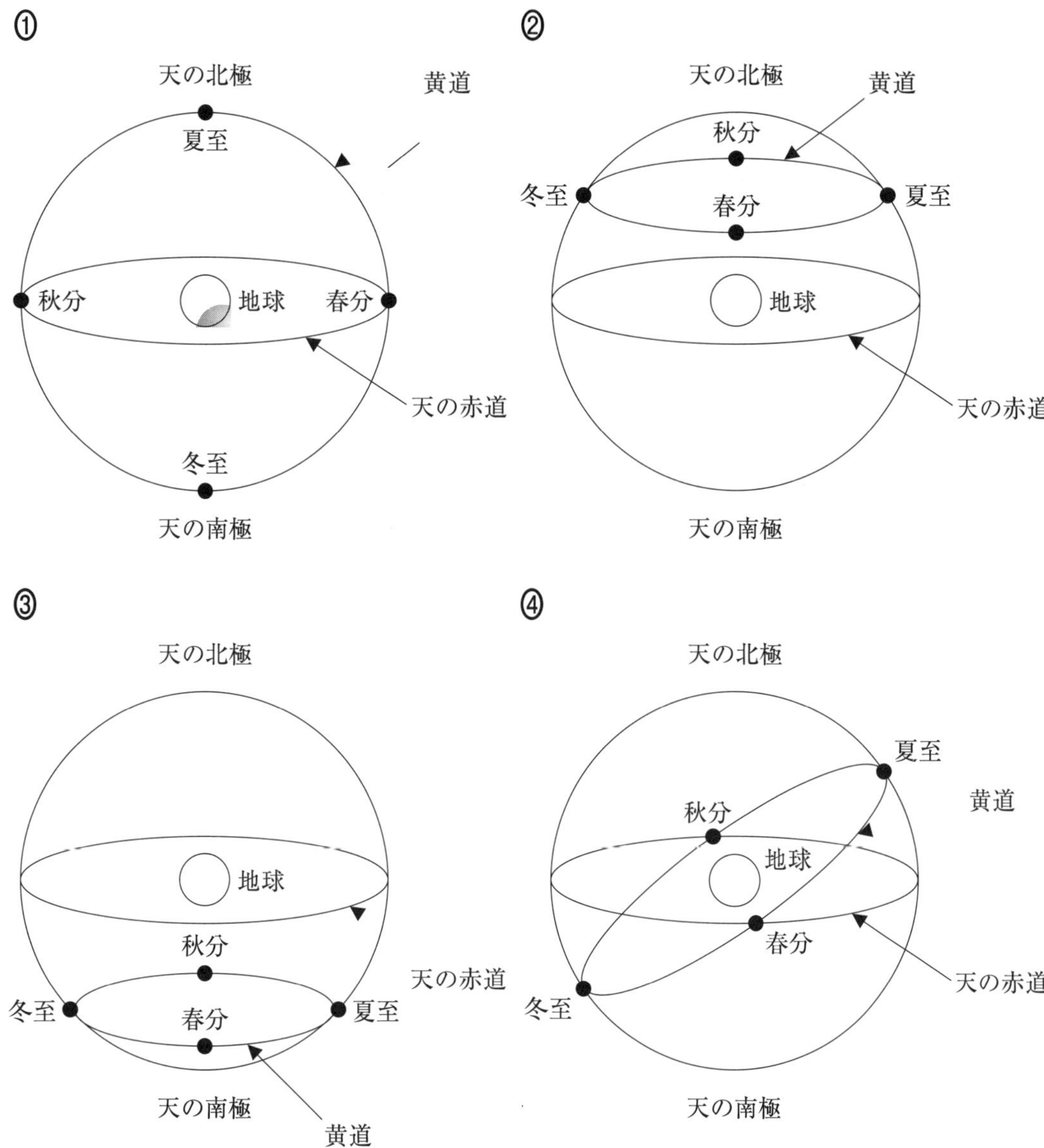

問 4　次の文中の［A］，［B］に入る語句と数の組合せとして最も適切なものを，下の①～④のうちから一つ選べ。

太陽が黄道上を運行する際，春分点を通過してから次の春分点を通過するまでの時間を［A］と呼ぶ。この時間は［B］日である。

	A	B
①	1 太陽日	365.2422
②	1 太陽日	365
③	1 太陽年	365.2422
④	1 太陽年	365

問 5　月の満ち欠けを基準とした暦の名称として正しいものを，次の①～④のうちから一つ選べ。

① 太陰暦
② ユリウス暦
③ 太陽暦
④ グレゴリオ暦

（2016年11月試験）

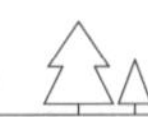

答えの出し方

【問1】

地球の自転で起きるのは**②である（○）**。①は月の公転による。③④は地球の公転による現象である。自転は24時間単位で起きる現象であることに気がつけば正解が出せる。

【問2】

①が正しい。 1恒星日という。前年の問1の説明を参考にすること。

【問3】

天の黄道(こうどう)は天の赤道と23.5°の角度で交差しており、春分点、秋分点が交点になっている。**④が正しい。**

【問4】

太陽が天球上を春分点を通過してから、約1年後にふたたび春分点を通過するまでの時間を「1太陽年」といい、365.2422日である。**③が正しい。**

【問5】

古代から明治5年（1872）まで使われていた「太陰暦(たいいんれき)」である。太陰暦では、毎月ほぼ15日が満月であった。三日月は太陰暦の毎月三日に見える月の意味である。**①が正しい。**

cosπ=−1

私の力は並みのものだ。私の応用力こそが成功をもたらした。

My powers are ordinary. Only my application brought me success.
（アイザック・ニュートン）

物理基礎
BASIC PHYSICS

高認「物理基礎」の学び方

この本では、過去４回（2016年11月、2017年11月、2018年8月、2018年11月）の高認の物理基礎の試験問題を、テーマ別に21個に分類し、各テーマの前におよその解説をしたものである。分かっても分からなくてもいいからとにかく解説文を読み、過去問を解く訓練に取りかかってください。解き方が分からない問題があった場合でも、意地を張って自分の頭だけで答を出そうとはせず、さっさと降参して各過去問の直後にある［答の出し方］を読んで、理解、納得し、また知識を増やしていただきたい。過去問研究だけで十分そのテーマの内容が学習できる場合には「解説文」がない場合もあります。この場合にはそのまま過去問に取り組んでください。

高校教科書「物理基礎」からは光問題（レンズ問題を含む）は外された。この問題は「科学と人間生活」に移動したためである。また、数年前まで取り上げられた電流と磁場の問題も今の高認物理の範囲外となった。2014年以前の過去問を確認するときには気をつけること。

現在の教科書では基本単位はＭＫＳ系が使われています。つまり長さはｍ（メートル）、質量はkg、時間は秒（s：second）を基本とします。そこで、速度V（m/s）と書いてあるとき、mはメートル、sは秒を表し、1秒あたり何メートルかを表すことになります。

この本の利用の仕方としては、まず高認試験の少なくとも２ヶ月前までに一度全体を最後まで勉強し終わること（1回目）、そして試験直前に、もう一度この本で勉強を最後までやること。この２回の勉強で、高認物理は80点以上の高得点を目指せるはずです。

1 有効数字に関する問題

有効数字については、過去問を解くことによって学ぶことにしたい。

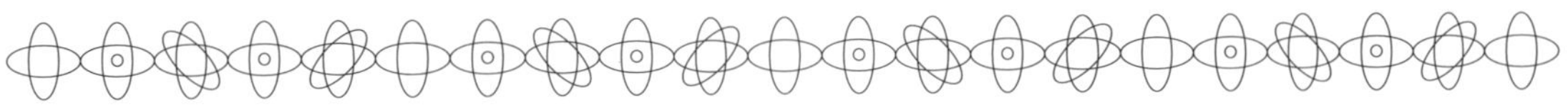

1 次の文章について，(1)，(2) に答えよ。

計器を用いて物体の長さや質量などを測定するときは，ふつう測定に使用した器具の最小目盛りの [ア] までを目分量で読み取る。

ある物体の一辺の長さを測定したところ，37.2 mm であった。測定によって得られた「3」「7」「2」のような数字を有効数字という。また，この 37.2 mm の例では，有効数字が 3 桁であるという。

(1) 文中の [ア] に入る数値として適当なものはどれか。次の①～⑤のうちから一つ選べ。

① $\frac{1}{2}$　② $\frac{1}{5}$　③ $\frac{1}{10}$　④ $\frac{1}{20}$　⑤ $\frac{1}{100}$

(2) **有効数字が 3 桁でない数値**はどれか。次の①～⑤のうちから一つ選べ。

① 0.41　② 5.35　③ 0.628　④ 0.0790　⑤ 82.0

（2018年8月試験）

答えの出し方

（1）最小メモリの$\frac{1}{10}$まで読み取るのがふつう。**③が正解。**

（2）上位の桁から見ていってゼロでない最初の数字から何桁目まで数字がかいているかで有効数字の桁数が決まる。①は「ゼロでない最初の数字」は4。そこから41と2桁かいているから有効数字は2桁。**①がこの問題の正解である。**

⑤の最後の0も有効数字である。

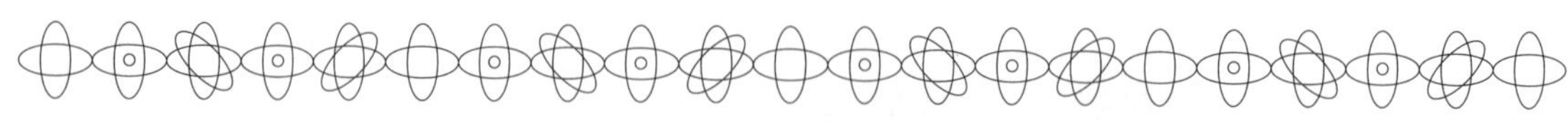

1　物理量の測定と扱い方について正しく説明している文はどれか。次の①〜④のうちから一つ選べ。

① あるひもの長さを測ったら，3.25 m だった。この測定値の有効数字は 2 桁である。

② 一辺が 1.3 m の正方形の面積を有効数字に注意して計算すると 1.6 m^2 となる。

③ 蛇口から 6.0 s 間に 12 cm^3 の水が流れ出た。有効数字に注意して計算すると 1.0 s あたりに流れ出る水の量は 2 cm^3 である。

④ 長さ 1.2 m の棒に 15 cm の棒を継ぎたした長さは，有効数字に注意して計算すると 1.4 m である。

（2018年11月試験）

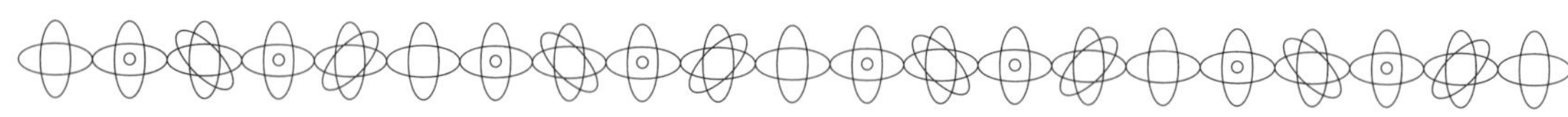

答えの出し方

①この場合有効数字は 3 桁である（×）。
② 1.3 × 1.3 = 1.69 になるので、3 桁目を四捨五入すれば 1.7 になる（×）。③ 6.0s も 12cm^3 も有効数字 2 桁なので、流れ出る水の量も 2.0cm^3 と表記すべきである（×）。④正しい。
④が正解である。

2 速さを計算する問題

「速さ」というのは、移動した距離を、移動するのにかかった時間で割ったものである。過去問で研究しておこう。

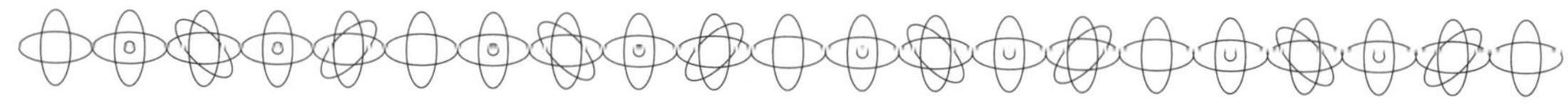

2　ランナーが 360 m の直線のトラックを走った。スタートしてから 180 m の前半区間を 30 s で，残りゴールまで 180 m の後半区間を 45 s で走った。このランナーの全区間の平均の速さは何 m/s か。下の①〜⑤のうちから一つ選べ。

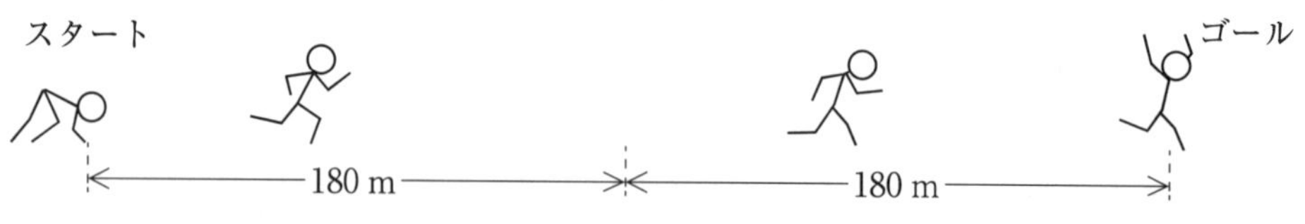

① 4.7　② 4.8　③ 4.9　④ 5.0　⑤ 5.1

（2017 年11月試験）

答えの出し方

速さ V は、(移動距離) ÷ (時間) で計算できる。
移動距離は　180m + 180m = 360m、
時間は　30s + 45s = 75s
したがって、平均の速さ V (m/s) は

$$V = \frac{360}{75} = 4.8\text{(m/s)}$$

となって、**②が正しい。**

【注意】

前半の 180m は 30 秒で走ったのだから、速さは 6.0m/s。後半の 180m は 45 秒で走ったのだから、速さは 4.0m/s。だから平均の速さは 6.0m/s と 4.0m/s の平均を取って 5.0m/s とするのは誤りである。

2　摩擦のない斜面上にある物体が初速度 0 ですべり出した。物体が斜面を 4.2 m すべり下りる時間を測定したところ 3 s であった。物体の平均の速さは何 m/s か。次の①～④のうちから一つ選べ。

① 1.2　　② 1.4　　③ 7.2　　④ 12.6

（2016年11月試験）

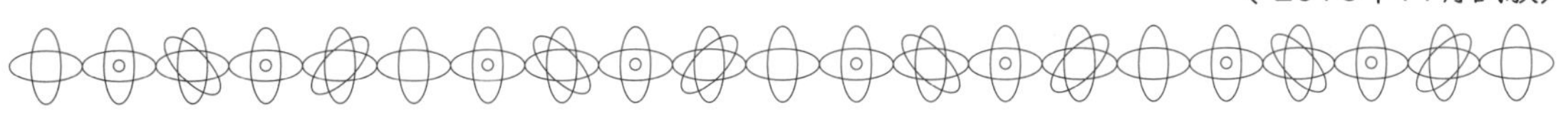

答えの出し方

移動距離は 4.2m、移動にかかった時間は 3.0 秒。したがって平均の速さ V は、

$$V = \frac{4.2}{3.0} = 1.4\text{(m/s)}$$

となって、②が正しい。

3 相対速度の問題

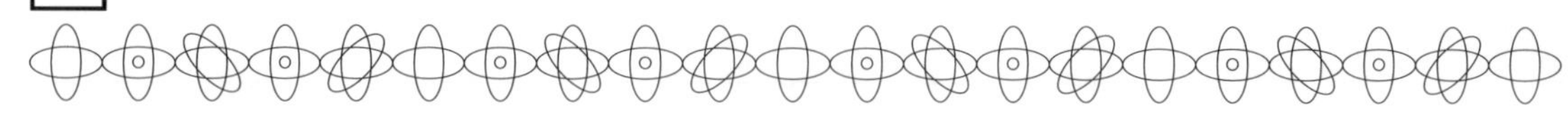

3 東西方向の直線道路上で，東向きに1.2 m/s で歩くＡさんと，西向きに7.5 m/s で進む自転車に乗っているＢさんがすれ違った。Ａさんに対するＢさんの相対速度の向きと大きさの組合せとして正しいものはどれか。下の①～④のうちから一つ選べ。

西　A 1.2 m/s →　　← 7.5 m/s B　東

	相対速度の向き	相対速度の大きさ〔m/s〕
①	東向き	6.3
②	東向き	8.7
③	西向き	6.3
④	西向き	8.7

（2016年11月試験）

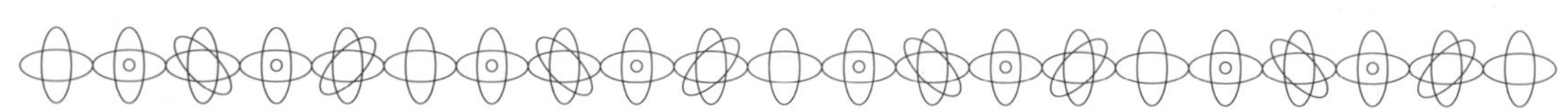

答えの出し方

Ａさんに対してＢさんは１秒間に
1.2 ＋ 7.5 ＝ 8.7（m）
ずつ近づいてくる。

したがってＢさんはＡさんに対して8.7m/sで西向きに進んでいることになる。**④が正しい。**

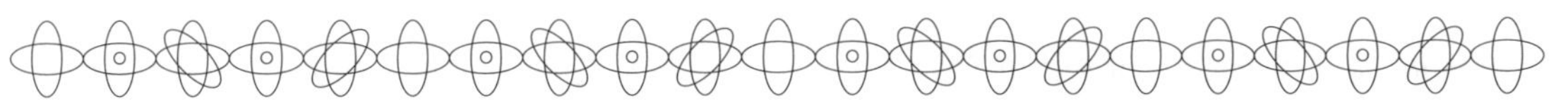

3 図のように，流れの速さが1.5 m/s の川を，静水上を3.5 m/s の速さで進む船が，川上に向かって1分間進んだ。この船は初めの位置から何 m 進んだか。下の①〜⑤のうちから一つ選べ。

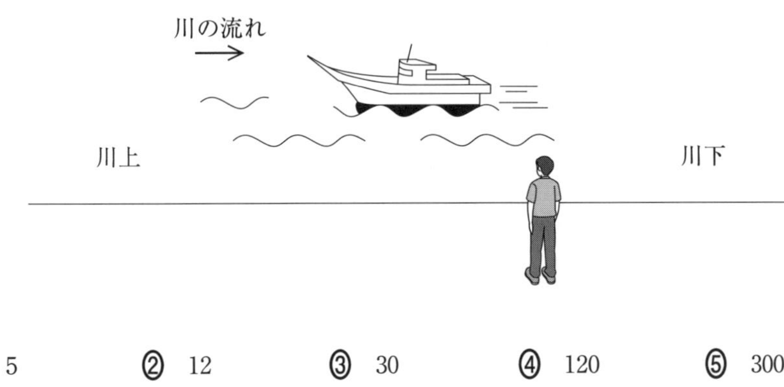

① 5　　② 12　　③ 30　　④ 120　　⑤ 300

（2017年11月試験）

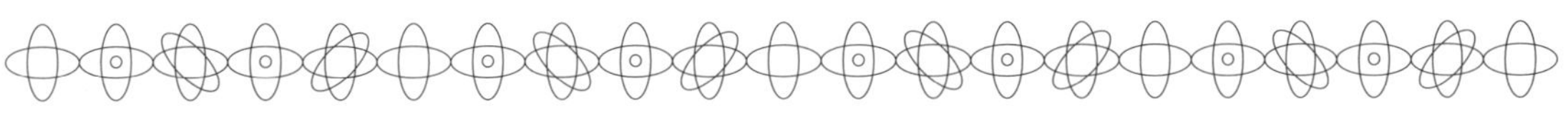

答えの出し方

川上に進む船の速度は、静水上を進む速度より川の流速だけ遅くなる。

したがって、川上に進む船の速度は、

3.5 − 1.5 ＝ 2.0（m/s）になる。1分は、60秒であるから、この間に船の進んだ距離Dは

D＝2.0 × 60 ＝ 120（m）となって、**④が正解である。**

4 等加速度運動

質量m（kg）の物体に一定の力F（N：ニュートン）の力がかかり続けると、その物体は、

$F=m\alpha$の関係にある加速度α（m/s^2）で運動を始める。高認の力学の問題では、この加速度が一定の数字で変わらない運動、すなわち等加速度運動の問題に限られる。例えば、地球の重力を受けて落下する物体の運動、なめらかな斜面を転がり落ちる小球の問題などがそうである。

はじめ（時間$t=0$）の物体の速度がv_0、加速度がα（m/s^2）の場合、t（m/s）秒後の物体の速度 は、次の式で与えられる。

$$v=v_0+\alpha t \quad (1)$$

加速度が重力の加速度g（m/s^2）のときには、gは下向きの加速度であるから、この式は上向きに正の座標を取れば

$$v=v_0-gt \quad (2)$$

となる。gは$g=9.8$（m/s^2）の値を取る。

はじめ（時間$t=0$）の位置がx_0, 初めの速度がv_0、一定の加速度が α（m/s^2）の場合、t秒後に物体のいる場所xは、

$$x=x_0+v_0t+\frac{1}{2}\alpha t^2 \quad (3)$$

で計算できる。加速度が重力加速度gのときには、（gは下向きに働くから）物体のいる高さxは

$$x=x_0+v_0t-\frac{1}{2}gt^2 \quad (4)$$

と表される。(1)～(4)の式は何度も紙に書いて記憶すること。

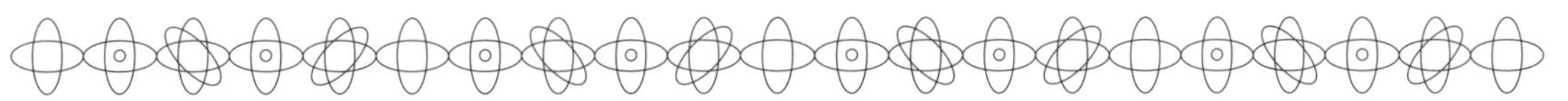

4　図のように，x 軸に沿って等加速度直線運動している物体がある。物体の加速度は正の向きに 2.0 m/s^2 で，時刻 0 s に原点 $x = 0$ m を正の向きに速さ 3.0 m/s で通過した。この物体が，$x = 18$ m の位置を通過する時刻は何 s か。下の①～⑤のうちから一つ選べ。

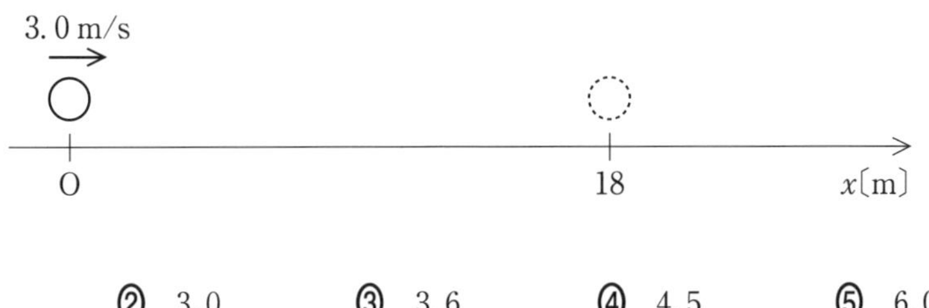

① 2.0　　② 3.0　　③ 3.6　　④ 4.5　　⑤ 6.0

（２０１６年１１月試験）

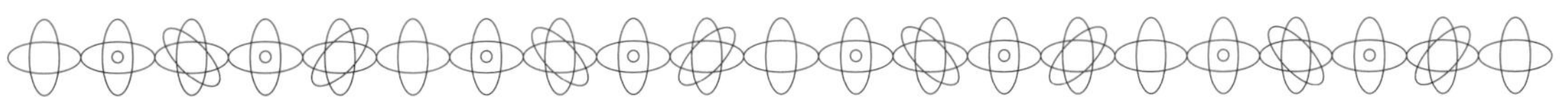

答えの出し方

はじめ（時間 $t = 0$）の位置が x_0、初めの速度が v_0、加速度が α m/s^2 の場合、t 秒後に物体のいる場所 x は、$x = x_0 + v_0 t + \frac{1}{2}\alpha t^2$ で計算できる。

今の場合、

$x_0 = 0$、$v_0 = 3.0$（m/s）、$\alpha = 2.0$（m/s^2）、$x = 18$m だから、

$18 = 0 + 3.0 \times t + \frac{1}{2} \times 2.0 \times t^2$

これから　$t^2 + 3t - 18 = 0$

すなわち、$(t - 3)(t + 6) = 0$　これを解いて、$t = 3$　答 3.0 秒後。**②が正しい。**

（この問題、高認としてはやや高度である）。

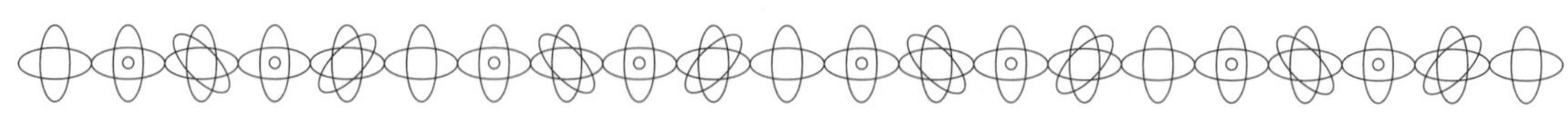

4　図のように，29.4 m の高さから初速度 4.9 m/s で小球を鉛直上向きに投げた。投げた時刻を $t=0$ とし，空気の抵抗は無視できるものとする。(1)，(2) に答えよ。

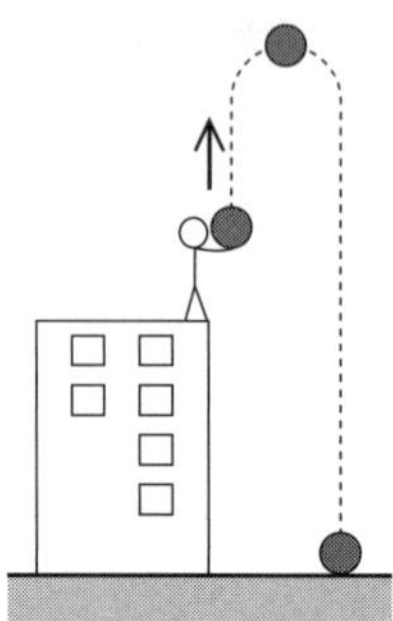

(1) 小球が地面に達するまでの，時刻 t と速度 v の関係を表すグラフを，次の①～④のうちから一つ選べ。ただし，鉛直上向きを正の向きとする。

①

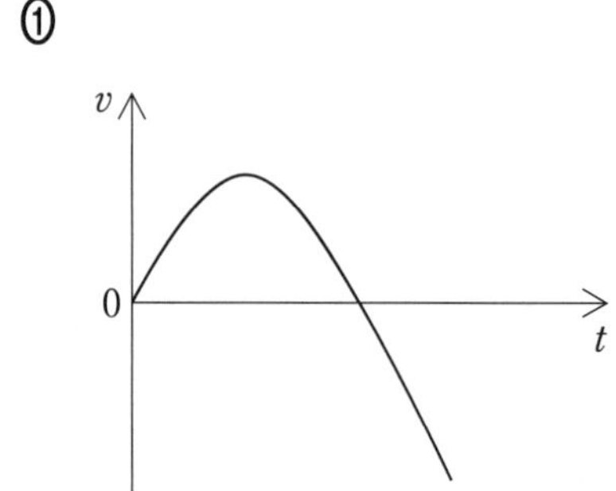

②

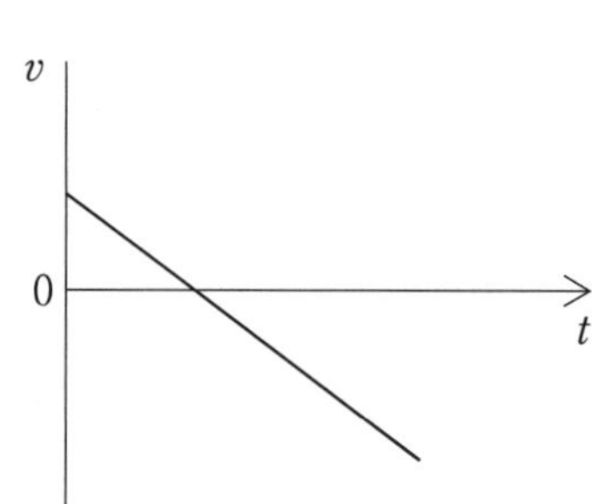

③

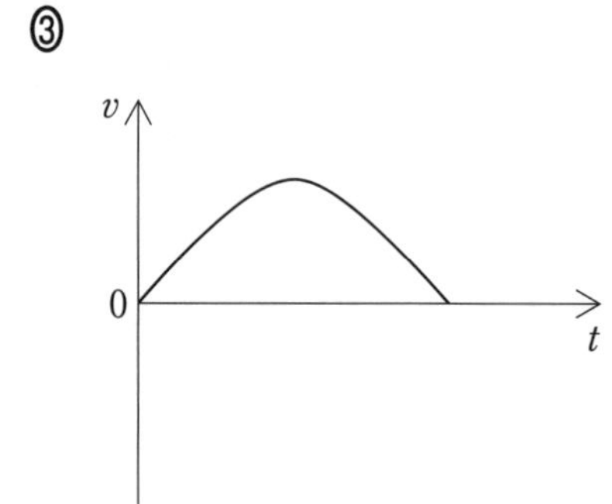

④

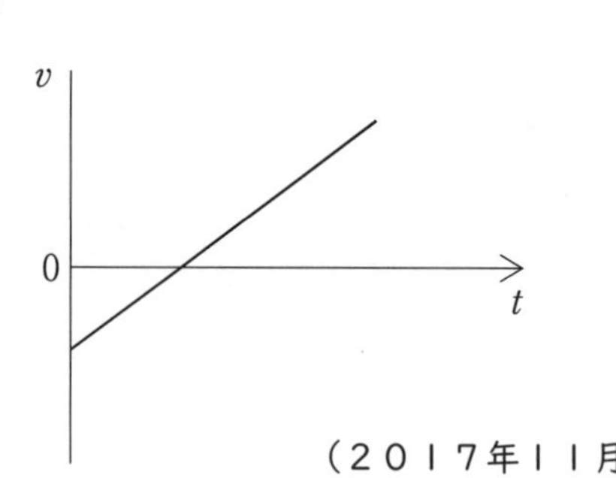

（２０１７年１１月試験）

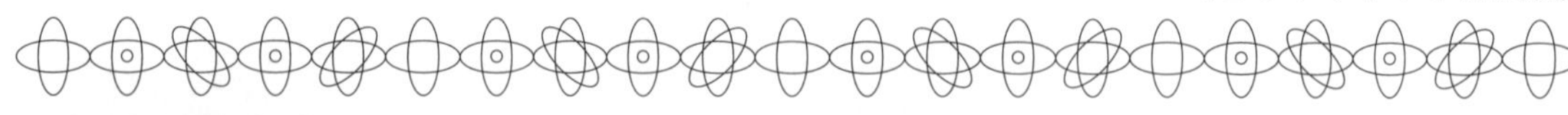

答えの出し方

縦軸が高さ x ではなくて速度 v であることに注意。最初（時間 $t=0$）速度は上向きに4.9m/s の値であった。

これを満たす図は②しかない。**したがって②が正解。**

縦軸が高さ x なら①**が正解。**

科学と人間生活 Science & Our Daily Life
4 等加速度運動
化学基礎 Basic Chemistry
生物基礎 Basic Biology
地学基礎 Basic Earth Science

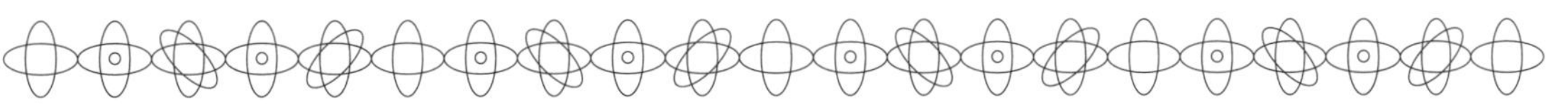

(2)　小球が地面に達する時刻は何 s か。次の①～⑤のうちから一つ選べ。ただし，重力加速度の大きさを $9.8\,\mathrm{m/s^2}$ とする。

①　1　　②　2　　③　3　　④　4　　⑤　5

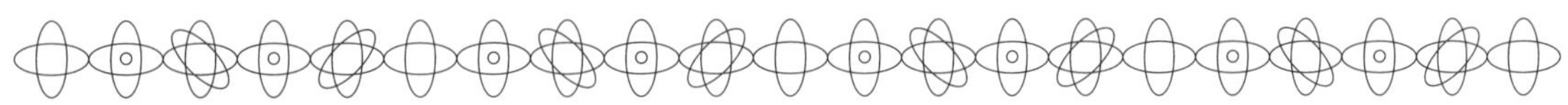

答えの出し方

時刻 t（秒）での地面から測った高さを x（m）とすると、最初の高さを x_0、初速度を v_0、重力加速度を g として

$$x = x_0 + v_0 t - \frac{1}{2}gt^2$$

で表される。

この問題では、

$x_0 = 29.4\mathrm{m}$、$v_0 = 4.9\mathrm{m/s}$、$g = 9.8$（$\mathrm{m/s^2}$）

だから

$$x = 29.4 + 4.9t - 0.5 \times 9.8 \times t^2$$

が成り立つ。

小球が地面に達するときには $x = 0$ であるから、次の式が成り立つ。

$$29.4 + 4.9t - 0.5 \times 9.8 \times t^2 = 0$$

全体を 4.9 で割って整理すると

$$t^2 - t - 6 = 0$$

因数分解すれば

$(t - 3)(t + 2) = 0$　これから t が正の解を求めると　$t = 3$（秒）。

③が正解である。（この問題、高認レベルを超え、大学入試水準）

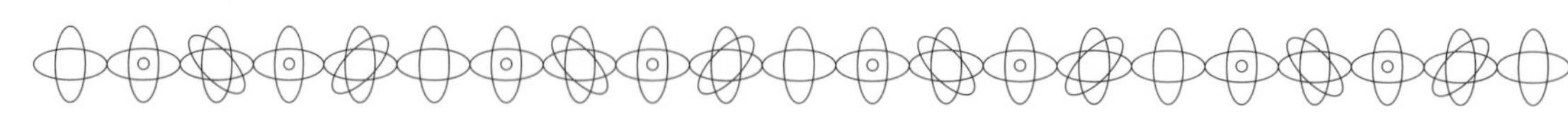

4 次の文中の ア , イ にあてはまる数値の組合せとして正しいものはどれか。下の①～④のうちから一つ選べ。

はじめ6.0 m/sで走っていたバイクが一定の加速度で加速したところ，3.0 s後に速さが18 m/sになった。このときの加速度は ア m/s^2で，この間に進んだ距離は イ mである。

	ア	イ
①	4.0	18
②	4.0	36
③	6.0	18
④	6.0	36

（２０１８年１１月試験）

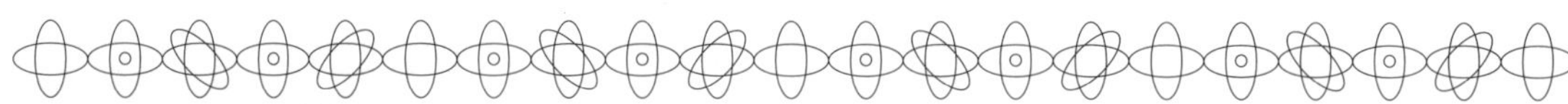

答えの出し方

（平均加速度α）＝｛（最後の速度）－（最初の速度）｝／（経過時間）で計算できる。

今の場合、加速度は

$\alpha = \dfrac{18.0 - 6.0}{3.0} = 4.0$ m/s^2になる。

t秒後の位置を x は次の式で計算することができる。

$x = x_0 + v_0 t + \frac{1}{2}\alpha t^2 = 0$

今の場合、

$x_0 = 0, v_0 = 6.0$（m/s），

$\alpha = 4.0$（m/s^2），$t = 3.0$　だから

$x = 0.0 + 6.0 \times 3.0 + \frac{1}{2} \times 4.0 \times 3.0^2$

$= 18.0 + 18.0 = 36.0$m

となって**②が正解である。**

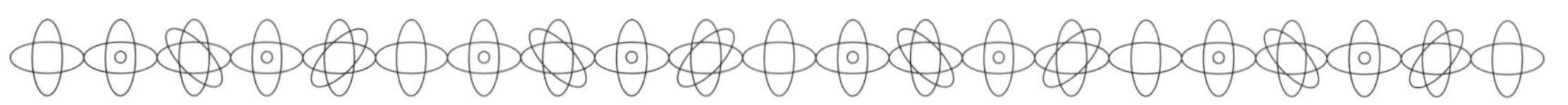

4 　図のように，$t = 0\,\mathrm{s}$ に，ある高さから小球Aを初速度 $0\,\mathrm{m/s}$ ではなすと同時に，水平な地面から小球Bを鉛直上向きに投げ上げた。$t = 3\,\mathrm{s}$ に，小球Aは地面に達し，小球Bは最高点に達した。(1)，(2) に答えよ。ただし，重力加速度の大きさを $9.8\,\mathrm{m/s^2}$ とする。

小球A　　　　小球B

(1)　小球Aをはなした位置の地面からの高さは何 m か。次の①～⑤のうちから一つ選べ。

①　4.9　　②　9.8　　③　14.7　　④　29.4　　⑤　44.1

（２０１８年８月試験）

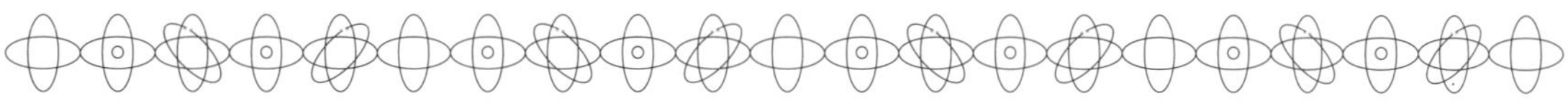

答えの出し方

初めの位置が x_0、初めの速度が v_0、加速度 α の物体の t 秒後の位置 x は

$$x = x_0 + v_0 t + \frac{1}{2}\alpha t^2$$

で表される。今の場合地面を原点とし（$x = 0$ の位置とし）、$t = 3.0$ 秒、x_0 が求めるべき未知数、v_0（初速度）がゼロ、α が $-g = -9.8$、で、$x = 0$（地面に落ちる）だから↗

$$0 = x_0 - \frac{1}{2} 9.8 \times 3.0^2$$

これから

$$x_0 = 4.9 \times 9 = 44.1\,\mathrm{m}$$

となって**⑤が正解。**

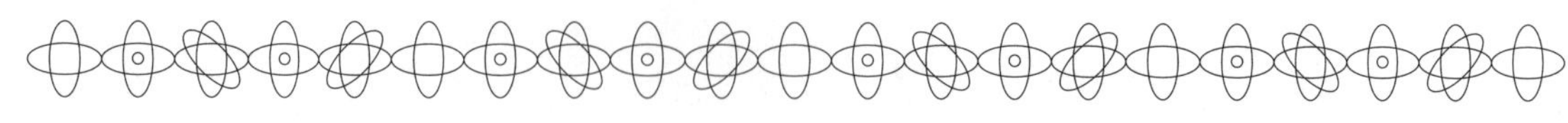

4 (2) 小球Aと小球Bが地面に達するまでの1sごとの位置を示した図はどれか。次の①～④のうちから一つ選べ。

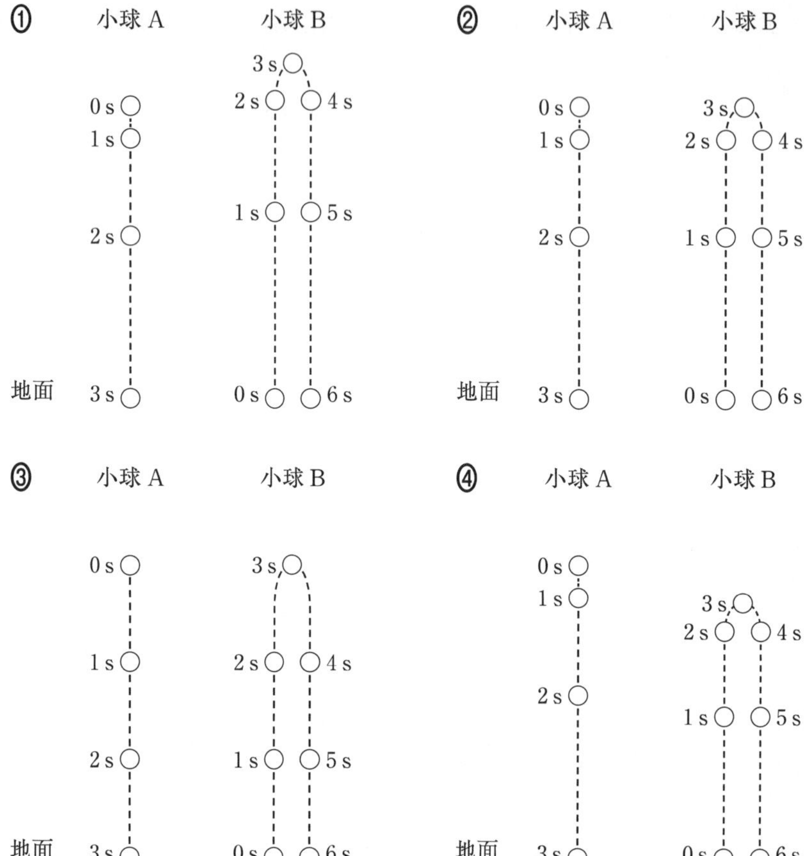

（２０１８年１１月試験）

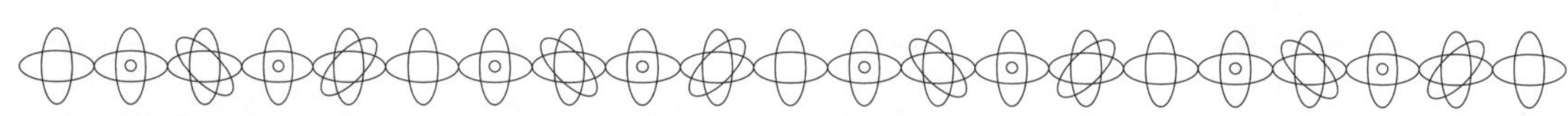

答えの出し方

「初速度０で手を放して、３秒後に地面に落ちた物体」と、

「地面から投げ上げて３秒後に最高点に達した（速度がゼロになった）」。

２個の物体は、ビデオを逆回しにしたような同じ経過を逆にたどる。

したがって、Bは最初Aが放たれた位置まで上昇する。したがって①はまちがいで、**②が正しい。**

あるいは、Bが最高点に達してからあとは最初のAの運動と全く同じ動きをする。

したがって、Aの運動とBの最高点以後の運動は全く同じでなくてはならない。このことから**②が正解と分かる。**

落下物体が等速運動をすることはないので③は明らかに間違いと分かる。

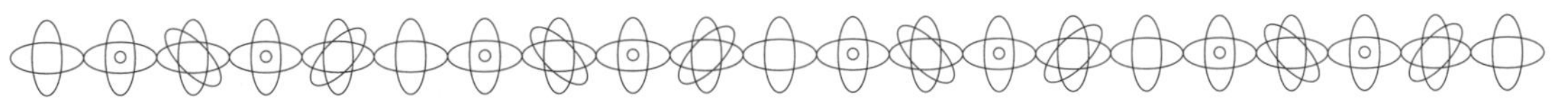

4 落体の運動に関する次の文中の ア , イ にあてはまる語句の組合せとして正しいものはどれか。下の①～④のうちから一つ選べ。

小球を水平方向に投げると放物線を描いて飛んでいく。運動を水平方向と鉛直方向に分けて考えると，水平方向に ア 運動し，鉛直方向に イ 運動する。

	ア	イ
①	等速直線	等加速度直線
②	等速直線	等速直線
③	等加速度直線	等加速度直線
④	等加速度直線	等速直線

（２０１６年１１月試験）

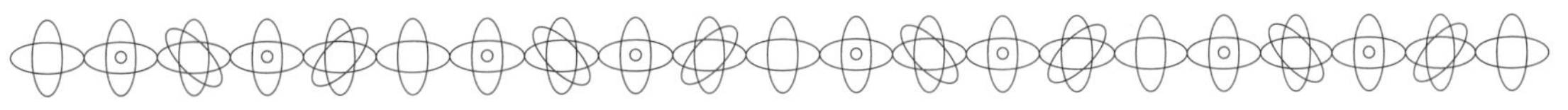

答えの出し方

水平方向（ア）には等速直線運動、鉛直方向（イ）には等加速度直線運動する。**①が正しい。**

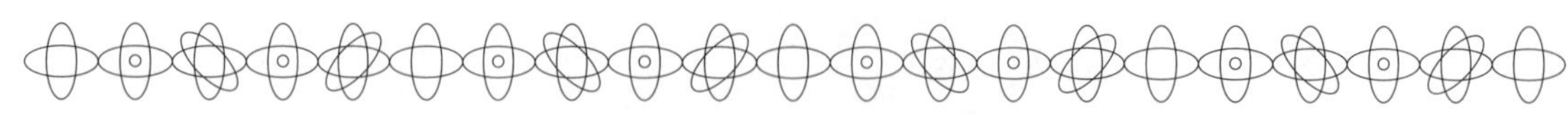

4　図のように，摩擦のない斜面と摩擦のない水平面がなめらかにつながっている。時刻 $t=0$ に，点 A を初速度 0 で滑り出した小物体は，点 B，点 C を通過し点 D で最高点に達した。この間の小物体の時刻 t における速さ v の様子を表しているグラフはどれか。下の①～④のうちから一つ選べ。

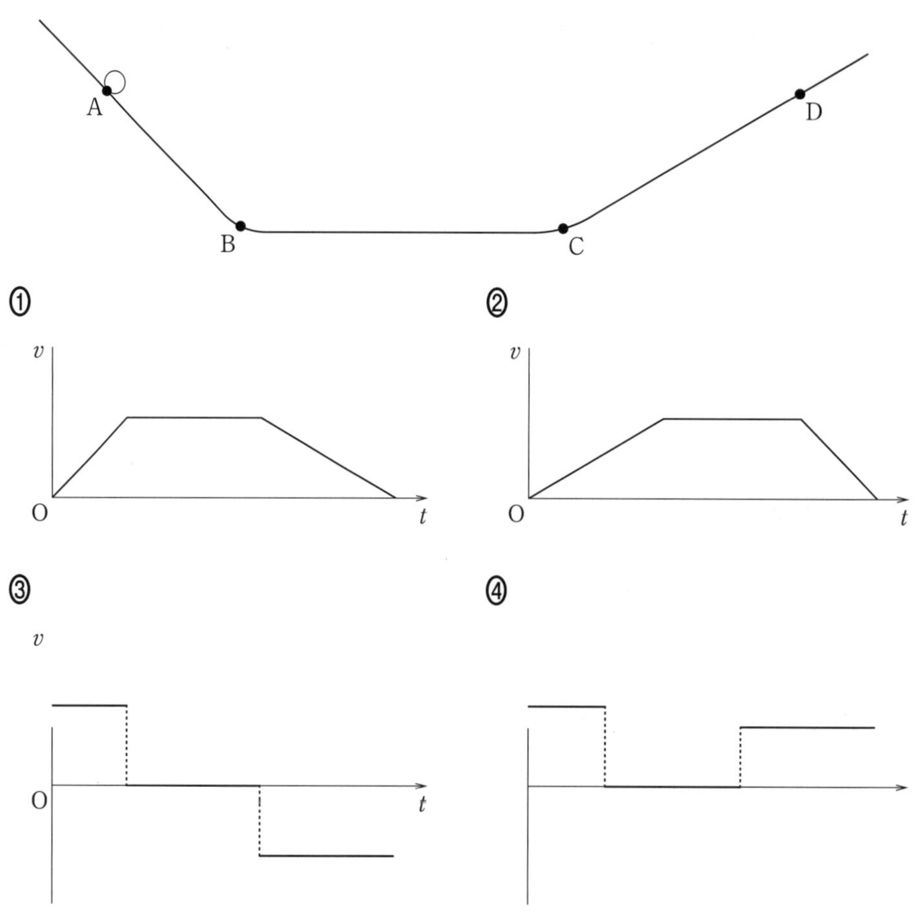

（２０１８年１１月試験）

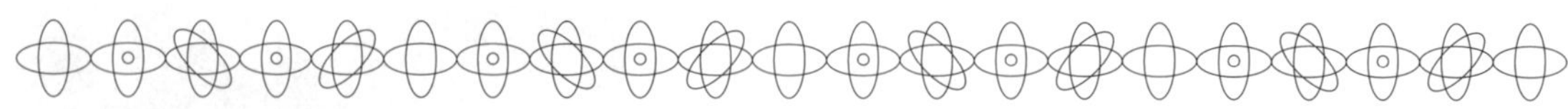

答えの出し方

Aにいる瞬間は速度 v はゼロ。Bに近づくにつれて速くなって、B→C間は一定速度で動く。このあとC→Dに進むにつれて遅くなり、Dで再び速度はゼロになる。以上だけだと、①と②のいずれが正しいか判別できないが、A→Bの方がC→Dより急である上に距離も短いので①が正しい。**正解は①。**

5 加速度運動を引き起こす力

質量 m（kg）の物体を、大きさF（N：ニュートン）の力で引いた場合、この物体は

$F = m\alpha$ または $\alpha = \dfrac{F}{m}$ の加速度運動を始める。

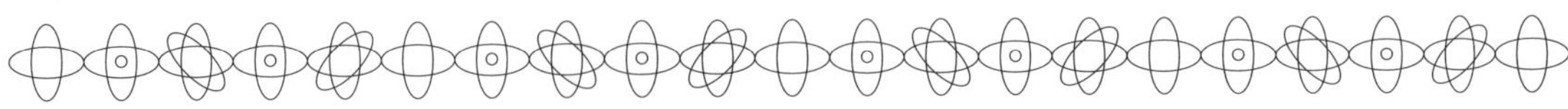

5 問 1 (1), (2) に答えよ。

(1) 図のように，摩擦のない水平な床の上で，質量 5.0 kg の物体を水平に引き，力の向きに加速度 0.80 m/s^2 の等加速度直線運動をさせた。このときに物体に加えた力の大きさは何 N か。下の①～⑤のうちから一つ選べ。

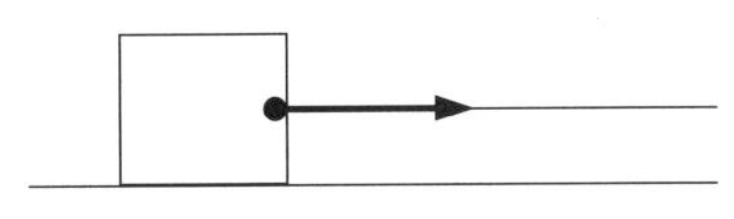

① 0.80　② 1.0　③ 2.0　④ 3.0　⑤ 4.0

（２０１６年１１月試験）

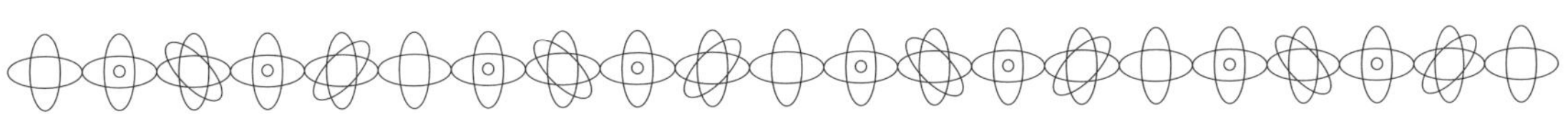

答えの出し方

（力）＝（質量）×（加速度）、あるいは

$F = m\alpha$ だから

$F = 5.0 \times 0.80 = 4.0$（$N$）

⑤が正しい。

Science & Our Daily Life 科学と人間生活

5 加速度運動を引き起こす力

Basic Chemistry 化学基礎

Basic Biology 生物基礎

Basic Earth Science 地学基礎

6 摩擦(まさつ)問題

机の上に置かれた物体に水平方向に力を加えても、机の面でその力と反対方向に摩擦力が働いて、すぐには物体は動き出さない。このように物体が止まっているとき働く摩擦力は「静止摩擦力(せいしまさつりょく)」と呼ばれ、その物体が机を押す力 F（ふつうは物体の質量 m に、重力加速度 g（$= 9.8\mathrm{m/s^2}$）を掛けた mg に等しい）に、「静止摩擦係数 μ」を掛けた値（$\mu \times F$）まで静止摩擦力は働く。物体が水平方向の受け力を受けて、静摩擦力の最大値（μF）を越えると、物体は滑り始めるが、このときにも滑る方向とは逆方向に「動摩擦力(どうまさつりょく)」が働く。その大きさは、机を押す力 F に動摩擦係数 μ' を掛けた $\mu' \times F$ の値である。動摩擦係数 μ' は静止摩擦係数 μ より小さい。例えば μ が0.6で μ' が0.4 というぐらいの値である。

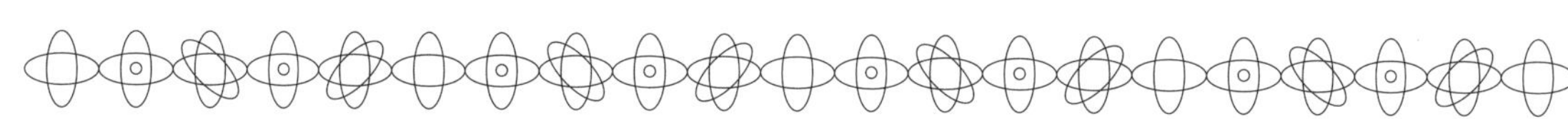

6 (2) 図のように，摩擦がある水平な床の上で，質量 5.0 kg の物体を水平に引き，0.10 m/s の等速度で運動させた。このときに物体に加えた力の大きさが 0.49 N であったとき，物体と床との間の動摩擦係数はいくらか。下の①～⑤のうちから一つ選べ。ただし，重力加速度の大きさを $9.8\ \mathrm{m/s^2}$ とする。

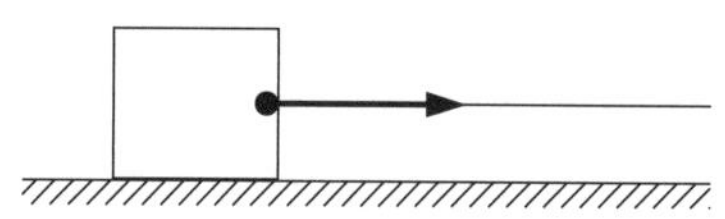

① 0.010　② 0.049　③ 0.098　④ 0.10　⑤ 0.50

（２０１６年１１月試験）

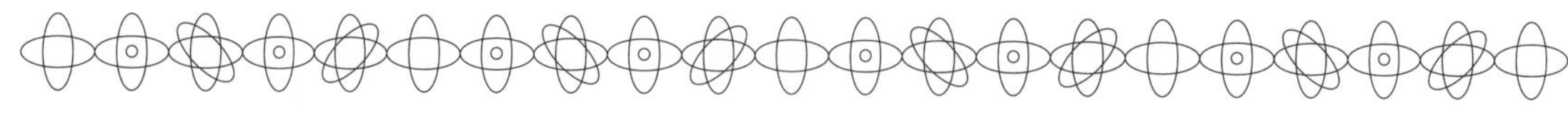

答えの出し方

等速度で運動しているから、加えた力と動摩擦力とは釣り合っている。したがって動摩擦力 R は、$R = 0.49N$ である。物体が床を押す力 F は　$F = mg = 5.0 \times 9.8 = 49\ N$

したがって、床が物体を押す力（抗力）N は、F に等しくて　$N = 49\ N$ 抗力に動摩擦係数 μ' を掛けたものが動摩擦力 R であるから

$R = \mu' N$

数値を入れて

$0.49 = \mu' \times 49$　となる。

これから　$\mu' = 0.010$　**①が正しい。**

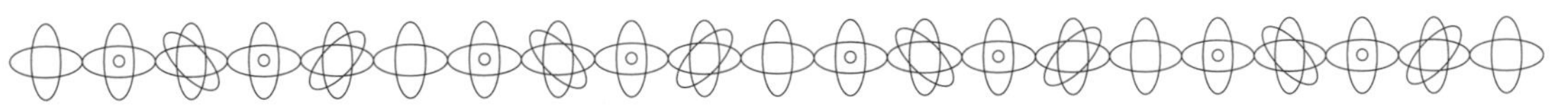

6 **問 3** 摩擦のある水平面上に質量 2.0 kg の物体を置き，水平方向に力を加えた。⑴，⑵ に答えよ。ただし，重力加速度の大きさを $9.8\,\mathrm{m/s^2}$ とする。

⑴ 加えた力の大きさが何 N をこえると物体は動き出すか。下の①～⑤のうちから一つ選べ。ただし，物体と水平面の静止摩擦係数を 0.50 とする。

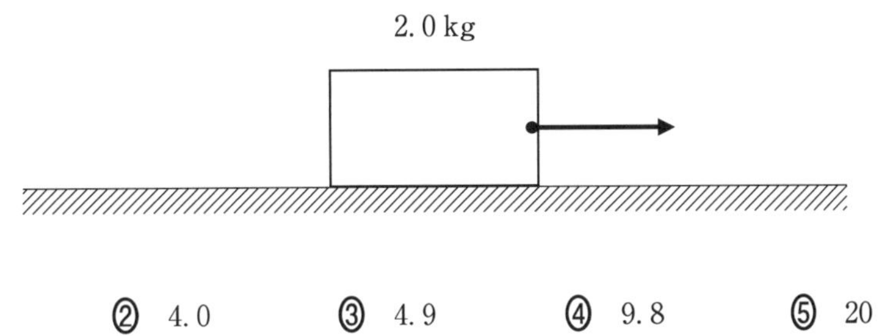

① 1.0　② 4.0　③ 4.9　④ 9.8　⑤ 20

（２０１８年８月試験）

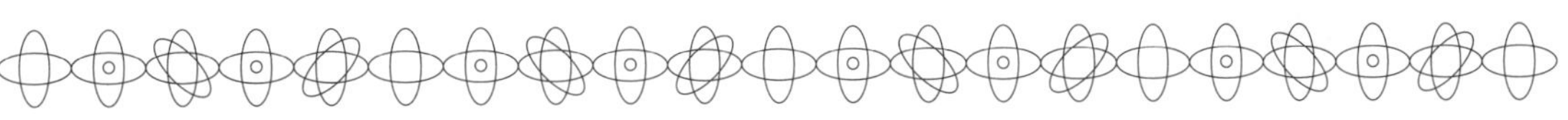

答えの出し方

物体にかかる重力は

$F = mg = 2.0 \times 9.8 = 19.2N$ であって、

これが、物体が机を押す力である。机からはこれと同じ大きさの抗力（こうりょく）

$N = 19.8N$ を受けており、静止摩擦力 R の最大値は $R = \mu N = 0.5 \times 19.8N = 9.8N$ である。加えた力がこの値を超えると物体は右に動き出す。したがって**④が正解。**

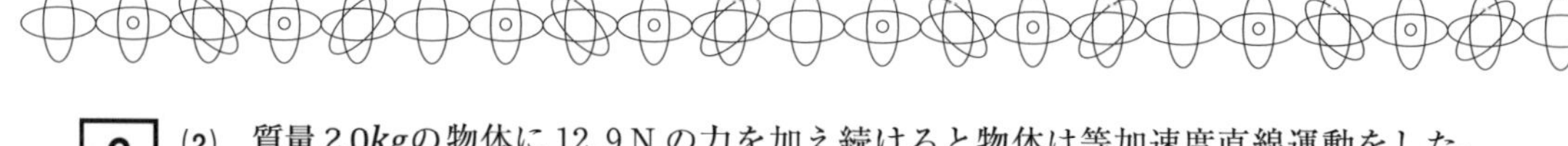

6 (2) 質量2.0kgの物体に12.9 Nの力を加え続けると物体は等加速度直線運動をした。物体の加速度の大きさは何 $\mathrm{m/s^2}$ か。下の①～⑤のうちから一つ選べ。ただし，物体と水平面の動摩擦係数を0.25とする。

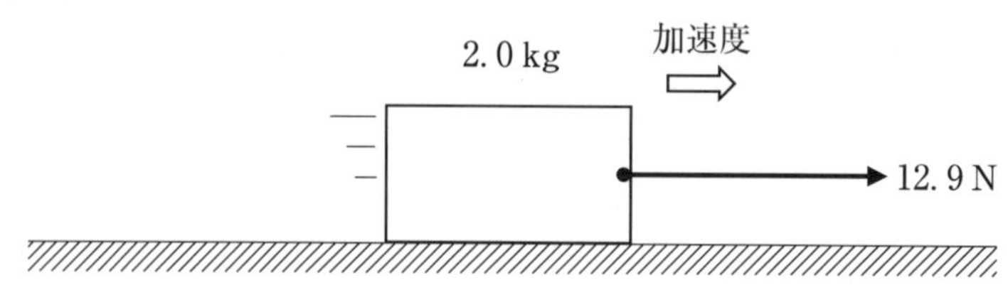

① 3.0　　② 4.0　　③ 6.0　　④ 7.5　　⑤ 9.8

（２０１８年８月試験）

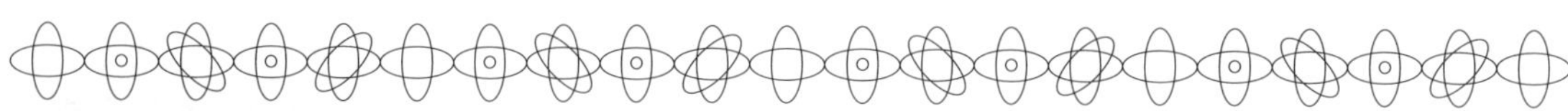

答えの出し方

物体が動き始めると、動摩擦力 R' が働き始める。その大きさは、動摩擦係数を μ' とすれば、$R' = \mu' N = 0.25 \times 19.8 = 4.9 (N)$ になる（下の図）。

すると進行方向には、$12.9 - 4.9 = 8.0\ (N)$ の力が働くことになり　$F = m\alpha$ の式に入れると

$8.0 = 2.0 \times \alpha$ となって

加速度 $\alpha = 4.0\ (\mathrm{m/s^2})$ となる。**②が正しい。**

（この問題は高認としてやや高度）

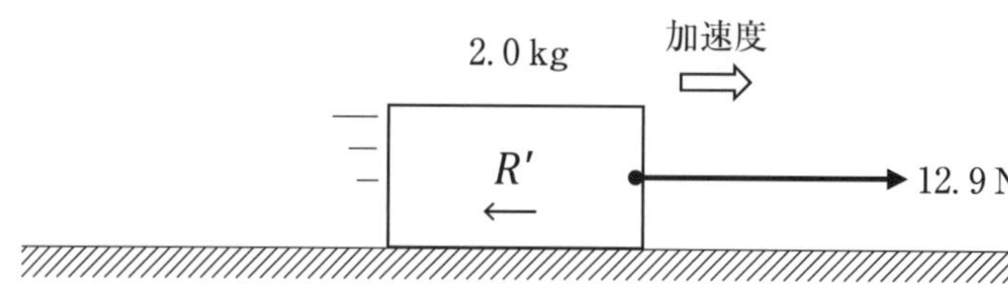

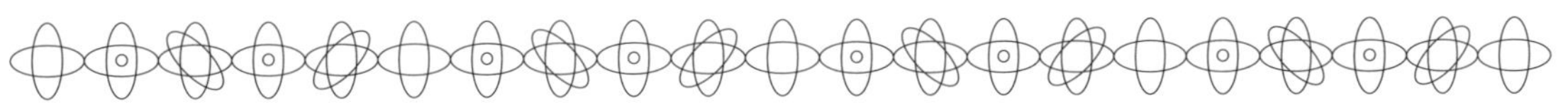

6　図のように，摩擦のない水平面上に板Ａがあり，その上に板Ｂがのっている。板Ａに水平に力を加えて引いたところ，板Ａと板Ｂは同じ加速度で右向きに動いた。板Ａから板Ｂにはたらく摩擦力の種類とその向きの組合せとして，もっとも適切なものはどれか。下の①〜④のうちから一つ選べ。

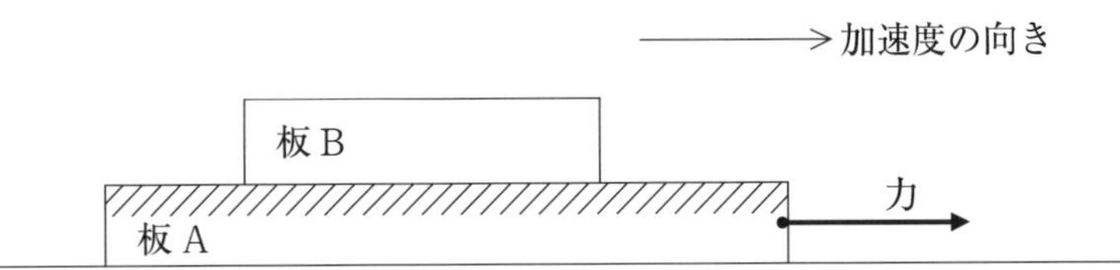

	摩擦力の種類	摩擦力の向き
①	動摩擦力	右向き
②	動摩擦力	左向き
③	静止摩擦力	右向き
④	静止摩擦力	左向き

（２０１７年１１月試験）

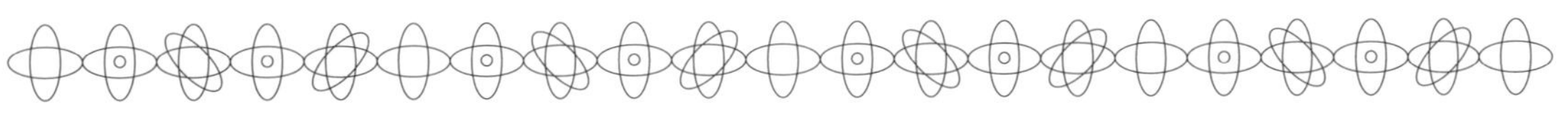

答えの出し方

板Ａと板Ｂとは同じ動きをしているから、相互には動いていない。したがって板Ａと板Ｂの間に働く力は静止摩擦力である。

板Ｂも又右向きの加速度で動き出すのは、板Ｂに右向きの静止摩擦力が働いているからである。**③が正しい。**

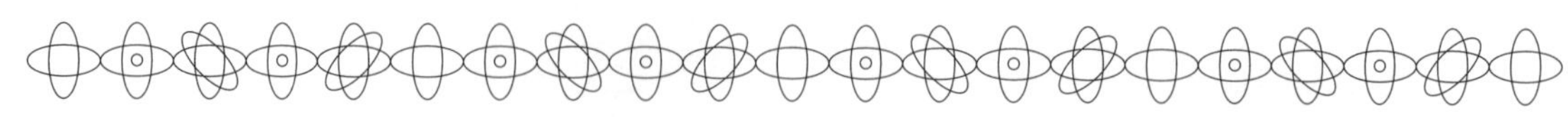

6　図は，物体にはたらく力を矢印で示したものである。力の図示として**適切でないもの**はどれか。次の①～④のうちから一つ選べ。ただし，矢印の長さは力の大きさを正しく表しているとは限らない。

① 空中を飛んでいるボール

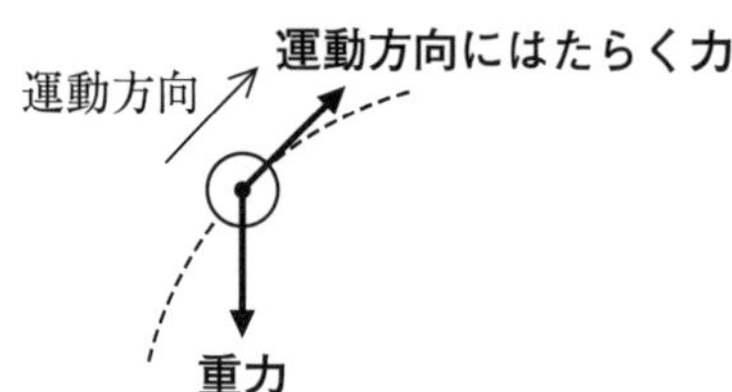

② 摩擦のない水平面上を等速度運動する物体

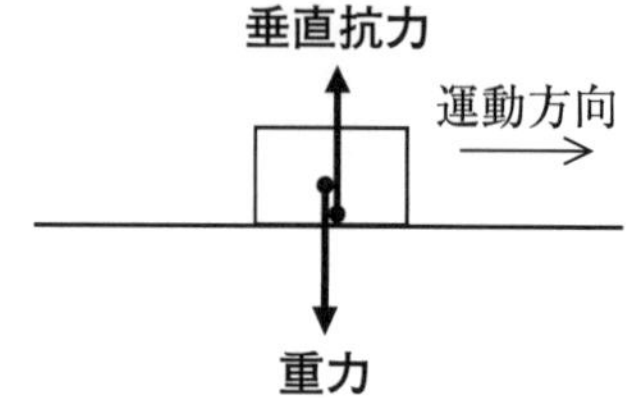

③ 摩擦のある斜面上をすべりおりる物体

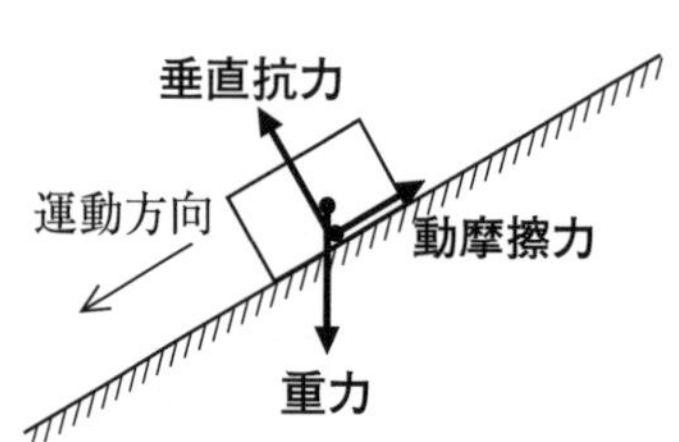

④ ばねにつるされ静止している物体

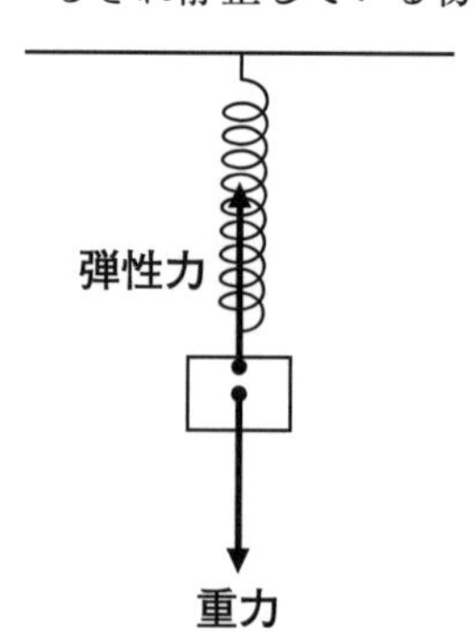

（２０１８年８月試験）

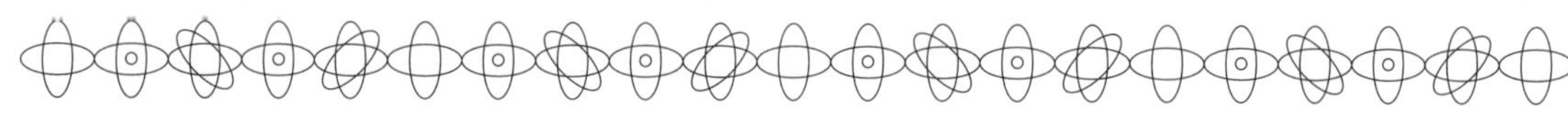

答えの出し方

「運動方向に働く力」などというものは理由がない限りありえない。**①が誤りで、これが正解。**他の３つの図は正しい。

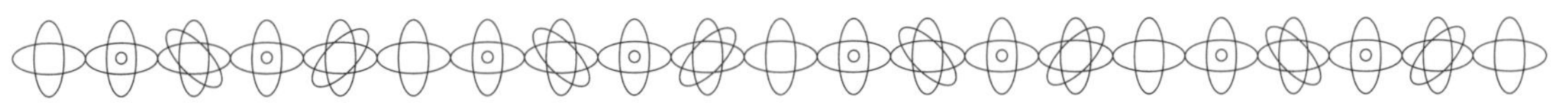

6 図のように，床に置かれた箱の上にりんごが置いてある。これらにはたらく力の関係について正しく説明している文はどれか。下の①～④のうちから一つ選べ。ただし，矢印の長さは力の大きさを表しているとは限らない。

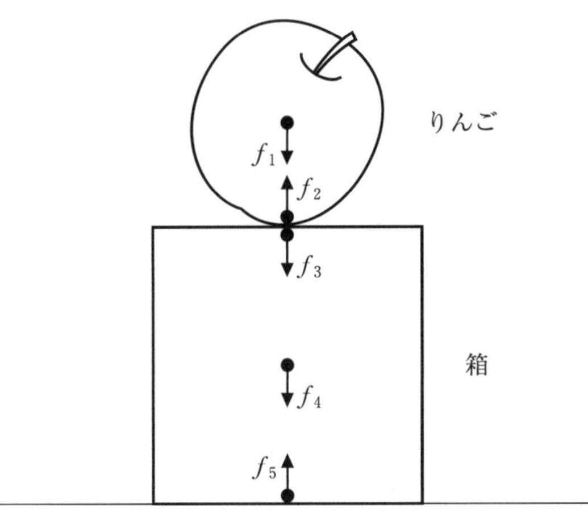

① りんごにはたらく重力f_1と，箱がりんごにおよぼす垂直抗力f_2は，つり合いの関係にある。

② 箱にはたらく重力f_4と，箱がりんごにおよぼす垂直抗力f_2は，作用・反作用の関係にある。

③ りんごから箱にはたらく力f_3と，箱がりんごにおよぼす垂直抗力f_2は，つり合いの関係にある。

④ 箱にはたらく重力f_4と，床が箱におよぼす垂直抗力f_5は，つり合いの関係にある。

（２０１８年１１月試験）

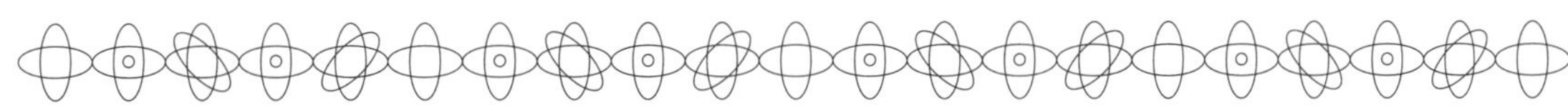

答えの出し方

②「作用・反作用」の関係にある２つの力というときには、「ＡがＢに及ぼす」、「ＢがＡに及ぼす」のＡとＢが両方の文章で同じ言葉でなくてはならない。②では「箱がりんごに」が後の文章であれば、前の文章は「りんごが箱に」でなくてはならない。②は（×）。

③「つり合いの２力」という時には「ＰがＡにはたらく（およぼす）」と「ＱがＡにはたらく（およぼす）」のＡが前後の文章で同じ物でなくてはならない。③では前の文章が「箱に」であり後の文章が「りんごに」であって、Ａが一致していない。だから③は（×）。

④この「つり合いの２つの力」は前半の文章が「箱に」、後半が「箱に」であって、③のような不合理はない。しかし、「釣り合い」という以上、この２つの力の大きさは一致していなくてはならない。ところが、箱にはたらく重力であり、床が箱に及ぼす力は「りんご＋箱」に働く重力に等しく、両者の力は一致しない。（×）。

①は正しい。**正解は①。**

7 力の三角形の問題

ある物体に３方向から力が働いていて、しかも物体が動かず釣り合っている場合には、その力の矢印の先頭を別の矢印を継ぎ足してできる三角形は、閉じて元の点に戻っていなくてはならない。具体的な例は過去問で研究しよう。

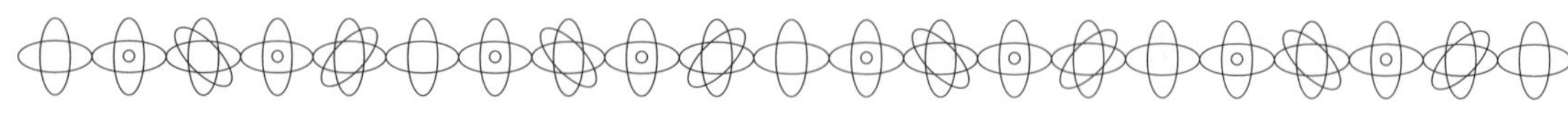

7 図のように，重さが10 Nの物体に軽い糸１と糸２の一端をつけ，糸１の他端は水平な天井に固定し，糸２の他端は手で引いて物体を静止させた。このとき糸１と天井のなす角は45°，糸２は水平であった。糸２の張力の大きさは何Nか。下の①～⑤のうちから一つ選べ。

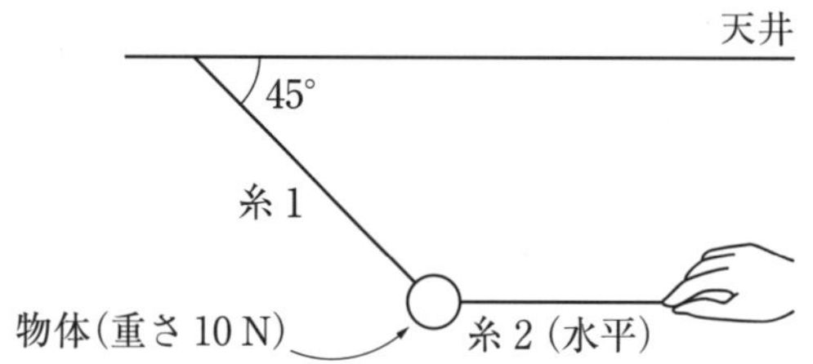

① 7.1　② 10　③ 14　④ 20　⑤ 28

（２０１８年８月試験）

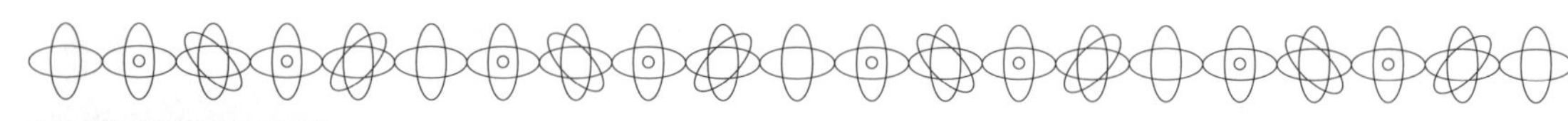

答えの出し方

物体に働く力は、重力 mg、糸１、糸２が引く力 T_1 および T_2 である。この３つの力は下右図のような力の三角形が閉じている。この三角形は直角二等辺三角形（２つの角が45度の直角二等辺三角形）であるので、T_2 は mg に等しい。この問題では

mg は 10N だから T_2 も 10N である。**②が正しい。**

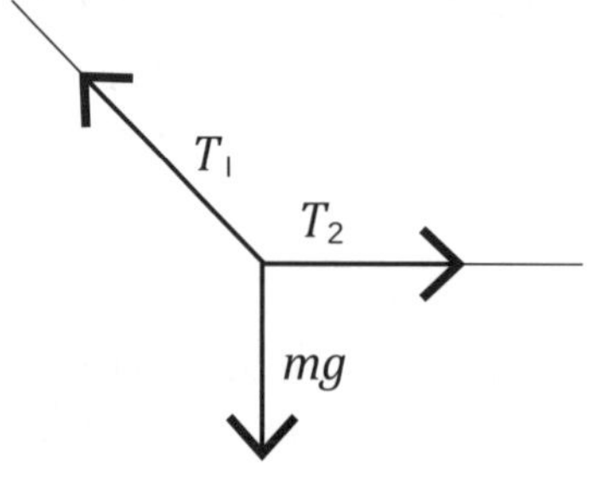

物体に働く３つの力

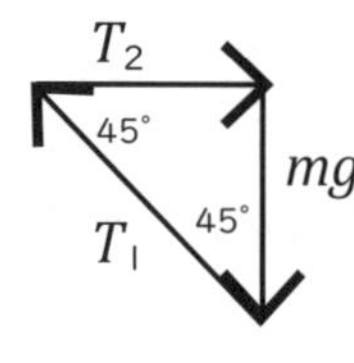

力の三角形

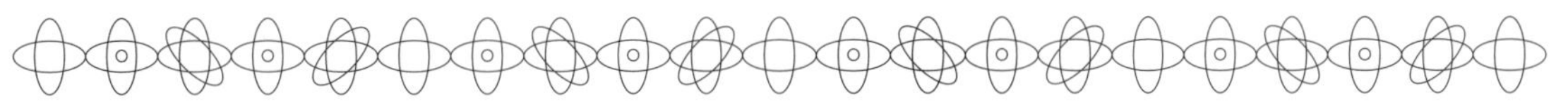

7 図のように，50 cm はなれた天井の 2 点 A，B に長さ 70 cm の糸の両端を固定した。AC の長さが 40 cm，BC の長さが 30 cm となる点を C とし，点 C に重さ 10 N の物体をつるした。糸 AC の張力の大きさと，糸 BC の張力の大きさの組合せとして正しいものはどれか。下の①～⑤のうちから一つ選べ。

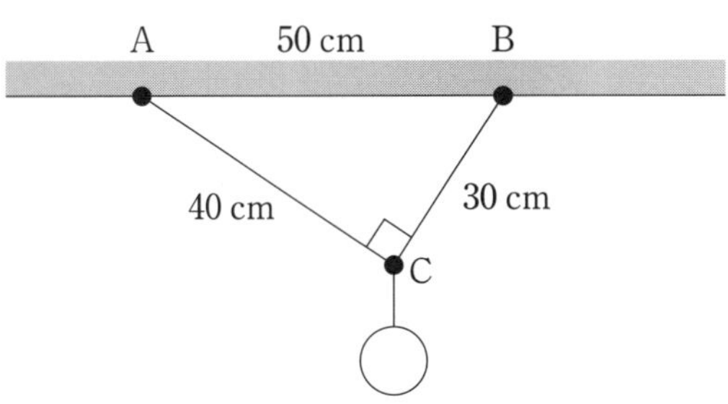

	糸 AC の張力〔N〕	糸 BC の張力〔N〕
①	6.0	4.0
②	8.0	6.0
③	8.0	8.0
④	4.0	6.0
⑤	6.0	8.0

（２０１８年１１月試験）

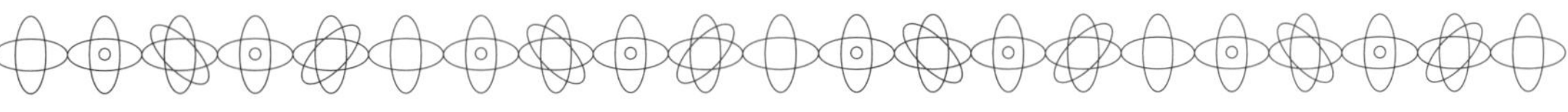

答えの出し方

力の釣り合いを表す力の三角形が下図の通り。この三角形は三辺の長さが３：４：５の直角三角形である。 ５の辺が 10*N* なのであるから、他の辺は６*N* と８*N*。*AC* のほうが６*N*、 *BC* の方が８*N* である。**⑤が正しい。**

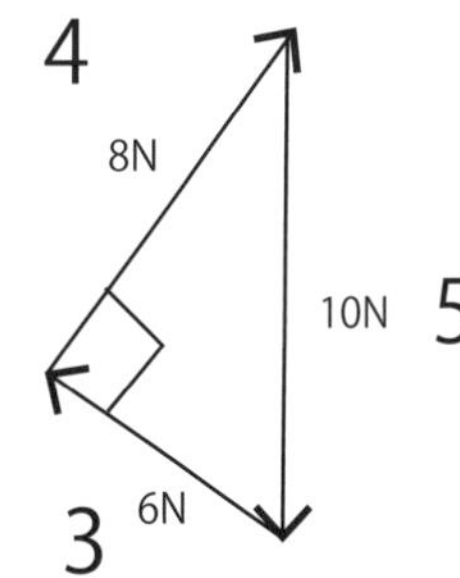

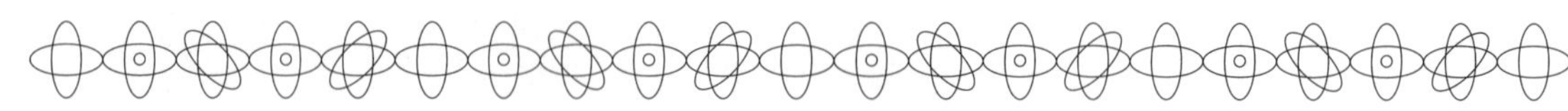

7 図のように，大きさが F で水平より 30° 上向きの力が物体にはたらいている。この力を水平方向と水平より 60° 上向きの方向に分解する。それぞれの方向の分力の大きさの組合せとして正しいものはどれか。下の①～④のうちから一つ選べ。

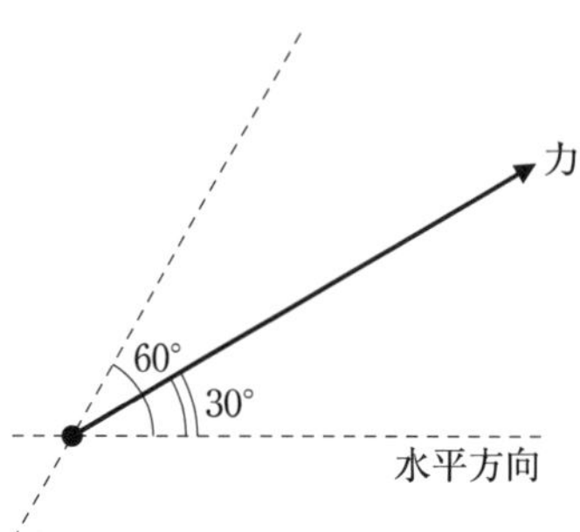

	水平方向の分力の大きさ	水平より 60° の方向の分力の大きさ
①	$\frac{\sqrt{3}}{3}F$	$\frac{\sqrt{3}}{3}F$
②	$\frac{\sqrt{3}}{3}F$	$\frac{\sqrt{3}}{2}F$
③	$\frac{\sqrt{3}}{2}F$	$\frac{\sqrt{3}}{3}F$
④	$\frac{\sqrt{3}}{2}F$	$\frac{\sqrt{3}}{2}F$

（２０１７年１１月試験）

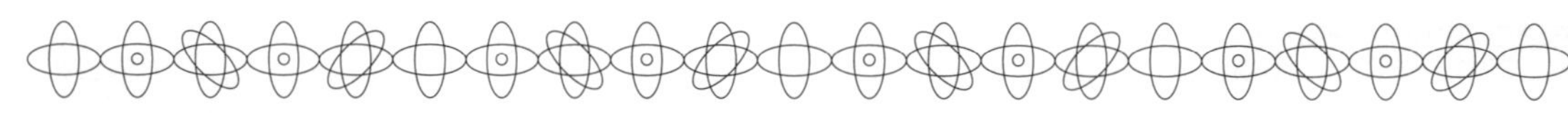

答えの出し方

力 F（$OA \rightarrow$）は図の OB, OC のベクトル合成和になっている。

$OD : OB = \sqrt{3} : 2$

だから

$OA : OB = 2\sqrt{3} : 2 = \sqrt{3} : 1 = F : F_{OB}$

したがって、 $F_{OB} = \frac{\sqrt{3}}{3}F$

F_{OC} も同じ大きさであるから、**①が正しい。**

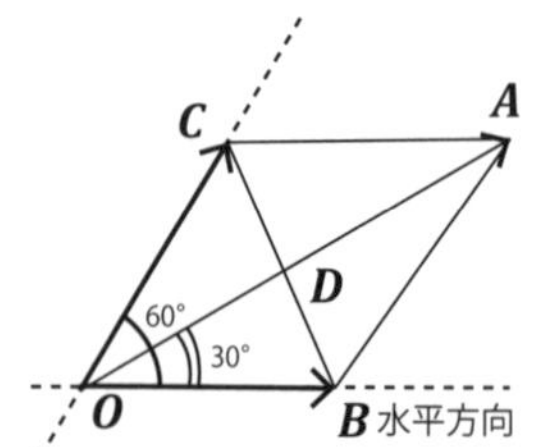

8 バネ問題

ばねに力 F（N）を加えて引っ張るとばねは伸びる。逆に押すと縮む。この伸び、あるいは縮み量を x（m）とすると、力 F と伸び（縮み）x は比例して、$F = kx$ の形に書き表すことができる。ここで、k は「ばね定数」と呼ばれる。単位は（N/m）である。このとき、ばねには、$E = \frac{1}{2}kx^2$（J:ジュール）のエネルギーが蓄（たくわ）えられている。

練習問題

ばね定数が 50（N/m）のばねにおもりをつるしたところ、0.2m 伸びた。このとき、ばねにはどれだけのエネルギーが蓄えられているか？　また、おもりがおよぼす重力は何 N(ニュートン) か？（2006 年 8 月試験）

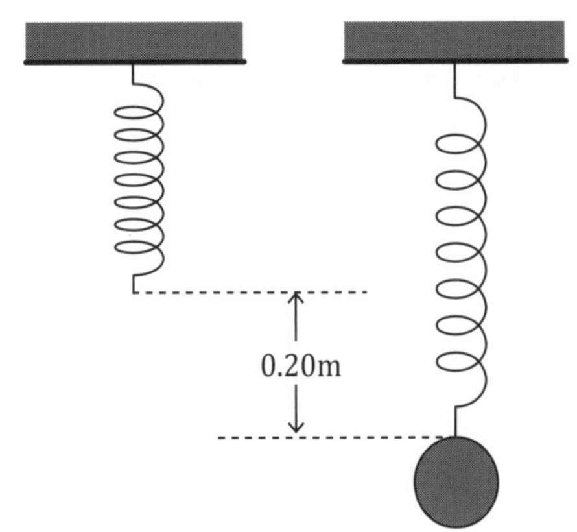

答えの出し方

ばねに蓄えられるエネルギー E は、

$E = \frac{1}{2}kx^2$

で計算できる。この場合、

$k = 50$（N/m）、$x = 0.2$（m）

だから、

$E = \frac{1}{2} \times 50 \times 0.2^2 = 1.0$（$J$：ジュール）（答）となる。

おもりがばねにおよぼす重力 F は、ばねの公式

$F = kx = 50 \times 0.2 = 10$（$N$）（答）。

それでは最近３年間の過去問をやっておこう。

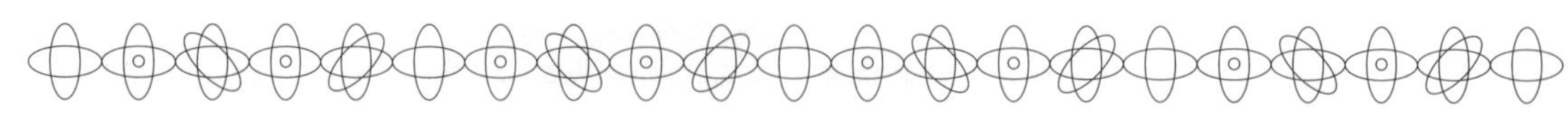

8 図のように，ばね定数が200 N/m で自然長が等しい軽い２つのばねを並列につなぎ，天井からつり下げた。このばねに質量4.0 kg のおもりを下げたとき，ばねは自然長から何 cm 伸びるか。下の①～⑤のうちから一つ選べ。ただし，重力加速度の大きさを $9.8\ m/s^2$ とする。

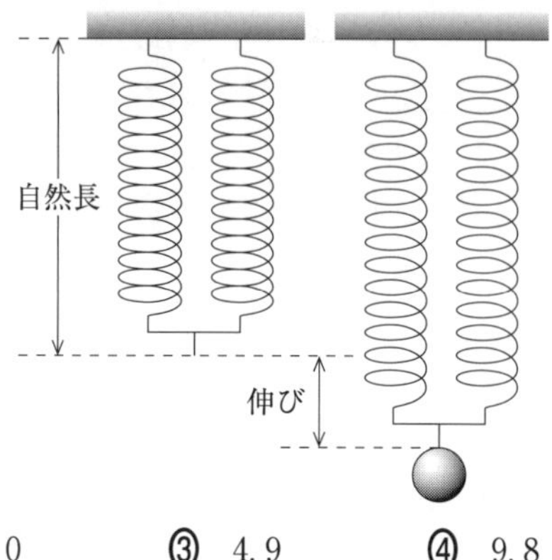

① 1.0　② 2.0　③ 4.9　④ 9.8　⑤ 20

（２０１６年１１月試験）

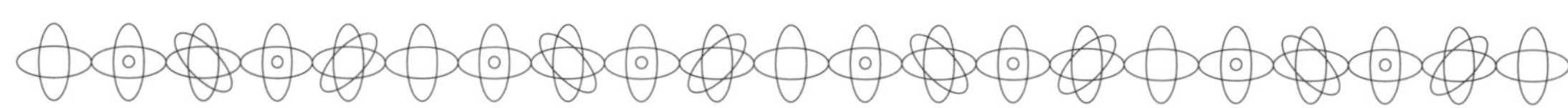

答えの出し方

おもりが重力によって受ける力 F は

$F = 9.8 \times 4 = 39.2$ (N)

ばね１本あたりの力はこの半分で 19.6N。

ばねの式 $F = kx$ に入れると

$19.6 = 200 \times x$

したがって、$x = \frac{19.6}{200} = 0.098\text{m} = 9.8\text{cm}$

これから**④が正しいことがわかる。**

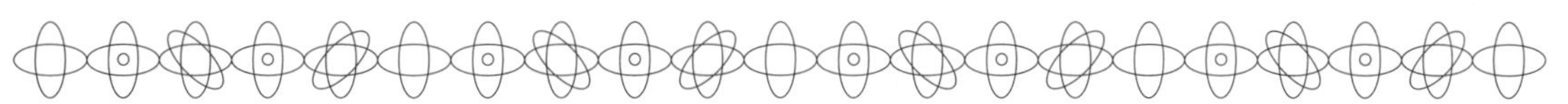

8 図のように，摩擦のない水平面上に質量 0.50 kg の物体を置き，ばね定数が 0.40 N/m の軽いばねを取りつけた。ばねが自然の長さから 0.15 m 伸びるように保ちながら水平に引き続けた。物体に生じる加速度の大きさは何 m/s^2 か。下の①～④のうちから一つ選べ。

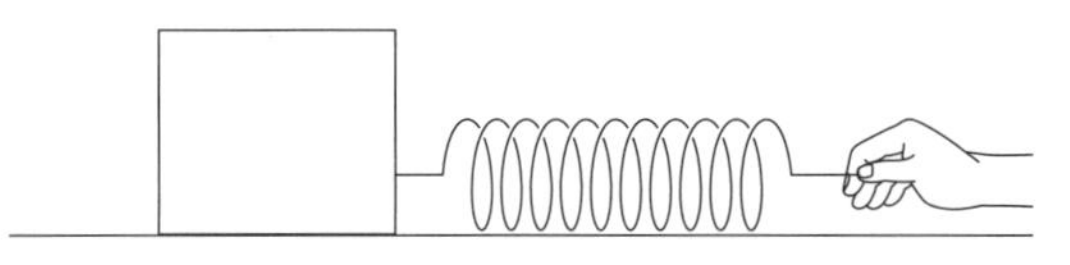

① 0.12　　② 0.60　　③ 1.2　　④ 6.0

（２０１７年１１月試験）

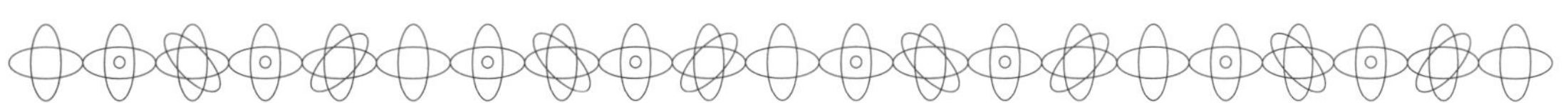

答えの出し方

バネが水平右方向に加える力 F は、

$$F = kx = 0.40 \times 0.15 = 0.06\ (N)$$

である。この力を受けて生ずる右向き加速度を α とすると、$F = m\alpha$ の式に数値を入れて

$$0.06 = 0.5 \times \alpha$$

これから $\alpha = \frac{0.06}{0.5} = 0.12(m/s^2)$

となって **① が正しい。**

Science & Our Daily Life 科学と人間生活

8 バネ問題

Basic Chemistry 化学基礎

Basic Biology 生物基礎

地学基礎 Basic Earth Science

9 浮力問題

ある物体の全部、または一部が、水（またはその他の液体）の中につかっているときには、その物体の体積に等しい水の重さと同じ力が上向きに働く。これを浮力という。

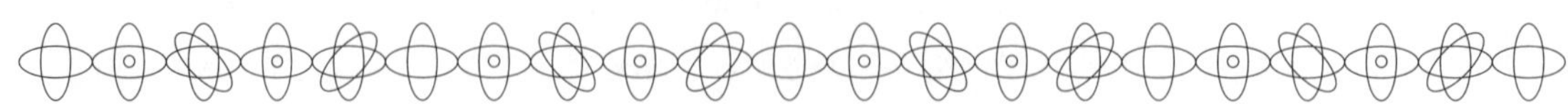

9　図のように，ばねばかりに物体をつるしたところ，ばねばかりが示す値は 550 g であった。次に，この物体を水の中に沈めたところ，ばねばかりが示す値は 450 g であった。このとき物体にはたらく浮力の大きさは何 N か。下の①～④のうちから一つ選べ。ただし，重力加速度の大きさを 9.8 m/s^2 とする。

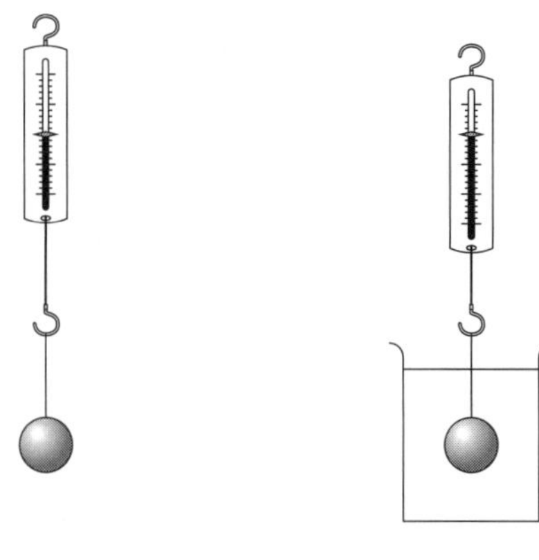

① 0.098　　② 0.98　　③ 9.8　　④ 98

（２０１７年１１月試験）

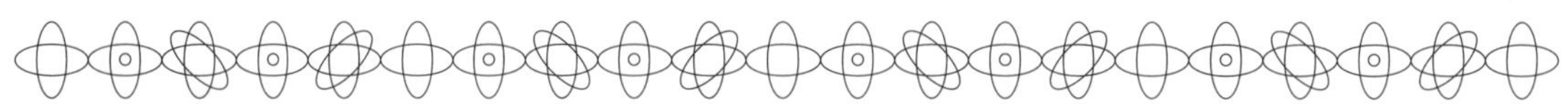

答えの出し方

水に入れることによって見かけ上重さが 100g 減っている。これが浮力の大きさである。100g = 0.1*kg*（重）であるが、これは $0.1 \times 9.8 = 0.98N$ である。

②が正しい。

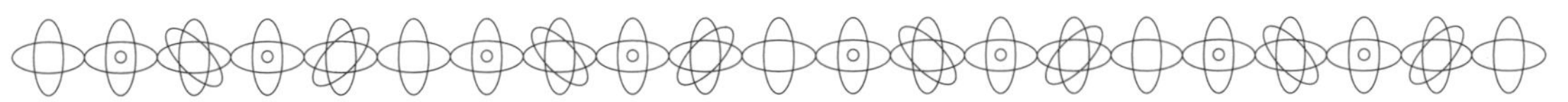

9 図のように，断面積が $1.0\,cm^2$ で長さ $1.0\,cm$ の円柱形の金属(密度 $8.0\,g/cm^3$)と，同じ断面積で長さ $30\,cm$ の円柱形の木(密度 $0.40\,g/cm^3$)をつなげた。これを水に静かに沈めると静止した。水面上に浮いて現れる部分の長さ x は何 cm か。下の①〜⑤のうちから一つ選べ。ただし，水の密度を $1.0\,g/cm^3$ とし，重力加速度の大きさを $9.8\,m/s^2$ とする。

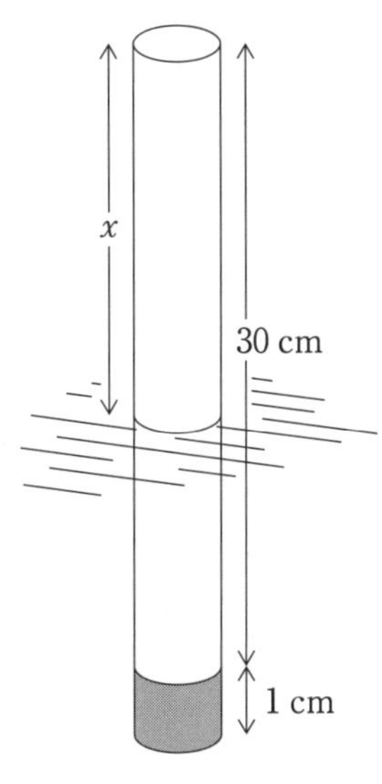

① 4.9　② 9.8　③ 11　④ 15　⑤ 20

（２０１６年１１月試験）

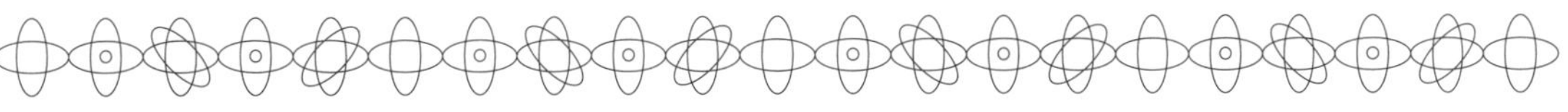

答えの出し方

この棒の質量 m は

$m = 1 \times 1 \times 8 + 30 \times 1 \times 0.4 = 20$（g）

である。

この質量に等しい水の体積は $20m^3$ である。

一方、この棒の体積は、

$V = (1 + 30) \times 1 = 31$（$cm^3$）

であるので、水面上に出る体積は

$31 - 20 = 11$（cm^3）

となる。棒の断面積は $1\,cm^2$ であるので、11cm が水面上に出る。**正解は③。**

10 加速度運動をしている物体にかかる力

上昇を始めたエレベーターの内部にある物体は、エレベーター自身の上への加速度α (m/s^2) のため、地球の重力加速度gに加えてこの加速度の影響が加わる。すなわちこのエレベーターの内部では、まるで重力加速度が ($g+\alpha$) になったように見えるのである。駅から出発し始めた電車の中では、電車の加速度αのために、地球の重力加速度gのほかに、水平後ろ向きにαの「水平方向の重力加速度」が加わったように見える。このために乗客は後ろに引かれるような力を感じるのである。

一般に、加速度αで運動しているエレベーターや電車の内部では、一時的にその加速度運動とは逆向きの一種の「重力加速度」が発生したと理解してよい（等価原理）。ひもによって引っ張られて強制的に加速度運動をさせられた物体もまた、加えられた加速度とは逆方向に一時的な「重力加速度」が加わったと理解してよい。

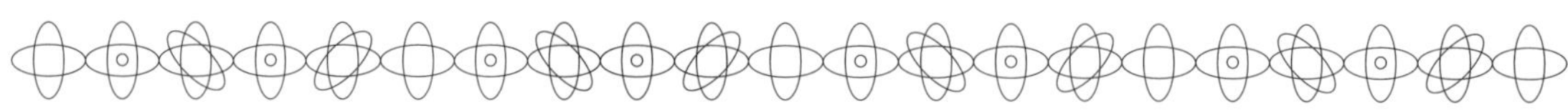

10 図のように，質量 0.50 kg の物体に軽い糸をつけ，その糸を手で引き上げた。(1)，(2) に答えよ。ただし，重力加速度の大きさを 9.8 m/s^2 とする。

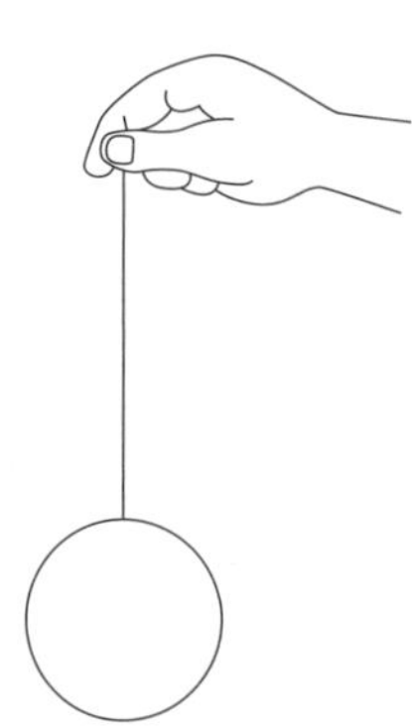

(1) 物体を 5.0 m/s の等速度で鉛直上向きに引き上げているとき，糸が物体を引く力の大きさは何 N か。次の①～⑤のうちから一つ選べ。

① 0.50　② 1.0　③ 4.9　④ 9.8　⑤ 49

(2) 物体を鉛直上向き 4.0 m/s^2 の加速度で引き上げているとき，糸が物体を引く力の大きさは何 N か。次の①～⑤のうちから一つ選べ。

① 2.0　② 2.9　③ 6.9　④ 7.8　⑤ 13

（2018年11月試験）

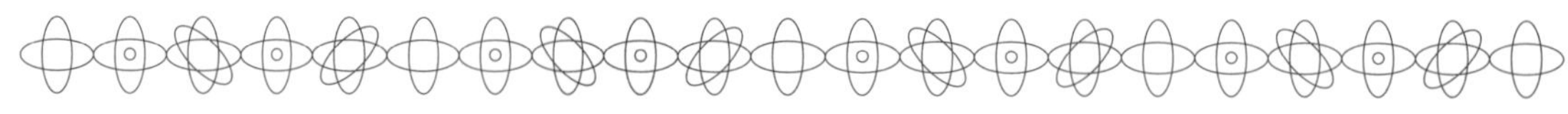

答えの出し方

（1） 等速度運動ならば、静止状態と同じで、物体にかかる力 F（＝ひもが引く力）は

$F = mg = 0.5 \times 9.8 = 4.9$（$N$）となって**③が正しい。**

（2）上向きの加速度運動をさせられている物体には、重力加速度 g に加えて、下向きの加速度 α が加わったとみなして良い。したがって、この場合に物体にかかる力（＝ひもが引く力）

$$F = m(g + \alpha) = 0.5 \times (9.8 + 4.0) = 6.9 \ (N)$$

となって③が正しい。

11 エネルギー問題

地面を基準として、そこより h (m) だけ上方にある質量 $m(kg)$ の物体の位置エネルギー U は、$U = mgh$ (J) である。

速さ v (m/s²) で走る（飛んでいる）物体の持つ運動エネルギー K は

$K = \frac{1}{2}mv^2 (J)$

である。

バネ定数 k のバネを、自然長さから x (m) 伸ばした、あるいは縮めたとき、バネに蓄えられるエネルギー U は、 $U = \frac{1}{2}kx^2$ (J) である。

物体が運動するにつれてエネルギーの種類は変化しても、物体が持っているエネルギーの和は一定であるという事実から問題が解ける場合がある。

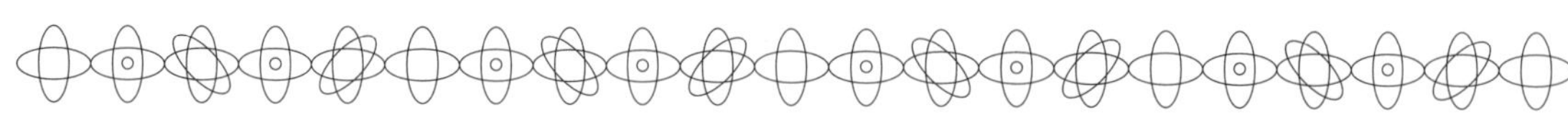

11 図のように，質量 m のおもりとばね定数 k のばねと板を組み合わせて，ばねで飛び上がるおもちゃを作成した。ただし，ばねと板の質量は無視できるものとする。(1)，(2) に答えよ。

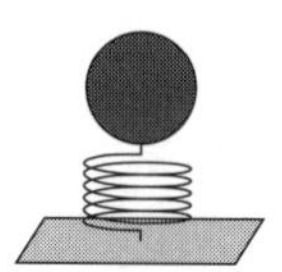

(1) 机の上でばねを自然長から x だけ縮めてから手をはなしたら，おもちゃは高さ h だけ飛び上がった。ばねを自然長から $2x$ だけ縮めてから手をはなすと，おもちゃが飛び上がる高さは，いくらになるか。下の①～⑤のうちから一つ選べ。ただし，おもちゃは鉛直に飛び上がったとする。

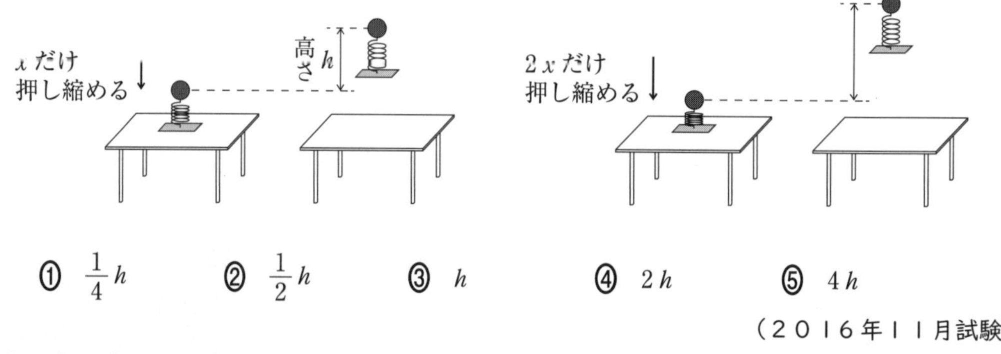

① $\frac{1}{4}h$　② $\frac{1}{2}h$　③ h　④ $2h$　⑤ $4h$

（2016年11月試験）

答えの出し方

ばねを x だけ縮めたときのエネルギー U は $U = \frac{1}{2}kx^2$ となる。前より2倍縮めると、エネルギーは4倍になる。位置エネルギーは最高点の高さ h に比例するから、$4h$ まで飛び上がる。**⑤が正解である。**

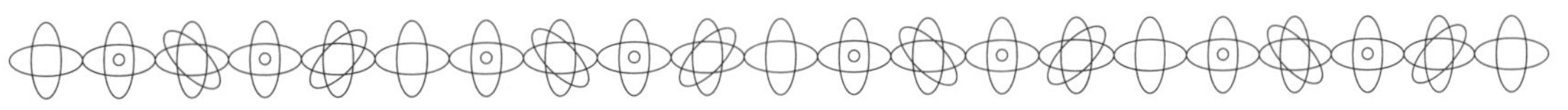

11 (2) 再び，ばねを縮めてから手をはなしたら，おもちゃは高さ H まで上がって落ちてきた。おもちゃが机に衝突する直前の速さはいくらか。下の①～⑤のうちから一つ選べ。ただし，重力加速度を g とする。

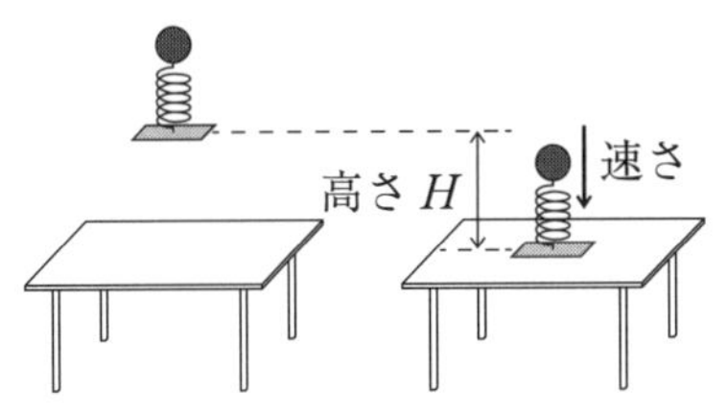

① $\frac{\sqrt{gH}}{2}$　② $\frac{\sqrt{gH}}{2}$　③ $\sqrt{gH}$　④ $\sqrt{2gH}$　⑤ $2\sqrt{gH}$

（2016年11月試験）

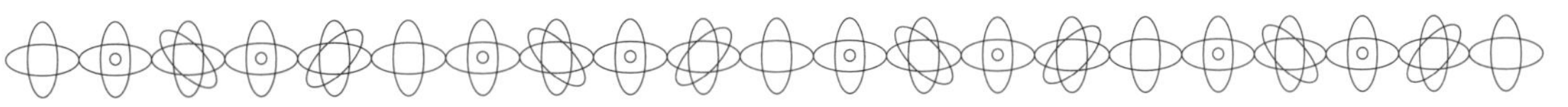

答えの出し方

机の面を基準として高さHの所で一瞬止まった時のエネルギーは、速度エネルギー U はなく、位置エネルギーだけがあって $U = mgH$ である。机の面に落ちてくると、全て速度エネルギーになる。その床に速度を v とすると、速度エネルギーは $K = \frac{1}{2}mv^2$ となる。この両エネルギーが等しいから、

$mgH = \frac{1}{2}mv^2$ これから $v = \sqrt{2gH}$ となる。

④が正しい。

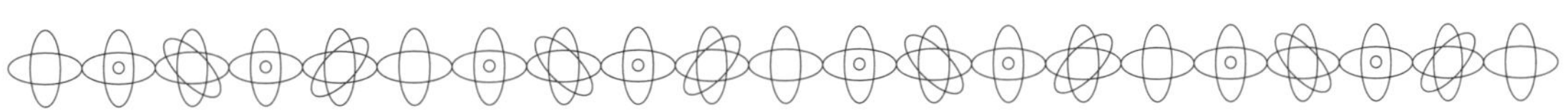

11 地面から 20 m の高さに質量 2.5 kg のヤシの実がなっている。高さの基準を地面とするとき，このヤシの実がもつ重力による位置エネルギーは何 J か。次の①～④のうちから一つ選べ。ただし，重力加速度の大きさを 9.8 m/s^2 とする。

① −490　② −49　③ 49　④ 490

（2016年11月試験）

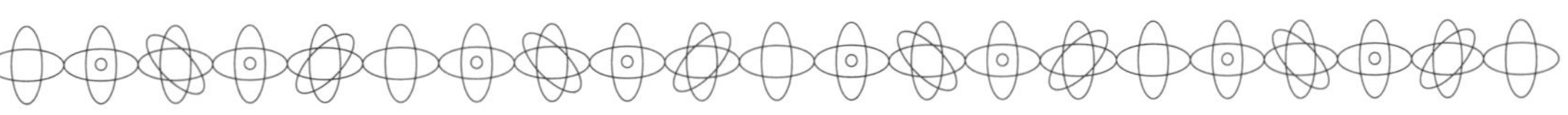

答えの出し方

位置エネルギー U は、$U = mgh$ 計算される。今の場合、$m = 2.5$kg、$h = 20$m、$g = 9.8$ であるから、

$U = 2.5 \times 9.8 \times 20 = 490$（$J$）となって、

④が正しい。

Science & Our Daily Life 科学と人間生活
11 エネルギー問題
Basic Chemistry 化学基礎
Basic Biology 生物基礎
地学基礎 Basic Earth Science

11 図のように，摩擦のない水平面上に一端を壁に固定されたばね定数が 50 N/m の軽いばねがある。このばねの他端に物体を押しつけてばねを自然の長さから 0.20 m 縮め，初速度 0 m/s で物体から手をはなした。ばねの自然の長さからの縮みが 0.10 m となる位置を物体が通過するとき，物体がもつ運動エネルギーは何 J か。下の①～④のうちから一つ選べ。

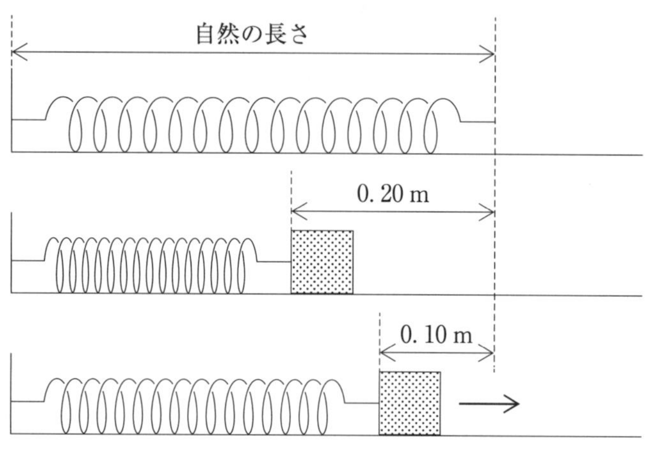

① 0.25　　② 0.5　　③ 0.75　　④ 1

（２０１８年８月試験）

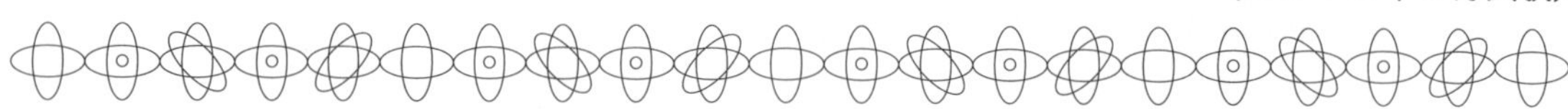

答えの出し方

バネを 0.20m 縮めたときにバネに蓄えられるエネルギー U_{20} は、

$$U_{20} = \frac{1}{2}kx^2 = \frac{1}{2} \times 50 \times 0.2^2 = 1.0(J)$$

物体が 0.1 m 縮んだ位置まで来たときのバネのエネルギー U_{10} は

$$U_{10} = \frac{1}{2} \times 50 \times 0.1^2 = 0.25\ (J)$$ ↗

この差が、物体が 0.1m 縮んだ位置まで来たときの運動エネルギーになっているはずである。その量は、この両数値の差で、

$$1.0 - 025 = 0.75\ (J)$$

である。**③が正しい。**

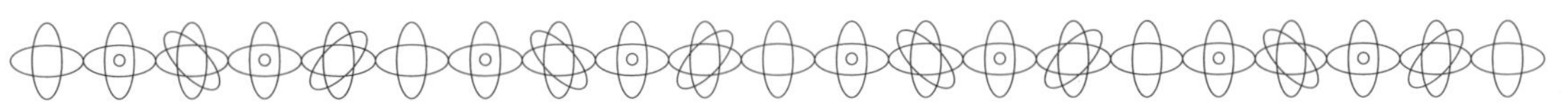

11 図のように，壁にばね定数kの軽いばねの一端が固定されている。床は壁から点Aまでは摩擦がなく，点Aより右は大きさfの動摩擦力がはたらく。質量mの小物体をばねに押しつけて，ばねを自然の長さからxだけ縮めた状態にした後に静かに手をはなした。小物体は自然の長さでばねからはなれ，点Aの左の点Oを速さv_0で通過し，点Bで止まった。(1)，(2) に答えよ。

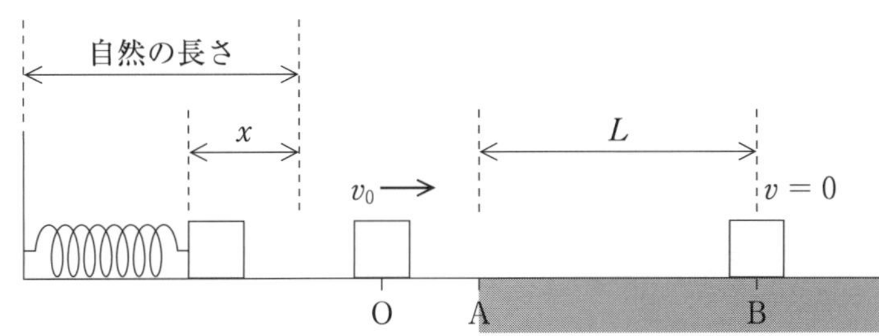

(1) ばねを押し縮めた長さxはいくらか。次の①～⑤のうちから一つ選べ。

① $m\sqrt{\dfrac{k}{v_0}}$　② $k\sqrt{\dfrac{m}{v_0}}$　③ $k\sqrt{\dfrac{v_0}{m}}$　④ $v_0\sqrt{\dfrac{m}{k}}$　⑤ $v_0\sqrt{\dfrac{k}{m}}$

(2) AB間の距離Lはいくらか。次の①～⑤のうちから一つ選べ。

① $\dfrac{m{v_0}^2}{f}$　② $\dfrac{m{v_0}^2}{2f}$　③ $\dfrac{f}{m{v_0}^2}$　④ $\dfrac{2f}{m{v_0}^2}$　⑤ $\dfrac{mf}{{v_0}^2}$

（2017年11月試験）

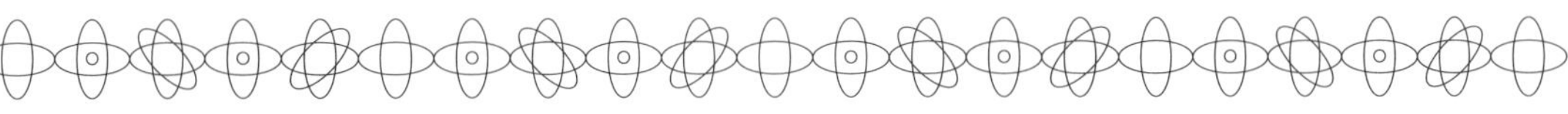

答えの出し方

（1）エネルギーで考える。xだけ縮めたときバネに蓄えられるエネルギーUは

$U = \dfrac{1}{2}kx^2$

となる。O点を通過するときの物体の運動エネルギーKは

$K = \dfrac{1}{2}mv_0^2$この両者が等しいから、

$kx^2 = mv_0^2$が成り立つ。

これから、 $x = v_0\sqrt{m/k}$ 。したがって、**④が正しい。**

（2） 摩擦領域では、摩擦力fが長さLの間働き続ける。このエネルギー損失はfLである。これがKに等しいから、 $fL = \dfrac{1}{2}mv_0^2$。これから、

$L = \dfrac{mv_0^2}{2f}$。 **②が正しい。**

Science & Our Daily Life 科学と人間生活

11 エネルギー問題

Basic Chemistry 化学基礎

Basic Biology 生物基礎

地学基礎 Basic Earth Science

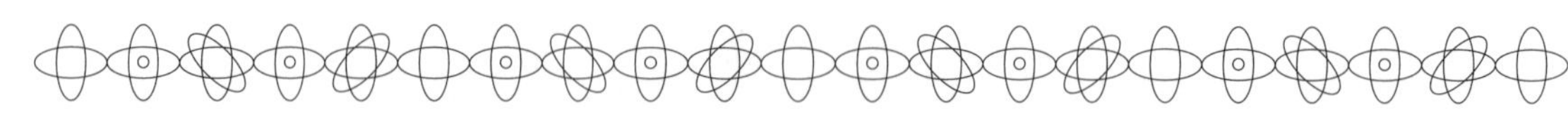

11 図のように，摩擦のない水平面上に静止している質量 5.0 kg の物体に対して，水平に力を加えて 40 J の仕事をしたとき，物体の速さは何 m/s になるか。下の①～⑤のうちから一つ選べ。

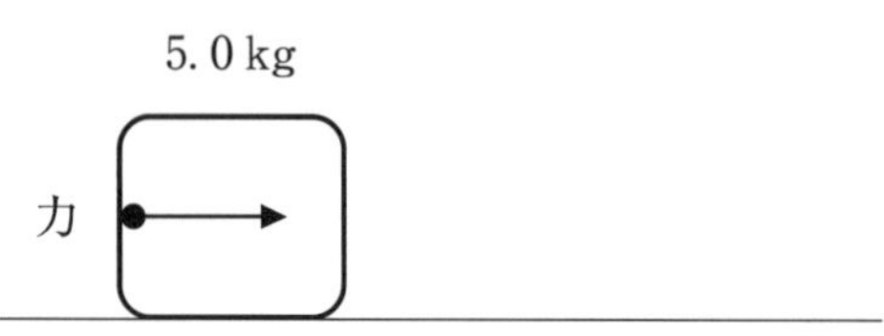

① 2.0　　② 2.8　　③ 3.4　　④ 4.0　　⑤ 5.0

（2018年11月試験）

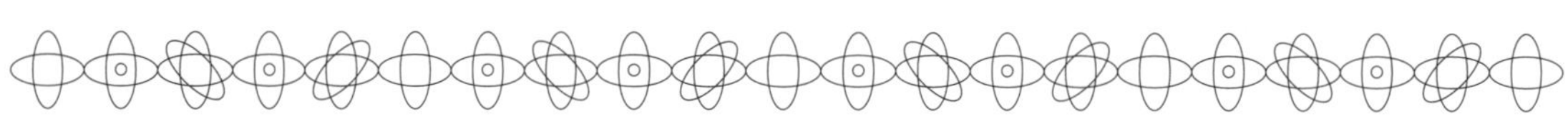

答えの出し方

加えられた 40（J）のエネルギーが、物体の速度のエネルギー U になっている。速度 v で動いている物体の速度エネルギーは $U = \frac{1}{2}mv^2$ だから、今の場合

$U = \frac{1}{2} \times 5.0 \times v^2 = 40$ となる。↗

これから $v^2 = \frac{2 \times 40}{5} = 16$ となって $v = 4.0$m/s となる。**④が正解。**

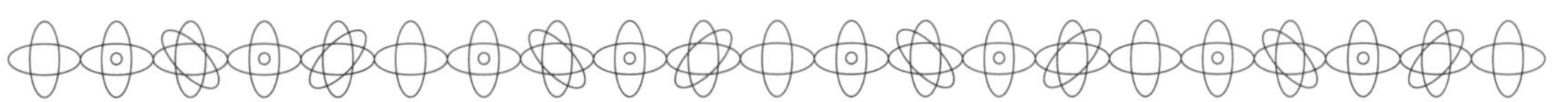

11 **図1**，**図2**，**図3**のように，質量1 kgの小球A，1.5 kgの小球B，1 kgの小球Cを，図に示した斜面のそれぞれの位置から初速度0ではなし，一端を固定した軽いばねに衝突させて，ばねを押し縮めた。そのときの，小球A，B，Cによるばねの縮みの最大値をそれぞれa，b，cとする。a，b，cの関係を正しく表しているものはどれか。下の①〜⑤のうちから一つ選べ。ただし，すべての面には摩擦はないとする。また，ばねはすべて同じばねとする。

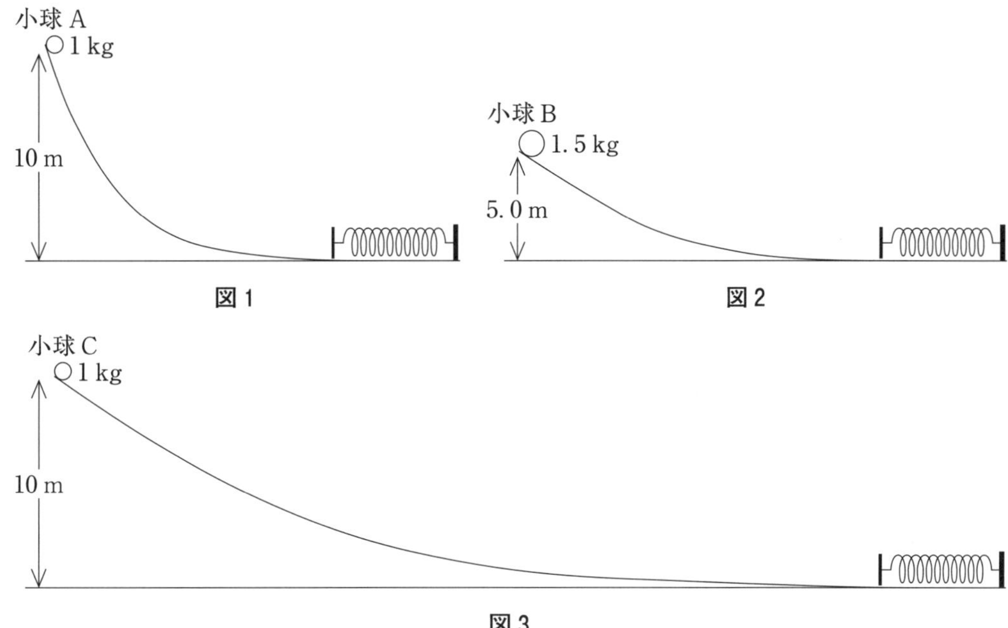

① $a > c > b$　② $a = c > b$　③ $a = b = c$　④ $a = c < b$　⑤ $a > c = b$

（2018年11月試験）

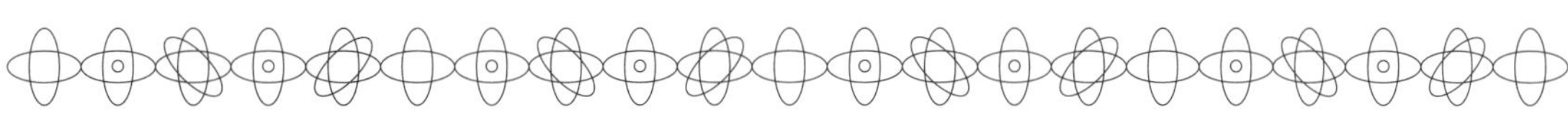

答えの出し方

小球の位置エネルギー（$U_1 = mgh$）がバネのエネルギーU_2（$=\frac{1}{2}kx^2$）になっているから、図1（a）と図3（c）は同じ。ともに（$U = 1 \times 9.8 \times 10 = 98J$）図2（$b$）（$U = 15 \times 9.8 \times 5 = 74J$）はこの2つより小さい。**②が正解。**

12 熱量問題

1gの水を1℃上昇させるのには、4.2（J）の熱エネルギーが必要である。このことを、水の比熱は4.2（J/g・K）であるという。もし水がコップ1杯の200gあれば、その200倍の840（J）の熱エネルギーが必要になる。このことを200gの水の熱容量は840（J/K）であるという。さらにこの量の水の温度を20℃から90℃まで上昇させるには、この（90 − 20 =）70倍の58,800（J）もの量の熱（熱量）が必要になる。

アルミニウムの比熱は0.9（J/g・K）である。アルミニウム200gの熱容量は200 × 0.9 = 180（J/K）である。つまり200gのアルミニウムを1℃上昇させるのには180（J）の熱量が必要である。さらに200gのアルミニウムを20℃から90℃に上昇させるのには、（180 × 70 =）12,600（J）の熱量が必要である。同じ質量のアルミニウムと水とでは、アルミニウムの方が4分の1以下の熱量で、同じ温度上昇をさせることができる。

以上の話を公式にしておこう。比熱c（J/gK）の物質がmグラムある時、この物質の熱容量Cは、$C = c \times m$になる。この物質の温度をΔT℃上昇させるには、

$$Q = C \times \Delta T = cm\Delta T\ (J)$$

の熱が必要になる。

ここまでの知識をもとに過去問をやっておこう。

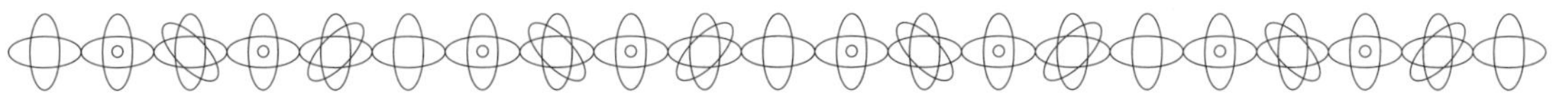

12 90 ℃ に熱した質量 100 g のアルミニウム球を，10 ℃ の水の中に入れたら，全体の温度が 20 ℃ になった。⑴，⑵ に答えよ。ただし，アルミニウムの比熱(比熱容量)を 0.9 J/(g·K) とし，熱は金属と水の間だけで移動するものとする。

⑴ 水がアルミニウム球から受け取る熱量は何 J か。次の①～⑤のうちから一つ選べ。

① 5530　② 6300　③ 7200　④ 8640　⑤ 9000

⑵ アルミニウム球の代わりに，質量 100 g，比熱(比熱容量)0.45 J/(g·K)の鉄球を 90 ℃ に熱し，10 ℃ の水の中に入れた。鉄球を入れた後の全体の温度について，正しい説明はどれか。次の①～④のうちから一つ選べ。

① 水の量が同じであれば，全体の温度は 20 ℃ になる。
② 水の量が同じであれば，全体の温度は 20 ℃ より高くなる。
③ 水の量が同じであれば，全体の温度は 20 ℃ より低くなる。
④ 水の量にかかわらず，全体の温度は 20 ℃ になる。

（2016 年 11 月試験）

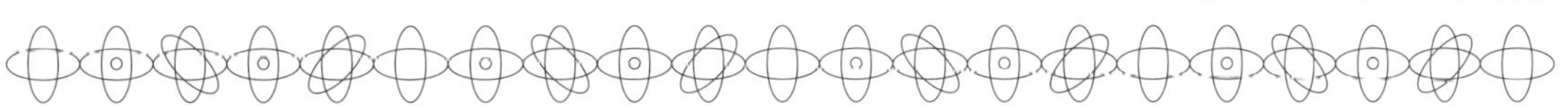

答えの出し方

（1）「水がアルミニウムから受け取る熱量」は「アルミニウムが失った熱量」に等しい。アルミニウムが失った熱量は

（前後の温度差）×（アルミニウムの熱容量）
＝（前後の温度差）×（アルミニウムの質量）×（比熱）
＝(90 − 20) × 100 × 0.9 ＝ 6,300（J）

となって**②が正しい。**

（2）鉄の比熱はアルミニウムの半分だから「少ししか熱量を持っていない」。したがって、**③が正しい。**

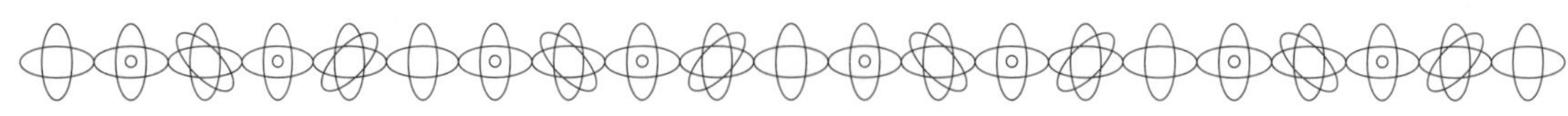

12 図のように，断熱容器に0℃，100 gの氷と0℃，100 gの水を入れ，そこに投げ込みヒーターと温度計を入れて，加熱しながら温度変化の様子を調べた。グラフは，測定で得られた温度変化を示している。(1)，(2) に答えよ。ただし，断熱容器，温度計，投げ込みヒーターの熱容量は無視できるものとする。

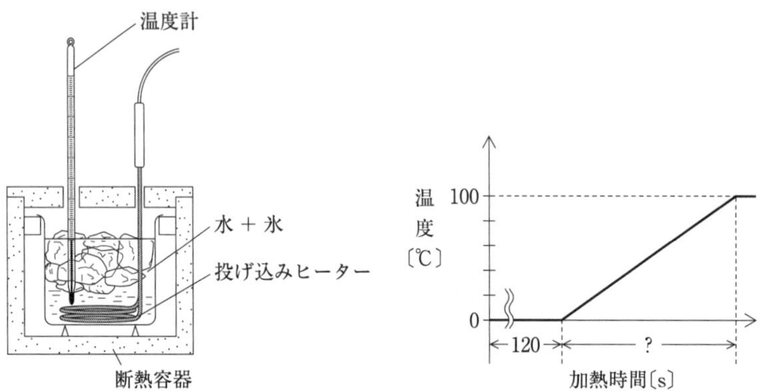

(1) グラフからわかるとおり，最初の120秒間は温度変化がなかった。この間，投げ込みヒーターは1秒間に300 Jの熱を発生するように調整した。この実験から求められる氷の融解熱は何J/gか。次の①～⑤のうちから一つ選べ。

① 30　② 36　③ 240　④ 300　⑤ 360

(2) 断熱容器内がすべて0℃の200 gの水になった直後から，投げ込みヒーターを1秒間に600 Jの熱を発生するように切り替えて加熱した。温度上昇が始まってから，100℃になるまでの時間は何sか。次の①～⑤のうちから一つ選べ。ただし，水の比熱(比熱容量)を4.2 J/(g･K)とする。

① 40　② 70　③ 140　④ 280　⑤ 360

（２０１７年１１月試験）

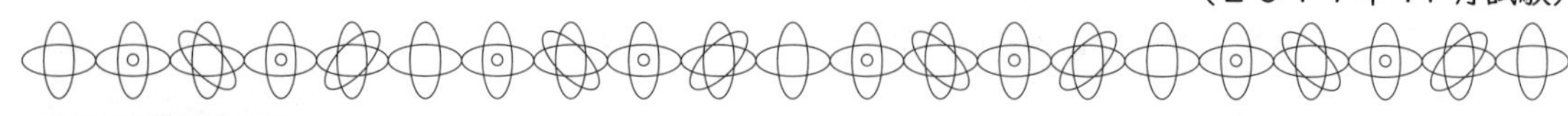

答えの出し方

（１）水の温度一定（０℃）の最初の１２０秒間は、ヒーターから出た熱はすべて氷の融解（ゆうかい）（とかすこと）に使われている。その熱量は、
$Q = 300 \times 120 = 36{,}000$（$J$）　である。

この熱量で100gの氷をとかすのだから１gあたり 36,000 ÷ 100 = 360(J/g)。**⑤が正しい。**

（２）200gの水を０℃から100℃に上げるには、$Q = 100 \times 200 \times 4.2 = 84{,}000$（$J$）の熱量$Q$が必要である。１秒間に600（$J$）のヒーターで、この熱を供給するには

$t = \dfrac{84{,}000}{600} = 140$（$s$）となって、140秒の時間が必要である。

③が正しい。

12 質量が50 gの金属球に，1350 Jの熱量を加えたところ，金属球の温度が30 K上昇した。金属球の熱容量C〔J/K〕と比熱(比熱容量)c〔J/(g·K)〕の組合せとして正しいものはどれか。次の①～④のうちから一つ選べ。

	熱容量C〔J/K〕	比熱(比熱容量)c〔J/(g·K)〕
①	27	0.09
②	27	0.9
③	45	0.09
④	45	0.9

（２０１８年８月試験）

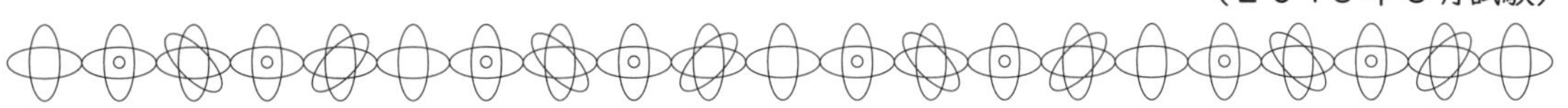

答えの出し方

（熱容量）×（温度差）＝（加えた熱量）である。この式は

『（バケツの断面積）×（水を入れる前後の水位差）＝（水の量）』で類推する。「熱容量Cはバケツの断面積」と覚える。今の場合、

（熱容量C）× 30 = 1,350（J）だから、

（熱容量C）= 45（J/K）↗

（質量）×（比熱c）＝（熱容量C）だから、

$50 \times c = 45$

これから$c = 0.9$。これはアルミニウムだろう。

④が正解である。

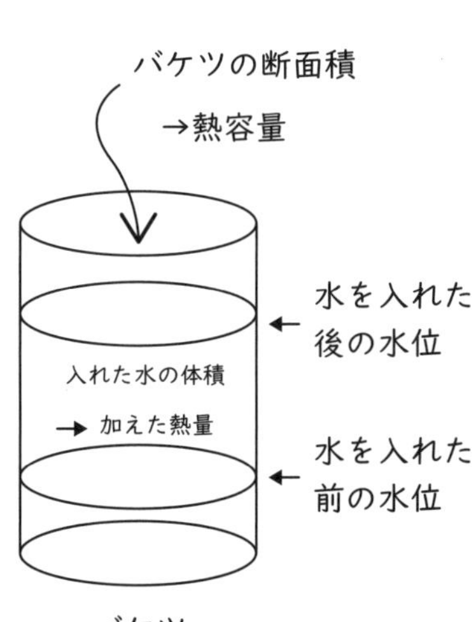

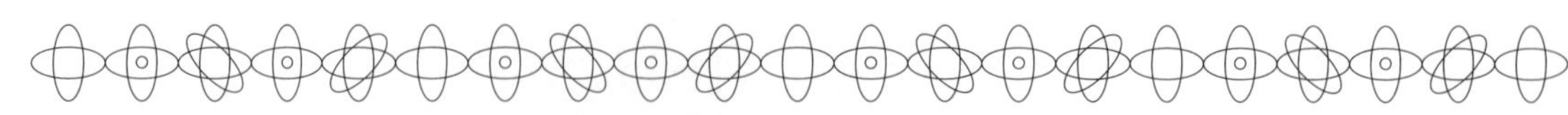

12 図のように，熱容量の無視できる断熱容器に温度 20 ℃ の水を 100 g 入れ，そこに温度 80 ℃ に温められた 200 g の金属球を入れた。水の比熱(比熱容量)が金属球の比熱の 10 倍であるとき，その後の水と金属球の温度変化を示したグラフとして正しいものはどれか。下の①～④のうちから一つ選べ。

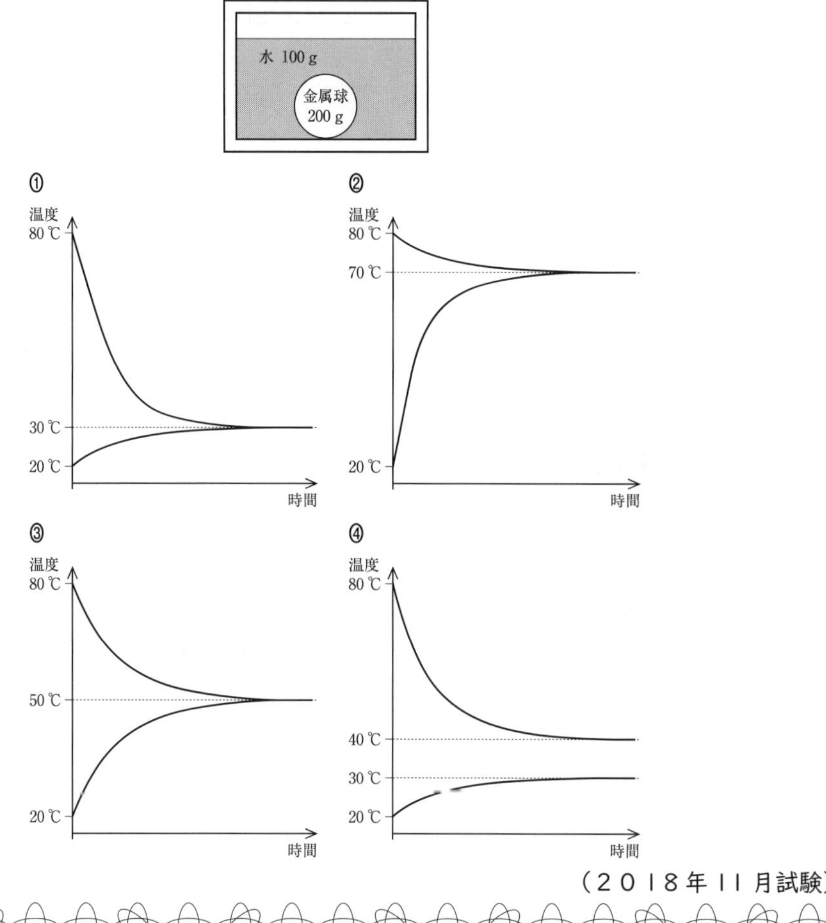

（2018年11月試験）

答えの出し方

水の比熱は 4.2（J/gK）であるので、金属の比熱は 0.42（J/gK）である。

水が 100g あるので、水の熱容量 C は

$4.2 \times 100 = 4{,}200$（J/K）、

200g ある金属の熱容量は

$0.42 \times 200 = 840$（J/K）。

ここで、成績 20 点の生徒 4,200 人と、成績 80 点の生徒 840 人の平均点 T ℃を出してみよう。4,200：840 ＝ 10：2 ＝ 5：1 だから、成績 20 点が5人、成績 80 点が１人の６人の平均点と同じである。

$$T = \frac{20 \times 5 + 80 \times 1}{5 + 1} = \frac{100 + 80}{6} = \frac{180}{6} = 30℃$$

となって、平均点は３０℃になる。

したがって、十分時間がたった後には、水も金属も 30℃になっていく。**①が正しい。**

13 熱機関問題

昔の蒸気機関車は石炭を燃やしてその熱エネルギー Q の一部を、汽車動かす動力（＝仕事）W に変換し、残りの熱 Q' を低温の物体に放出する物であった。すなわち、$Q = W + Q'$ が成り立っていた。ここで、得られた仕事のエネルギー W の石炭が出した熱 Q に対する比率（$\frac{W}{Q}$）を「熱効率 e」という。熱効率 e は 0.25 ぐらいがふつうである。

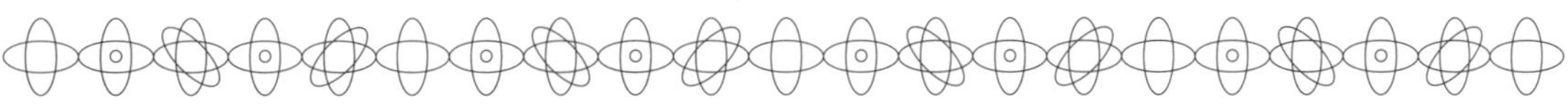

13 高温の物体から熱を吸収し，一部を仕事に変換して低温の物体に熱を放出する熱機関がある。この熱機関で得られる仕事が 50 J，熱効率が 0.2 であるとき，高温の物体から吸収した熱量は何 J か。次の①～⑤のうちから一つ選べ。

① 50　② 100　③ 150　④ 200　⑤ 250

（2018年11月試験）

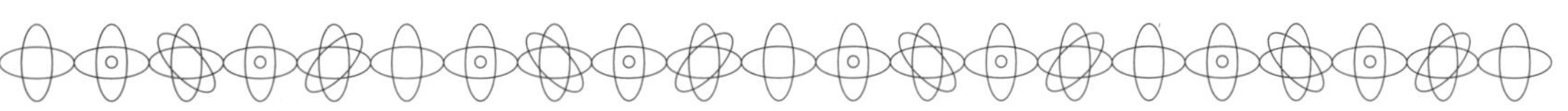

答えの出し方

熱機関から得られた仕事が $W = 50$（J）、熱効率 $e = \frac{W}{Q} = 0.2$ であるから、この熱機関に与えた熱量 Q は

$$Q = \frac{W}{e} = \frac{50}{0.2} = 250(J)。$$

となって、**⑤が正しい。**

14 波動問題

波の山から次の山までの距離を「波長(はちょう)」といい、ギリシャ文字「λ（ラムダ）」で表す。たとえば次の図のような波では、山の頂点 P から一つ前の山の頂点 Q までの距離が 2.0（m）であるから、波長 $\lambda = 2.0$m になる。この波が V の速度で（右に、x 軸の正の方向）移動していると、$\dfrac{\lambda}{V}$ は、1 波長分の長さをこの波が進む時間Tとなって、この時間を「周期(しゅうき)（s）」という。例えば P 点はこの図の瞬間には 1 つの山の頂点であるが、波が進むにつれて P 点は下がっていき、T（s）後には次の波の山の頂点に来る。したがって P 点という 1 点で見ていると、頂点が通過して次の頂点が通過するまでの時間が周期 T であるということになる。波長 λ、波の速度（波速）V, 周期 T の間には $\dfrac{\lambda}{V} = T$、あるいは、$TV = \lambda$ の関係があることに注意したい。$TV = \lambda$（波長）は「テレビは波長λなり」と覚えるとよい。

下の図の波が、右への進行速度が V = 0.5(m/s)（1 秒間に 50cm 右に進む）とすれば、周期 T は、$T = \dfrac{\lambda}{V} = \dfrac{2.0}{0.5} = 4.0$（秒）になる。

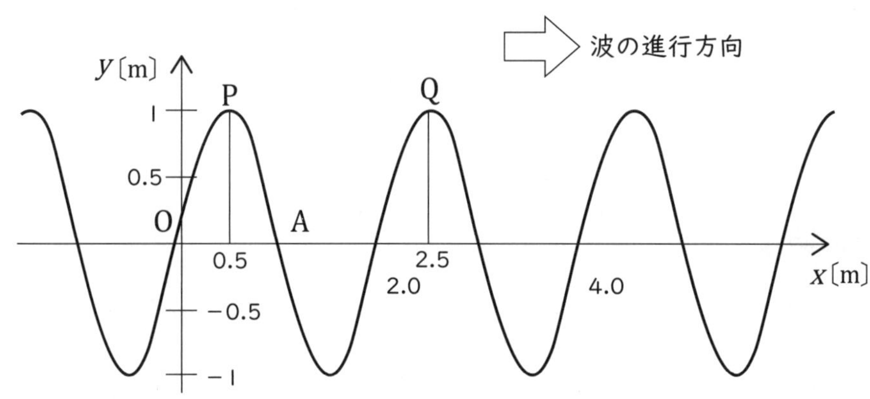

1 秒間に、ある位置を何周期の波が通過するかという数を周波数 f という（単位は Hz:ヘルツ）。

周波数 f は周期Tの逆数である。つまり

$f = \dfrac{1}{T}$ の関係にある。

波速 V は $V = \dfrac{\lambda}{T}$ で表せるから、波速 V は周波数 f を使って、$V = f\lambda$ の関係がある。

$TV = \lambda$、および $V = f\lambda$ は必ず覚えること。

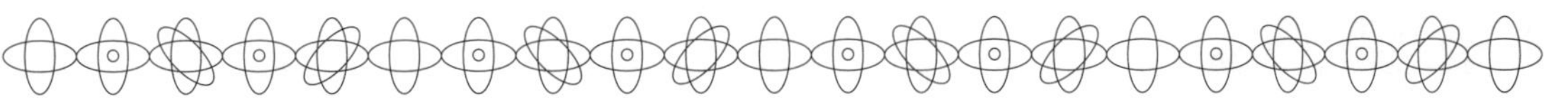

14 右向きに進む連続波が端で反射している。図は，ある瞬間の入射波の波形である。端が自由端，固定端の各場合について，この瞬間におけるそれぞれの反射波の波形の組合せとして正しいものはどれか。下の①～⑤のうちから一つ選べ。

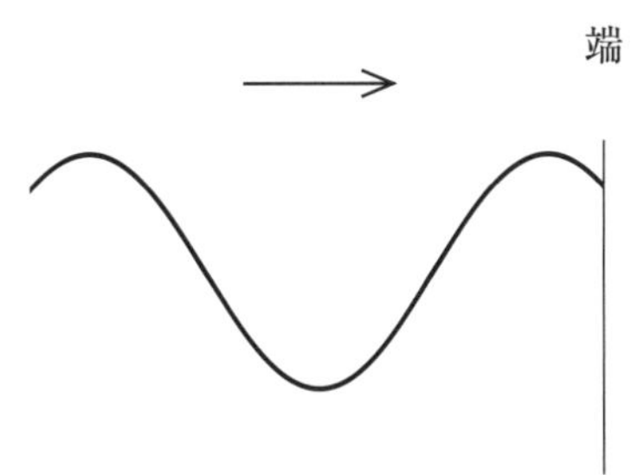

ア

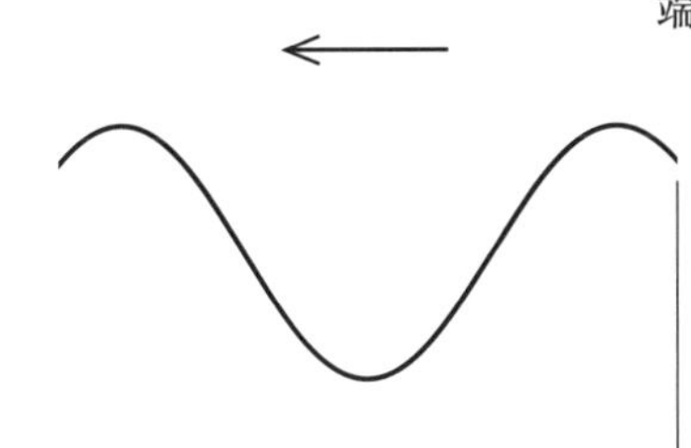

イ

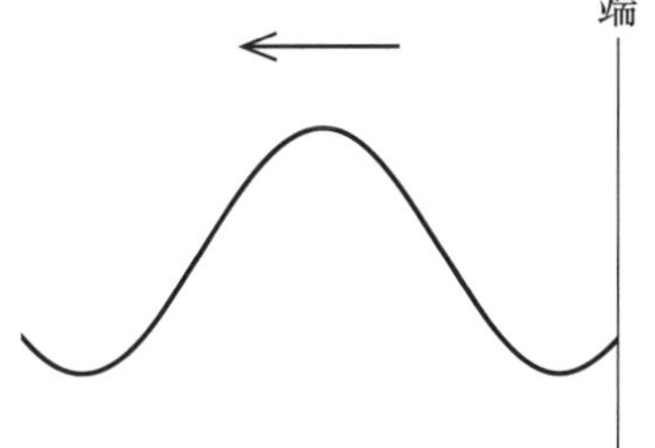

ウ

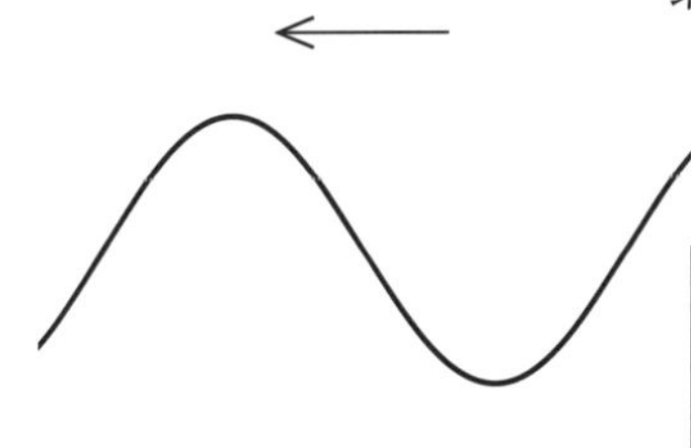

エ

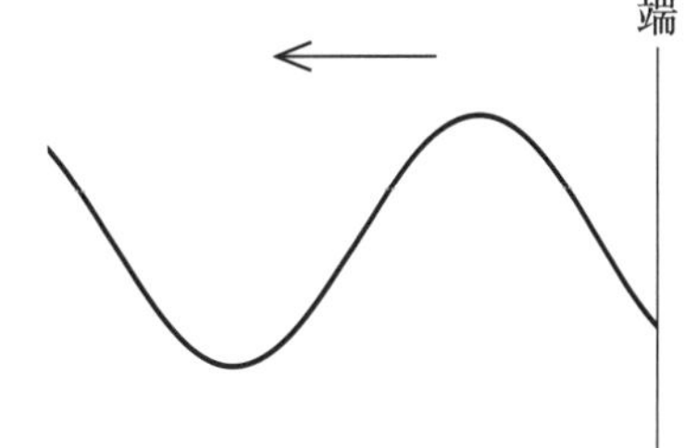

	自由端	固定端
①	ア	イ
②	イ	ア
③	ウ	エ
④	エ	ウ
⑤	エ	ア

（２０１６年１１月試験）

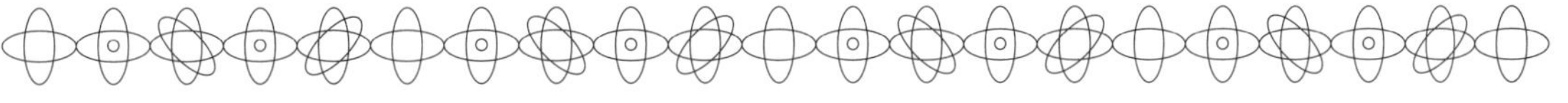

答えの出し方

第１作業：いったん壁がないように考えて波の続きを書いてみる（下図）

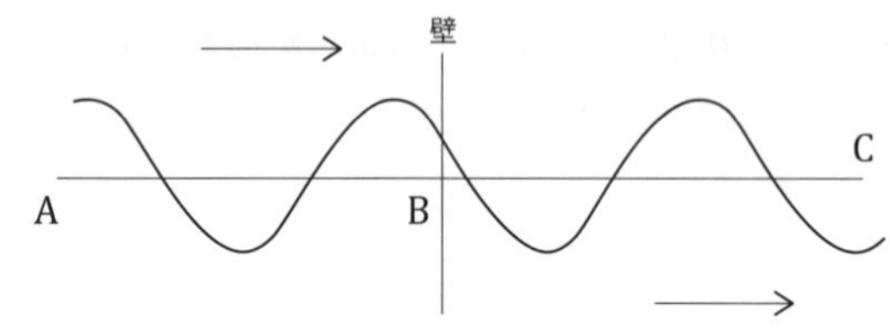

第２作業

自由端の場合：壁を軸にしてその右側（Ｂ－Ｃの部分）を左側にバタンと折り返す。

すると、下のような絵ができて、これが自由端反射後の波の形である。

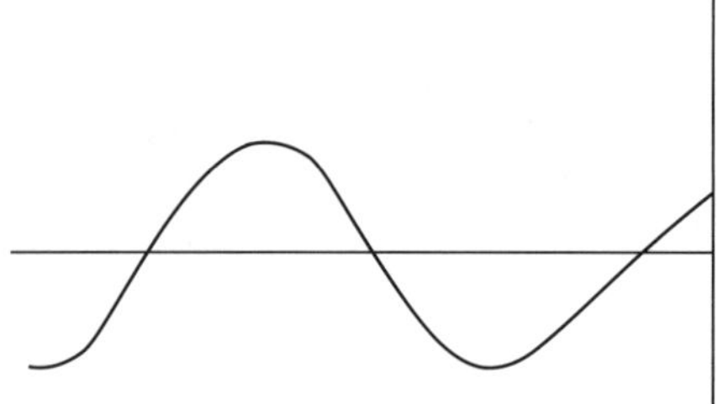

固定端反射の場合左下（第２作業）の絵を上下逆にする。

これが、固定端反射後の反射波の形になる。

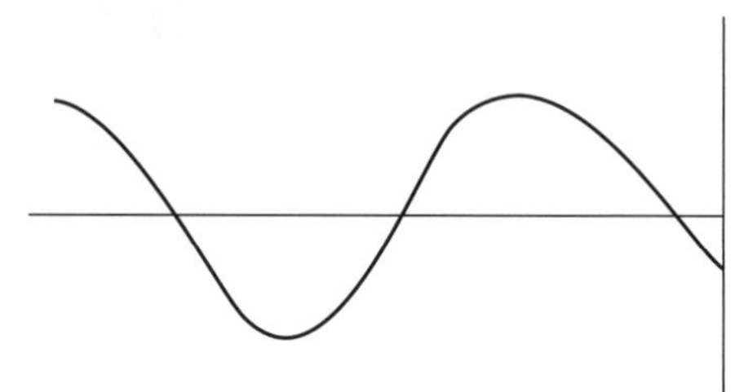

結局自由端反射は「ウ」、固体端反射は「エ」になって**③が正しい。**

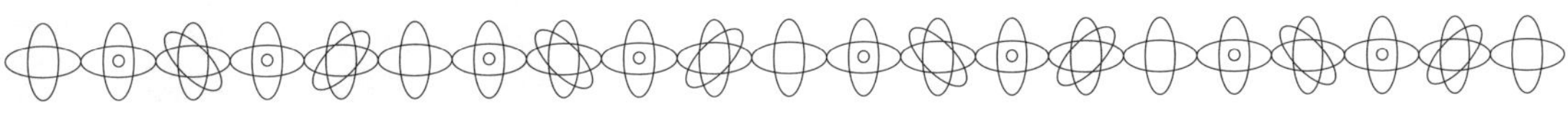

14

図は，x 軸上を正の向きに進む波の，時刻 $t=0$ のときの様子を y 軸を変位として描いたものである。この波の振動数は 4.0 Hz とする。(1)，(2) に答えよ。

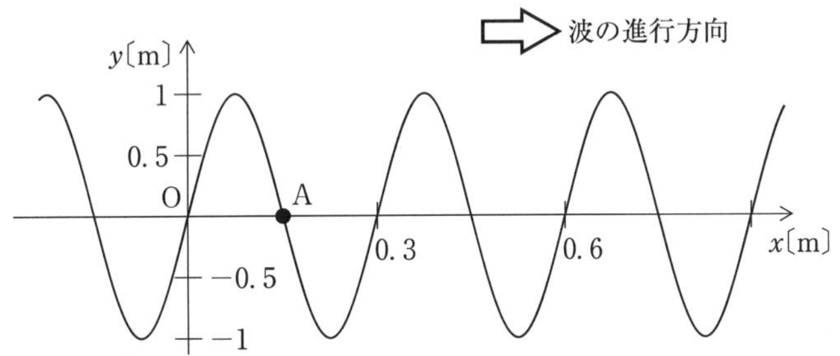

(1) この波の周期と伝わる速さの組合せとして正しいものはどれか。次の①〜④のうちから一つ選べ。

	周期〔s〕	速さ〔m/s〕
①	0.25	1.2
②	0.25	0.75
③	4.0	1.2
④	4.0	0.75

(2) 点 A の変位の時間変化を表した図はどれか。次の①〜④のうちから一つ選べ。

①

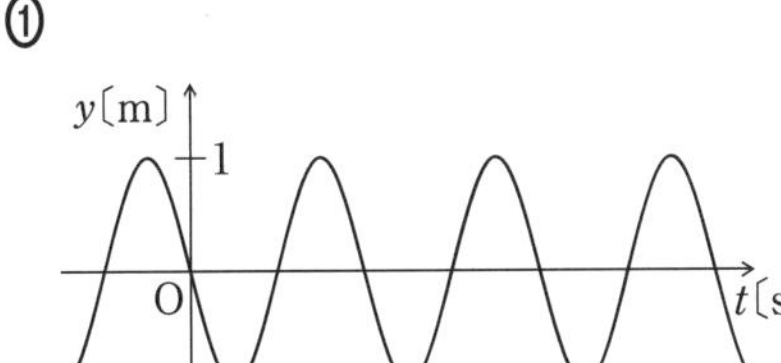

②

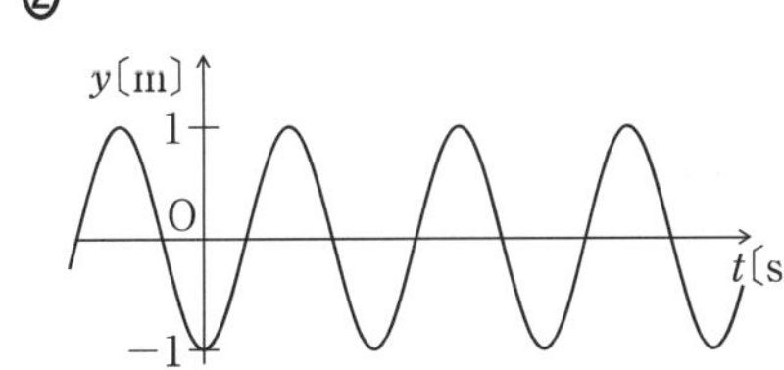

③

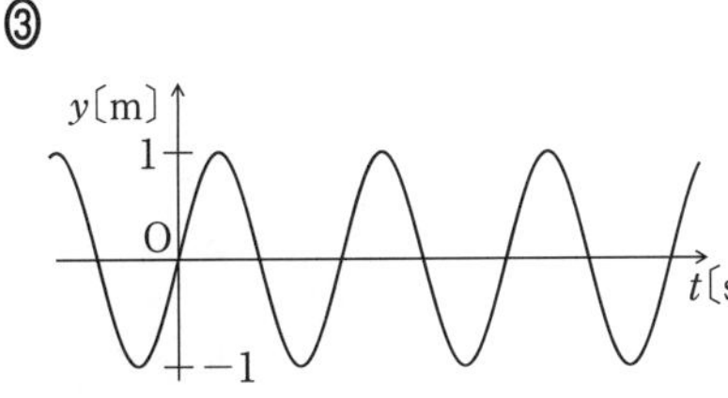

④

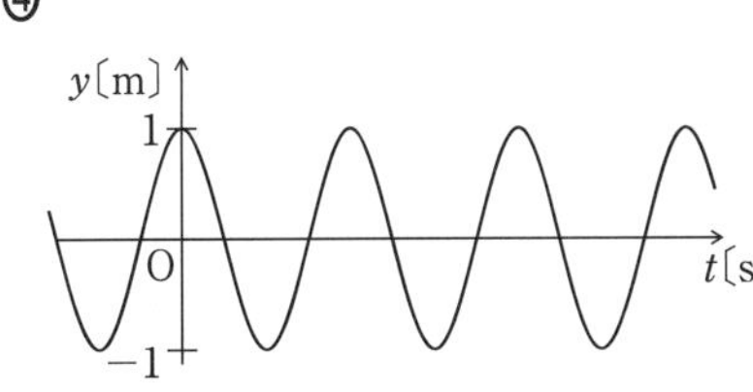

（2017年11月試験）

答えの出し方

この波の波長は、「x軸を下から上に横切る点から、その右側にあって次に上に横切る点」までの長さで調べる。このような点は$x = 0$のところと$x = 0.3\text{m}$の所であるから、この波の波長λは、$\lambda = 0.3\text{m}$である。振動数をf (Hz) とすると、波の速さVは、

$V = f\lambda$　という関係にあるから、

$V = 4.0 \times 0.3 = 1.2$ (m/s)。

周期Tは振動数の逆数で

$T = \frac{1}{f} = \frac{1}{4.0} = 0.25\text{s}$ となって、**①が正しい。**

（2）最初の図の点Aは、この図のとき（$t = 0$）にはゼロの位置（x軸上）にある。波が、少し右に進行するとA点は上（プラス）の方向に動き出す。（2）の４つのグラフでそうなっているのは③である。**③が正解。**

科学と人間生活 Science & Our Daily Life
14 波動問題
化学基礎 Basic Chemistry
生物基礎 Basic Biology
地学基礎 Basic Earth Science

15 音は縦波である

電磁波は横波であったが、音は縦波である。

音は次の図の線 PQ 上に並んだ黒丸のように、黒丸同士がくっつきあったところ（図の c 点）と、離れ合ったところ（図の a、e 点）とが交互に現れて伝わっていく波のことである。このため、縦波のことを疎密波と呼ぶこともある。

このような縦波は図に表しにくいので、横波から「翻訳」することが行われる。図で a、R、S、T、Q の線は横波である。これを縦波にするのに、まず点 R を b を中心 bR の半径として時計まわりに円を描き、c 軸と交わる点 R' とし、ここに点を移す。同様に点 U、V は U' 、V' に移す。縦波の上の点が x 軸より下にある場合、例えば T 点はやはり時計回り円にそって T' に移す。同様に W、X 点もそれぞれ W' 、X' に移す。こうして横波を縦波に「翻訳」することができた。

S の点が最密な部分、P や Q の点が最もまばらな部分になっていることが分かる。

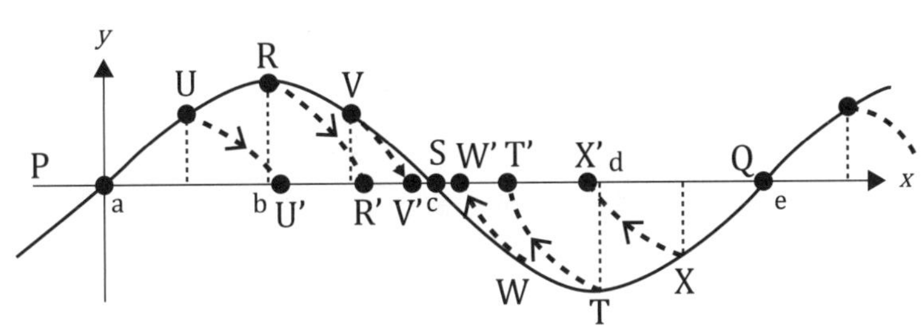

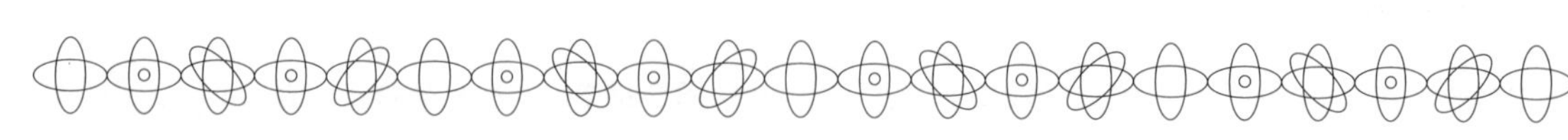

15 図は，x 軸の正の向きに進む縦波のある時刻における媒質の変位を，横波のように表したものである。変位は，x 軸の正の向きを正とする。この縦波に関する文として正しいものはどれか。下の①～⑤のうちから一つ選べ。

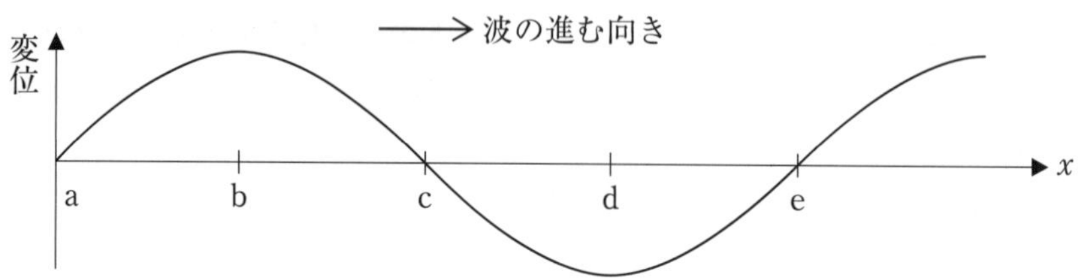

① a は，媒質の速度と変位がともに 0 の点である。
② b は，媒質の密度が最大となる点である。
③ c は，媒質の x 軸の正の向きの速度が最大となる点である。
④ d は，媒質の x 軸の負の向きの速度が最大となる点である。
⑤ e は，媒質の密度が最大となる点である。

（2018年8月試験）

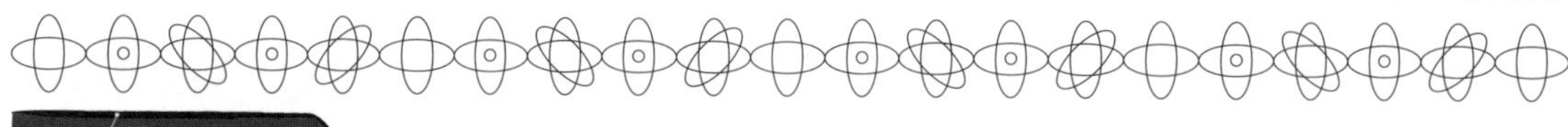

答えの出し方

上の絵の波が右にすすんでいる様子を頭に描きながら解答する。

① a 点は変位はゼロだが、波に従って a 点は下方向に動く点になっている。a は速度がマイナス方向に最大の点である。速度がゼロの点ではない（×）。②（横波、縦波の翻訳作業が必要、後回し）。③波が右に進むと、c は最大速度で上昇する。（○）。④ d 点では速度は一瞬止まっている点である。というわけで、⑤やはり縦波横波の翻訳作業が必要、後回し。ここまでで **③が正解とでた。**

横波を縦波に翻訳すると下の図になる。②密度最大になるのは c 点である（×）。e の点は密度が一番まばらになる点である（×）。

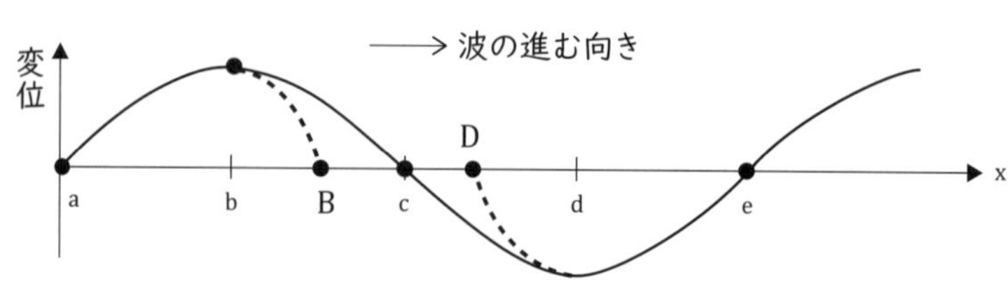

科学と人間生活 Science & Our Daily Life
15 音は縦波である
化学基礎 Basic Chemistry
生物基礎 Basic Biology
地学基礎 Basic Earth Science

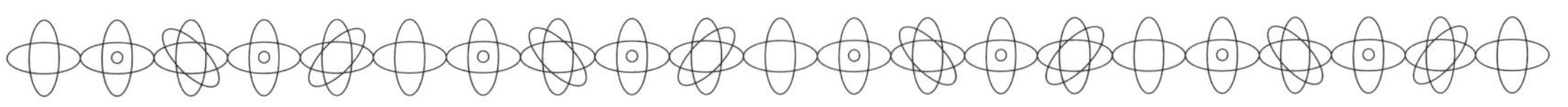

15　x 軸上を進む波について，(1)，(2) に答えよ。

(1)　図のように，はじめ実線の状態であった波が 2.0 s 後には破線の状態になった。この波の振動数は何 Hz か。下の①～⑤のうちから一つ選べ。

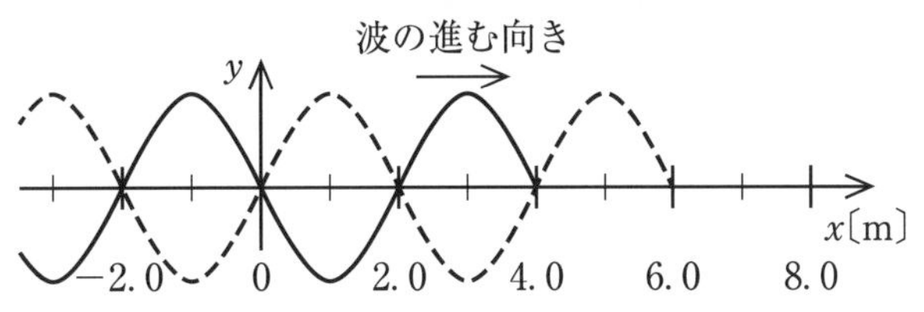

①　0.25　　②　0.50　　③　1.3　　④　2.0　　⑤　4.0

（2018 年 11 月試験）

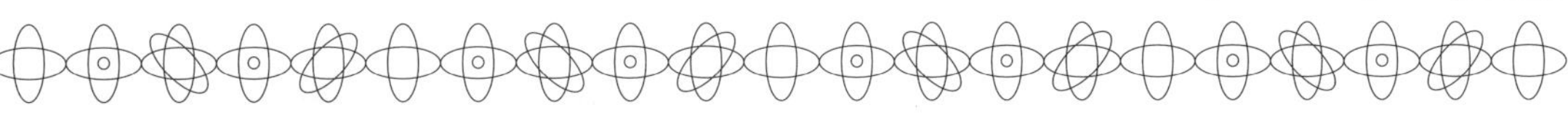

答えの出し方

実線の状態で、山の頂点は $x = 3.0$m のところと $x = -1.0$m のところにある。したがって波長 λ は $\lambda = 4.0$m である。1 つの山は 2 秒間に 2m 前進しているから、波速 V は

$V = \dfrac{2.0}{2.0} = 1.0$ (m/s) である。したがって、周期 T は $T = \dfrac{\lambda}{V} = 4.0$ 秒になる。周波数はこの逆数だから

$$f = \frac{1.0}{T} = \frac{1.0}{4.0} = 0.25 (Hz)$$

となって**①が正しい。**

16 定常波問題

右向きに進んでいる波が、壁にぶつかったとき、その壁から、元の波と同じ波長、周期、速さを持った波が反射波として生み出される。我々の目には、右に進行する波と左に進行する波の重ね合わせた様子が観察される。このような波を「定常波」という。

定常波では、右進行波と、左行き反射波が重なり合って、元の波の2倍振動する場所（これを「腹」という）と、全く振動しない場所「節」とが交互に現れる。1つの腹と次の腹までの距離は、元の進行波の波長の半分、節と次の節の距離も元の波長の半分になる。1つの腹と隣り合う節との距離は、元の波の波長の$\frac{1}{4}$になる。

それでは過去問をやっておこう。

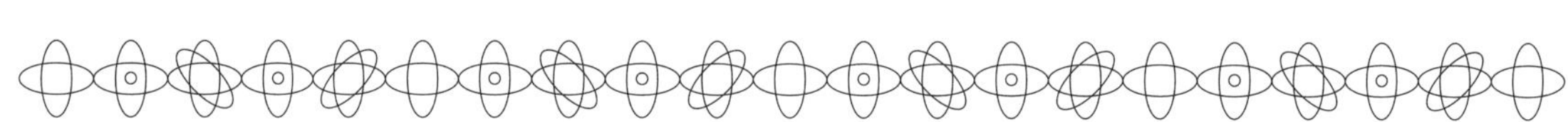

16 図のように，振幅，波長，速さがそれぞれ等しい2つの波がx軸上を互いに逆向きに進んでいる。2つの波が重なり合ってできる定常波の振幅と節の位置の組合せとして正しいものはどれか。下の①～④のうちから一つ選べ。

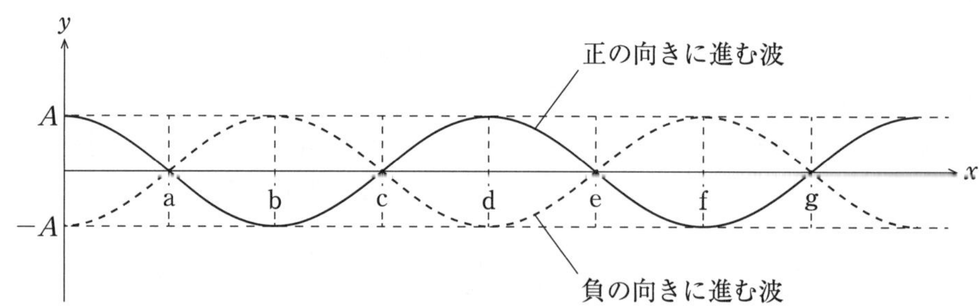

	振幅	節の位置
①	A	a, c, e, g
②	A	b, d, f
③	$2A$	a, c, e, g
④	$2A$	b, d, f

（2016年11月試験）

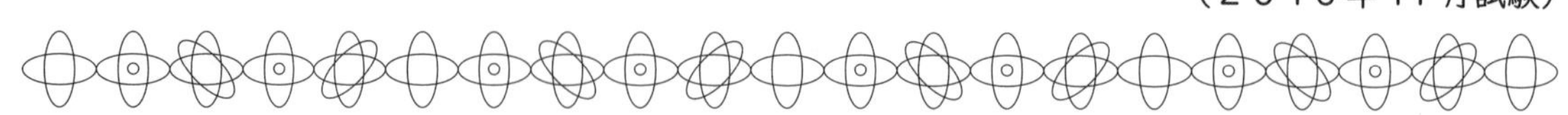

答えの出し方

ちょっとだけ時間がたったときの絵を描いてみる。(下図)

正の向きに進む実線で描かれた波は、少し右にずれて下図の太実線にずれている。一方、左に向かう点線(破線)の波は太破線のようになる。(破線とは「ー」を連ねた点線)

この太実線と太破線の2つの波を足し合わせることを考える。a 点では両方の波による動きともプラスになっていて、足し合わせるとAをはみ出る。つまり a 点がもっとも大きく上下する「腹」の点になっているのがわかる。一方 b 点では上下対称で足し合わせるとゼロである。すると b 点はいつまでたってもゼロであってここが節になることが分かる。a 点は、もう少し時間がたってここで山どうしが重なると、2Aの値にまでなることが分かる。

結局、節は b、d、f の点。振幅は2Aであることがわかる。**④が正解である。**

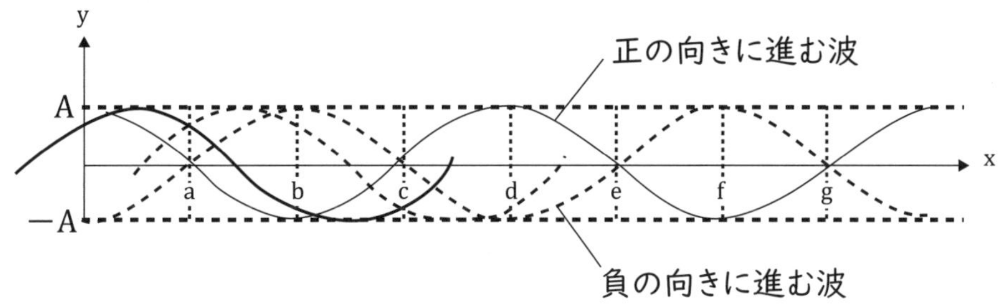

最初の位置から少し時間がたったときの図(太い線)

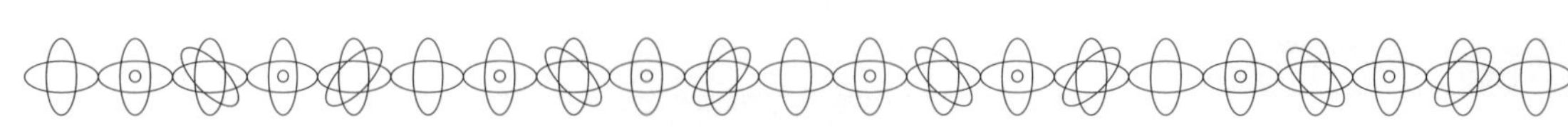

16 (2) **図1**のように，媒質をx軸上の正の向きに進む波と負の向きに進む同じ速さの波があり，原点ですれ違う。**図2**のようにすれ違いを始めた時刻を$t = 0$とする。この後，媒質の点A（$x = -1.0$ m）が，時間とともにどのような振動をするのかを正しく表しているグラフはどれか。下の①～④のうちから一つ選べ。

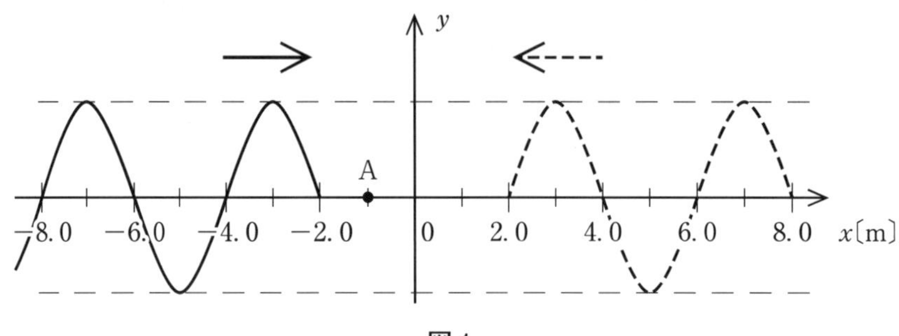

図1

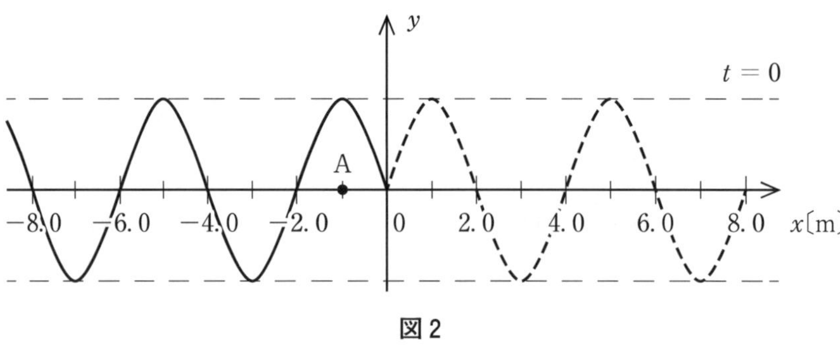

図2

①

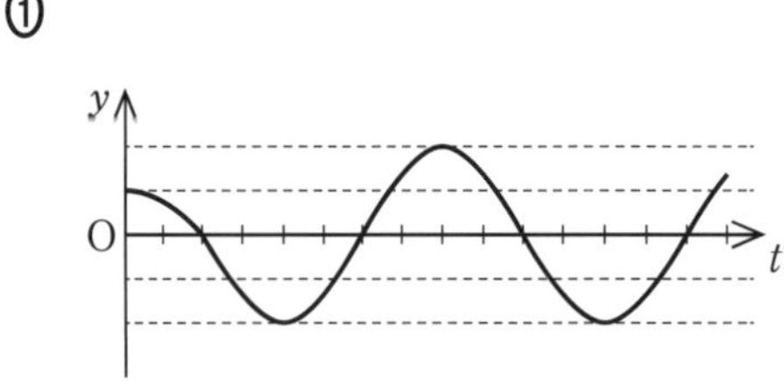

②

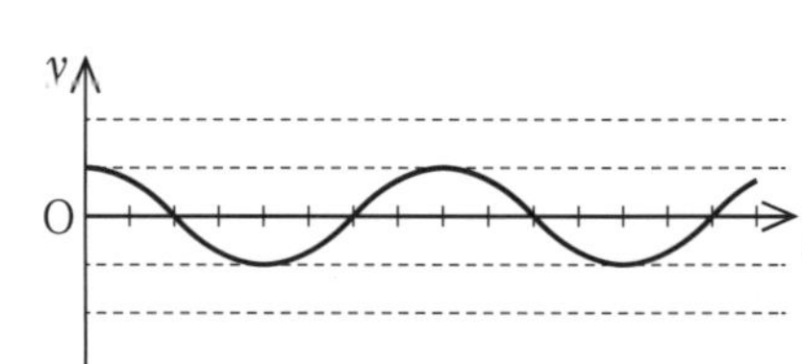

③

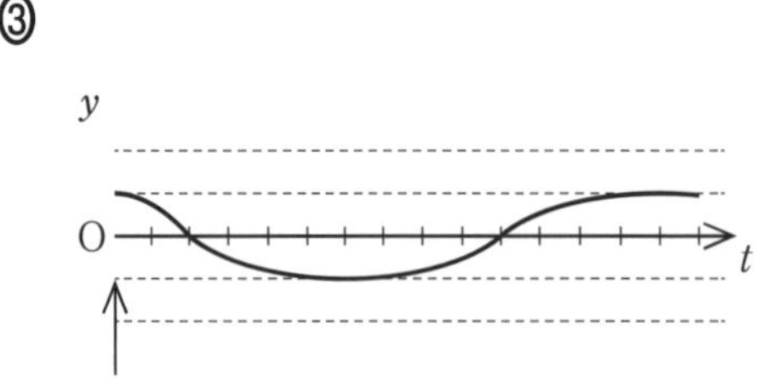

④

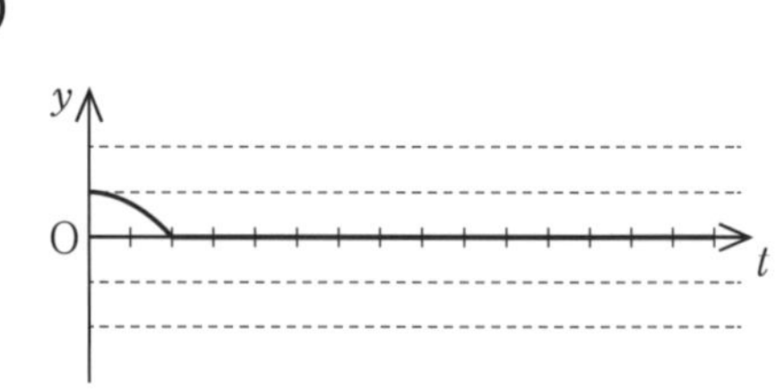

（２０１８年１１月試験）

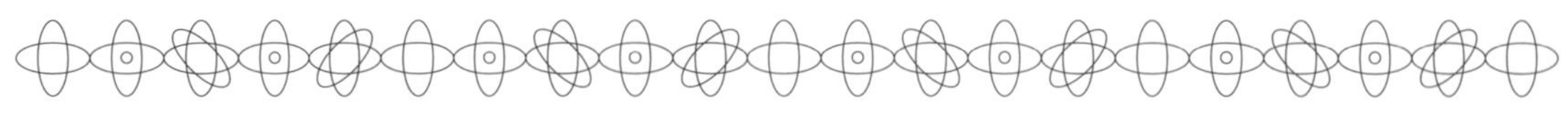

答えの出し方

この問題は難問。また意地悪なことに、波の進行速度は書かれていない。波の波長λが$\lambda = 4$mであることは、山と山の間の距離を見れば分かる。一応図①～④の1目盛りを1秒とすると、①～④のどの図も、$t = 2$秒までの線は同じで、$y = 1$mから始まって2秒後にはゼロになっている。この時間までにまだ右から左に向かってくる波線の波の影響はA点に届いていない。この間、A点は波の$\frac{1}{4}$周期を経験しているから、この波の周期Tは$t = 2.0 \times 4 = 8$秒である。すると波の進行速度Vは、$TV = \lambda$、から　$8V = 4$となって、波速$V = 0.5$m/sである。

まず点Aじゃなくて、$x = 0$の点（原点）の動きを考えると、2秒後には両方の波の山が重なってこの点は$y = 2$mの最大値となる。という ことは$x = 0$の点は「腹」である。右行きの波と左行きの同じ波が重なった「定常波」では、「腹」は波長の半分ごとに現れるから、この図の場合には、$x = -8, -6, -4, -2, 0, 2, 4, 6, 8$,（m）の各点が「腹」になる。するとそれらの中間の$x = -7, -5, -3, -1, 1, 3, 5, 7$,（m）の各点は「節」になって、「動かない点」になる。つまり、2秒をすぎて両方の波が重なるとA点は「不動点」になるのだ。すると正解は実に意外なことに④になる。

誰もが「問題外、こんなの絶対正解じゃないよ」と思ってしまうが、実はそれが正解、なんていうのは、名探偵・シャーロックホームズの世界だね！「一番犯人らしくないのが、実は犯人」。この問題、「愉快(ゆかい)な難問」と言っておこう。

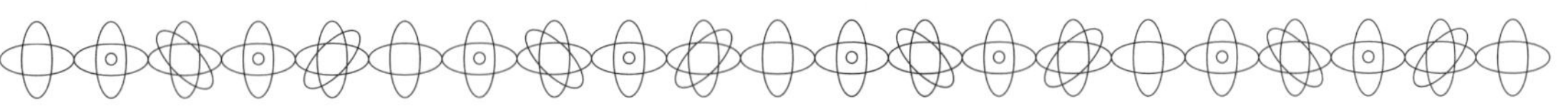

16 互いに逆向きに進む振幅，波長，振動数の等しい2つの進行波が重なりあい，定在波(定常波)ができ，0.6mごとに腹がみられた。この定在波に関する文として正しいものはどれか。次の①～④のうちから一つ選べ。

① 進行波の波長は0.3mである。

② 進行波の振動数を変化させても，腹の間隔は変わらない。

③ 隣り合う腹と腹の中間点では振幅は0である。

④ 2つの進行波の振幅のみを変化させた場合，腹の位置はずれる。

（2018年8月試験）

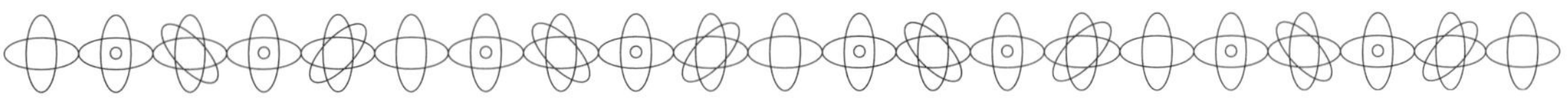

答えの出し方

① 進行波の波長は、定常波の節間距離あるいは腹間距離の2倍である。したがってこの場合の進行波の波長は1.2mである（×）。

② 振動数が大きくなると波長は短くなる。従って節の間隔も短くなる（×）。

③ 腹と腹の中間点は節になり、振幅はゼロになる。正しい。

④ 振幅のみを変化させても波長が変わらないと、腹の位置はずれない（×）。

正解は③である。

科学と人間生活 Science & Our Daily Life
17 音波問題
化学基礎 Basic Chemistry
生物基礎 Basic Biology
地学基礎 Basic Earth Science

17 音波問題

音は空気中を伝わる「縦波」の1種である。音が空気中を伝わる速度（音速）Vは、気温15度の場合 $V=340\text{m/s}$ である。音楽でいう「音の高さ」とは、振動数fのことで、振動数が大きいほど高い音、小さいほど低い音になる。振幅の大きさは音の「大きさ」になる。

振動数の接近した2つの音を出す楽器（例えば音叉）を同時にならすと、音が大きくここ得る瞬間と、音が小さくなる瞬間が交互に現れる**「うなり」**の現象が起きる。耳で聞いて「ワーンワーンワーンワーン」という感じである。例えば周波数512Hzの音と、515Hzの音を同時にならすと、1秒間に3回の「うなり」が聞こえる。**うなりの周波数は、もとの2つの音の周波数（＝振動数）の差になる。**

気柱楽器の**笛**は決まった高さの音を出す器械である。気柱には、先端が開いている「開管」と、閉じている「閉管」がある。管の中に音の「定常波」が発生して、一定の高さの音が出るのである。

開管の場合、一番波長の長い「基本振動」では、手前の口を一番先端の口の両方で自由端反射を行う「腹」となり、中間点に「節」が現れる。基本振動の音の波長λは管の長さLの2倍になる（$\lambda=2L$）。（次の問題の図を参照のこと）。

閉管の場合には、先端部が閉じられていて、固定端となり、ここが「節」になる。一番波長の長い「基本振動」では、管の長さの4倍が1波長になる（$\lambda=4L$）。↗

閉管の第一共鳴と第二共鳴

底の閉じた円筒形の管（気柱という）があるとき、この管に外部から音源を近づけると共鳴して大きな音が出る場合がある。いわば、音のエネルギーが管の中に「閉じこめられた」状態である。この共鳴現象は、気柱の奥に音波の節がきて、気柱の口に腹がくる場合に起きる（下の図を見よ）。

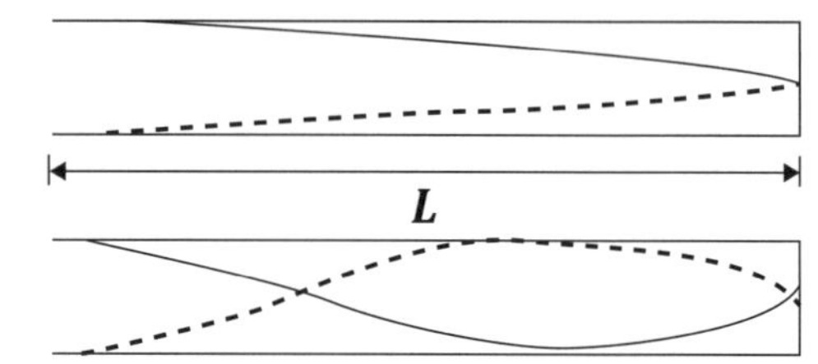

図 第1共鳴（基本振動、上の図）と第2共鳴（下の図）

図の上部では、入り口に腹、奥に節があって、途中には節も腹もない状態で、これを第1共鳴（＝基本振動）という。前の1波長の図と比べると、管の中には1波長の4分の1だけが収まっているかたちになっている。だから管の長さがL（エル）のときは、共鳴する音の波長λは、その4倍の長さに等しい。つまり、波長$\lambda=4L$である。下の図は、管の入り口に腹、奥に節があるほか、途中にも腹、節が1個ずつある。この場合には、管の中に口から共鳴管の第2振動点までの距離の$\frac{4}{3}$倍が波長λに等しい。この場合を第2共鳴といい、波長λは管の長さの3分の4に等しくなっている。

つまり、波長$\lambda=(\frac{4}{3})L=1.333L$が成り立つ。第1共鳴の波長は$1=4\times L$であるから、第2共鳴の波長は第1共鳴の波長の$\frac{1}{3}$である。なお、

$V=f\lambda$あるいは$f=\frac{V}{\lambda}$の関係があるから、第2共鳴の周波数fは、第1共鳴のfの3倍である（第2共鳴の高い方が高い音である）。

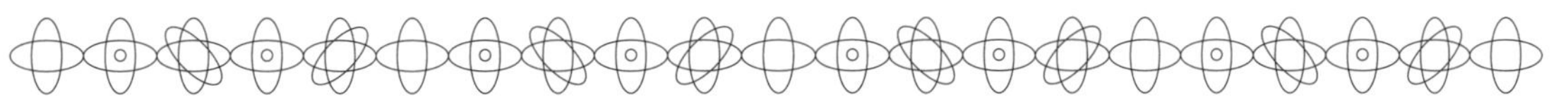

17 　図のように，発信器につないだスピーカーを開管の開口部に置いた。スピーカーから出る音の振動数がf_0のとき基本振動で共鳴した。さらに振動数をf_0から徐々に大きくしていくと，次に共鳴する振動数はいくらか。下の①～④のうちから一つ選べ。

① $\frac{4}{3}f_0$　　② $\frac{3}{2}f_0$　　③ $2f_0$　　④ $3f_0$

（2016年11月試験）

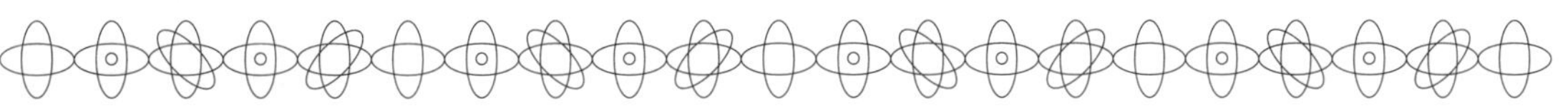

答えの出し方

最初は下図上の絵のような共鳴が起きていた。振動数を大きくしていって次に起きる共鳴では、下の絵のような共鳴になっていた。上の絵の波長λは$2L$（Lは開管の長さ）。音速をVとすると、$f_0 = \frac{V}{\lambda} = \frac{V}{2L}$の関係にある。

周波数を上げて次の共鳴の時（下の図の時）には波長λはLに等しくなる。するとこのときの周波数は、$f_1 = \frac{V}{\lambda} = \frac{V}{L}$となって、$f_1 = 2f_0$になっている。

③が正しい。

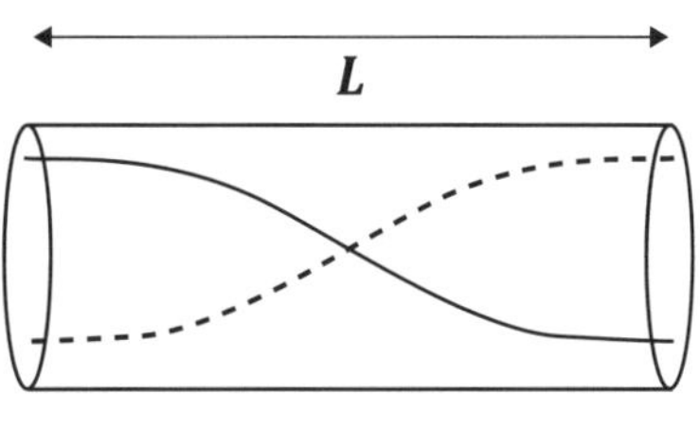

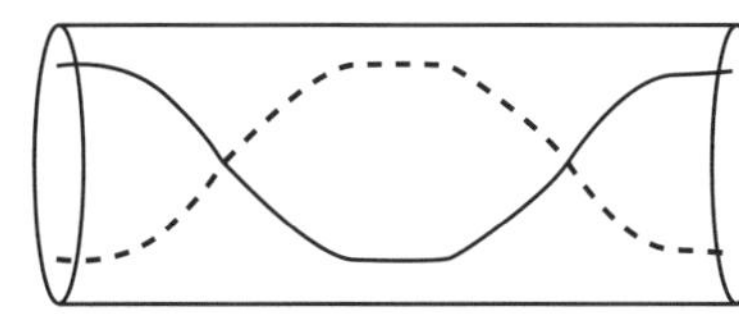

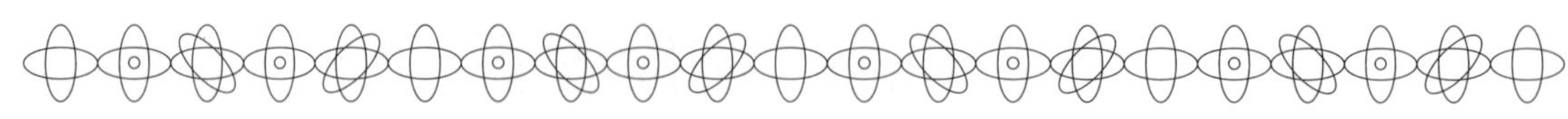

17 　スピーカーに低周波発振器をつなぎ，振動数を変えて正弦波形の音を出して実験１，実験２を行った。(1)，(2) に答えよ。

実験１　鳴らしていないおんさのそばに，低周波発振器につないだスピーカーを置いた。低周波発振器のスイッチを入れてスピーカーから音を出し，その後スピーカーの音量を下げても，おんさから音が聞こえ続けた。

その後，スピーカーの音量を再び上げ，さらにスピーカーから出る音の振動数を少し小さくしたら，音の大きさが周期的に変化して聞こえた。

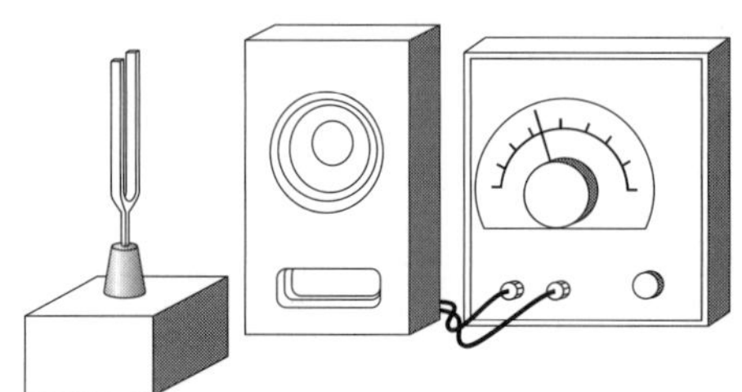

(1)　以下の文中の ア ， イ にあてはまる語句の組合せとして正しいものはどれか。下の①～⑤のうちから一つ選べ。

実験１で，スピーカーからの音量を下げても，おんさから小さな音が聞こえ続けたのは，おんさで ア が生じたためである。その後，音の大きさが周期的に変化して聞こえたのは，スピーカーからの音とおんさからの音が重なりあって イ を生じたためである。

	ア	イ
①	反射	うなり
②	うなり	反射
③	共鳴	反射
④	うなり	共鳴
⑤	共鳴	うなり

（２０１８年１１月試験）

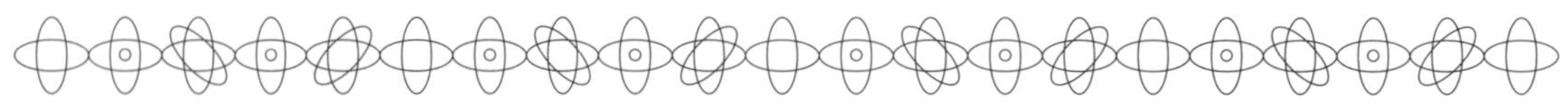

答えの出し方

音叉（おんさ）の出す音の周期と、スピーカーからでた音の周波数（音の高さ）が一致していたため、共鳴（きょうめい）が起きた。このため、最初はなっていなかった音叉が鳴り始めたのである。

音叉は物の周波数で音を出し続けていたのに対して、わずかに周波数の異なる音を出すと「うなり」が起きる。したがって、**正解は⑤である。**

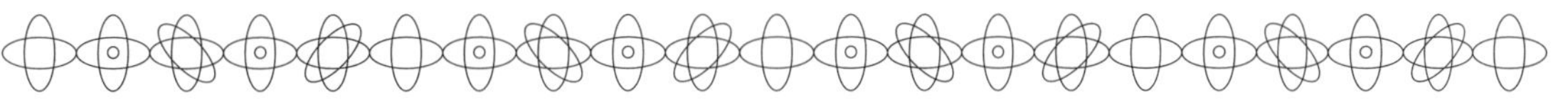

17　実験２　図のように，長さ 20 cm で一方だけが開いた円筒形のガラス管を用意し，その管口部分に低周波発振器につないだスピーカーを置いた。低周波発振器の振動数を０から少しずつ大きくしていくと，400 Hz を少し超えたあたりではじめて音が大きくなった。さらに振動数を少しずつ大きくすると音が小さくなったが，ある振動数になると再び音が大きくなった。

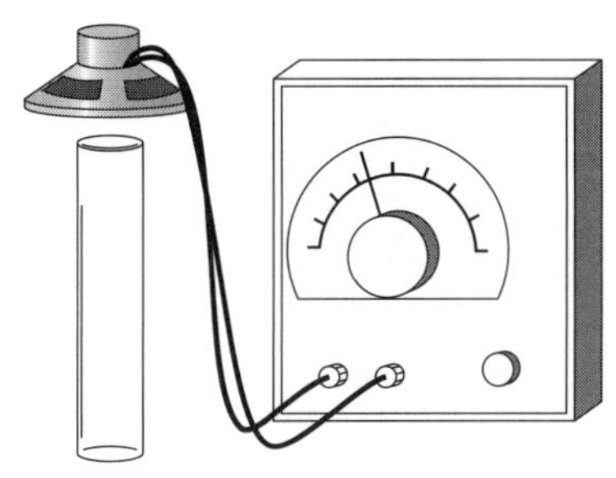

(2)　実験２で再び音が大きくなったとき，ガラス管の中で生じている音の定在波(定常波)の様子を表す図として，最も適当なものを次の①〜⑤のうちから一つ選べ。ただし，図は音波の進行方向の変位を，進行方向に垂直にして，縦波を横波のように表したものである。

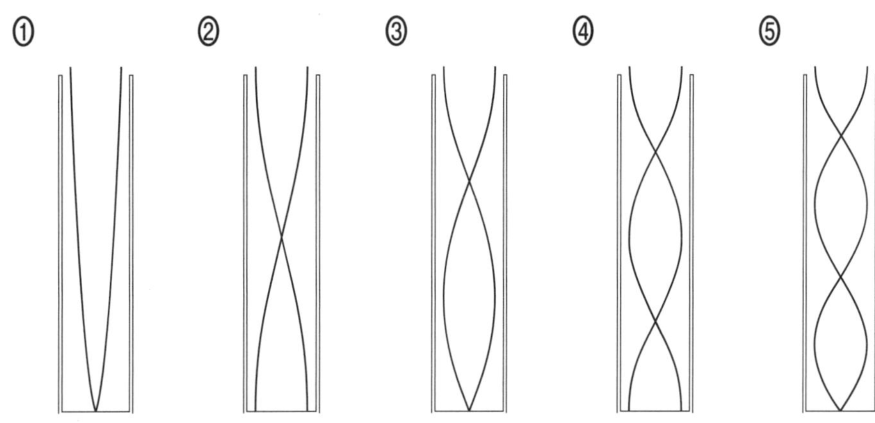

（２０１７年１１月試験）

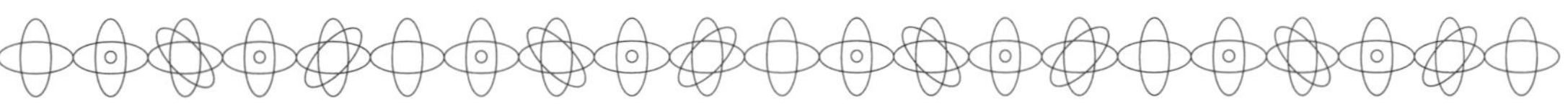

答えの出し方

管の最奥が閉じた閉管であるから、そこは「節」になっているはずで、そこが「腹」になっている　②、④は誤りである。①は最初の共鳴した音の振動の様子を示している。③が２回目の共鳴の様子を示しており、これが正解である。**③が正しい。**

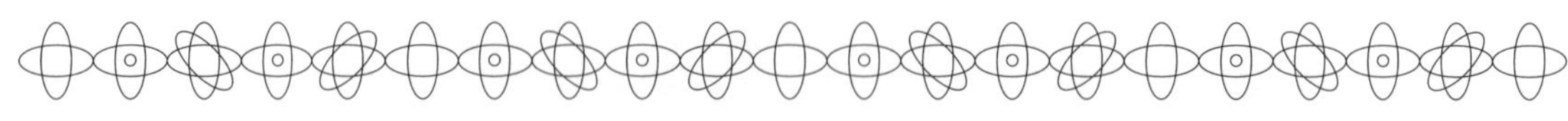

17 花火が上空で開く様子を観察したところ，花火が開くのが見えてから，2 s 後にその音が聞こえることがわかった。観測している場所から，花火が開いたところまでの距離は何 m か。下の①～⑤のうちから一つ選べ。ただし，音の速さを 340 m/s とする。

① 170　② 340　③ 510　④ 680　⑤ 1700

（２０１７年１１月試験）

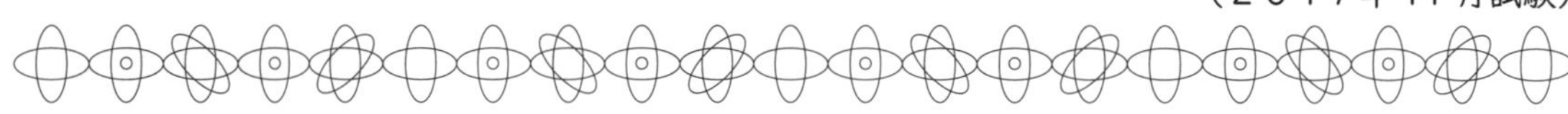

答えの出し方

光の速度は秒速 30 万キロと非常に速いので、花火が開いた瞬間に花火の姿（光）が観測者に届くと考えてよい。２秒後に音が観測者に届くのだから、観測者と花火の開いた点までの距離は 340 × 2 = 680m である。**④が正しい。**

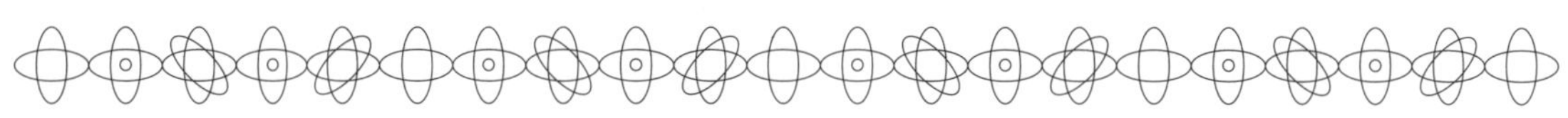

17 音波に関する文として正しいものはどれか。次の①～④のうちから一つ選べ。

① 音速が一定のとき，振動数が大きい音波は，振動数が小さい音波より波長が長い。

② 空気中を伝わる音波は，気温が高いほど速く伝わる。

③ 音の高さは，音波の振幅で決まる。

④ 液体中や固体中では，音波は伝わらない。

（２０１８年８月試験）

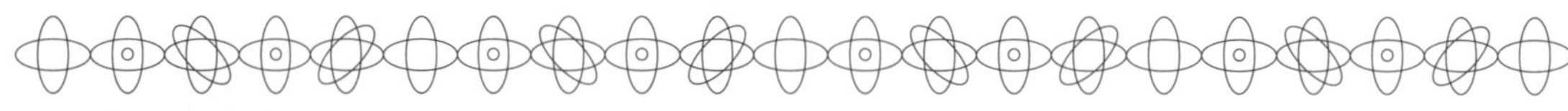

答えの出し方

①振動数が大きい音波は、小さい音波より波長は短い（×）。

②正しい。

③音の高さは、音波の振動数で決まり、振動数が大きいほど高い音になる。振幅は、音の大きさを決める。振幅が大きいほど大きな音になる（×）。

④音波は液体中や固体中でも伝わる（×）。

②が正解である。

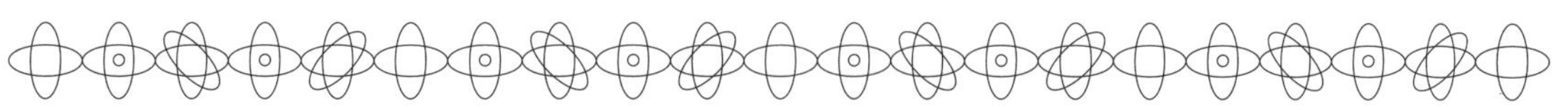

17 図のように，両端を固定して張った長さ 0.4 m の弦の中央をはじいたところ，腹が1個の定常波が生じた。このときの振動数は 800 Hz であった。弦を伝わる波の速さは何 m/s か。下の①〜④のうちから一つ選べ。

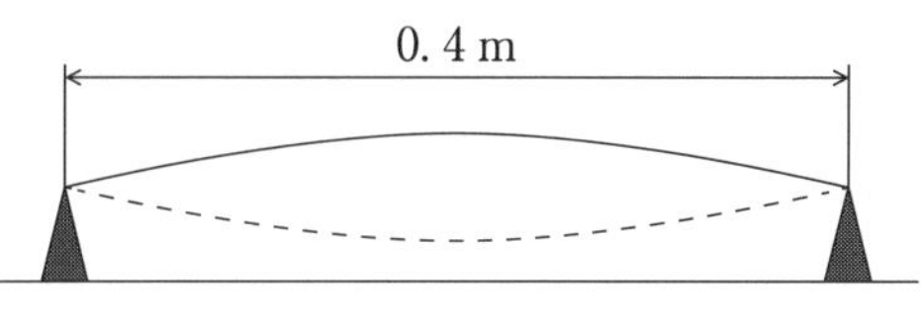

① 320　② 640　③ 1000　④ 2000

（2016年11月試験）

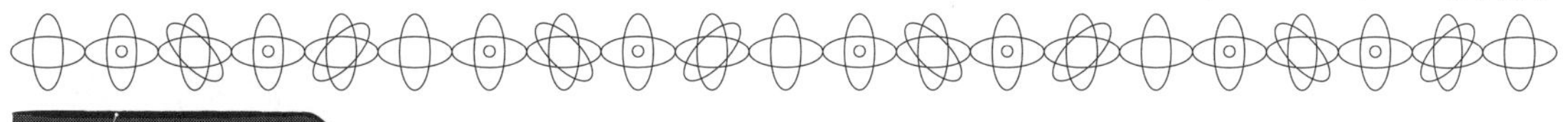

答えの出し方

この場合、波長λは弦の２倍で、λ = 0.8m である。振動数 f = 800Hz であるから、速度 V ↗ 波長λ、振動数 f の関係 $V = f\lambda$ より、$V = 0.8 \times 800 = 640$m/s となる。**②が正解。**

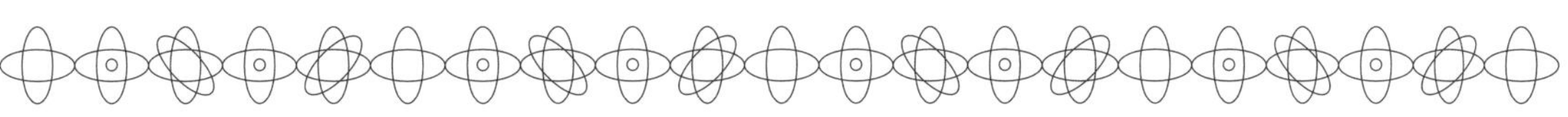

17 次の文は，音の性質を説明したものである。 ア 〜 ウ にあてはまる語句の組合せとして正しいものはどれか。下の①〜⑤のうちから一つ選べ。

空気中を伝わる音の速さは，気温が高くなると ア なる。これは，音を伝える空気の状態が変化するからである。空気のように音を伝えるものを イ という。音の速さは， イ によっても異なる。二酸化炭素の場合は，同じ温度であれば空気より音の速さが遅いので，同じ振動数の音の波長は空気より ウ なる。

	ア	イ	ウ
①	遅く	共振	短く
②	遅く	媒質	短く
③	速く	共振	長く
④	速く	媒質	長く
⑤	速く	媒質	短く

（2016年11月試験）

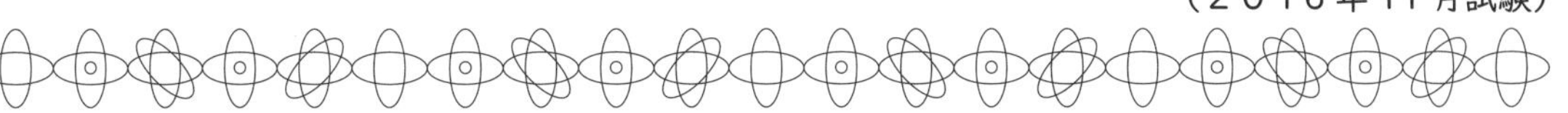

答えの出し方

音の伝わる速さは、気温が高くなると速くなる。音を伝えるものを「媒質（ばいしつ）」という。振動数 f、速度 V、波長λの間には、$V = f\lambda$ の関係がある。↗ 振動数 f が同じならば、V が小さくなれば（遅くなれば）、波長λも短くなる。**⑤が正解である。**

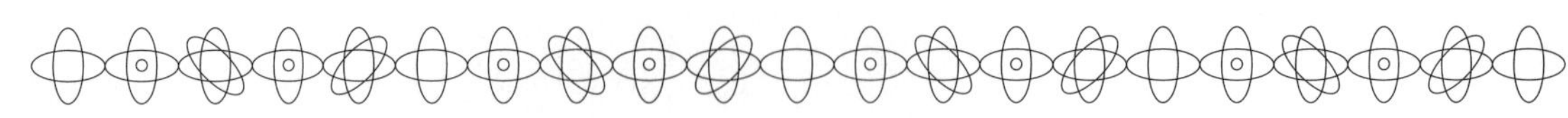

17 長さ 40 cm の両端の開いたパイプを水中に鉛直に立てて差し込んだ。パイプの上端付近でスマホのアプリを使って 500 Hz の音を鳴らしながら，空気中に出ているパイプの長さを変えたところ，あるところで大きな共鳴音が聞こえた。このとき，空気中に出ているパイプの長さは何 cm か。次の①～⑤のうちから一つ選べ。ただし，定在波（定常波）の腹はパイプの開口端にあるものとし，音の伝わる速さを 340 m/s とする。

① 10　② 13　③ 15　④ 17　⑤ 19

（２０１８年８月試験）

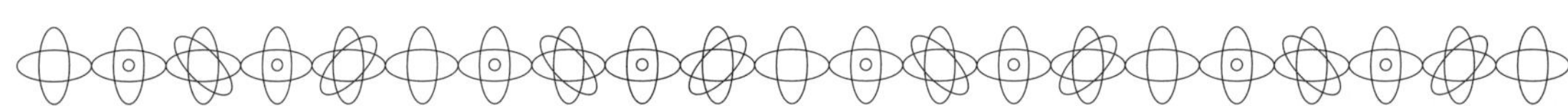

答えの出し方

パイプを水面に立てると、最奥部には水の表面があることになり、固定端反射が起きる。

この場合パイプの長さの４倍が波長になる。

一方振動数 $f = 500Hz$ の音の波長 λ は、

$f\lambda = V$（音速）であるから、

$\lambda = \dfrac{V}{f} = \dfrac{340}{500} = 68$cm となりこれが波長である。この $\dfrac{1}{4}$ は 17cm でこれが空気中にでているパイプの長さである。**④が正解である。**

18 電気問題

電気回路の問題で、抵抗のなかを流れる電流は川の流れに例えることができる。1秒間に流れる川の水の量が電流に相当し、伝統的に「I」という文字で表され、アンペア（A）という単位が使われる。川の流れは、川の上端と下端の高さの差（標高差）が大きいほど多くの水が流れるようになる。この川の両端の標高差を電圧と呼び V という文字で表し、ボルト(V)という単位が使われる。

電気問題で、抵抗器 R（Ω：オーム）を電圧 V（ボルト）の電池につなげると、流れる電流 I は何 A（アンペア）か？　という問題は、高認物理で毎回出題される。公式は $V=IR$(オームの法則、暗記必要）である。このときその抵抗で消費される電力 W（ワット：1秒当たりに消費される電気エネルギー）は $W=VI$（$=I^2R$）で計算できる。また、電力 W にその電流を流した時間(秒)を掛けると、消費エネルギー(単位は J:ジュール)になる。

2つの抵抗 R_1 と R_2 が直列につながれているとき、合成抵抗はそれらを足し算した R_1+R_2 になる。並列につながれているときには、合成抵抗は $\dfrac{R_1\times R_2}{R_1+R_2}$ になる。3本の大きさの等しい抵抗が並列につながれているときには、その合成抵抗は $\dfrac{R}{3}$ に、4本なら $\dfrac{R}{4}$ になる。3本以上の値の異なる抵抗が並列につながれているケースでは、そのうち2本の合成抵抗を求め、そのあとその抵抗と残り1個の抵抗との合成抵抗を求める。

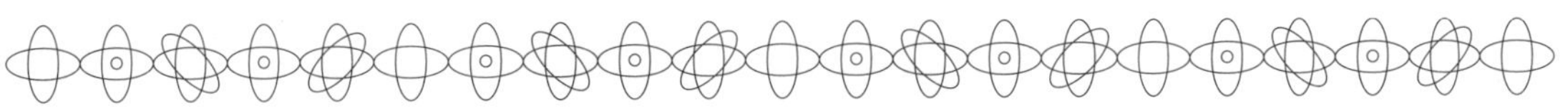

18 不導体(絶縁体)Aと不導体Bをこすり合わせたら，Aは正(＋)に帯電した。続けて，AとBを近づけたところ，互いに引きあうことが確認できた。再びAとBをこすり合わせて帯電させた後，不導体Cと不導体Dをこすり合わせて帯電させて，AとCを近づけたところ互いに引き合うことが確認できた。AとB，CとDをそれぞれこすり合わせた後のB，C，Dは，正(＋)と負(－)のどちらに帯電しているか。帯電の正と負の組合せとして，正しいものはどれか。次の①～⑤のうちから一つ選べ。ただし，こすり合わせる前の不導体は帯電していなかったものとする。

	不導体B	不導体C	不導体D
①	負(－)	正(＋)	負(－)
②	負(－)	負(－)	正(＋)
③	負(－)	負(－)	負(－)
④	正(＋)	正(＋)	正(＋)
⑤	正(＋)	負(－)	正(＋)

（2018年11月試験）

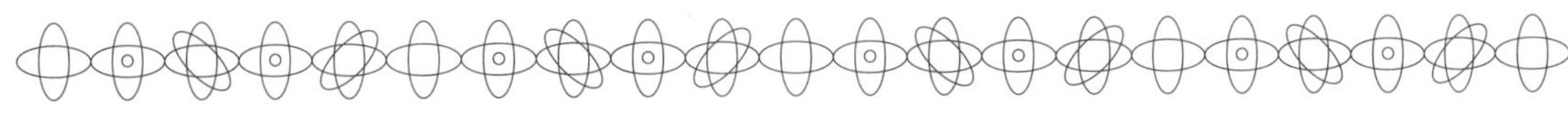

答えの出し方

引き合う物同士は、違う符号に帯電している。またこすり合わせてできた一方の電荷が（＋）なら他方の電荷は（－）である。

BはAと引き合うから、Aが（＋）に帯電しているならBは（－）に帯電している。

AとCも引き合うから、Cも（－）に帯電しており、DはCの反対の（＋）に帯電している。

②が正しい。

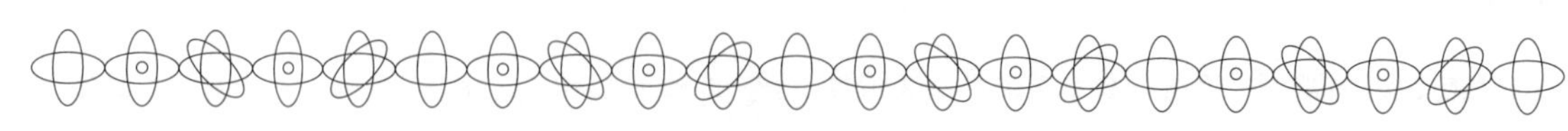

18 図のように，同じ材質でできているが，断面積と長さが異なる抵抗 $\mathrm{R_1}$，$\mathrm{R_2}$，$\mathrm{R_3}$ がある。それぞれの抵抗値を R_1，R_2，R_3 としたとき，それらの大小関係を正しく表しているものはどれか。下の①〜④のうちから一つ選べ。

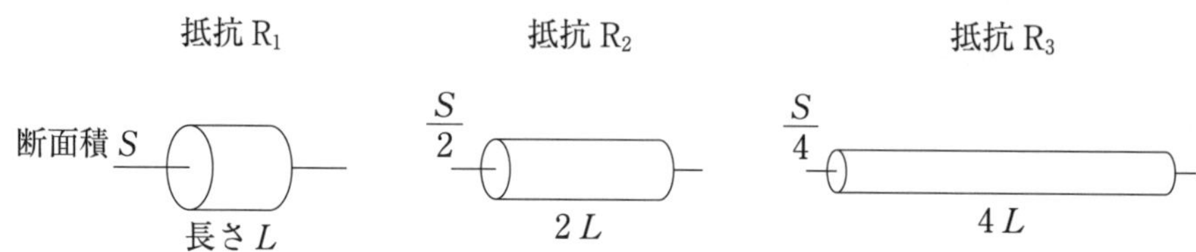

① $R_1 < R_2 < R_3$　② $R_1 > R_2 > R_3$　③ $R_1 < R_3 < R_2$　④ $R_1 = R_2 = R_3$

（2016年11月試験）

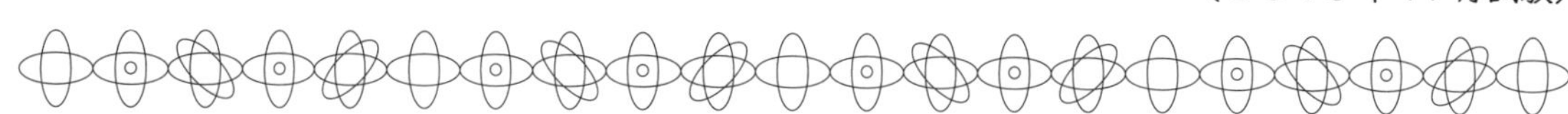

答えの出し方

電気抵抗 R は、断面積 S が2倍になれば半分になり、長さ L が倍になれば2倍になる。公式の形で描けば

$R = \rho \frac{L}{S}$ と書き表すことができる。ここで ρ は材質で決まってくる抵抗率である。

上の図の抵抗 R_2 は、R_1 に比べ、断面積が半分、長さが倍になっているから抵抗値は4倍になっている。抵抗 R_3 は、断面積は $\frac{1}{4}$、長さが4倍になっているから抵抗 R_1 の16倍になっている。**①が正しい。**

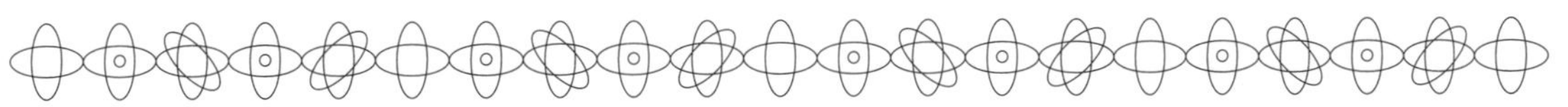

18 抵抗値５Ωの抵抗器に電流を流して，抵抗器の両端の電圧と抵抗器に流れる電流の大きさの関係を調べた。電圧と電流の大きさの関係を示すグラフとして，最も適切なものはどれか。次の①〜④のうちから一つ選べ。

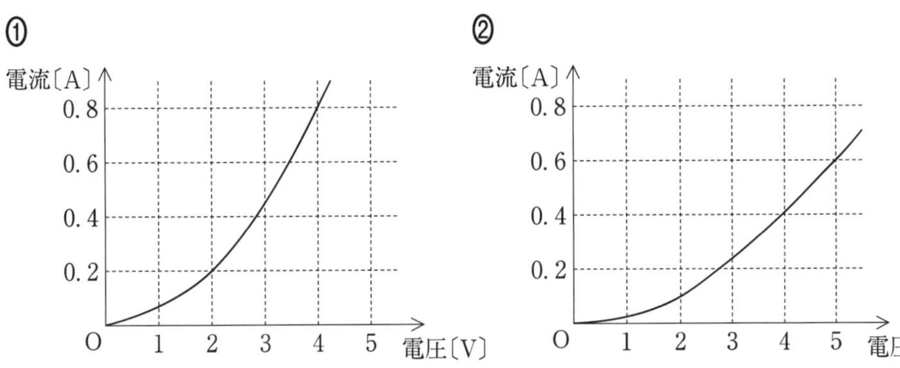

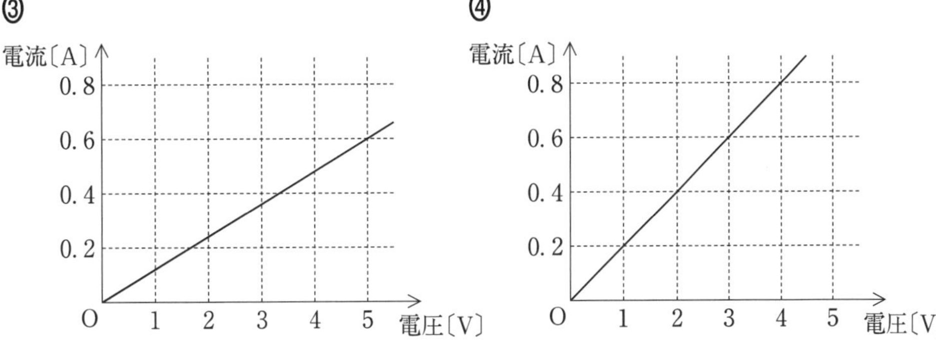

（２０１７年 11 月試験）

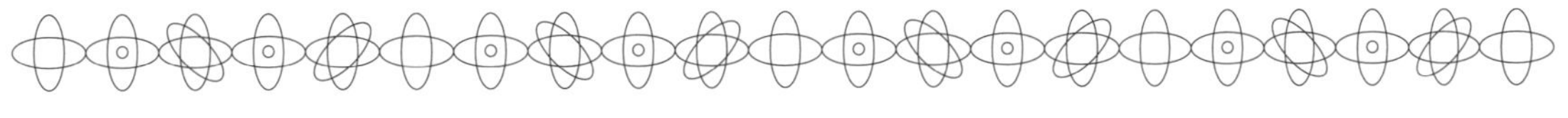

答えの▸出し方

電圧 V（ボルト）、電流 I（アンペア）、抵抗 R（Ω：オーム）の間には、$V = IR$（★）の関係がある。この問題では $R = 5$（Ω）のとき、電圧 V と電流 I の関係を表すグラフはどれか、というのである。（★）式は、V と I とが比例しているから、グラフは原点（0, 0）を通る直線のはずである。だから①、②はダメ。あとは一つ値を入れてみる。例えば、$V = 3$ ボルトを入れると $3.0 = 5.0 \times I$、つまり $I = \frac{3}{5} = 0.6$（A）になるから、電圧が 3V のとき、電流が 0.6A になっているかを確かめればよい。**④が正解である。**

Science & Our Daily Life 科学と人間生活
18 電気問題
Basic Chemistry 化学基礎
Basic Biology 生物基礎
地学基礎 Basic Earth Science

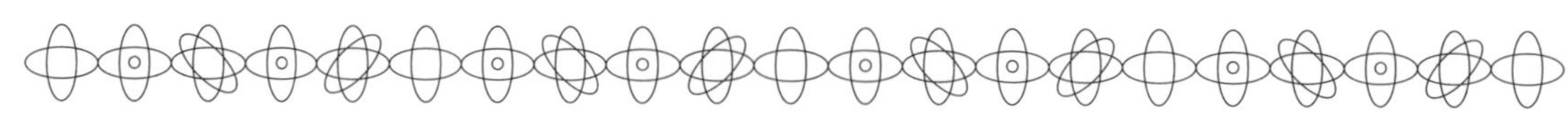

18 電源と抵抗を**図1**のように接続した。回路中の点Aを流れる電流を測定したら，0.2Aであった。次に，**図1**と同じ電圧の電源と同じ抵抗2つを用いて**図2**のように接続した。このとき，点Bと点Cを流れる電流の組合せとして正しいものはどれか。下の①～⑤のうちから一つ選べ。

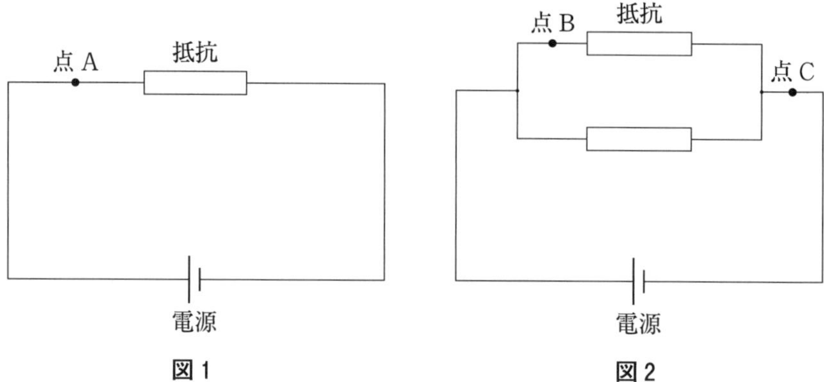

図1　**図2**

	点Bを流れる電流〔A〕	点Cを流れる電流〔A〕
①	0.1	0.1
②	0.2	0.1
③	0.2	0.4
④	0.4	0.4
⑤	0.4	0.8

（2018年11月試験）

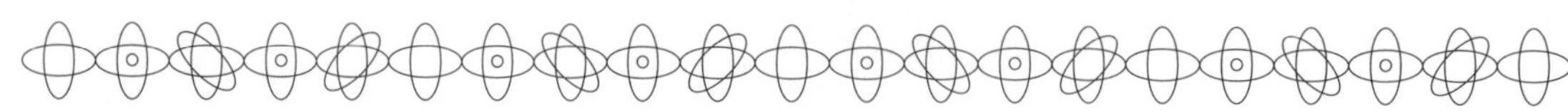

答えの出し方

図2のB点は、この枝の抵抗とかかる電圧は図1と全く同じであるので、0.2Aの電流が流れているはずである。下の枝にも同じ0.2Aの電流が流れているはずであるから、点Cにはこの両枝の電流を合わせた0.4Aの電流が流れているはずである。**③が正しい。**

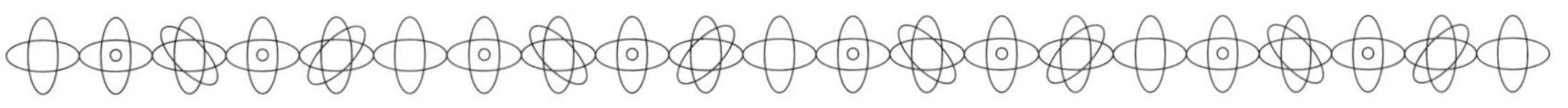

18 次のように回路を４つ作った。電池の供給する電力が最も大きいものはどれか。次の①〜④のうちから一つ選べ。ただし，回路中のそれぞれの抵抗および電池はすべて同じものを用いている。

①

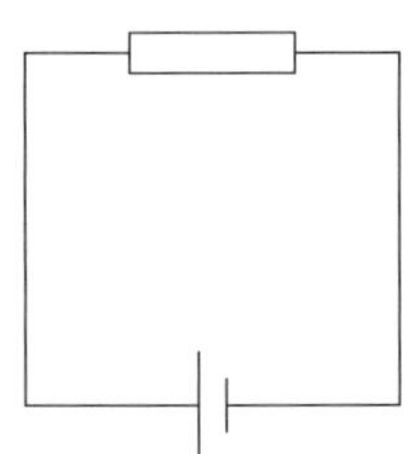

②

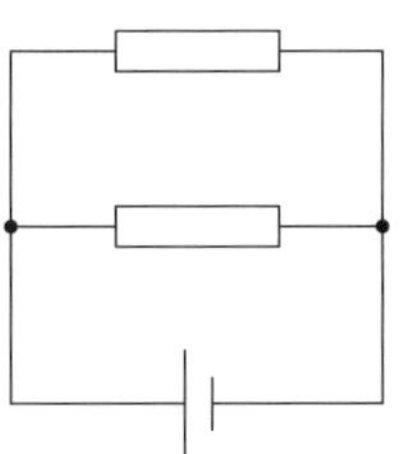

③

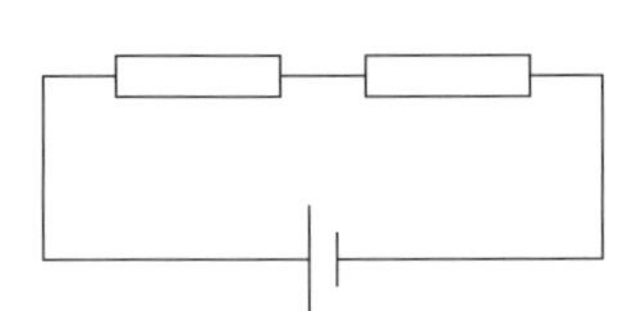

④

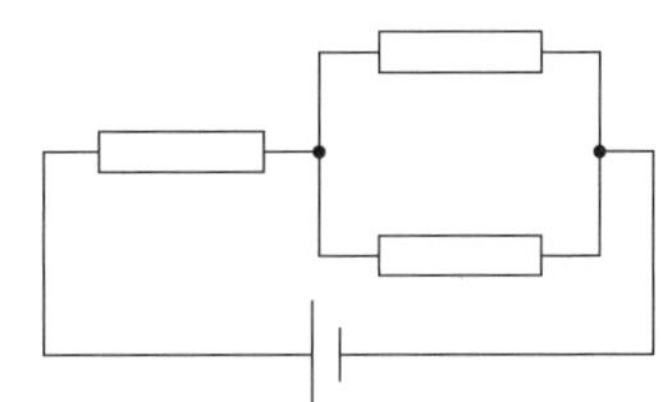

（２０１６年 11 月試験）

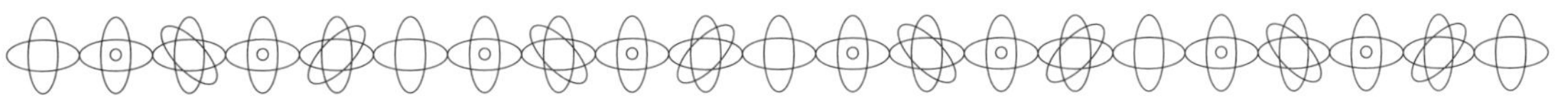

答えの出し方

電池の電圧を V（ボルト）、抵抗 1 個の値を R（Ω）とする。

①を流れる電流は　$I = \dfrac{V}{R}$　となる。すると電力 P_1 は $P_1 = VI = \dfrac{V^2}{R}$（★）単位はワットになる。

②の合成抵抗 R_2 は、$R_2 = 0.5R$ となるので、（★）式を $0.5R$ に置き換えれば

$P_2 = \dfrac{V^2}{0.5R} = \dfrac{2V^2}{R}$（ワット）になる。

③の合成抵抗は $2R$ になる。（★）式で R を $2R$ に置き換えれば P_3 が求まる。

$P_3 = \dfrac{V^2}{2R}$

④の合成抵抗は並列部分が $0.5R$、全体の合成抵抗は $1.5R$ になるから（★）の抵抗を $1.5R$ と置けば、　$P_4 = \dfrac{V^2}{1.5R} = \dfrac{2V^2}{3R}$

④の合成抵抗は並となって、電力の量が最も大きいのは、**②である。**

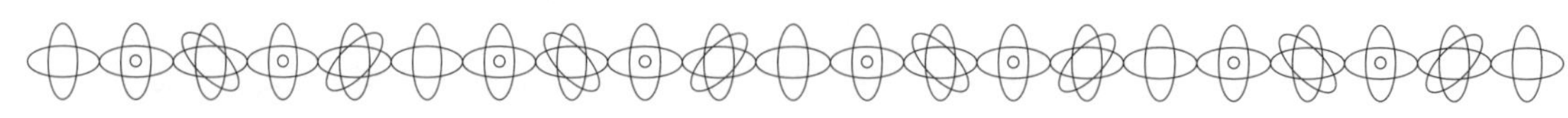

18　抵抗に加える電圧を変化させて，流れる電流を測定したところ，図のような結果が得られた。この抵抗の値は何Ωか。下の①～⑤のうちから一つ選べ。

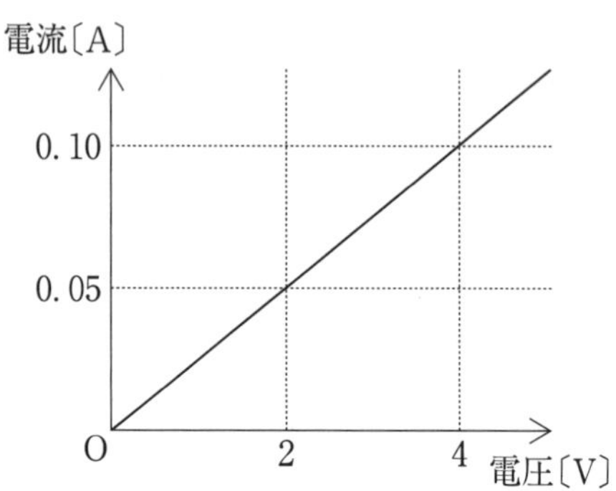

①　2　　②　4　　③　20　　④　30　　⑤　40

（2018年8月試験）

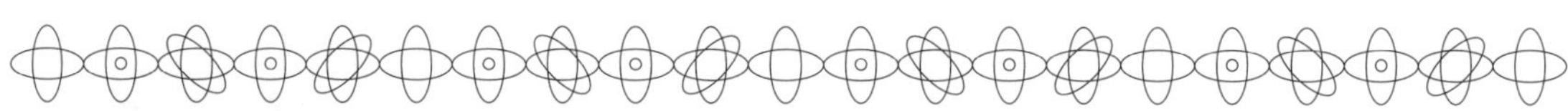

答えの出し方

グラフを見ると、電圧Vが4（V）のとき、電流Iが0.1（A：アンペア）になっている。オームの法則、$V = IR$　に当てはめると、$4.0 = 0.1 \times R$ これから　$R = 40$（Ω）となって、**⑤が正しい。**

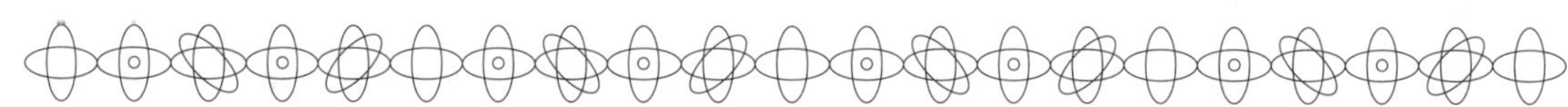

18　電力と同じ単位で表せる物理量はどれか。次の①～④のうちから一つ選べ。

①　力　　②　仕事　　③　仕事率　　④　電気量

（2017年11月試験）

答えの出し方

電力（W：ワット）は1秒あたりに発生する熱量ということができる。1秒あたりの仕事、あるいはエネルギーである。これは「仕事率」と呼ばれる。**③が正解である。**

18

次の文中の ア ， イ にあてはまる語句の組合せとして正しいものはどれか。下の①～④のうちから一つ選べ。

白熱電球は，点灯中にLED電球より多くの熱を発生する。つまり，同じ電気エネルギーから光エネルギーに変換される割合を比べると，白熱電球はLED電球より ア 。したがって，同等の明るさを得るために必要とする電力を比べると，白熱電球はLED電球より イ 。

	ア	イ
①	小さい	大きい
②	小さい	小さい
③	大きい	大きい
④	大きい	小さい

（２０１７年 11 月試験）

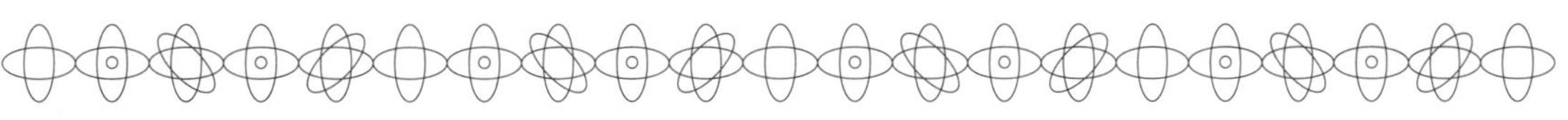

答えの出し方

同じ 100 の電力を使って、何%が熱になって、何%が光になるかという問題。円グラフで描けばこんな感じかな。「ア」は同じ 100 の電気エネルギーを使って、どちらがたくさん光が「取れるか」という問題。白熱電球の方が小さいね。同じ明るさを獲得するには白熱電球の方が「多く電力を食う」と言っているのだ。**①が正解。**

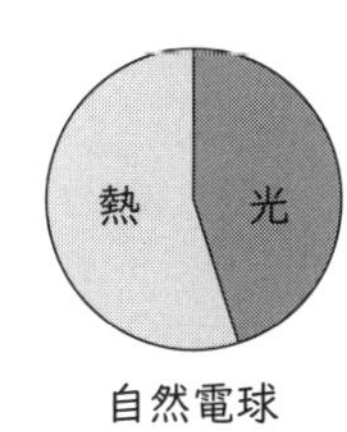

自然電球

熱
光

LED

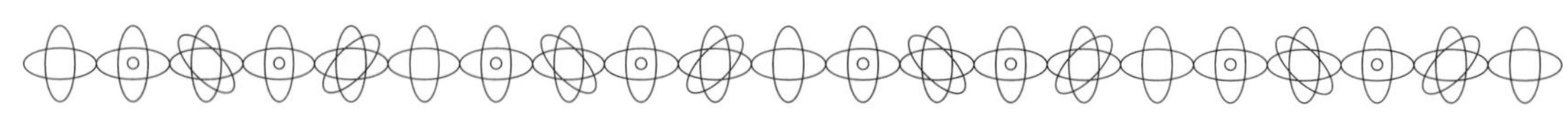

18 同じ抵抗と同じ電池を用いて，**図1**と**図2**のような回路を作った。**図1**の回路で消費される電力 P_1 と，**図2**の回路で消費される電力 P_2 の比率 $P_1:P_2$ はいくらか。下の①〜⑤のうちから一つ選べ。

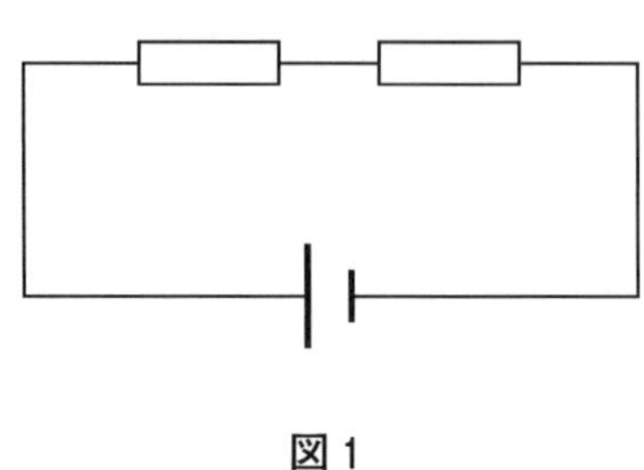
図1

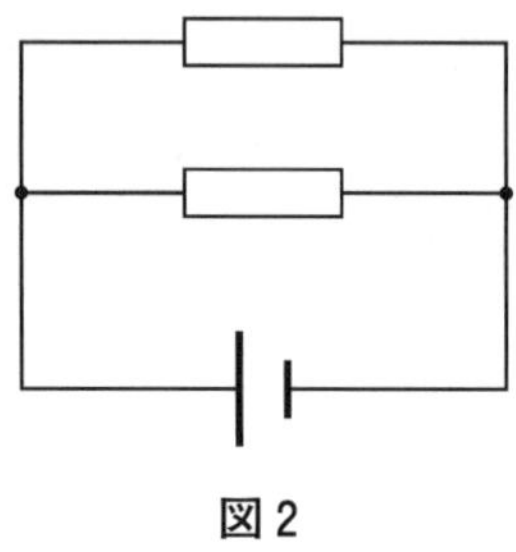
図2

① 1：4　② 1：2　③ 1：1　④ 2：1　⑤ 4：1

（2018年8月試験）

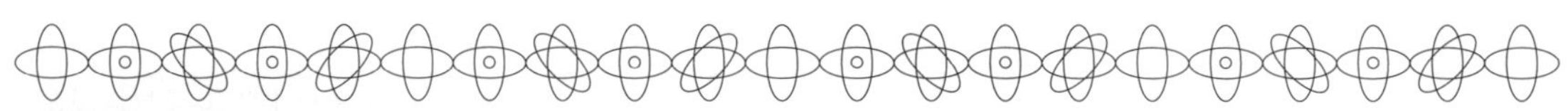

答えの出し方

電池の電圧を E (V)、抵抗器1個を R (Ω) とする。

図1は抵抗が直列で、その合成抵抗は $2R$ (Ω) である。したがって、流れる電流 I は

$I = \dfrac{E}{2R}$

となって、消費電力 P_1 は

$P_1 = EI = \dfrac{E}{2R}$ となる。↗

図2は抵抗が並列で、その合成抵抗は $\dfrac{R}{2}$ になっている。したがって、流れる電流 I_2 は

$I_2 = \dfrac{2R}{E}$ となって、

消費電力 P_2 は、

$P_2 = EI = \dfrac{2R^2}{E}$ になる。

したがって、

$P_1:P_2 = 1:4$ となって、**①が正しい。**

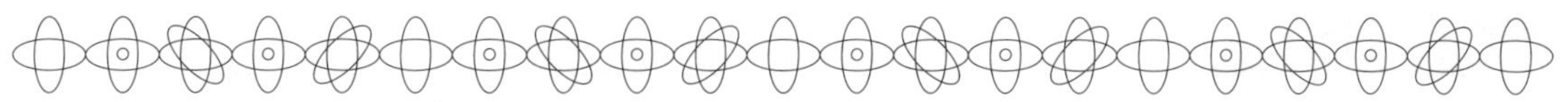

18 **問 3**　図のように，コイルに棒磁石を一定の速さで近づけたり遠ざけたりすることで，電磁誘導による起電力を発生させた。この実験に関する説明文として正しいものはどれか。下の①～④のうちから一つ選べ。

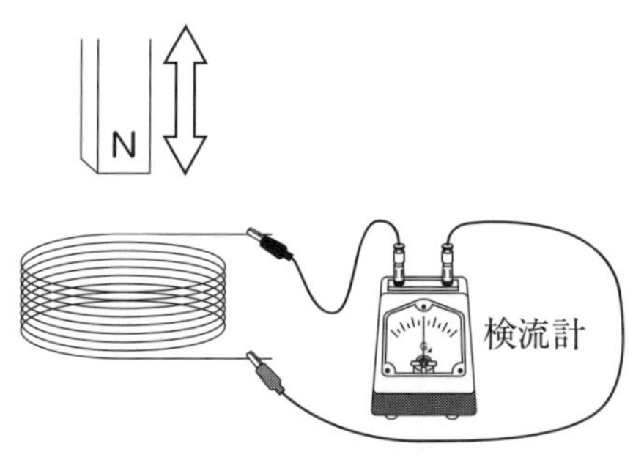

① 棒磁石を近づけても，遠ざけても，誘導電流はコイルを一定の向きに流れる。

② 電磁誘導による起電力の大きさは，コイルの巻き数に関係ない。

③ 棒磁石を近づけるときよりも，遠ざけるときの方が誘導電流は大きい。

④ 電磁誘導で生じる起電力は，コイルを貫く磁力線の数が変化するときに発生する。

（２０１８年８月試験）

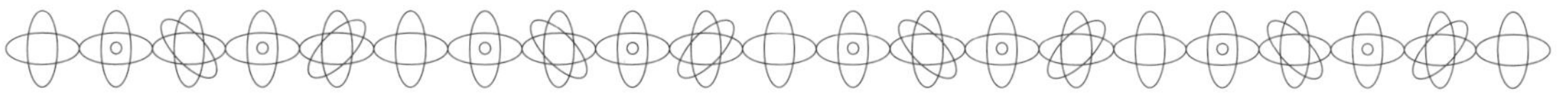

答えの出し方

コイルと電気、電磁誘導については次の法則を覚えておくこと。

【法則１】コイルに電流が流れているとき、一方の端から見て、電流の流れる方向が時計回りに見えればその端にはＳ極の磁石が現れる。あるいは次の図のようにＳの字の最後の筆の運びで覚える。Ｎの字の最後の筆の向きに電流が流れていればそちらの端にＮ極が現れる。↗

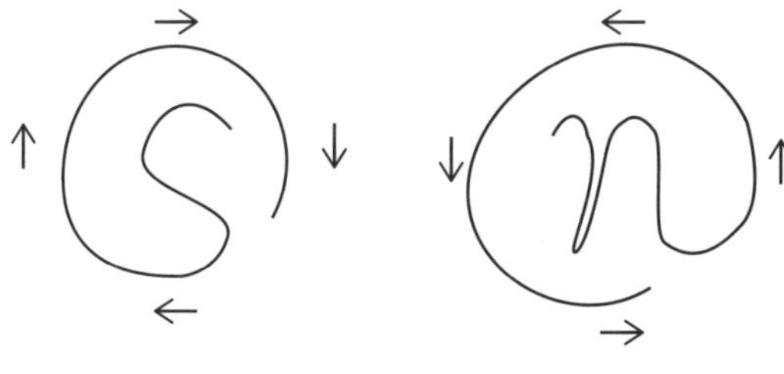

【法則２】コイルに磁石を近づけたり、遠ざけたりするとコイルに電流が流れる。このとき、「変化を起こさせまいとする磁石の極が現れるように電流が流れる」。下の左図で磁石のＮ極を近づけると、コイルには「来るな！」というようにコイルの磁石側にＮ極が現れるように電流が流れる。右図のように磁石のＮ極を遠ざけると「Ｎ極さん、行かないで」というように、コイルの上端にＳ極が現れるように誘導電流が流れる。

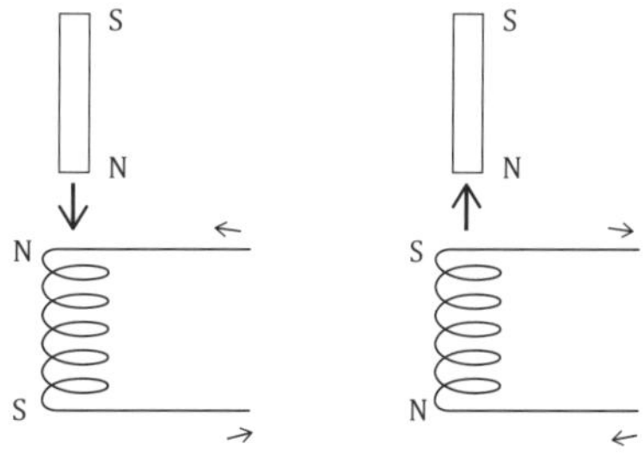

以上の知識で問３の答を出してみよう。

答えの出し方

磁石のN極をコイルに近づけたときには、「来ないで」とばかり磁石の上端にN極が現れるような電流が流れる。N極を遠ざけたときはその逆方向の電流が流れる。①は(×)。

②コイルの巻き数が多いほど多くの電圧が生じる(×)。

③磁石を動かす速度が同じなら同じ大きさの電流が逆向きに流れる(×)。

④正しい。

正解は④である。

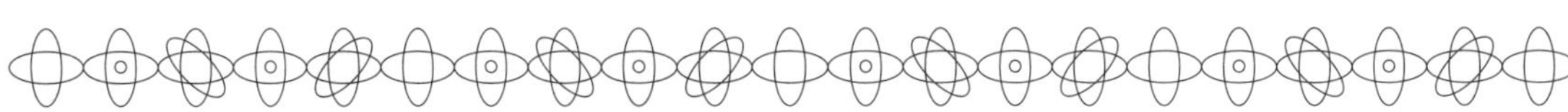

18 **問 4** 電磁波について説明した次の文中の ア , イ にあてはまる語句の組合せとして正しいものはどれか。下の①~④のうちから一つ選べ。

波長が 0.1 mm 以上の電磁波は ア といわれ，その中で波長が短いものをマイクロ波という。マイクロ波の波長は，可視光線の波長よりも イ 。

	ア	イ
①	電波	長い
②	電波	短い
③	X 線	長い
④	X 線	短い

(2016年11月試験)

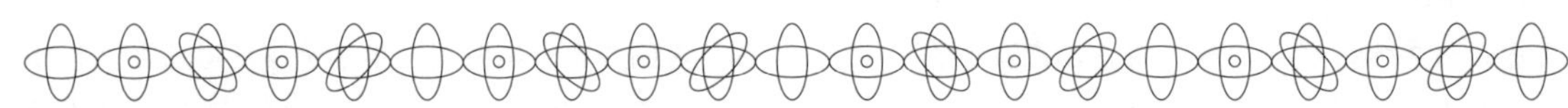

答えの出し方

可視光線の波長は、だいたい 0.4 ミクロンから 0.8 ミクロンの間である。(1ミクロンは 1,000 分の 1 mm)。電波、マイクロ波の波長は可視光線より長い。①**が正解。**

19 電磁波問題

過去問をやりながら知識を増やしていこう。

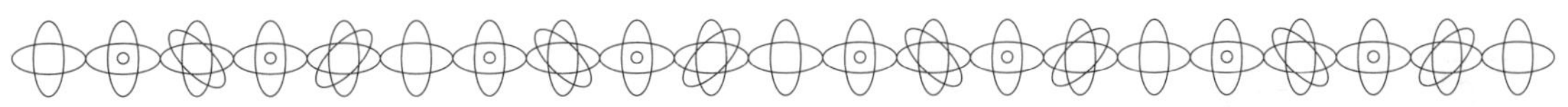

19 電磁波は，その波長により分類されている。電磁波を波長の長いものから短いものに正しい順序で並べたものはどれか。次の①～④のうちから一つ選べ。

① 電波－赤外線－X線

② 紫外線－可視光線－γ線

③ 赤外線－紫外線－可視光線

④ 可視光線－赤外線－紫外線

（２０１８年１１月試験）

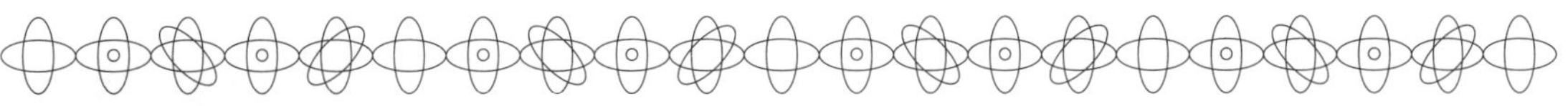

答えの出し方

波長の長い電磁波から短い電磁波の順に並べると、

電波－赤外線－可視光線－紫外線－X線－γ（ガンマ）線

となる。①が正しく、②－④はすべて誤りである。**①が正解。**

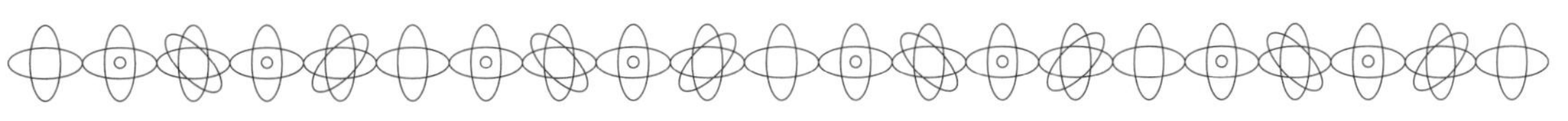

19 電磁波や放射線についての説明として，正しいものはどれか。次の①～④のうちから一つ選べ。

① 赤外線は，可視光線よりも波長の短い電磁波で，日焼けの原因になる。

② 紫外線は，可視光線よりも波長の長い電磁波で，熱線とも呼ばれる。

③ α線は，ヘリウムの原子核の流れで，電離作用は大きいが透過力は小さく紙１枚で止められる。

④ γ線は，原子から放出される電子の流れで，透過力が非常に大きくどんなものでも通り抜ける。

（２０１８年１１月試験）

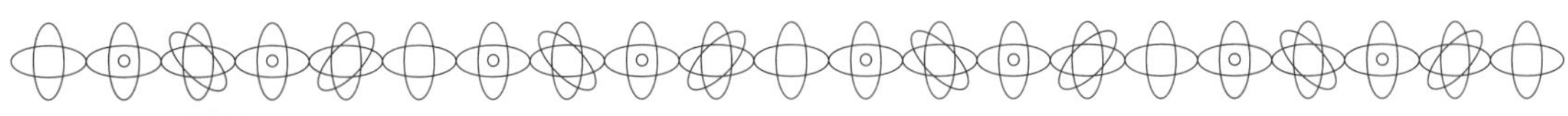

答えの出し方

①「赤外線（せきがいせん）」を「紫外線（紫外線）」に書き換えると正しい文章になる（×）。

②「紫外線」を「赤外線」に書き換えると正しい文章になる（×）。

③「α線はヘリウムHeの原子核で」までは正しい。「紙１枚で止められる」はたぶん正しいのだろうが、しまりすの親方も自信がない。正しいか間違いかは保留。

④電子の流れはβ線である（×）。ただし「γ線は浸透力が非常に大きい」は正しい。

①～④のどれか一つは正しいハズなので、**③が正しい**のでしょう。

20 電磁波問題

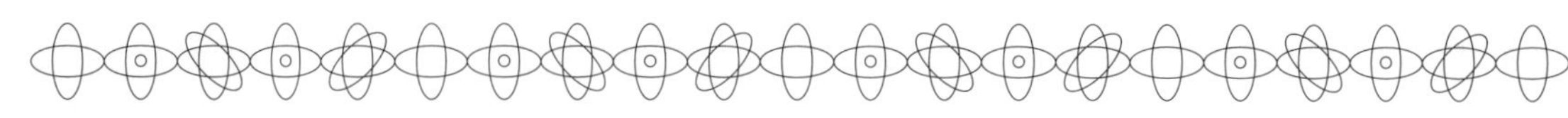

20 原子について，正しく述べているものはどれか。次の①～⑤のうちから一つ選べ。

① 原子核は負の電荷をもっている。

② 原子核は陽子と電子からできている。

③ 陽子の数と中性子の数はどの原子も同じである。

④ 質量数は中性子の数である。

⑤ 原子番号は陽子の数である。

（２０１７年１１月試験）

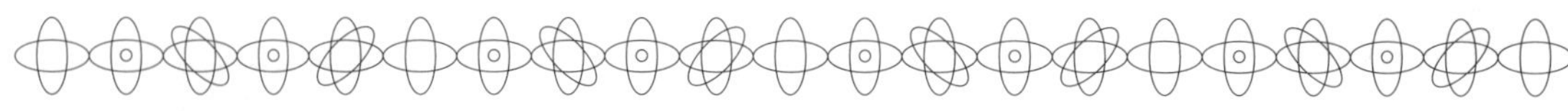

答えの出し方

原子の構造を勉強しておこう。

例えば酸素Oという原子は、真ん中に原子核があって、その周りを８個の電子が漂っている。電子はマイナス１単位の電気を持っている。原子核は、８個の陽子と８個の中性子の合計１６個の粒からできている。陽子は１単位のプラスの電気を持っている。中性子は電気を持っていない。電子の数と、原子核の中の陽子の数は同じであって、これを原子番号という。酸素の原子番号は８であるということになる。

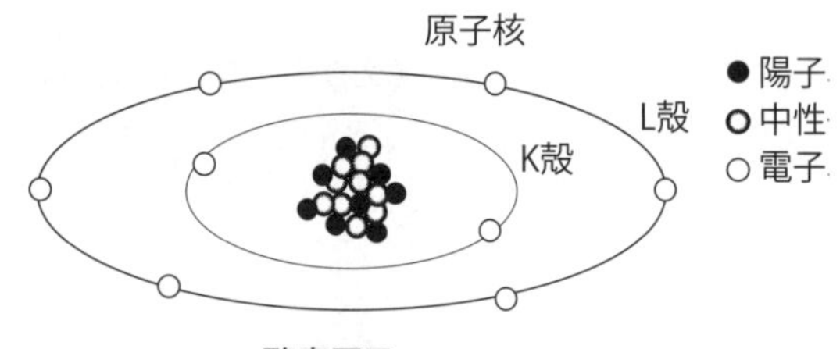

酸素原子
電子番号8番
原子核は陽子8個、中性子8個
電子は8個

電子の重さはすごく軽いため、原子の重さは陽子と中性子の数でほぼ決まってしまう。原子核の中の陽子と中性子の重さ（質量）はほとんど同じで、その合計がその原子の「重さ（＝質量）」になっている。この合計数を質量数という。酸素原子の場合、質量数が１６になる。以上の文章を理解すれば、この問題は簡単でしょう。

①原子核は陽子があるので正の電気をもっている（×）。

②原子核は陽子と中性子からできている(×)。

③酸素の核の中の陽子と中性子の数はたまたまどちらも８個で同じであったが、例えば水素Hの場合、原子核は陽子１個だけからできている(×)。

④質量数は陽子と中性子の合計である（×）。

⑤正しい。

⑤が正解である。

21 電磁波問題

この問題は物理というより現代社会の問題である。過去問で知識を増やしてください。

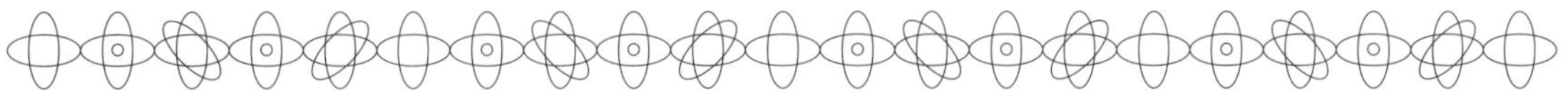

21 電気やエネルギーに関する文として**誤っているもの**はどれか。次の①～④のうちから一つ選べ。

① 物体に電気がたまったままで流れない状態にある電気を静電気という。静電気は，例えば摩擦による2つの物体間の電子の移動により生じる。落雷は雲の中で生じた静電気の放電である。

② 電流には直流と交流がある。発電所からの送電では交流が使われることが多く，電圧を高くすることで電力損失を小さくしている。

③ 磁場の中に置かれたコイルに電流を流すと電流に力がはたらきコイルが回る。これがモーターの原理である。一方，コイルに力を加えて回すとコイルに電流が流れる。これが発電機の原理である。

④ 現在，主に使われているエネルギー資源である石油や石炭などの化石燃料は，限りある資源である。一方，原子力は燃料であるウランが使ってもなくなることがないため，再生可能エネルギーといわれている。

（２０１８年８月試験）

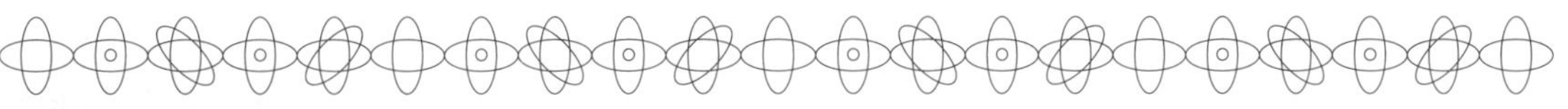

答えの出し方

①正しい。②正しい。③正しい。④原子力燃料のウランも使えばなくなる。ウランは再生可能エネルギーではない。再生可能エネルギーとは太陽光発電とか水力発電のように資源を消費しない発電方法をいう。**④が誤りで、これが正解である。**

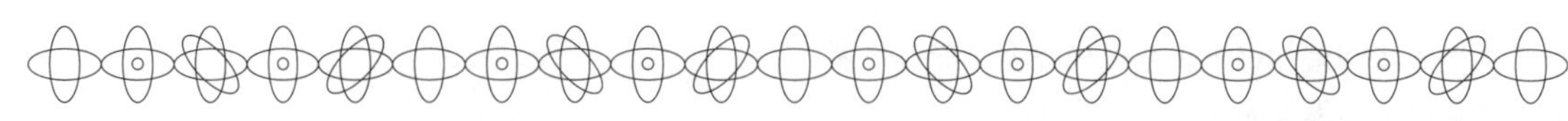

21 身のまわりにある様々なエネルギーの説明として，正しいものはどれか。次の①～⑤のうちから一つ選べ。

① 光エネルギーとは，光を作り出すもとになるガスや石油などの化石燃料のエネルギーである。

② 原子核エネルギー(核エネルギー)とは，物質を構成する原子間の化学反応のエネルギーである。

③ 電気エネルギーとは，電気を作り出す能力で，発電機のことをいう。

④ 力学的エネルギーとは，物体がもつ位置エネルギーと運動エネルギーの総和である。

⑤ 熱エネルギーとは，物体の温度によって決まるエネルギーで，0℃ 以下の物体は負(−)のエネルギーになる。

（2018年11月試験）

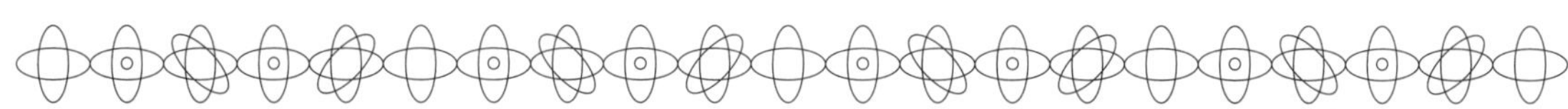

答えの出し方

①光エネルギーとは、太陽光発電に利用される日光のエネルギーである（×）。

②原子核エネルギーとは、原子核の崩壊のとき発生するエネルギーのことで、化学反応のエネルギーではない（×）。

③電気エネルギーとは、発電機によって作り出された電気のエネルギーのことであって、発電能力のことではない（×）。この文章、国語としてもおかしい。

④正しい。

⑤熱エネルギーとは例えば、火山地帯での地熱のエネルギーのことである(×)。**正解は④である。**

完璧でないことを
恐れる必要はない。
完璧などには
到達できないのだから。

Have no fear of perfection.
You'll never reach it.

マリー・キュリー
（ポーランド出身の物理学者・化学者）

化学基礎
BASIC CHEMISTRY

Ⅰ．高認「化学基礎」の学び方

それでは、一歩一歩踏(ふ)みしめて山を登っていくように、勉強の努力に比例して成績が確実に上がっていく化学の勉強を始めよう。化学は皆さんが社会人となったときにも一番役に立つ理科の科目といってよいだろう。

高認化学基礎は大問5題からなっている。大問1は「物質の構成」と題されていて、「化学と人間生活」、「純物質と混合物」、「混合物の分離」、「単体と化合物」、「特定の物質の有無の判定」など、化学の入り口の知識を学習する。中学校までの理科の授業ですでに習ったことも多い。ただし中学の勉強ではまだ、原子の構造の議論には入らなかった。

大問2は、「物質の構成粒子」と題されて、原子の構造と、ロシアのメンデレーエフが提案した周期律表を扱う。原子同士(どうし)が結合して分子を作ったり、電子を放出してプラスイオンになったり、電子を受け入れてマイナスイオンになったりして電気的にイオン同士が結びつく様子がテーマとなる。

大問3は「物質と化学結合」と題して、分子やイオン結合について実際の元素名を挙げて論じられる。

大問4は「物質量と化学反応」と題して、原子や分子の質量（重さ）や量を取り上げる。

大問5は酸と塩基（アルカリ）の中和反応、それに酸化、還元などの化学反応を取り上げる。

化学は物質の名前と化学記号がたくさん出てくる。よく出てくる物質は最後には記憶していなくてはならないが、英語や日本史や世界史の暗記とは違って、勉強を進めるにつれて次第に知識がたまって来るような「自然に身につく記憶」であるので、ひたすら暗記を意識するような「重苦しい暗記」とはならないだろう。

しまりすの親方式シリーズでは、基礎的な知識を学んだあとに、高認の過去問題（過去問）の勉強をすることを基本としている。大学入試の準備でも、過去問の解法を研究するのが、最も効率的な勉強方法であることは、数多くの先輩たちの教える教訓なのである。

このようなわけで、この本では、2018年の8月と11月試験、2017年の11月試験、2016年の11月試験の4回の化学の試験問題を取り上げた。これだけの分量の勉強で、十分に80点以上のAの成績が取れるはずである。

この本では、まず5個の大問のテーマごとにおよその内容を解説し、そのあとに4回分の過去問と、[答]として、解くための考え方と正解が説明されている。皆さんは各大問の「解説」をザッと1～2回読んで、多少分からないところが残っていても、とにかく過去問を一つ一つていねいに取り組んでいただきたい。過去問を解くのは、解説の文章を記憶・理解しているかどうかをチェックするためだけではない。解説文で説明しきれなかった知識を補(おぎな)い、知識を増やす役目も持っているのである。

なお、この本では、2016年8月試験、2017年8月試験の問題はあえて載せなかった。高認で80点以上の高得点はこの本に載せた4回の試験の過去問の学習だけで十分と考えたからである。さらに、2016年、2017年、2018年の3回の8月試験は他の出版社が発行する過去問題集でみることができるので、この本との内容の重複を避けたかったからでもある。高認化学で100点近い超高得点を取ってやろうとチャレンジする人は、それらの本を買って、模擬試験のつもりで解いてみるといいだろう。

それでは、高認化学の中身の勉強を始めよう。

Ⅱ．高認・化学基礎の学習

1　物質の構成

1－1　純物質と混合物

（1）純物質と混合物

一般に純粋な物質（**純物質**）は、ただ一種類の「分子」の集まりからなっている物質のことをいう。たとえば、純粋な水は水分子だけでできた物質で、純物質である。この水分子は、水素原子Hが2個と酸素原子Oが1個結びついたものであるので、水分子の化学記号は、H_2Oと、表される。同じように、砂糖（ショ糖、スクロース）は $C_{12}H_{22}O_{11}$と書かれる分子だけからなる純物質である。ここでCは炭素原子である。

ところが空気は、窒素原子Nが2個結合した窒素分子N_2が 78%、酸素分子O_2が 21%、アルゴン分子Arが約1%、それに水蒸気H_2Oと二酸化炭素 CO_2などが少しずつ混じり合ったものである。このようにいくつかの種類の分子が混じり合った空気などは**「混合物」**と呼ばれる。海水、石油なども混合物である。

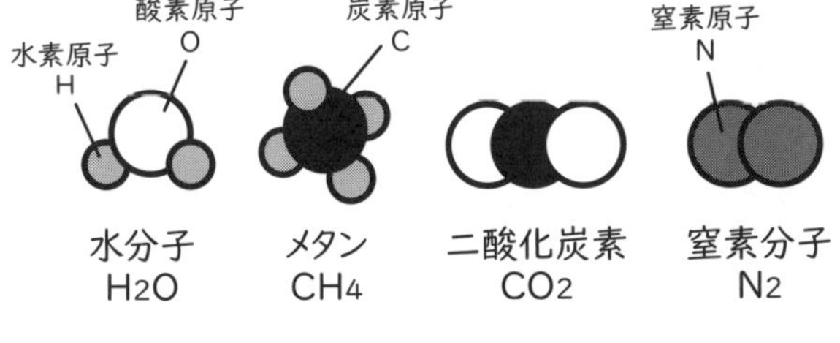

図1　水、メタン、二酸化炭素、窒素の分子構造

（2）分子の構造

「炭酸ガス」とも呼ばれる二酸化炭素は、炭素原子Cが1個と、酸素原子2個が結びついたもので CO_2と書かれる。メタンガスの成分であるメタン分子は、炭素原子 C が中心に1個と、水素原子 H が4個 ピラミッド型に結びついた形をしていて、化学式は CH_4と書かれる。↗

化学の勉強には、このように分子を形作る原子の記号を組み合わせた化学式がたくさん出てくる。最初のうちは、水分子の H_2O は「エイチツーオー」、メタンの CH_4は「シーエイチフォー」という風に出てくるたびに口で発音して、自然に分子記号に慣れていくのがいいだろう。

（3）原子と単体分子

前の節で、窒素の分子 N_2は窒素原子 N が2個からなる分子であるという説明があった。空気の78%を占める「窒素」というのはこの窒素分子 N_2を意味する。この窒素分子 N_2のように1種類の原子だけからできている分子は**「単体」**と呼ばれる。空気成分の21% を占める酸素は酸素原子 O が2個からなる酸素分子 O_2で、これも単体である。

ここで、1個の原子としての窒素原子 N と、単体分子としての窒素分子 N_2とは、別のものであるのに同じ「窒素」と呼ばれることが多いことに注意したい。

また、1個の窒素原子 N というものは、現実には安定して存在することはなく、実際に安定して存在するのは単体としての窒素分子 N_2の方だけであることも注意したい。このような事情は、酸素原子 O と酸素分子 O_2、水素原子 H と水素分子 H_2に対しても成り立っている。

（4）単体と化合物

ただ1種類の原子だけからできた分子・物質は単体と呼ばれる。これに対して、例えば水分子 H_2O は、水素原子 H 2個と酸素原子 O 1個とが結合して1個の水分子を作っている。このような2種類以上の原子からなる分子は**「化合物」**と呼ばれる。現実に存在する大部分の物質は化合物である。

1−2 混合物の成分分離

砂糖 $C_{12}H_{22}O_{11}$を水 H_2O に溶かした砂糖水は混合物である。この砂糖水から砂糖を取り出すような操作は**「混合物の成分分離」**と呼ばれる。混合物の成分分離の操作には、ろ過、蒸留、分留、昇華、クロマトグラフィー、電気製錬などの種類がある。

(1) ろ過

泥水は水に土がとけ込んだものである。これをもとの水と土に分ける作業は一種の「混合物の成分分離」である。ジョウゴにろ紙と呼ばれる紙を敷き、これに泥水を入れると、土はろ紙の上に残り、水だけがろ紙を通過する。このようにして泥と水とを分離することができる（図2）。

(2) 蒸留

海水（塩水）から水と食塩（塩化ナトリウム：NaCl）に分ける作業は、海水を加熱して沸騰させ、出てきた水蒸気を冷却することによって純粋な水を得る**「蒸留」**とよばれる操作を行う。実験室内で蒸留法によって海水（塩水）を純粋の水と食塩に分離するには、図3に示したようなリービッヒ管を用いた装置で行うことができる。フラスコ内に入った海水を熱で沸騰して水蒸気にし、その水蒸気を水道水を通したリービッヒ管で冷やして純粋の水（蒸留水）を取り出すのである。水道水は、リービッヒ管の**下から入れ、上から流し出す**ことに注意すること。

ブドウ酒や日本酒からアルコール（エタノール：C_2H_5OH）を取り出す作業も、蒸留による操作が用いられる。

【注意】エタノールの分子式は C_2H_5OH と書かれる。これを、C_2H_6O と、水素原子 H を一つにまとめて書いてももちろんよい。しかし、ある程度、結合の構造を示すために C_2H_5OH と、わざわざ OH の部分を分けて書くのが一般的である。↗

(3) 分留

油田から汲み出されたままの「原油」からガソリン、軽油、灯油、重油などの成分を取り出す作業は、これらの成分がそれぞれ沸騰温度が異なることを利用する。すなわち、原油をゆっくりと加熱すると、最初に沸騰温度が最も低いガソリンの成分が気化（液体から気体に変化）するので、この蒸気を冷やしてガソリンを分離する、さらに加熱すると、次に沸騰温度の低い軽油成分が気化するので、気化した蒸気を冷却して軽油を分離する。以下同様に灯油、重油を分離する。このような蒸留方法は特に**「分留」**と呼ばれる。

(4) 昇華を利用した物質分離

一般の物質は、温度が上がるにつれて、固体から液体となり（融解）、次に液体から気体に変化する（蒸発）のがふつうである。たとえば、水 H_2O は固体の氷が液体の水になり、その水が気体の水蒸気になる。しかし、固体から液体にならずいきなり気体（蒸気）となる、あるいは、気体から温度が下がるといきなり固体になることがあり、この両方の変化を**「昇華」**という。ドライアイスは二酸化炭素 CO_2の固体であるが、いったん液体とはならず、固体が昇華して炭酸ガスとなる。寒い冬の朝に見られる霜は空気中の水蒸気が昇華して氷になったものである。

不純物の混じったヨウ素 I_2から、純粋のヨウ素を取り出すのに、固体のヨウ素が**昇華して気体になる**性質があるので、いったん熱して蒸気とし、冷水を入れた丸型フラスコの外部にふたたび昇華によってヨウ素の結晶を張り付かせる方法が用いられる（図4）。

(5) 再結晶を利用した物質の分離

砂糖 $C_{12}H_{22}O_{11}$や硝酸カリウム KNO_3は、温度の高い水にはたくさん溶け、温度の低い水には少ししか溶けない。そこで、不純物が混じった砂糖や硝酸カリウムを高温の水に溶かした後、その水の温度をゆっくり下げて行くと、純粋な砂糖や硝酸カリウムが結晶として析出する。これも物質の分離操作であって、**「再結晶」**とよばれる。

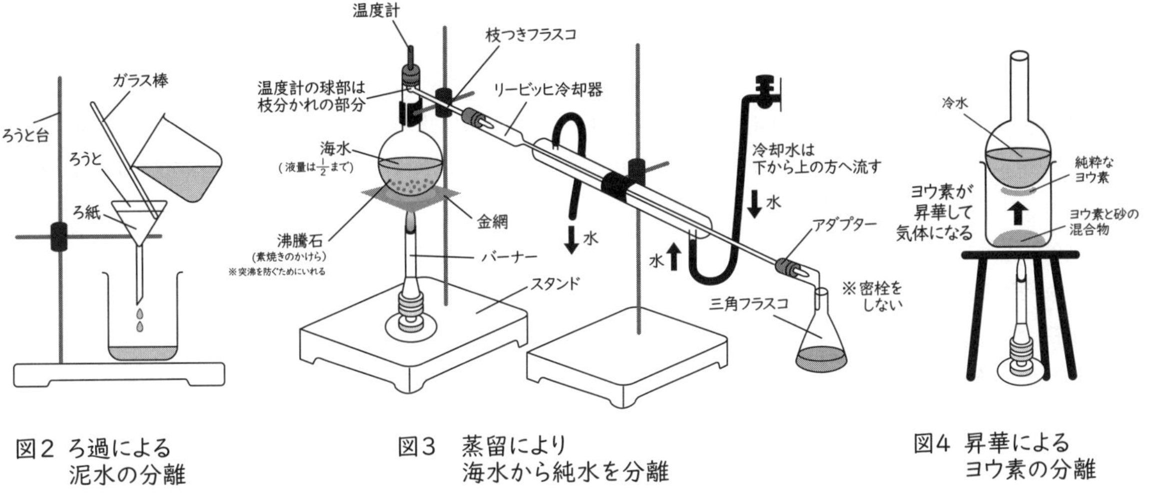

図2 ろ過による
泥水の分離

図3 蒸留により
海水から純水を分離

図4 昇華による
ヨウ素の分離

（6）抽出（ちゅうしゅつ）

お茶の葉を熱湯に入れると、カフェインなどのお茶の成分が熱湯の中に取り込まれる。このような特定の物質の取り出し方法を**「抽出（ちゅうしゅつ）」**という。

（7）クロマトグラフィー

水の中に赤インクと青インクなど何種類かの混合物が混ざっているとき、「ろ紙」の一部をこの混合溶液に浸すと、毛管現象によって混合液が紙にそって上昇してくる。このとき、物質が分離されて紙には成分ごとにそれぞれ別の位置に縞模様の痕跡を残す。この性質を利用して、混合した物質が何であるかを判定することができる。この方法を**「クロマトグラフィー」**（クロマトと略する。ク●ネコヤマトではない！）という。

（8）電気製錬法

混合物の混じった銅Cu（粗銅という）から純粋のCuを取り出す作業に電気精錬法がある。硫酸銅溶液に電気の陽極（＋）と陰極（－）を置き、粗銅を陽極につないで、直流電気を流すと、陰極側の極板に純銅が張りついていく。これを**「電気精錬法」**という。↗

1－3 物質の有無の判定

ある物質が含まれているかいないかを調べる作業を「有無の判定」とよぶ。

（1）でんぷんの有無の判定

でんぷんは**ヨウ化カリウム**（KI）液と反応して青紫色になる。つまり、でんぷんがあるかないか（有無）は、ヨウ化カリウムをかけて判定することができる。すなわち、青紫色になればでんぷんがあることになり、色が変わらなければでんぷんはなかったと判断することができる。

（2）二酸化炭素 CO_2 の有無の検定

二酸化炭素を石灰水 $Ca(OH)_2$ の中に入れると白く濁（にご）る。これによって、気体の中に二酸化炭素 CO_2 が含まれているかどうかの検定ができる。

$Ca(OH)_2 + CO_2$

$\rightarrow CaCO_3$（白濁・炭酸カルシウム）$+ H_2O$

（3）塩素イオン Cl^- の有無の検定

水の中に食塩（NaCl：塩化ナトリウム）を溶かした液に硝酸銀（しょうさんぎん） $AgNO_3$ を入れると、塩化銀 AgCl の白い沈殿が生じる。

【注意】Ag は銀の元素記号である。

1−4 炎色反応

食塩（しお、塩化ナトリウム、NaCl）をガスの炎（ほのう）の中に入れると一瞬、黄色のあざやかな炎が見える。ナトリウム Na の**炎色反応**である。何色の炎が出るかは金属によって決まっているが、ナトリウム Na は黄色、銅 Cu は緑だけは覚えておきたい。

なお、大学受験コースの人は、

「リアカーなきK村、加藤馬力で努力するべえー」

と覚えて、「Li赤、Na黄、K紫、Ca橙（だいだいいろ）、Ba（バリウム）緑、Cu（銅）緑、Sr（ストロンチウム）紅（赤）」と記憶してしまうと万全である。

1−5 金属の精錬

鉄 Fe や銅 Cu などの金属元素は、天然に産出する鉱物としては酸素原子 O や硫黄原子 S との化合物（酸化物）になっている。この状態から、酸素原子 O、や硫黄原子 S を引き離して（還元して）、金属としての鉄 Fe や銅 Cu を作り出す作業を製錬（または精錬）という。精錬にはふつう鉱石とコークス（石炭）を混ぜ合わせて燃焼することによって行われる。

アルミニウムの製錬

アルミニウム Al は鉱石であるボーキサイトを精製して、アルミナ（酸化アルミニウム：Al_2O_3）を造り、氷晶石とともに2,000℃の高温に熱して融解し、これに電気を通すことによって金属アルミニウムを得ることができる。このとき大量の電気が必要なため、アルミニウムは**「電気の缶詰」**と呼ばれることがある。アルミニウム製の飲料水の缶を廃品回収してアルミニウムを回収すると、鉱石で製錬するのの3%ほどの電気で同じ量のアルミニウムを得ることができる。↗

1−6 合金

2種類以上の金属を融かしこんでできた金属物質を合金という。もとの金属よりも優れた性質をもつ場合が多い。

（a）真ちゅう：銅 Cu と亜鉛 Zn の合金で金色をしている。五円玉は真ちゅうでできている。

（b）白銅：銅 Cu とニッケル Ni の合金である。100円玉、50円玉はこれでできている。これにさらに亜鉛 Zn を加えたものは洋銀と呼ばれ、500円玉は洋銀でできている。

（c）青銅：銅 Cu とスズ Sn の合金。古代から銅剣、銅鐸、銅鏡などの材料として用いられてきた。

（d）ステンレス：鉄 Fe にクロム Cr を10% ほど混ぜた合金。さらにニッケル Ni を加えたものもある。錆びない鉄として、包丁をはじめ多くの用途に使われている。

（e）ジュラルミン：アルミニウム Al は軽い金属であるが、軟らかいという弱点がある。この弱点を補うため銅 Cu を4%、それにマグネシウム Mg、マンガン Mn を0.5% ほど加えた合金（ジュラルミン）とすると、硬い耐久性のある金属となる。飛行機、自動車の車体などに使われる。

それでは大問1の過去問をやってみよう。

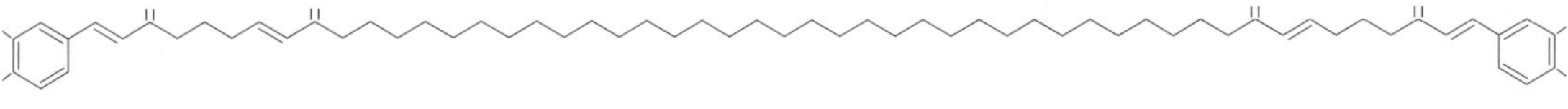

1 化学と人間生活について，**問 1** ～**問 4** に答えよ。

問 1

金属の利用や製造について述べた次の文の（　A　），（　B　）に当てはまる語句の組合せとして正しいものはどれか。下の①～⑤のうちから一つ選べ。

自然界では，多くの金属は酸素や硫黄との（　A　）として存在している。そして，その（　A　）から金属の単体を取り出す技術を（　B　）という。（　B　）が難しい金属ほど利用が遅れた。そのため，アルミニウムが大量に製造されるようになったのは 19 世紀後半になってからである。

	A	B
①	化合物	製錬（精錬）
②	化合物	蒸留
③	化合物	ろ過
④	混合物	蒸留
⑤	混合物	製錬（精錬）

問 2

次の**ア**と**イ**の文で表される現象において，下線部の変化から卵の殻（から）と手持ち花火のそれぞれに含まれると考えられる元素の元素記号の組合せとして正しいものはどれか。下の①～⑤のうちから一つ選べ。

ア　卵の殻（から）に薄い塩酸を加えると気体が発生し，この気体を石灰水に通すと白く濁（にご）った。

イ　手持ち花火の炎の色が青緑色に見えた。

	ア	イ
①	C	Na
②	Ca	Na
③	Cu	Li
④	Ca	Cu
⑤	C	Cu

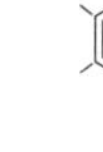

問 3

次のグラフは，大気圧のもとで氷に同じ割合で加熱したときの温度変化を表している。**A**～**C**それぞれの水分子の運動のようすを表す**ア**～**ウ**の文の組合せとして正しいものはどれか。下の①～⑤のうちから一つ選べ。ただし，大気圧は 1.01×10^5 Pa とする。

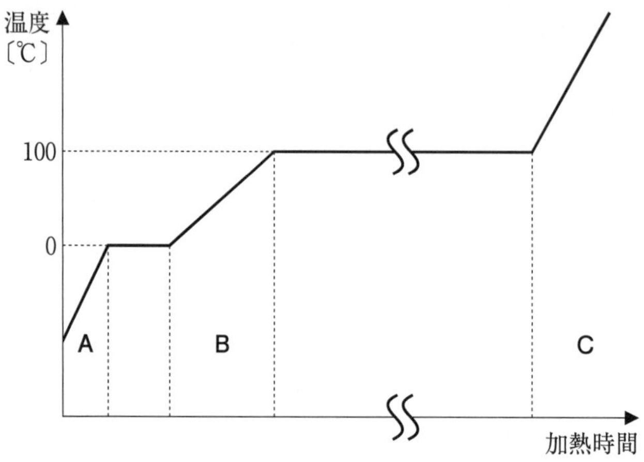

ア　水分子が互いに作用をおよぼしながら，比較的自由に移動している。

イ　水分子の分子間の距離が大きく，自由に飛びまわっている。

ウ　水分子は，位置がほぼ固定されており，わずかに振動している。

	A	B	C
①	ア	イ	ウ
②	ア	ウ	イ
③	イ	ア	ウ
④	ウ	ア	イ
⑤	ウ	イ	ア

問 4

次の**ア**～**エ**の操作において　**ろ過により分離**できるものと　**昇華により分離**できるものの組合せとして正しいものはどれか。下の①～⑤のうちから一つ選べ。

ア　少量の塩化ナトリウムを含む硝酸カリウムから，純粋な硝酸カリウムを取り出す。

イ　ヨウ素と砂の混合物から，ヨウ素を取り出す。

ウ　海水から，水を取り出す。

エ　ガラス片が混ざった水から，ガラス片を取り出す。

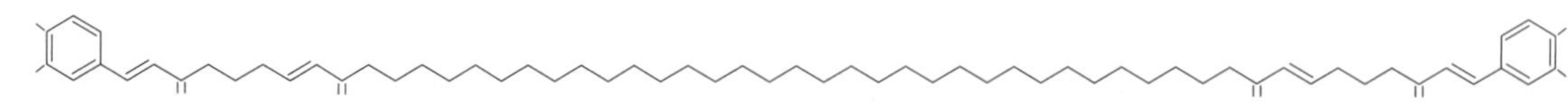

	ろ過により分離	昇華により分離
①	ア	イ
②	イ	ア
③	ウ	エ
④	エ	イ
⑤	エ	ウ

（2018年8月試験）

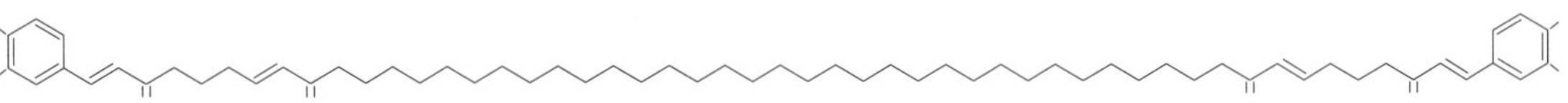

答えの出し方

【問1】

Aには**「化合物」**、Bには**製錬（精錬）**が入る。

①が正解。

金属と硫黄とが混ざり合っていれば混合物だが、金属原子と硫黄原子が結合した分子を作っているので化合物である。例えば鉄 Fe は、黄鉄鉱の鉱石に鉄 Fe が硫黄原子 S 2個と結びついた分子 FeS_2 の形で入っている。この分子から硫黄原子を取り去って純粋の鉄 Fe を金属として取り出す作業を「製錬（精錬）」という。

【問2】

アの「卵の殻に塩酸を加えると出た気体」は二酸化炭素（炭酸ガス）CO_2 である。**炭酸ガスを石灰水に通すと白く濁る。**気体が炭素 C を含む二酸化炭素であったことを示している。

イの**青緑色は銅 Cu 原子の炎色反応**である。

⑤が正解。

反応の化学式
（化学式を鉛筆でノートに書き写していくといい）

卵の殻の主成分は炭酸カルシウム $CaCO_3$ である。これに塩酸 HCl を加えると次の反応が起きる。

$CaCO_3 + 2HCl \rightarrow CaCl_2 + H_2O + CO_2$

となって、塩化カルシウム $CaCl_2$ と水 H_2O と二酸化炭素 CO_2 が発生する。

石灰水 $Ca(OH)_2$ に二酸化炭素 CO_2 を通すと、白色の炭酸カルシウムができて白く濁る。

$Ca(OH)_2 + CO_2 \rightarrow CaCO_3$（白濁）$+ H_2O$

【問3】

Aは0℃以下であるから固体の氷の状態で、水分子は位置がほぼ固定されている（ウ）。

Bは液体の水の状態で、水分子が互いに作用を及ぼしながら比較的自由に移動している（ア）。

Cは気体の水蒸気の状態で、分子間の距離が大きく、自由に飛び回っている（イ）。

したがって、**④が正解である。**

【問4】

ろ過によって分離できるのは、エのガラス片の混じった水からガラス片を取り出す操作である。「昇華」というのは、固体が液体にならずにいきなり気体（蒸気）になる現象で、昇華が起きやすいヨウ素（I）と砂の混合物から純粋のヨウ素を取り出す「イ」の操作を意味している。**④が正解である。**

アは、いったん塩化ナトリウム（NaCl）を含む硝酸カリウム（KNO_3）を高温の水に溶かし、その水を冷やして純粋に近い硝酸カリウムを結晶（けっしょう）の形で取り出す**「再結晶」**の操作が最適である。

ウは、海水をいったん加熱して水蒸気をして、その水蒸気を冷やして水（蒸留水）を得る**「蒸留」**の操作が最適である。

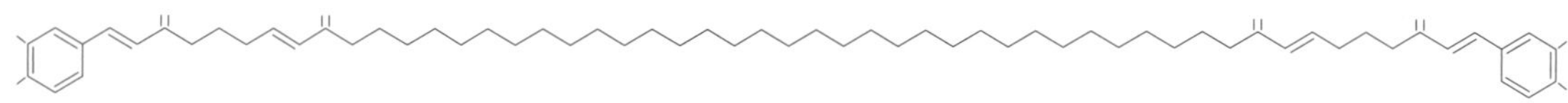

1 化学と人間生活について，問１～問４に答えよ。

問１

鉄の製造について述べた次の文の（　A　），（　B　）に当てはまる語句の組合せとして正しいものはどれか。下の①～⑤のうちから一つ選べ。

鉄は自然界では（　A　）を主成分とした鉄鉱石として存在している。鉄を得るには，鉄鉱石にコークス（炭素）と石灰石を混合して溶鉱炉で（　A　）を還元する。このようにして得られた鉄は銑鉄（せんてつ）と呼ばれ，約４％程度の（　B　）を含み，かたくてもろい。このため，さらに転炉に入れて酸素を吹き込んで（　B　）を除き，弾性に富んだ鋼（こう）にする。

	A	B
①	酸化鉄	窒素
②	酸化鉄	炭素
③	酸化鉄	塩素
④	アルミナ	窒素
⑤	アルミナ	炭素

問 2

融解した金属に，他の金属などを混合して融(と)かし合わせたものは合金と呼ばれる。合金は単体では得られない優れた特性をもつ金属材料であり，さまざまな用途で使われている。次の物質のうち，合金はどれか。次の①～⑤のうちから一つ選べ。

① 亜鉛　　② 金　　③ アルミニウム
④ 黒鉛　　⑤ 青銅(ブロンズ)

問 3

次の文は，合成繊維の開発について述べたものである。下線部の物質の原料として，最も広く用いられているものはどれか。下の①～⑤のうちから一つ選べ。

19 世紀後半に，木材などから天然繊維の成分と同じ物質を取り出し，それに化学的な処理を加えて繊維を再生することに成功した。その後，アメリカ人のカロザースは，天然繊維を全く利用しないでナイロン 66 を合成することに成功した。現在では，<u>ポリエステル</u>などの合成繊維の研究開発が進み，さまざまな機能をもった合成繊維が製品化されている。

① 石油　　② 海水　　③ 鉄鉱石　　④ 石灰石　　⑤ ボーキサイト

問 4

次の**ア**～**エ**の文のうち，下線部が**単体の意味**で使われている文の組合せとして正しいものはどれか。下の①～⑤のうちから一つ選べ。

ア　骨には<u>カルシウム</u>が含まれる。
イ　アンモニアには<u>水素</u>と窒素が含まれる。
ウ　<u>水素</u>は常温・常圧で気体である。
エ　空気はおもに<u>窒素</u>と酸素の混合物である。

① **ア**，**ウ**　　② **ア**，**エ**　　③ **イ**，**ウ**　　④ **イ**，**エ**　　⑤ **ウ**，**エ**

（ 2018年11月試験 ）

答えの出し方

【問1】

Aは「酸化鉄」、Bは「炭素」である。コークスの炭素Cが混じるのである。銑鉄は転炉で酸素を吹き込むことにとって、不純物である炭素が取り除かれるが、炭素を完全に取り除いた純鉄より炭素が少し残った鋼(こう)のほうが弾性のある用途の広い鉄となる。

②が正解。

【問2】

⑤の青銅が銅Cuとスズ Sn の合金である。④の黒鉛は金属ではなく炭素Cの単体のひとつである。

⑤が正解である。

【問3】

①が正解。

これは「科学と人間生活」の「衣料と食品」で学んだ知識である。ナイロン66の発明者、アメリカ人カローザスの名は記憶しておくとよい。

【問4】

窒素という単語が、窒素原子Nと単体としての窒素分子 N_2 の両方の意味で使われることがある。問題文の「単体の意味」とは「分子」の意味と同じである。ア〜エの下線部は、原子、分子のどちらの意味で使われているのか？という問題である。

ア：この文の「カルシウム」は原子である。

イ：これも原子である。

ウ：これは水素分子 H_2 を意味していて、単体分子の意味である。

エ：これも窒素分子 N_2 を意味していて、単体である。

結局、**⑤が正しい**ことになる。

MEMO

科学と人間生活 Science & Our Daily Life
物理基礎 Basic Physics
1 物質の構成
生物基礎 Basic Biology
地学基礎 Basic Earth Science

1 化学と人間生活について，問1～問4に答えよ。

問 1

洗剤について述べた次の文の（　A　）～（　C　）に当てはまる語句または図の組合せとして正しいものはどれか。下の①～⑤のうちから一つ選べ。

洗剤の主成分は，有機化合物からなる界面活性剤といわれるものである。界面活性剤は，水になじみやすい部分と油になじみやすい部分からできている。洗剤を用いて油汚れを洗うと，界面活性剤が（　A　）になじみやすい部分を内側にして油汚れを包み込むことで，油が衣類や食器から分離する。油汚れを洗剤が包み込んだ様子を表した模式図は（　B　）のようになる。これが水中に散らばることで，油汚れが落ちる。

また，洗剤の濃度が小さすぎると洗浄効果も小さいが，汚れの程度に応じた量の洗剤を適切に使用することで，十分な洗浄効果が期待できる。しかし，むやみに洗剤の濃度を大きくしても洗浄効果が上がらないことがわかっていて，むしろ排水中の洗剤の濃度が大きくなると（　C　）の原因となる。

	A	B	C
①	油		地球温暖化
②	油		水質汚染
③	油	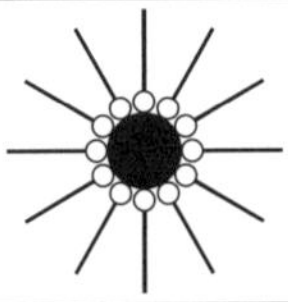	水質汚染
④	水		地球温暖化
⑤	水	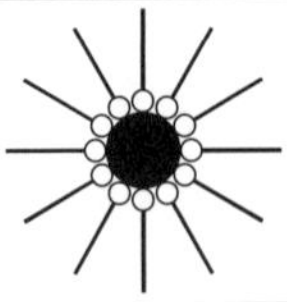	水質汚染

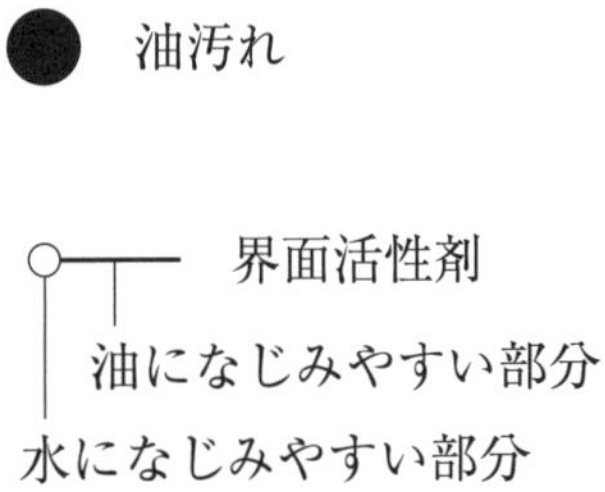

●　油汚れ

界面活性剤
油になじみやすい部分
水になじみやすい部分

問 2

お茶の葉を湯に浸してお茶に含まれる成分を溶かし出した。この分離方法として最も適当なものはどれか。次の①～⑤のうちから一つ選べ。

① 抽出　② 昇華法　③ 再結晶
④ 蒸留　⑤ ろ過

問 3

次の物質のうち純物質に当てはまるものとして正しいものはどれか。次の①～⑤のうちから一つ選べ。

① 石油　② 空気　③ 牛乳
④ 海水　⑤ 水蒸気

問 4

次の図は温度の違いによる気体の窒素分子の速さの分布を示したものである。この図についての記述として正しいものはどれか。下の①～⑤のうちから一つ選べ。

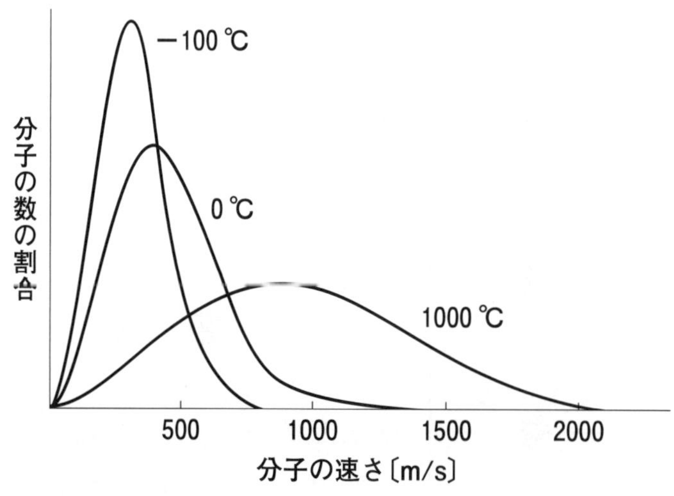

温度の違いによる気体の窒素分子の速さの分布

① 温度が高くなるほど，速さの大きい分子の数の割合が増える。
② −100 ℃ では，分子の速さの平均は 1000 m/s 程度である。
③ 0 ℃ では，分子の速さが 1000 m/s 以上の分子は存在しない。
④ 1000 ℃ では，分子の速さが 500 m/s 未満の分子は存在しない。
⑤ 温度と分子の速さは関係がない。

（2017年11月試験）

【問1】

界面活性剤は油（Aの答）になじみやすい側（図のマッチの軸）を内側に、水になじみやすい側（マッチの頭）を外に向けて油汚れを取り囲む。Bの答はマッチの頭が外に向かっている方。排水中の洗剤の量が増えると水質汚染が進む（C）。

よって、**②が正解になる。**

【問2】

正解は**①の抽出**である。

【問3】

⑤水蒸気が H_2O の純物質である。

他は混合物である。

【問4】

学んできた知識を使う問題でなく、グラフから何が言えるかを試験場で考える問題。

①正しい、

②－100℃の線のピークは300 m/s付近で、1000m/s以上の分子はほとんどない（×）。

③0℃の線をみるとわずかに1000m/sの分子がある（×）。

④1000℃の線をみると500m/s未満の分子もかなりある（×）。

⑤全くの間違い。

正解は①。

【注意】地理A、現代社会にも、図やグラフから何が言えるかをきく問題が多く出る。

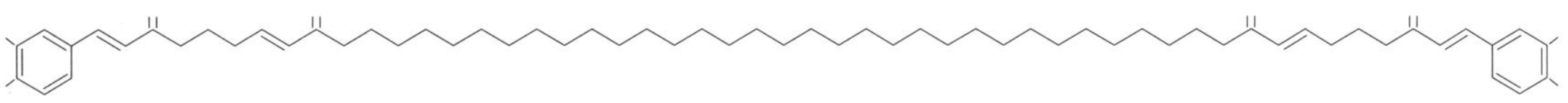

1 化学と人間生活について，問1～問4に答えよ。

問1

身のまわりの物質について述べた次の文の下線部(ア)～(ウ)について，正誤の組合せとして正しいものはどれか。下の①～⑤のうちから一つ選べ。

資源には限りがあるので，製品を廃棄する際には資源のリサイクルについても考える必要がある。例えば，(ア)<u>アルミニウムは，ボーキサイトから製錬するときと比べて，リサイクルする方がより少ないエネルギーで得られる。</u>このため，積極的にリサイクルが行われている。また，(イ)<u>主に石油を原料としているプラスチックもほぼ100％リサイクルされている。</u>

リサイクルすることと同様に，使用量についても配慮が必要である。(ウ)<u>洗濯用洗剤は適量より多く用いても汚れの落ち方には大きな差が出ないため，適量どおりに加えて洗濯を行うとよい。</u>

	(ア)	(イ)	(ウ)
①	正	誤	誤
②	誤	誤	誤
③	正	誤	正
④	誤	正	誤
⑤	正	正	誤

問 2

海水を蒸留する場合の実験装置の図として正しいものはどれか。次の①～⑤のうちから一つ選べ。なお，図中の矢印は，水の流れる向きを示している。

①

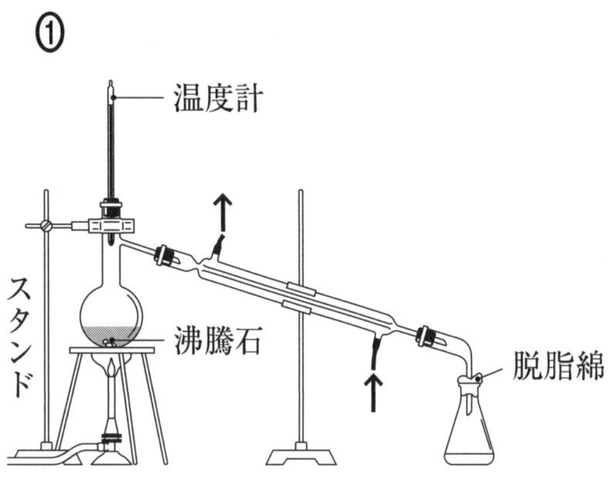

②

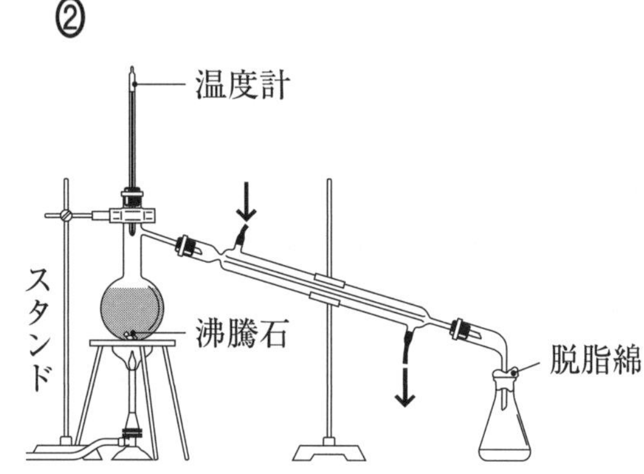

③

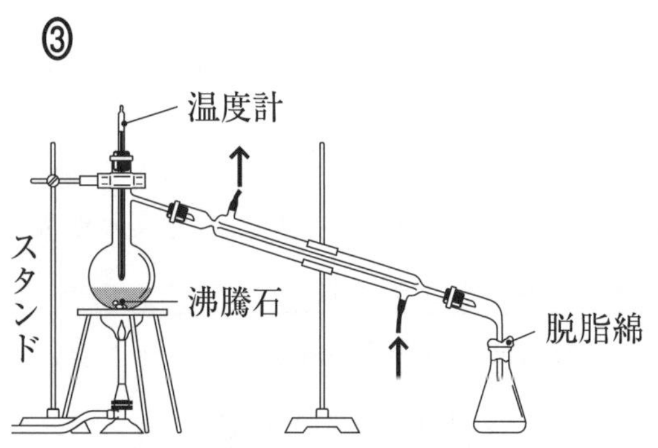

④

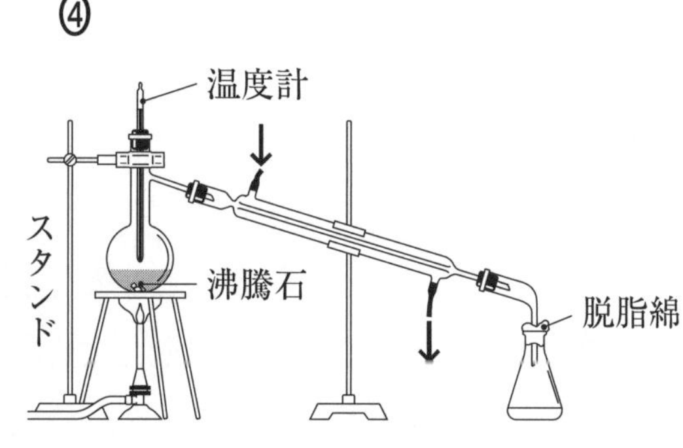

⑤

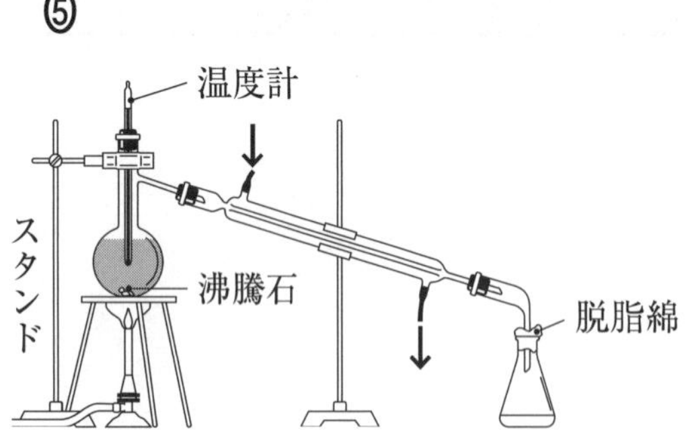

問 3

物質の状態変化と現象の組合せとして正しいものはどれか。次の①～⑤のうちから一つ選べ。

	状態変化	現象
①	融解	洗濯物を干すと乾いた。
②	蒸発	ドライアイスを部屋に置くと消失した。
③	凝縮	氷水を入れたコップの周囲に水滴がついた。
④	凝固	日光があたって積もった雪がとけた。
⑤	昇華	塩化ナトリウムを水に入れるととけた。

問 4

ダイヤモンドと黒鉛について述べた次の文の（　A　），（　B　）に当てはまる語句の組合せとして正しいものはどれか。下の①～⑤のうちから一つ選べ。

ダイヤモンドは無色透明できわめて硬く電気を通さないのに対し，黒鉛は黒色でやわらかく電気を通すという性質の違いがある。このように，同じ元素の単体で，性質の異なる物質を互いに（　A　）という。ダイヤモンドと黒鉛は，ともに（　B　）からなる共有結合の結晶である。

	A	B
①	同位体	硫黄
②	同位体	炭素
③	同素体	リン
④	同素体	硫黄
⑤	同素体	炭素

（2016年11月試験）

答えの出し方

【問1】

アルミニウムの製錬には大量の電気が使われるが、アルミ缶などを原料にしてアルミニウムを取り出すと鉱石（ボーキサイト）から製錬する場合の3%ほどの電力で同じ量のアルミニウムを得ることができる（アは○）。プラステックはリサイクル率は低い（イは×）。洗剤は適量より多く使っても無駄である（ウは○）。

③が正解。

【問2】

これはリービッヒ管による水の蒸留の問題である。A「冷却水の出し入れ」、B「温度計の最下点の位置」、C「フラスコ内の海水の量」の3つをチェックする。

A：冷却水は下から入れて上に出す。したがって、①か③が正解。

B：温度計の最下点は枝ガラス管の分岐点付近に置く。したがって、①か②が正解。

C：海水の量はフラスコの半分以下が正しいので、①か③か④が正解。塩化ナトリウム NaCl とは食塩のこと。

以上合わせて、**①が正解。**

【問3】

①は蒸発、②は昇華、③は凝縮、④は融解、⑤は溶解である。

③が正解である。

【問4】

このような関係を**「同素体」**という。ダイヤモンドも黒鉛もともに**炭素 C の単体**の結晶である。

⑤が正解。

2 物質の構成粒子

2−1 原子の構造

水素原子Hは、中心に陽子（1単位のプラス電荷を持っている）1個だけからなる「原子核」（単に「核」ともいう）があり、そのまわりの**K殻**という軌道に電子（マイナス1単位の電荷を持っている）が1個存在している（図5）。どんな原子でも原子核の中の陽子の数と、電子の数は同じで、その数を**「原子番号」**とよぶ。水素Hの場合、陽子も電子も1個であるから、水素Hの原子番号は1である。

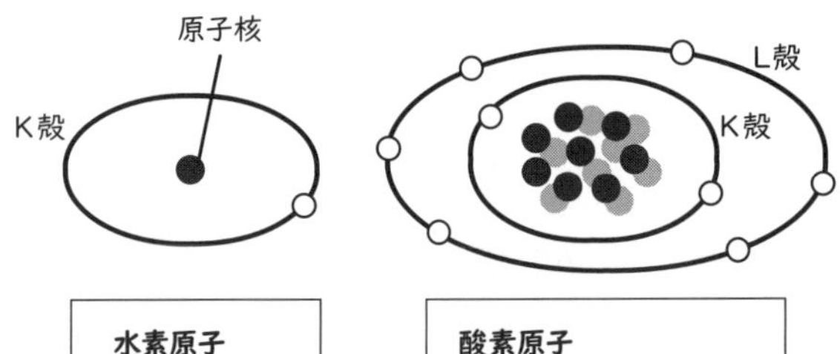

水素原子
原子番号1番
原子核は陽子1個
電子1個
質量数1

酸素原子
原子番号8番
原子核は陽子8個、中性子8個
電子8個
質量数16

● 陽子 電荷 e^+　● 中性子 電荷なし　○ 電子 電荷 e^+

図5 水素原子・酸素原子の構造

これが**原子番号8番の酸素**になると、原子核は**陽子**が8個と、電気的には中性の**中性子**8個の合計16個の粒子からなっており、この核のまわりを、K殻に2個、その外側のL殻に6個の、合計8個の電子がある。

さて、天然に存在する元素（元素は原子を種類に注目していう言葉）は92種類であって、原子番号1番が水素H、2番がヘリウムHe、3番がリチウムLi、4番がベリリウムBe、5番が硼素B、6番が炭素C、7番が窒素N、8番が酸素O、9番がフッ素F、10番がネオンNeとなる。**「水兵リーベ武士のふね」**と覚える。せめてヘリウムHeが2番、炭素Cが6番、窒素Nが7番、酸素Oが8番、とここまでは記憶したい。

酸素原子の構造（図5）で、電子の軌道には内側からK殻、L殻があることがわかったが、原子番号が増えてくるとその外側のM殻、N殻にも入る電子が出てくる。これらの殻は電子の定員が決まっていて、K殻は2個、L殻は8個、M殻は8個（原子番号が少ないうちは8個。多くなると18個）が定員で、これがK、L、M殻に電子の入れる数の限度である。

2−2 元素の族と周期律表

原子の化学的な性質は、**一番外の殻（最外殻）の電子の数でだいたい決まる。**この一番外側の殻の電子の数を**「価電子数」**という。ただし、原子番号2（ヘリウム：He）、原子番号10（ネオン：Ne）、原子番号18（アルゴン：Ar）は一番外側の電子数は定員いっぱい（2または8）で、この状態で安定しているため、化合物を作らない。それで、定員いっぱいの電子が詰まっている場合には、価電子数はゼロとする。原子番号と価電子数の関係は図6のようになる。原子番号が1番増えるにつれて価電子が1増えるが、2（He：ヘリウム）、10（Ne：ネオン）、18（Ar：アルゴン）になると価電子数はゼロに戻る。

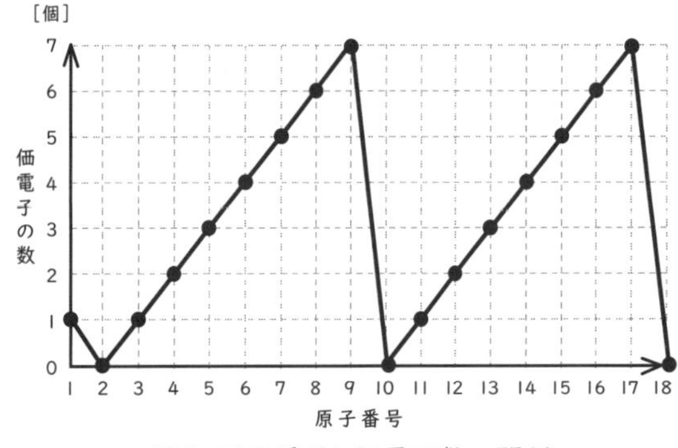

図6 原子番号と価電子数の関係

L殻、M殻は定員が8だから、原子番号が8番増えるごとに一番外側の殻の電子の数が同じになるため、原子番号が8増えると似た元素が現れることになる。このことに注目して、ロシアの科学者メンデレーエフは8番ごとに段を変えて、よく似た元素が縦1列に並ぶように配置した**「周期律表」**を作った。次のページの図7は元素を周期律表のとおりにならべ、各元素についてK、L、M、N殻の電子の様子をあらわしたものである。

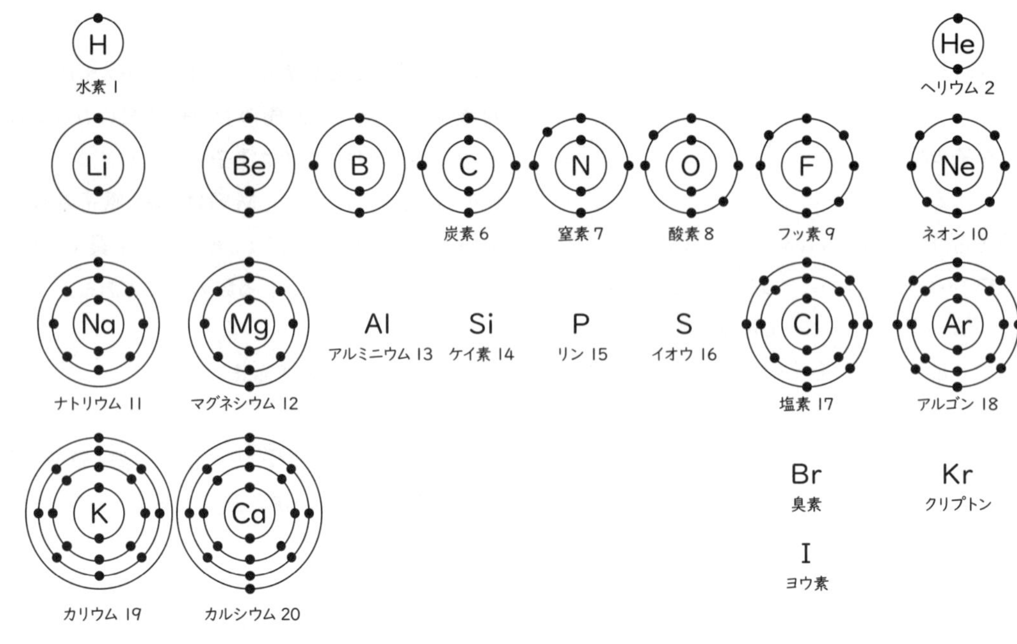

図7 原子番号20番までの電子配置。配列はメンデレーエフの周期律表に従う。

一番左の1列は、最外殻に電子が1個だけある**リチウム Li**、**ナトリウム Na**、**カリウム K** の金属元素が並んでいる。このグループは**第1族**、あるいは**アルカリ金属**と呼ばれる。最外殻にある電子1個を放り出して**1価の陽イオン**になりやすい金属元素である。

【注意】原子の種類をいうときには特に「元素」という言葉を使う。原子は1個2個と粒を単位として数えられるが、元素は種類を意味するので粒として数えられない。しかしあまり神経質に考える必要はなく、両方の言葉を混同しても「まずいこと」は特に起きない。

左から2列目には、最外殻に電子が2個ある、**マグネシウム Mg**、**カルシウム Ca** などの金属原子が並んでいる。このグループは**第2族**、あるいは**アルカリ土族**と呼ばれ、最外殻の2個の電子を放り出して**2価の陽イオン**になりやすい金属元素である。

【注意】ベリリウム Be、マグネシウム Mgをアルカリ土族に入れないこともある。

今度は周期律表の一番右の列から見て行こう。一番右の1列には、**ヘリウム He**、**ネオン Ne**、**アルゴン Ar** など、一番外の殻に定員いっぱい電子が詰まっている元素がならんでいる。この列は**第18族**[※]、あるいは**「希ガス」**と呼ばれる。最外殻の電子が「定員いっぱい」ということは、この状態で安定していて、この族の元素は他の原子と結びついて分子をつくることがない。化学的に不活発なことから **「不活性ガス」** とも呼ばれる。

太陽のエネルギーは水素 H の原子核4個が融合して1個のヘリウム He の殻を生み出す**「核融合」**という過程で生み出される。したがって、太陽で一番多い元素は水素 H、2番目がヘリウム He である。

(※)これを第8族とは呼ばず、10を加えて18族と呼ぶ理由は、第4周期のところに、原子番号が増えても性質がほとんど変わらない**遷移金属**の10個の金属元素が割り込んでくるからである。ここでM殻の電子の数が8から18に増加する。しかし、遷移金属では原子番号が増えてもM殻の外にN殻があってこちらが「最外殻」になっているため、M殻の電子が増えても化学的な性質はあまり変化しない。

右から2列目には、一番外の殻では定員より1個だけ電子が少ない7個の電子が入った、**フッ素 F**、**塩素(えんそ) Cl**、**臭素(しゅうそ) Br**、**ヨウ素 I** が並んでいる。これらの元素は**第17族**。あるいは**ハロゲン族**と呼ばれる。電子を1個受け入れて最外殻に電子を8個の定員いっぱいにして安定して、**1価の陰イオンになりやすい非金属元素**である。

周期律表の**右から3列目**は**第16族**の**酸素 O** と、その下に**硫黄 S** があって**酸素族**と呼ばれている非金属元素である。

周期律表の**右から4列目**には**第15族**の**窒素 N** の下に**リン(燐) P** があって**窒素族**と呼ばれる。

さらに、周期律表の**右から5列目**には**第14族**の**炭素 C** と、その下に**ケイ素 Si** があって、**炭素族**と呼ばれる。炭素 C の化合物は、「有機物」と呼ばれ、生物に関係する多数の化合物を作り出す。

ケイ素 Si は酸素原子O 2個と結びついて、**ケイ酸 SiO_2**を作るが、これは我々が普通に見かける大部分の「石」の成分である。水晶はケイ酸のほぼ純物質である。ガラスもまたほぼ100% 近くケイ酸 SiO_2でできている。

図7で、日本語で元素名が書いてない元素は、高認では重要度が低い元素である。

2−3 質量数

さて、P153 図5の原子の構造図で、原子核は陽子(●) と中性子(●) とからなっていることが分かった。この2つはほとんど同じ重さ(質量)である。電子はごく軽い(質量は陽子、中性子の1,840分の1)のでその重さを無視すると、原子1個の重さは、ほぼ原子核内の陽子と中性子の数の合計で表すことができる。この合計数を質量数(しつりょうすう)といい、とくに原子の質量数を原子量(げんしりょう)という。たとえば水素原子 H の核は陽子1個でできているので、水素原子 H の質量数は1である。酸素原子 O の原子核は陽子8個と中性子8個からできているので、酸素原子 O の質量数は16である。

酸素原子 O は原子番号は8、質量数は16というのをこのように表記する。

もう一つ例を挙げておこう。

Cl と表記された塩素の原子では、原子番号は下の数字で17、したがって、原子核の中の陽子の数も17、原子核の周(まわ)りの電子の数も17である。質量数は上に書いてある数字の35。これは原子核の中の陽子の数と中性子の数の合計である。だから中性子の数は 35−17=18 で18個である。

2−4 同位体(どういたい)

炭素原子 C は、天然のものはだいたい原子核に陽子6個と中性子6個とからなっている。つまり質量数12のものが普通である。ところが、わずかに陽子6個、中性子8個からなる質量数14の炭素原子がある。化学的な性質は質量数12のものとまったく同じであるが、ただ重さだけが少し違っている。こういう普通の質量数12の炭素原子とは中性子の数が違うために重さだけが違っている原子を「同位体(どういたい)」という。周期律表で「同じ位置にある別の体」だから同位体というのである。

水素 H の原子核は陽子1個だけからなっている。ところがまれに陽子1個と中性子1個からなる、質量数2の水素原子がある。これは重水素とよばれ、水素の同位体である。

天然の塩素 Cl(原子番号17番)は、中性子が18個で質量数35のものと、中性子が20個あって質量数が37のものが3：1の割で混じって存在している。このことから塩素の平均的な原子量は35．5という、整数ではない数になる。この数字は次の「平均計算」で求めることができる。

$$\frac{35\times3+37\times1}{3+1}=\frac{142}{4}=35.5$$

大学入試では、この計算をする問題が出ることがある。

2–5 第一イオン化エネルギー

原子の本来の状態では、原子核の中の陽子の数と、原子核の周囲の電子の数はともに原子番号に一致している。この状態から、マイナス1単位の電気を持った電子1個を放り出して、原子自身は+1単位の電気をもった「陽イオン」となることがある。この変化を起こすために必要なエネルギーを「(第一)イオン化エネルギー」という。

ナトリウムNaやカリウムKなど、最外殻に電子を1個だけもった第1族アルカリ金属の原子は、この1個の電子を放出して、最外殻がゼロとなった希ガスと同じ安定な状態になりたがる傾向があるために、イオン化エネルギーは最も小さい。そこから原子番号が増えるにつれてイオン化エネルギーは増え、希ガスのところ(原子番号2、10、18のところ)で最大となって、ここでもう1番原子番号が増えた1周期上の第1族元素でふたたび最小になる。原子番号を横軸に、イオン化エネルギーを縦軸にとったグラフを描けば図8のようになる。

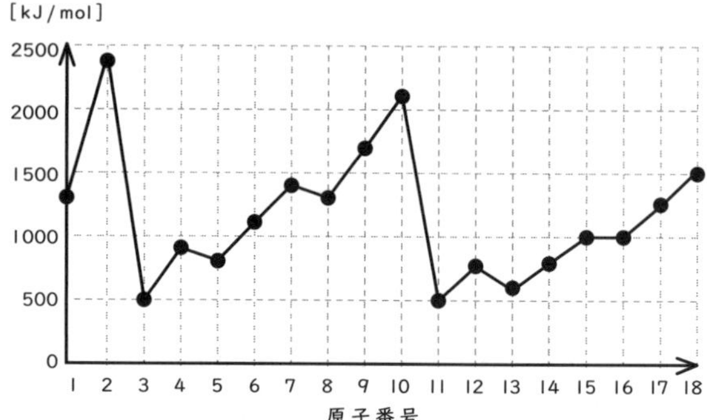

図8 原子番号と(第一)イオン化エネルギーの関係

それでは、大問2の過去問をやってみよう。

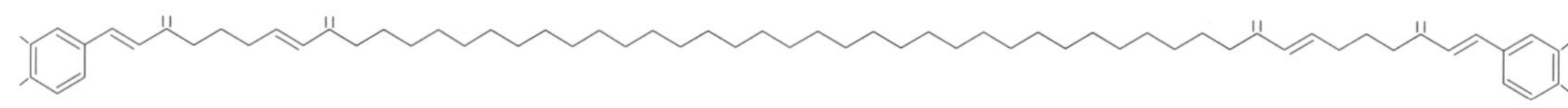

2 物質の構成粒子について，問1～問4に答えよ。

問 1

原子の構造について述べた次の文の(　A　)，(　B　)に当てはまる数値や語句の組合せとして正しいものはどれか。下の①～⑤のうちから一つ選べ。

物質を構成している原子は非常に小さく，ヘリウム原子の直径はおよそ(　A　)m程度である。また，ヘリウム原子の直径は，その原子核の直径より(　B　)。

	A	B
①	0.0000000001	大きい
②	0.0000000001	小さい
③	0.0001	大きい
④	0.0001	小さい
⑤	0.01	大きい

問 2

次の**ア**と**イ**のグラフの横軸はともに原子番号を示している。それぞれのグラフの縦軸を示す項目の組合せとして正しいものはどれか。下の①〜⑤のうちから一つ選べ。

ア

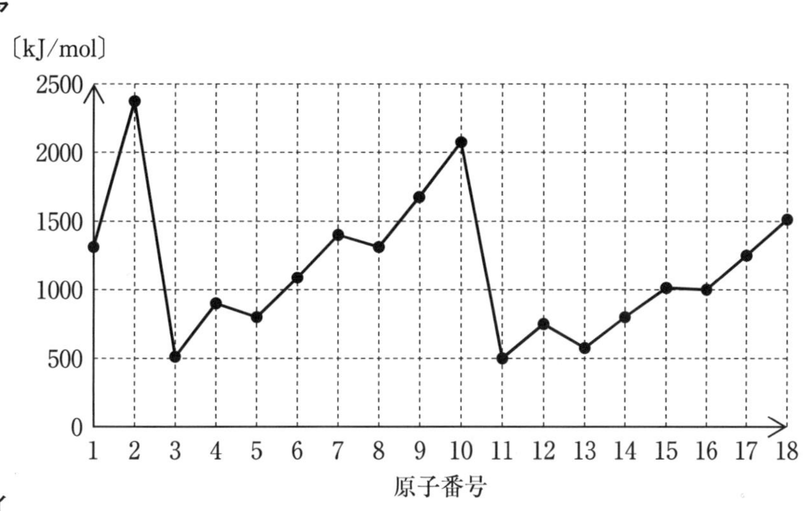

イ

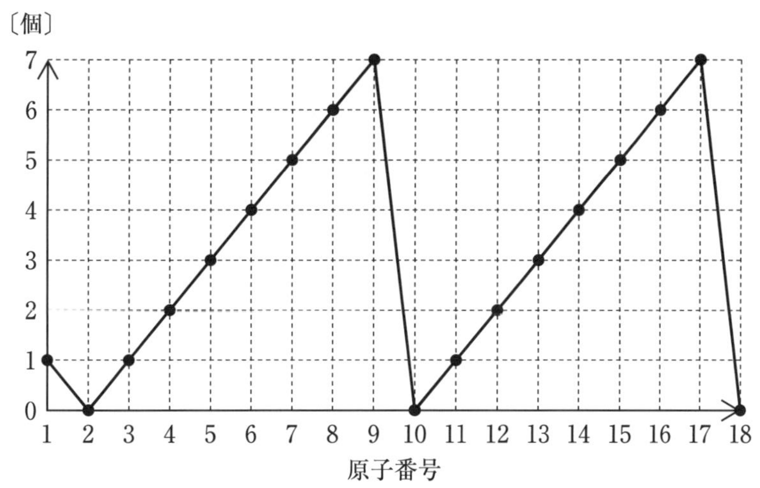

	ア	イ
①	イオン化エネルギー	陽子の数
②	イオン化エネルギー	価電子の数
③	価電子の数	イオン化エネルギー
④	価電子の数	陽子の数
⑤	陽子の数	価電子の数

問 3

次の**ア**～**ウ**の条件をすべて満たす元素として正しいものはどれか。下の①～⑤のうちから一つ選べ。

ア　金属元素である。
イ　典型元素である。
ウ　単体は，常温・常圧で固体である。

①　鉄　　②　アルゴン　　③　水銀　　④　ヨウ素　　⑤　マグネシウム

問 4

原子の構造について述べた次の文の（　A　），（　B　）に当てはまる数値の組合せとして正しいものはどれか。下の①～⑤のうちから一つ選べ。

原子は原子核と電子から構成され，さらに原子核は陽子と中性子からなる。

「**質量数＝陽子の数＋中性子の数**」の関係から，$^{40}_{20}\mathrm{Ca}$ 原子の中性子の数は（　A　）個である。また，陽子や中性子の質量が電子の質量のおよそ（　B　）倍であることから，一般に原子の質量は，ほぼ原子核の質量とみなされる。

	A	B
①	20	$\frac{1}{1840}$
②	20	1840
③	40	1840
④	60	$\frac{1}{1840}$
⑤	60	1840

（2018年 8月試験）

【問1】

ヘリウムの原子の直径はおよそ1.0×10^{-10}m である。(【注意】10^{-10}とは、小数点以下に9個ゼロが並び10桁目に1が来る数)。ヘリウムの原子核の直径はさらにこの10万分の1程度に小さい。10万分の1の長さとは駅のプラットホームの長さ(100m)に対する1mm である。「原子は駅の長さ、原子核はゴマ1粒」である。

①が正解。

【問2】

縦軸の数字の単位に注目しよう。アは[kJ/mol]という単位 J(ジュール) というのであるからエネルギーを表している。イの縦軸は個数を表している。これからアはイオン化エネルギーを表しているとわかる。イは原子番号1増えると、1ずつ増えているがが、2、10、18の所で突然ゼロになっている。これは「一番外の殻」をまわる電子(価電子)の数で「価電子の数」を表しているからである。

したがって**②が正解。**

【問3】

①の鉄 Fe は金属元素で常温で固体であるが、**遷移(せんい)元素である。**

②のアルゴン Ar は希ガス(不活性ガス)であって金属ではない。典型元素ではある。

③水銀 Hg は常温で液体である。典型元素の金属である。

④ヨウ素Iは典型元素で固体であるが、金属元素ではない。

⑤のマグネシウム Mg は金属元素で、典型元素で、常温で固体である。

⑤が正解。

我々が金属として普通に思い浮かべる、**鉄 Fe、銅 Cu、ニッケル Ni、金 Au、銀 Ag は遷移元素**である。これに対して、**アルミニウム Al、亜鉛 Zn、水銀 Hg、鉛(なまり) Pb、スズ Sn は典型元素**である。この問題は、高認のレベルを超えた難問である。大学入試に近い。**「ああすなお」な典型元素**と覚える。

【問4】

$^{40}_{20}\mathrm{Ca}$ と書かれているカルシウム原子Caの原子番号は20、質量数は40であることを示している。原子核の中の**陽子の数と中性子の数の和を質量数**といって、この場合は40である。陽子の数は原子番号と等しい20であるから、中性子の数は40−20=20である。陽子と中性子の質量は電子の質量のおよそ1,840倍である。

②が正しい。

2 物質の構成粒子について，問 1 ～問 4 に答えよ。

問 1

放射性同位体は，時間が経過すると，放射線を放出して別の原子核をもつ原子に変わる。このとき，はじめの原子の数に対して，半数が別の原子に変わるまでの時間を半減期という。放射性同位体である ^{14}C は半減期が約 6,000 年であることが知られており，^{14}C を用いて遺跡の年代測定などが行われている。

ある遺跡から発掘された木の柱について，^{14}C の数を測定したところ，生きている木の $\frac{1}{4}$ であった。この遺跡がつくられたのは約何年前か。次の模式図を参考にして，最も適切なものを下の①～⑤のうちから一つ選べ。

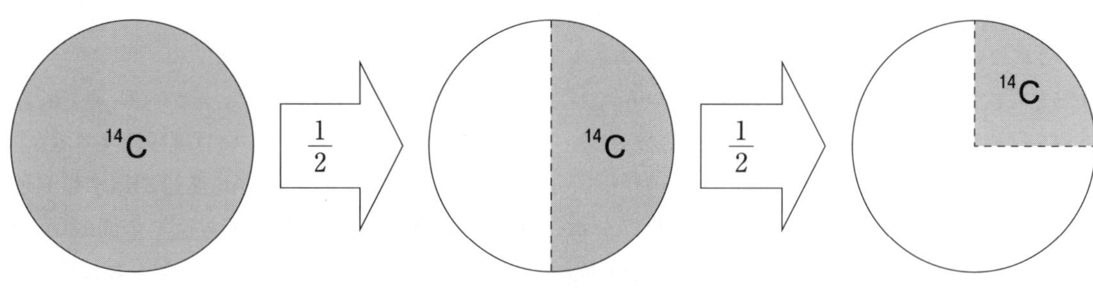

^{14}C の割合が減少する模式図

① 約 1,500 年前　② 約 3,000 年前　③ 約 6,000 年前
④ 約 12,000 年前　⑤ 約 18,000 年前

問 2

$^{19}_{9}F$ で表される原子について，質量数，陽子の数，中性子の数，電子の数の組合せとして正しいものはどれか。次の①～⑤のうちから一つ選べ。

	質量数	陽子の数	中性子の数	電子の数
①	19	9	9	9
②	19	10	9	10
③	19	9	10	9
④	9	9	10	10
⑤	9	19	10	9

問 3

水素原子 H と水素イオン H^+ の模式図の組合せとして正しいものはどれか。次の①～⑤のうちから一つ選べ。

	水素原子 H	水素イオン H^+
①	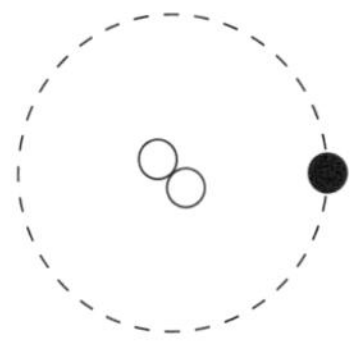	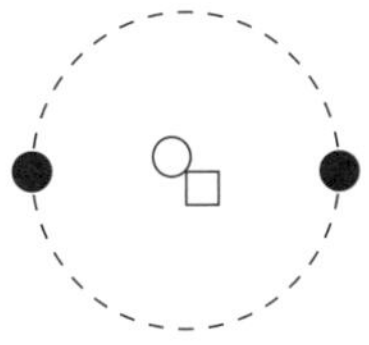
②	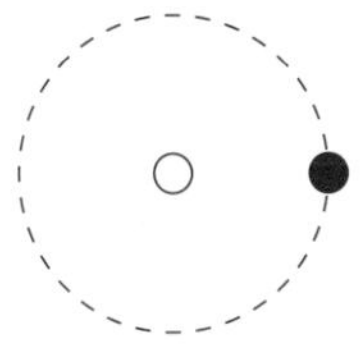	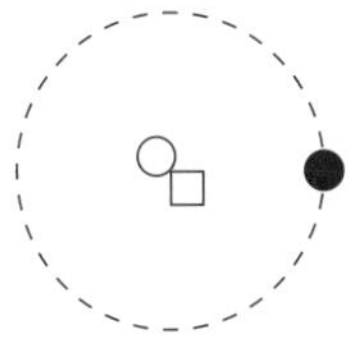
③	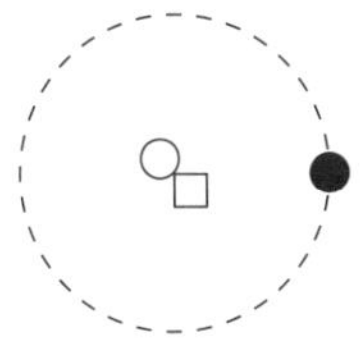	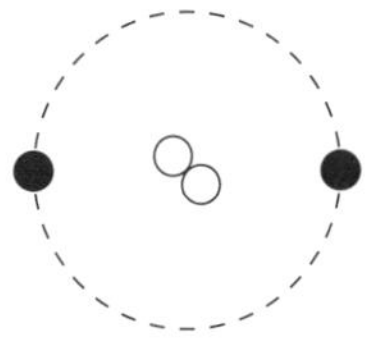
④	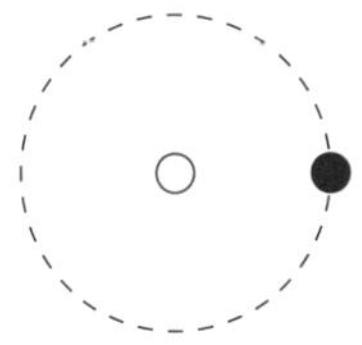	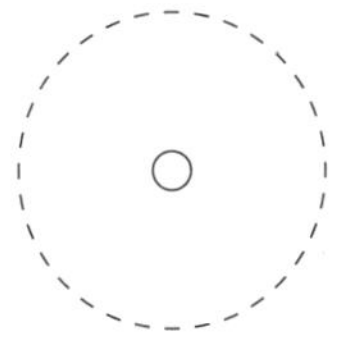
⑤	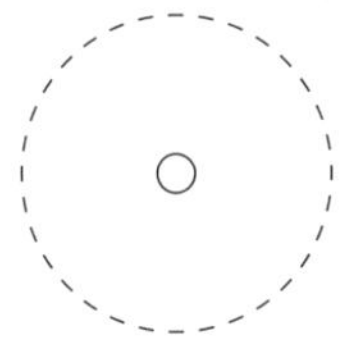	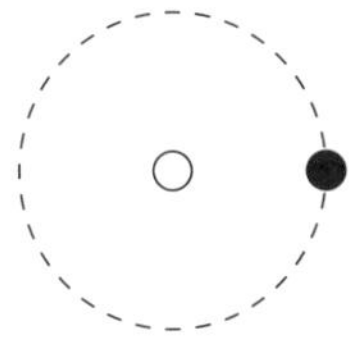

○ … 陽子
□ … 中性子
● … 電子

問 4

次の**ア**～**ウ**の記述は原子を構成する粒子について述べたものである。それぞれの記述に当てはまる粒子の組合せとして正しいものはどれか。下の①～⑤のうちから一つ選べ。

ア　原子核を構成し，正の電気をもつ粒子である。

イ　原子核の周囲を取り巻く，負の電気をもつ粒子である。

ウ　原子核を構成し，電気をもたない粒子である。

	ア	イ	ウ
①	中性子	電子	陽子
②	陽子	電子	中性子
③	電子	陽子	中性子
④	電子	中性子	陽子
⑤	陽子	中性子	電子

（2018年11月試験）

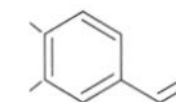

答えの▸出し方

【問1】

6,000年で半分になるのだから、さらに6,000年過ぎると半分の半分、つまり$\frac{1}{4}$になる。したがって、12,000年前の木であることが分かる。

④が正解。

【問2】

下の数9が原子番号で、陽子の数は9個、電子の数も9個である。上の数字19は質量数で、陽子の数と中性子の数の和である。したがって中性子の数は10である。

③が正しい。

【問3】

原子番号1番の水素原子は、原子核の中に陽子(○)が1個ある。中性子(□)はあってもなくても関係がない。水素原子は、軌道(点線)上に電子が1個のもの。水素イオンH^+はこの電子がなくなったものである。

したがって**④が正しい。**

【問4】

ア:原子核を構成し正の電気を持つのは陽子である。

イ:原子核を取り巻く、負の電気を持った粒子は電子である。

ウ:原子核を構成し、電気を持たない粒子は中性子である。

以上によって、**②が正しい。**

2 物質の構成粒子について，問１～問４に答えよ。

問 1

ある原子の元素記号をX，原子番号をn，質量数をmとすると，この原子の原子番号と質量数の表記として正しいものはどれか。次の①～⑤のうちから一つ選べ。

① $^{n}_{m}X$　　② $^{m}_{n}X$　　③ X^{n}_{m}　　④ X^{m}_{n}　　⑤ $_{m}X^{n}$

問 2

水素の同位体として質量数１と質量数２の水素原子が存在する場合，水素分子 H_2 中の水素原子の組合せは，次の図のように３種類となる。

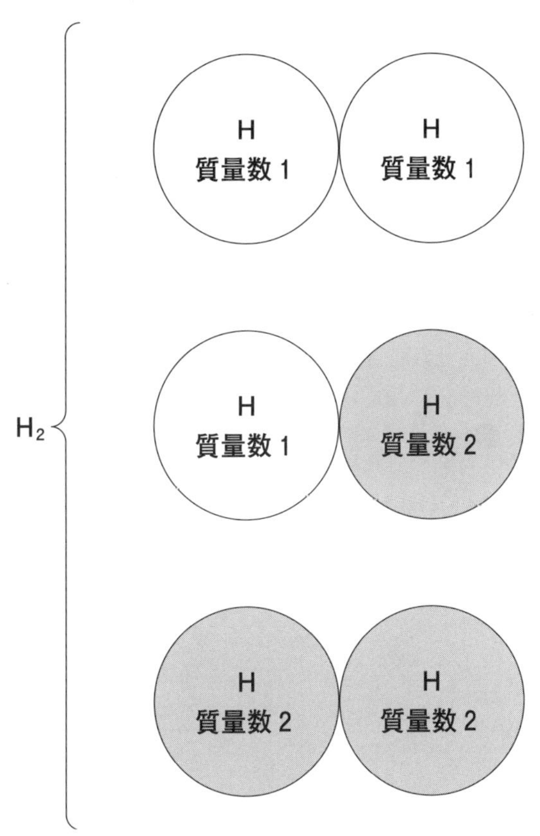

次に水素の同位体として質量数１と質量数２と質量数３の水素原子が存在する場合，水素分子 H_2 中の水素原子の組合せは何種類になるか。次の①～⑤のうちから一つ選べ。

① 4種類　　② 5種類　　③ 6種類　　④ 7種類　　⑤ 8種類

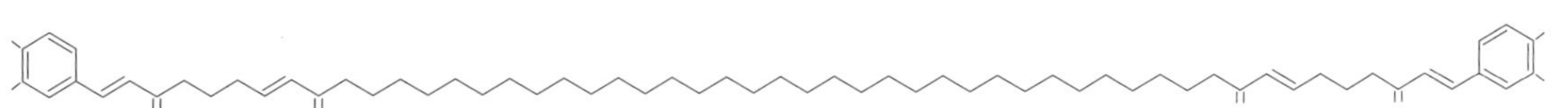

問 3

次の図は，原子またはイオンの電子配置を模式図で表したものである。この中で，陰イオンになっているものはどれか。次の①～⑤のうちから一つ選べ。ただし，原子核の中の数字は陽子の数を表す。

①

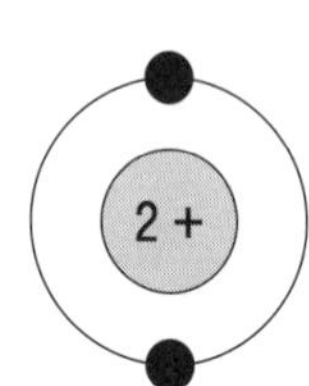

②

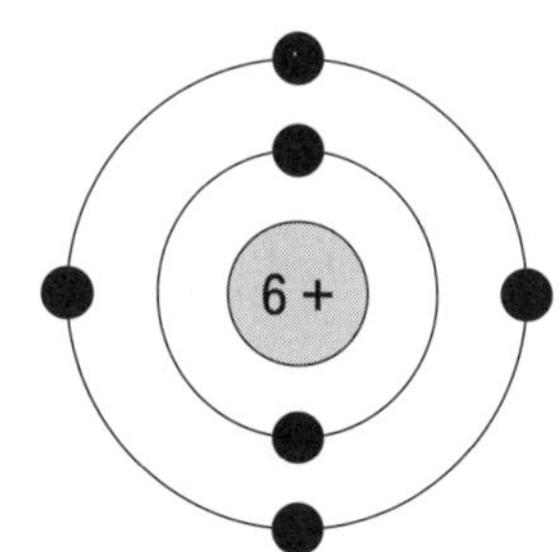

③

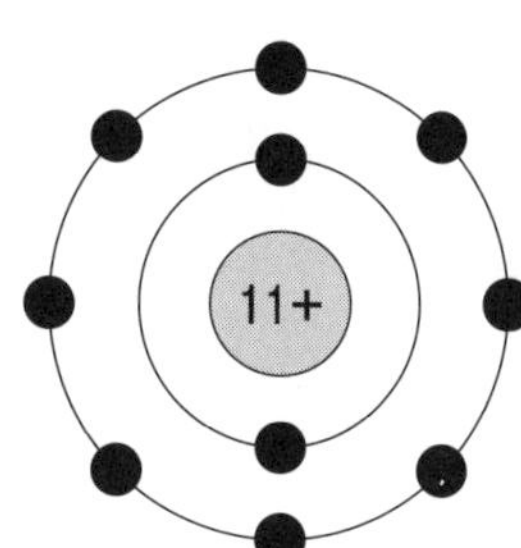

④

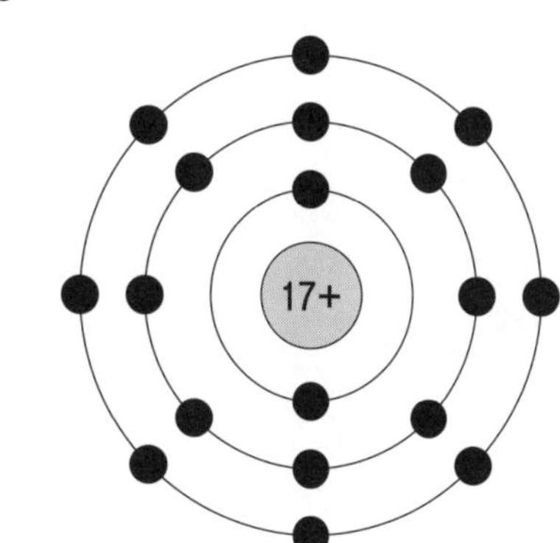

⑤

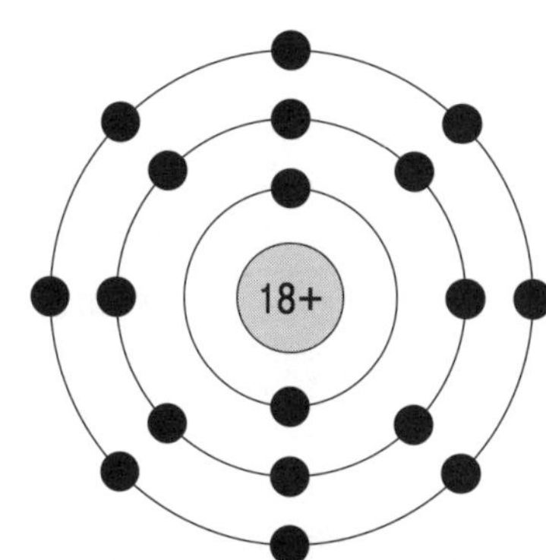

原子核(数字は陽子の数)

電子

問 4

次のA～Cの元素の周期表の概略図において，塗りつぶした部分の元素の分類や性質の組合せとして正しいものはどれか。下の①～⑤のうちから一つ選べ。なお，常温は 25 ℃，常圧は 1.0×10^5 Pa とする。

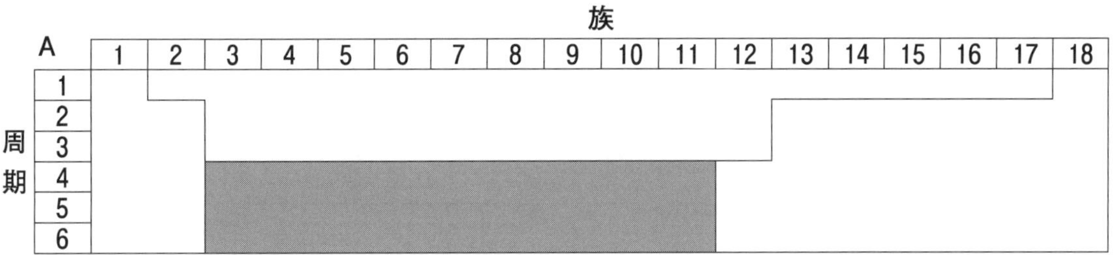

	A	B	C
①	遷移元素	アルカリ金属	単体が常温・常圧で固体
②	遷移元素	ハロゲン	単体が常温・常圧で気体
③	遷移元素	アルカリ金属	単体が常温・常圧で気体
④	典型元素	ハロゲン	単体が常温・常圧で固体
⑤	典型元素	アルカリ金属	単体が常温・常圧で気体

（ 2017年 11月試験 ）

答えの出し方

【問1】

原子番号、質量数は、元素記号の前に2段に書く。下段に原子番号、上段に質量数を書く。

したがって、**②が正しい。**

【問2】

2個が同じ質量数の場合、

(1,1)(2,2)(3,3)の3通り。

2個の質量数が違う場合、

(1,2)(2,3)(1,3)の3通り。

合計6通り。**③が正解。**

大学入試なみのやや難問である。

【問3】

電子「●」は1個マイナス1単位の電気を持っているから、1個を−1点として、原子核の数字と足し算する。マイナスになったものが陰イオンである。

①は2−2=0点、②は6−6=0点、③は11−10=+1点、④は17−18=−1点、⑤は18−18=0点。となって④が陰イオンである。

④が正解。これは塩素イオンCl^{-}である。

なお、③はナトリウムイオンNa^{+}である。

【問4】

Aは「遷移元素」で、この中に入る元素はすべて金属元素である。

Bは1価の陽イオンになるアルカリ金属元素である。

Cは、水素H(左上)、窒素N(15族最上段)、酸素O(16族最上段)、フッ素Fと塩素Cl(17族:ハロゲン族)、および希ガス(18族)は常温で気体である。したがって、**③が正解。**

MEMO

2 物質の構成粒子について，問1～問4に答えよ。

問 1

次の太郎先生と花子さんの二人の会話中の(　A　)～(　C　)に当てはまる語句の組合せとして正しいものはどれか。下の①～⑤のうちから一つ選べ。

花子さん：「太郎先生。地球上には，約90種類の元素があると学びましたが，宇宙で一番多く存在する元素は何ですか。」

太郎先生：「宇宙では，元素の中で最も軽い(　A　)が一番多く存在しています。でも，(　A　)にも質量の異なる原子が存在しているんですよ。」

花子さん：「それはどうしてですか。」

太郎先生：「それは，原子の中心にある(　B　)の中に含まれる(　C　)の数が異なっているからなんですよ。」

花子さん：「(　C　)の数は，どうなっているんですか。」

太郎先生：「(　C　)のない原子と，1つもつ原子と，2つもつ原子があります。地球上にある(　A　)原子のほとんどが(　C　)をもっていないのです。」

	A	B	C
①	水素	電子殻	陽子
②	水素	原子核	中性子
③	水素	原子核	陽子
④	ヘリウム	原子核	中性子
⑤	ヘリウム	電子殻	中性子

問 2

質量数17の酸素原子($^{17}_{8}O$) 2個からなる酸素分子がもつすべての中性子の数として正しいものはどれか。次の①～⑤のうちから一つ選べ。

① 8　　② 9　　③ 16　　④ 18　　⑤ 34

問 3

周期表に関する記述として正しいものはどれか。下の①～⑤のうちから一つ選べ。ただし，色の違いは典型元素(金属)，典型元素(非金属)，遷移元素のいずれかを表している。

周期＼族	1	2	3	4	5	6	7	8	9	10	11	12	13	14	15	16	17	18
1																		
2																		
3																		
4																		
5																		
6																		
7																		

図　周期表

① この周期表に含まれる典型元素(非金属)は，22 種類である。

② 同一周期の元素において，最外殻電子の数は左側から右側に向かって必ず減少している。

③ 2 族の元素はアルカリ金属とよばれる。

④ 17 族の元素はハロゲンとよばれ，最外殻電子が 8 個である。

⑤ 1 ～ 12 族の元素は，すべて金属元素である。

問 4

次の電子配置で表される各原子について，周期表の同じ族に属する原子の組合せとして正しいものはどれか。下の①～⑤のうちから一つ選べ。

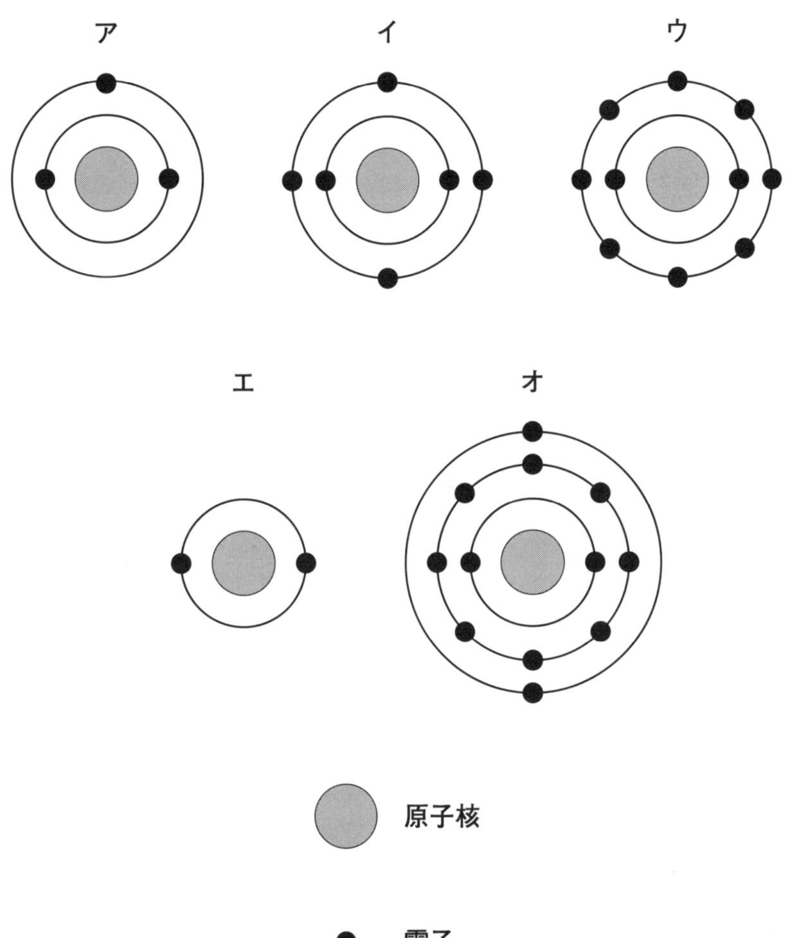

① アとエ　② アとオ　③ イとウ　④ イとオ　⑤ ウとエ

（ 2016年11月試験 ）

答えの出し方

【問1】

宇宙の中で最も多い元素は水素Hである（Aの答）。水素原子は原子核（Bの答）には陽子は1個ある。原子核にはさらに中性子（Cの答）がないもの、1個あるもの2個あるものがある。**②が正解。**

【問2】

酸素の原子番号は8、質量数が17であるから、中性子の数は17−8=9である。これが2個あるのだから、すべての中性子の数は18で、**④が正解である。**

【問3】

①典型元素は1、2、12−18族の元素である。このうち黒く塗ってあるところが非金属元素である。全部で22種類ある。正しい（○）。

②典型元素については、左側から右側に向かって最外殻電子の数は増加する。第3族から第11族の遷移元素では最外殻電子数は1か2であまり変化しない（×）。↗

③アルカリ金属は1族である。2族は「アルカリ土族（アルカリ土金属）」と呼ばれる（×）。（注意）

④ハロゲンの最外殻電子数は7個である（×）。

⑤ただ1つだけ例外があって、1族第1周期は水素Hであって、これは金属ではない（×）。

①が正解。高度な問題だが、勉強するのによい問題である。誤選択肢の誤りの理由を含めて理解しておきたい。

【注意】第2族のうち第2周期のBe（ベリリウム）と第3周期のMg（マグネシウム）をアルカリ土属から外すこともある。

【問4】

アは最外殻電子は1個で1族アルカリ金属のリチウムLiである。イは14族の炭素Cで、最外殻電子数は4である。ウは18族（希ガス族）のネオンNeである。エはヘリウムHeであって18族の希ガスである。オは2族アルカリ土族のマグネシウムMgである。結局ウとエがともに18族の希ガスである。**⑤が正しい。**

3　物質と化学結合

3−1　共有結合の分子

原子がいくつか結合して分子を作る原理を見ておこう。水は H_2O、水素ガス（単に水素ということが多い）は H_2、酸素ガスは O_2、窒素ガスは N_2、というふうに、物質の最小単位である分子はいくつかの原子が結合したものである。原子の構造を説明したときに、K 殻には電子の定員は2個、L 殻、M 殻には8個といったが、**実は自然は一番外の殻には、定員いっぱい電子がいなければ安定ではない、という原則がある。つまり、K 殻に電子があるなら2個いてほしい、L 殻と M 殻に電子があるなら8個、つまり定員いっぱいいてほしいと要求する性質がある。**

しかし、酸素原子 O が1個単独にあったのでは、L 殻には6個しか電子がなくて、L 殻の定員いっぱいの8個で満足するためには電子が2個足りない。そこで、たとえば、水分子 H_2O の場合には、1個の水素原子の K 殻の1個と、酸素原子の L 殻の1個の電子を、酸素原子と水素原子の両方の原子で共有することにすれば、酸素原子 O の L 殻上に電子が1個増えることになる。また、水素原子 H の K 殻にも電子が2個となって、水素原子 H は定員いっぱいとなって安定条件が満足される。またさらに、もう一つの水素と同じように電子1個ずつを差し出して共有すれば、酸素原子 O の L 殻にも電子が8個あることになって、酸素原子の L 殻の定員条件も満足する（図9の上の図）。

このように、2個以上の原子が、**一番外の殻の電子を共有することによって、不足を補い合って1つの分子を形成することを「共有結合」という。**

図9の上の図は、1個の酸素原子 O と2個の水素原子のすべての電子のようすを示しているが、酸素原子 O については、内側の K 殻の2個の電子は結合に関係がないので書かないことにすれば、L 殻の6個の電子と2個の水素原子の電子の様子だけを示せば、共有結合の様子を表示することができる。このようにして記号的に書いたものが図9の下の図である。

酸素分子 O_2 では、一番外の L 殻の電子を2個出し合って共有するので、この場合の共有結合のようすは、図10のように書き表すことができる。この図10のような図を「電子式」という。この場合、どちらの酸素原子 O の最外殻電子の数が8個と定員いっぱいなっていることを確かめてください。

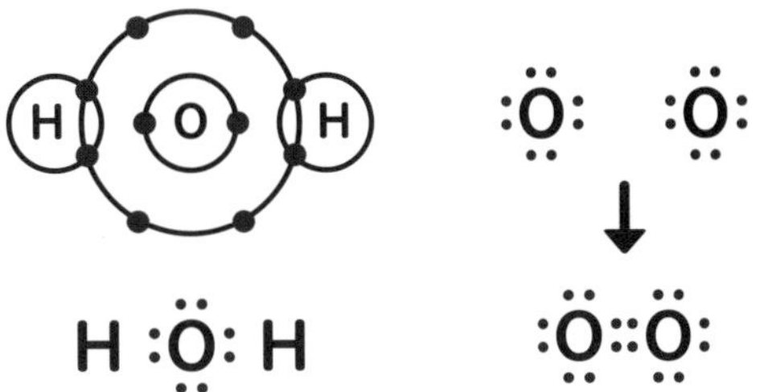

図9
水分子 H_2O の共有結合
下の図は電子式

図10
酸素分子 O_2 の共有結合
の電子式

3−2　共有結合の構造式

さて、P137 図1によれば水分子では、水分子 H は1個の電子を共有に差し出し、O の1個の電子と共有している。この様子は、水素に1本の結合の「手」があり、酸素原子 O から差し出された1本の手とつながりあっているとみて、図9の下の電子式の「:」を1本の線で表すと、分子全体の構造は「H − O − H」と表すことができる。同じように、酸素 O_2 では、両方の酸素原子 O が、それぞれ2個ずつ電子を出し合って、共有結合を作っている。この様子は、2つの酸素原子 O がそれぞれ2本の手を差し出して手をつないでいる、とみることができて、「O = O」を表すことができる。**このように原子どうしの結合のようすを表示して分子の構造を表したものを「構造式」と呼ぶ。**

3−3　電子不足数と結合の手の数

このようにして「水素原子 H には結合の手が1本、酸素原子 O には2本ある」ことが理解できるであろ

う。この酸素原子 O の2本の手は、酸素の最外殻のL殻の電子が6個しかなく、定員8個より2個足りない(2個不足)ことから来ている。

そこで P154の図7を見てみよう。原子番号8番の酸素 O より番号が一つ多い、原子番号9番のフッ素原子 F は、電子が酸素 O より1個多いから、不足数は1、つまり、**フッ素 F は手が1本の原子**であることがわかるであろう。

逆に原子番号が酸素 O より1少ない窒素 N の最外殻(L殻)の電子の数は5個で、定員8個には3個足りない。つまり**不足数は3である。だから、窒素には手が3本ある**ことになる。さらに、原子番号6の**炭素 C は不足数が4で、4本手がある**ことになる。

水素 H は手が1本の原子だから、フッ素 F には水素 H が1個結合した HF(フッ化水素)で表される物質が存在することがわかる。窒素 N には水素 H が3個結合した NH_3(アンモニア)という物質が、炭素 C には水素 H が4つ結合した CH_4(メタン)という物質があることがわかる。また、二酸化炭素 CO_2の構造式が図11の(d)であることもわかるであろう。

(a)

H−F

分子式 HF

(b)

```
    H
    |
H − N − H
```

分子式 NH_3

(c)

```
    H
    |
H − C − H
    |
    H
```

分子式 CH_4

(d)

O=C=O

分子式 CO_2

図11
フッ化水素HF、アンモニアNH_3、メタンCH_4、二酸化炭素CO_2の構造式

3−4 同じ族の元素は手の数も同じ

ふたたび、P154図7の「周期律表」を見ておこう。原子番号9番のフッ素 F の下には、原子番号17番の塩素 Cl がある。塩素では、L殻の電子の数は2個で定員いっぱい、K殻も8個で定員いっぱいであるが、一番外の M 殻は、電子の数は7個で、この殻の定員8個より1個少なく「不足数は1」である。このことから、塩素 Cl は、フッ素 F と同じ数の「手」があるとわかるだろう。つなり、塩素 Cl も手が1本の元素である。すると、フッ化水素 HF があるのなら、F を Cl に置き換えた、HCl があることもわかるだろう。HCl は塩化水素、それが水に溶けたものが「塩酸」である。

フッ素 F、および周期律表(図7)でその下の塩素 Cl、そのまた下の臭素 Br、さらに下のヨウ素 I は、「ハロゲン」とよばれる一族で、みな最外電子数は7で1不足して1価のマイナスイオンになりやすく、この4個の元素の性質は非常によく似ている。

3−5 プラスイオンになりやすいアルカリ金属(第I族)とアルカリ土族(第II族)

さて、今度はナトリウム Na(原子番号11、質量数23)の原子構造を見ておこう(図12)。K殻、L殻には電子が満杯状態で、その外の M 殻に1個だけ電子が入っている(図12の左図)。こういうときは、M殻を共有結合によって最外殻の電子を増やしていって8個にして満足するよりも、この1個の電子を放り出して、M殻をなくしてしまったほうが簡単に「一番外側の殻(L殻)を定員いっぱいにする」という安定形が得られることはわかるね? じっさいナトリウム Na は簡単にこの1個の電子を放り出しやすい。電子1個を放り出した結果は、原子全体としては、原子核の中の陽子の数(11個)が電子の数(10個)より1個多くなって、全体としてプラス1単位の電気(e^+)を帯びる。こうなったものをナトリウムイオンといって、Na^+と書き表す(図12の右図)。

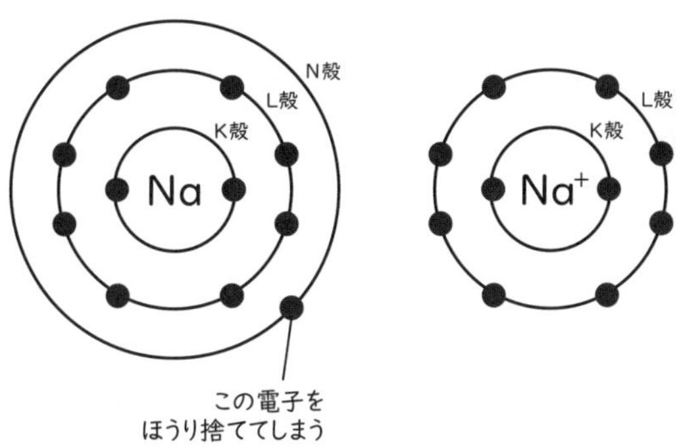

図12
ナトリウム原子Naの電子配置（左）と、
ナトリウムイオンNa^+の電子配置（右）

カリウムKはナトリウムよりもうひとつ余分に満杯の電子殻を持っている（K、L、Mの3つの殻が満員、最外殻のN殻に1個）がやはり一番外側のN殻にたった1個ある電子を放り出しやすいので、ナトリウムと似た性質があり、やはり陽イオンK^+になりやすい。このような元素をアルカリ金属（Ⅰ族）といい、電子1個を捨てて出来上がったものを1価の陽イオンという。

カリウムKより原子番号が1だけ大きいカルシウムCaは、一番外のN殻に2個の電子が余る（図7のCaの所を見てください）ので、電子を2個放り出して安定型になりやすい。こうしてできたものは、陽子2個分、つまり$2e^+$のプラスの電荷をもつことになる。これを、2価の陽イオンであるカルシウムイオンといい、Ca^{2+}と書き表す。カルシウムCaのように周期律表の左から2列目にあって、2個の電子を出しやすい元素をアルカリ土族（どぞく）金属（第Ⅱ族）という。

3−6 マイナスイオンになりやすいハロゲン族（第17族）

周期律を表した図7のなかで塩素Clの電子配置の図を見ると、塩素Clは最外殻のM殻に7個電子があり、定員8個に比べて1個電子が少ない。こういう場合には、水素Hなどと電子を1個共有して最外殻の電子を8個に増やして満足形にする方法（共有結合）もあるが、NaやKやCaなど電子を捨てたがっている元素から、この電子を1個もらってきて満足形の8個にするという方法もある。つまり、ナトリウム原子Naなどが陽イオンになるとき放り出した電子1個を、塩素原子Clが取り込んでM殻の電子を8個にして安定形にするのである。この場合、原子全体として電子のほうが陽子の数より1個多くなるので1単位のマイナス電気（e^-）を帯びる。この状態を1価の陰イオンといい、Cl^-と書き表す。ナトリウムイオンNa^+と塩素イオンCl^-は電気的性質が逆であるので引き合い、交互にならんだ結晶構造を作る。これが塩化ナトリウム（食塩）NaClである。このような結合のしかたを「イオン結合」という。

ただし、NaClという分子があるわけではなく、図13のようにナトリウムイオンNa^+と塩素イオンCl^-とがチェス・ボードのように交互に規則正しく並んでいる、という構造をしている。

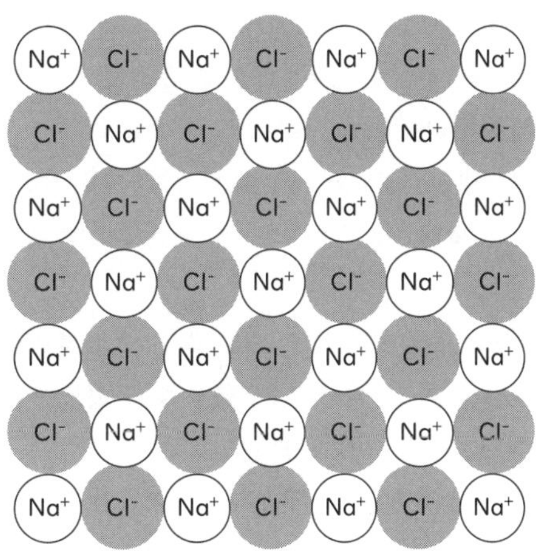

図13 塩化ナトリウムの結晶の構造

イオン結合でできた物質は、一般に結晶は堅くてもろい。また水に溶けやすく、水の中では、各イオンがバラバラになる。塩化ナトリウムの場合には、Na^+とCl^-とが水中でイオンとしてバラバラに浮遊するのである。このような性質を「電解質（でんかいしつ）」という。こうしてできた溶液は電気を通しやすい。

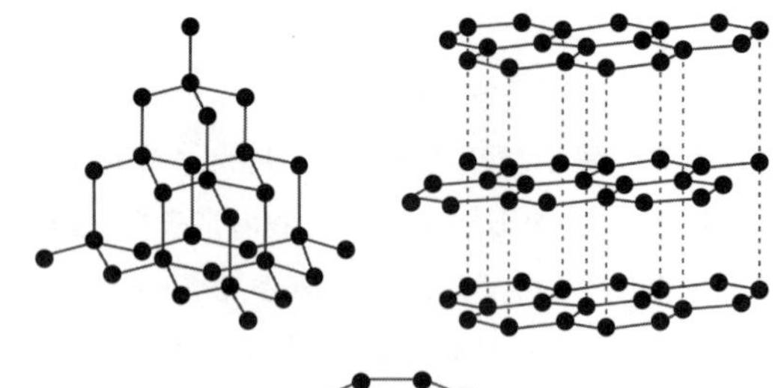

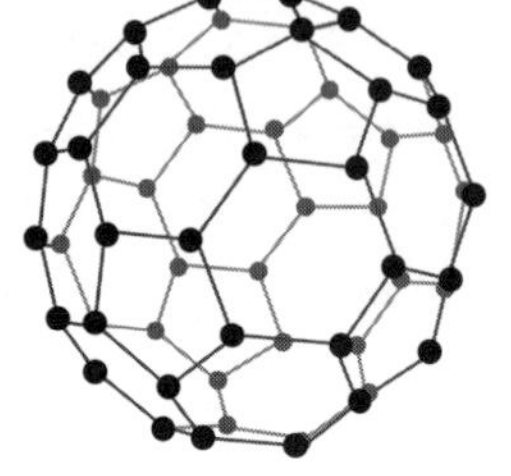

図14
炭素の同位体の構造。ダイヤモンド（左上）、黒鉛（右上）、フラーレン（下）の構造。煤は不規則

3−7 同素体

単体のうち、同じ原子でできていながら分子構造や結晶構造が違うために、別の物質になっているものを「同素体」という。たとえば酸素 O_2とオゾン O_3は同素体の関係にある。

黒鉛と煤（すす）とダイヤモンド、およびフラーレンはともに炭素 C の単体であるがこれらも同素体の関係にある（図14）。

リン P は猛毒で発火しやすい黄リンと無毒の赤リンの同素体がある。黄リンは空気中で発火しやすいため、水中にひたして保存する。

硫黄 S は斜方硫黄、単斜硫黄、ゴム状硫黄の3つの同素体がある。同じ元素からできた体だから**「同素体」**という。

「同素体はスコップ（SCOP）で探せ」という諺（ことわざ）がある。ナゼか分かりますか？

3- 8 分子の電気極性

塩化水素の分子 HCl を考えてみよう。水素原子 H は、イオンになるとH^+と書かれるように電気的にプラスになりたがる原子である。一方塩素は、イオンになるとCl^-と書かれるように電気的にマイナスになりたがる原子である。この2つの原子が1つの分子HCl を作ると、H 側はプラス電気、Cl 側はマイナス電気を持った、電気的に方向によって偏りのある分子になる（図15）。

水分子 H_2O は直線的ではなく「くの字」の形をしていて、やはり水素原子はプラス電気、酸素原子 O はマイナス電気を持つ傾向があるため、全体として方向による電気的な偏りが起きる（図15）。このような分子の性質を「分子の電気極性（でんききょくせい）」と呼ぶ。

二酸化炭素 CO_2や、窒素分子 N_2、酸素分子 O_2などは分子が対称な直線状であって、このような分子には電気極性はない。このような電気極性のない分子を「無極性分子」という。

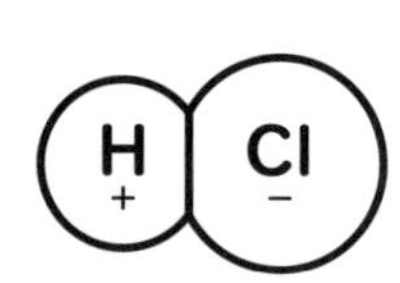

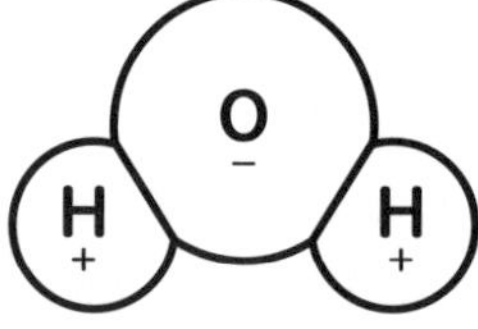

図15−a
塩化水素分子 HCl と水分子 H_2O の電気極性

【注意】塩化水素 HCl は気体として空気中にある時は、H の電子1個を Cl の最外殻の電子1個を共有しあった共有結合の分子になっている（図15−b）。しかし、水に溶けると、共有して2個の電子は塩素 Cl が2個とも持って行って、水素イオンH^+と塩素イオンCl^-となって、イオン結合の形になる（図15− c、塩酸）。こうしてみると、「共有結合」と「イオン結合」との区別が、全く別のものではない場合があることが分かる。

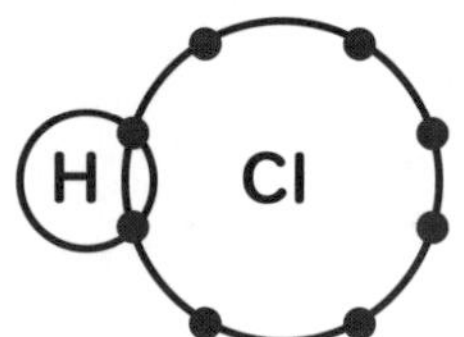

図15−b
塩化水素分子 HCl
気体としての HCl は共有結合している

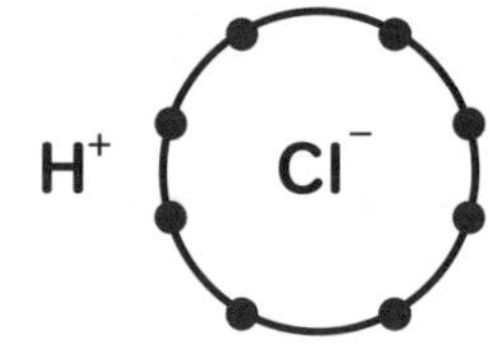

図15−c
塩化水素が水に溶けると、水素イオン H^+と塩素イオン Cl^-になる
水に溶けるとイオン結合のようになる

それでは大問3の過去問をやってみよう。

3 物質と化学結合について，問１～問４に答えよ。

問 1

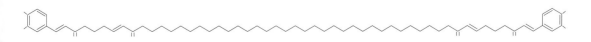

次の分子のうち，無極性分子に分類されるものは全部でいくつあるか。正しいものを下の①～⑤のうちから一つ選べ。

N_2　　HF　　CO_2　　H_2O　　CH_4

① 1つ　② 2つ　③ 3つ　④ 4つ　⑤ 5つ

問 2

次のＡ～Ｃの図は，ダイヤモンド，黒鉛，二酸化ケイ素の結晶構造を表したものである。それぞれの結晶構造をもつ物質の組合せとして正しいものはどれか。下の①～⑤のうちから一つ選べ。

A
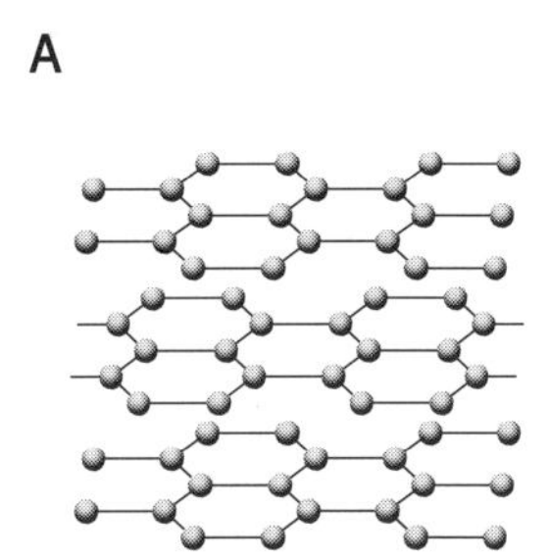
B
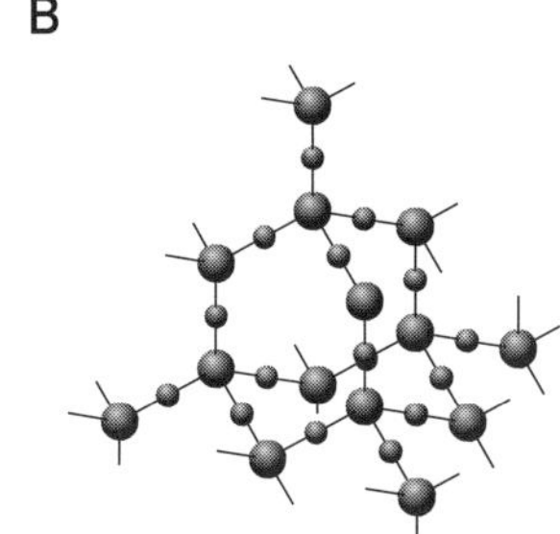
C
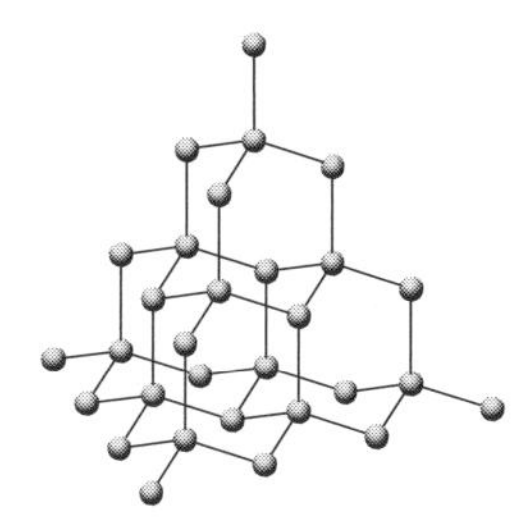

	A	B	C
①	黒鉛	二酸化ケイ素	ダイヤモンド
②	黒鉛	ダイヤモンド	二酸化ケイ素
③	ダイヤモンド	黒鉛	二酸化ケイ素
④	二酸化ケイ素	黒鉛	ダイヤモンド
⑤	二酸化ケイ素	ダイヤモンド	黒鉛

問 3

三重結合を含む分子として正しいものはどれか。次の①～⑤のうちから一つ選べ。

① H_2O　② CH_4　③ N_2　④ CO_2　⑤ NH_3

問 4

次の図のように，**試料A**と**試料B**の電気伝導性を調べる実験を行った。**試料A**と**試料B**の両方が，電気をよく通す組合せとして最も適当なものはどれか。下の①～⑤のうちから一つ選べ。

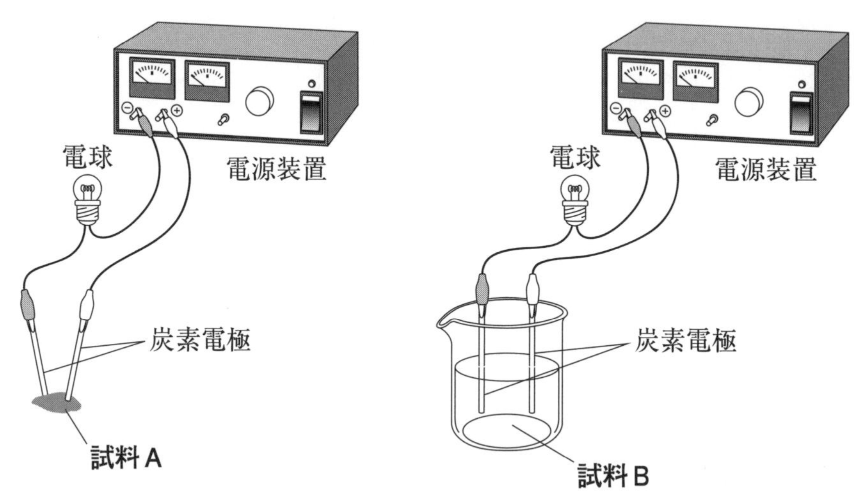

	試料A	試料B
①	銅	砂糖の水溶液
②	銅	塩化ナトリウム水溶液
③	ペットボトル片 (ポリエチレンテレフタラート)	砂糖の水溶液
④	ガラス	塩化ナトリウム水溶液
⑤	ガラス	砂糖の水溶液

（ 2018年8月試験 ）

答えの出し方

【問1】

P137の図1を見ると、N_2、CO_2、CH_4の3個は、完全に左右対称な形になっていて、分子に電気的な偏りは生じない。すなわち無極性分子である。

③が正しい。

【問2】

右端と左端の図は、原子を表す「○」がすべて同じで、単体であることを表している。黒鉛は炭素Cの板状結晶であるので、Aは黒鉛、Cはダイヤモンドとわかる。中央の図は2種類の原子から構成されているので二酸化ケイ素 SiO_2と判定される。

①が正解である。

【問3】

①窒素原子Nは手が3本の原子である。三重結合（N≡N、共有結合）して窒素分子N_2を作る。

③が正解である。

【問4】

電気をよく通す固体は金属である。表の試料Aとしては銅Cuが該当する。水溶液がイオン結合である物質が該当する。塩化ナトリウムNaCl（食塩）がこれに該当する。**②が正解。**

砂糖$C_{12}H_{22}O_{11}$は共有結合の分子であって、水中でも共有結合の分子のまま溶けていて電離しない。

MEMO

3 物質と化学結合について，問 1 ～問 4 に答えよ。

問 1

次の**ア**～**ウ**の記述は化学結合とその結合による結晶の性質について述べたものである。それぞれの記述に関連する物質の組合せとして正しいものはどれか。下の①～⑤のうちから一つ選べ。

ア　陽イオンと陰イオンが静電気的な引力(クーロン力)で引き合い，互いの電荷を打ち消し合うように結びつく結合で，この結合による結晶は一般に融点が高く，かたくてもろい。

イ　自由電子が原子どうしを結びつけている結合で，この結合による結晶は一般に独特の光沢をもち，電気伝導性があり，展性や延性に優れている。

ウ　原子が互いの電子を共有してできる結合で，この結合による結晶は一般にかたく，融点が高い。

	ア	イ	ウ
①	塩化ナトリウム	ヨウ素	ダイヤモンド
②	塩化ナトリウム	銅	ダイヤモンド
③	塩化ナトリウム	ヨウ素	塩化カルシウム
④	二酸化ケイ素	銅	塩化カルシウム
⑤	二酸化ケイ素	銅	ダイヤモンド

問 2

次の組成式で示されたそれぞれの物質の名称の組合せとして正しいものはどれか。次の①～⑤のうちから一つ選べ。

	$MgCl_2$	$CuSO_4$
①	塩化マグネシウム	硫酸銅(Ⅱ)
②	塩化マグネシウム	硫酸化銅(Ⅱ)
③	塩素マグネシウム	硫化銅(Ⅱ)
④	塩素化マグネシウム	硫酸銅(Ⅱ)
⑤	塩素化マグネシウム	硫化銅(Ⅱ)

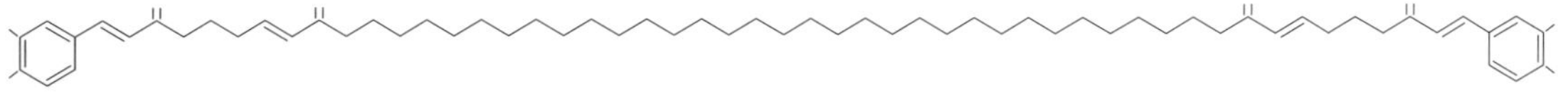

問 3

次の**ア**～**オ**はさまざまな原子の電子配置を示したものである。**ア**～**オ**の原子がイオン結合してつくられる物質の組成式が XY_2 となる原子の組合せとして正しいものはどれか。下の①～⑤のうちから一つ選べ。

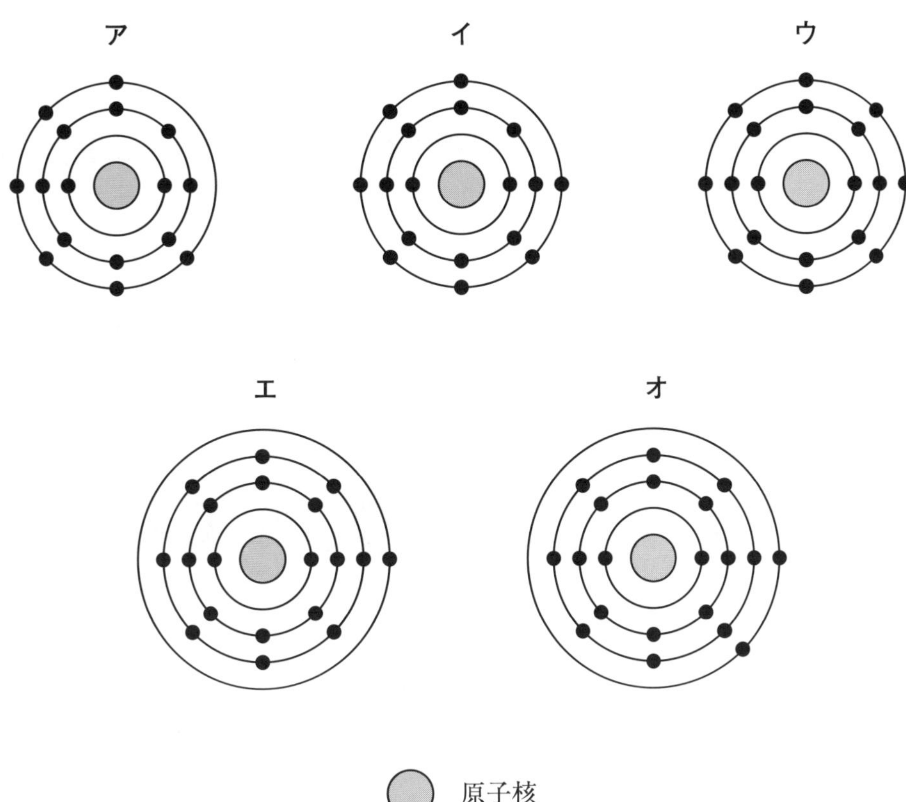

電子

	X	Y
①	エ	ア
②	エ	イ
③	オ	ア
④	オ	イ
⑤	オ	ウ

問 4

次の表の分子式で示されている物質の電子式と構造式の組合せとして正しいものはどれか。次の①～⑤のうちから一つ選べ。

	分子式	電子式	構造式
①	H_2	H∷H	H=H
②	N_2	N⁝⁝⁝N	N≡N
③	CO_2	:Ö∷C∷Ö:	O=C=O
④	C_2H_2	H∷C⁝⁝⁝C∷H	H=C=C=H
⑤	NH_3	:Ḧ∷N∷Ḧ: / Ḧ (N の下)	H=N=H / ‖ / H

（2018年 11月試験）

【問1】

アはイオン結合の特徴で、塩化ナトリウム NaCl がこれに該当する。

イは金属結合の特徴で銅 Cu がこれに該当する。

ウは共有結合であって、ダイヤモンド C がこれに該当する。

以上によって**②が正解である。**

なお、表中に現れた、二酸化ケイ素 SiO_2は（ウ）の共有結合、ヨウ素 I_2も（ウ）の共有結合、塩化カルシウム $CaCl_2$はアのイオン結合である。

「延性」とは、引っ張ると長く伸びる性質で、銅 Cu から細い電線を作ることができるのは銅が延性に富んだ金属だからである。

「展性」とは薄く箔に伸ばすことができる金属の性質である。金箔は金 Au が展性に富んでいる金属であることを示している。

【問2】

$MgCl_2$は塩化マグネシウム、$CuSO_4$は硫酸銅である。**①が正しい。**「塩素化マグネシウム」、「塩素化マグネシウム」、「硫酸化銅」というものはない。硫化銅は CuS である。

【問3】

イオン結合で XY_2となるものは、手が2本の第2族（アルカリ土族・X）と、手が1本のハロゲン族（Y）の組み合わせである。第2族は最外殻電子が2個（価電子数2）の Mg か Ca であって、オの図（これは Ca の図）がこれに該当する。ハロゲン族は最外殻電子が7個（価電子数7）の原子で、（イ）の図（塩素：Cl）がこれに該当する。

したがって**④が正しい。**

【問4】

水素 H は手が1本、ハロゲン（F、Cl）は手が1本、酸素 O は手が2本、窒素 N は手が3本、炭素 C は手が4本の元素である。

① H からは手が1本だから構造式は H－H でなくてはダメ（×）。

② N からは手が3本だから構造式は正しい。しかし電子式が3列3段はダメ。2列3段であるべきである（×）。 :N⁝⁝N: が正しい。

③ **正しい。**

④ H からは手が1本しか出ていないはず。構造式は H－C≡C－H が正しい（×）。これはアセチレンである。

⑤ H からは手は1本しか出ていないはず。構造式は

```
H－N－H
   |
   H
```

が正しい。

なお、電子式は③以外全部間違っている。

3 物質と化学結合について，問１～問４に答えよ。

問 1

ナトリウムイオン Na^{+} と炭酸イオン CO_3^{2-} からなる物質の組成式として正しいものはどれか。次の①～⑤のうちから一つ選べ。

① $NaCO_3$　② $Na(CO_3)_2$　③ Na_2CO_3　④ $Na_2C_2O_6$　⑤ Na_3CO_3

問 2

次の５種類の金属の中で，常温・常圧で液体である金属の数と電気伝導性をもつ金属の数の組合せとして正しいものはどれか。下の①～⑤のうちから一つ選べ。なお，常温は 25 ℃，常圧は 1.0×10^5 Pa とする。

Cu　Mg　Au　Zn　Hg

	常温・常圧で液体である金属の数	電気伝導性をもつ金属の数
①	1	2
②	1	5
③	2	3
④	3	3
⑤	4	5

問 3

結晶が分子結晶として分類される物質はどれか。次の①～⑤から一つ選べ。

① 塩化ナトリウム　② 銅　③ ダイヤモンド
④ 二酸化ケイ素　⑤ ドライアイス

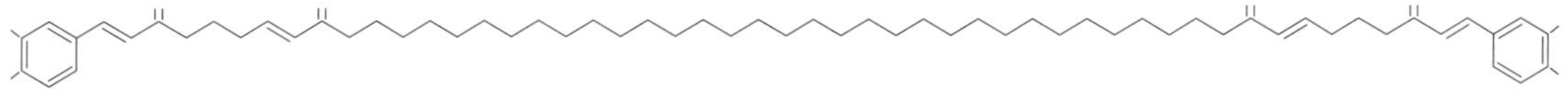

問 4

分子の構造式とその分子中に含まれる共有電子対の数の組合せとして正しいものはどれか。次の①～⑤のうちから一つ選べ。

	分子の構造式	共有電子対の数
①	H−C−H（C の上下に H）	4
②	O＝C＝O	2
③	H−N−H（N の下に H）	4
④	N≡N	1
⑤	H−O−H	1

（ 2017年11月試験 ）

答えの▸出し方

【問1】

電気量がプラスマイナスゼロになるためには、Na^{+}が2個、CO_3^{2-}が1個でなくてはならない。出来上がったものは、Na_2CO_3（炭酸ナトリウム）である。

③が正しい。

【問2】

液体であるのは水銀 Hg だけ。金属は全部電気伝導性をもつので5個。**②が正しい。**

なお、常温で液体である単体元素は、水銀 Hg のほかに非金属の臭素 Br_2がある。

【問3】

分子結晶は、結晶1個が共有結合によってできた巨大な分子とみなせるのもので、ダイヤモンドが該当する。**③が正解である。**

【問4】

「共通電子対の数」は線「−」の数に等しい。①は4個、②は4個、③は3個、④は3個、⑤は2個である。

したがって、**①が正しい。**

3 物質と化学結合について，問 1 ～問 4 に答えよ。

問 1

次の陽イオンと陰イオンのイオン式と，それらからなる物質の組成式の組合せとして正しいものはどれか。次の①～⑤のうちから一つ選べ。

	陽イオン	陰イオン	組成式
①	Al^{3+}	$SO_4{}^{2-}$	$Al_2(SO_4)_3$
②	Na^+	Cl^-	Na_2Cl
③	K^+	CH_3COO^-	$K(CH_3COO)_2$
④	Mg^{2+}	Cl^-	$MgCl$
⑤	$NH_4{}^+$	$SO_4{}^{2-}$	NH_4SO_4

問 2

金属は光を反射する性質をもっている。これは金属光沢と呼ばれ，金属に特有のものである。この金属光沢に最も関係の深いものとして正しいものはどれか，次の①～⑤のうちから一つ選べ。

① 分子　② 共有電子対　③ 陰イオン
④ 静電気的引力　⑤ 自由電子

問 3

メタンを次のように表した式の名称として正しいものはどれか。下の①～⑤から一つ選べ。

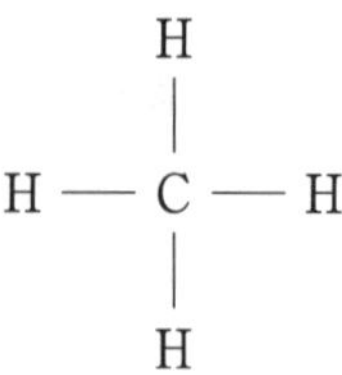

① 組成式　② 電子式　③ 分子式　④ 構造式　⑤ イオン式

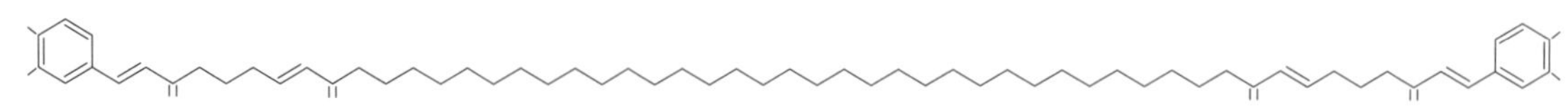

問 4

水分子について述べた次の文の(　A　)，(　B　)に当てはまる語句の組合せとして正しいものはどれか。下の①～⑤のうちから一つ選べ。

水分子は(　A　)構造であり，酸素原子は水素原子と比べると電気陰性度が(　B　)ので分子内で電荷が偏るため，極性を生じる。

	A	B
①	折れ線形	小さい
②	折れ線形	大きい
③	折れ線形	等しい
④	直線形	小さい
⑤	直線形	大きい

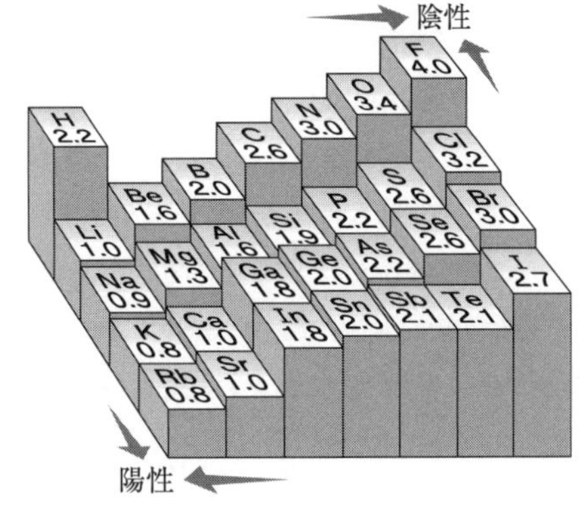

図　典型元素の電気陰性度(ポーリングの値)

(2016年 11月試験)

答えの出し方

【問1】

両イオンのプラスマイナスの合計がゼロになるように組み合わせる。

①は Al が「 3+」、SO_4が「 2−」だから、Al が2個でプラス6、SO_4が3個でマイナス6で合計ゼロになる。だから $Al_2(SO_4)_3$(硫酸アルミニウム)になる。**正しい**(○)。

②は Na が+1、Cl が−1だから、1：1でプラスマイナスゼロとなるので NaCl(塩化ナトリウム、食塩)が正しい。Na_2Cl は誤。(×)

③も 1：1でプラスマイナスゼロになるので、CH_3COOK(酢酸カリウム) になるのが正しい(×)。

④ $MgCl_2$(塩化マグネシウム)が正しい(×)。

⑤ $(NH_4)_2SO_4$ が正しい(×)。硫酸アンモニウム(肥料に使われる硫安)である。

①が正解である。

【問2】

金属は分子は作っていない。共有結合の分子ではないから共有電子対もない。金属は陽イオンになる。金属結合は自由電子が原子の間を飛び交っている。

⑤が正解。

④の静電気引力はイオン結合の NaCl 塩化ナトリウム(食塩)で発生している。

【問3】

④構造式である。分子式は CH_4と書いたものである。メタンは共有結合の分子なので、イオン結合に用いられる組成式、イオン式は不適切。

【問4】

水分子は折れ線型(「く」の字型)である。(A)には折れ線型がはいる。下の図表によると酸素原子 O の電気陰性度は3.4、水素原子 H の電気陰性度は2.2である。したがって(B)には「大きい」が入る。

②が正しい。

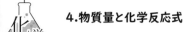

4.物質量と化学反応式

4−1 質量数とモル

1個の原子の原子核のなかの陽子と中性子の合計を質量数と呼ぶことは大問2ですでに学習した。この質量数という重さの単位は、原子の重さだけではなく分子やイオン構造式にも使うことができる。たとえば、水素原子Hの1個の質量数は1、酸素原子Oが1個の質量数は16であるから水分子 H_2O の重さを質量数で計れば、1×2+16=18になる。分子の重さを質量数で計ったものを「分子量」と呼ぶ。たとえば、酸素分子の分子量は16×2=32であり、砂糖(スクロース) $C_{12}H_{22}O_{11}$ の分子量は12×12+1×22+16×11=342になる。

この質量数の数字に「グラム:g」をつけた量を1mol(モル)と呼ぶ。たとえば水1molの質量は18gであり、酸素1molは32gであり、砂糖1molの質量は342gである。では1molの物質量のなかにいくつ分子が入っているか? じつは 6.02×10^{23} 個の分子が入っている。この数、6.02×10^{23} のことを「アボガドロ数」とよぶ。

たとえば、180g入りのコップに水をいっぱいに入れると、コップの中には10molの水があり、その中には 6×10^{24} 個の水分子 H_2O が入っているのである。

【注意】10^{23} とは、1の後に0が23個付いた巨大な数。なお、直径1mmのタラコの粒を、一辺85km(だいたい東京〜小田原間の長さ)の立方体(サイコロの形)にぎっしりつめ込んだら、タラコの粒の数は 6×10^{23} 個になって、アボガドロ数とほぼ同じになる。

4−2 1molの気体の体積

ある物質が気体であるときには、その気体1molの体積は温度0度、1気圧のもと(標準状態という)で、気体の種類によらず22.4Lの体積になる。この体積は、気体であればどれもみな同じで、水素 H_2、酸素 O_2、メタンガス CH_4 のどれでも1molであれば22.4Lである。

それでは大問4の過去問をやってみよう。
モル数と化学反応式の関係など、以上で説明しきれなかった知識を増やしていってください。

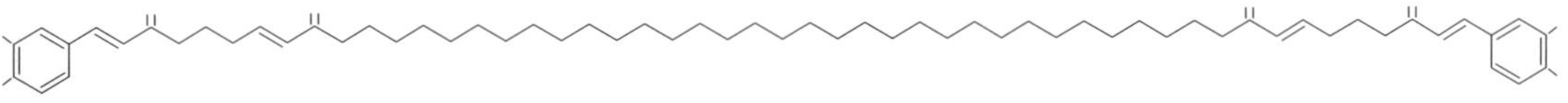

4 物質量と化学反応式について，問1～問4に答えよ。

問 1

次の太郎先生と花子さんの会話中の(　A　)～(　C　)に当てはまる語句や数値の組合せとして正しいものはどれか。下の①～⑤のうちから一つ選べ。ただし，スクロースの分子量は$C_{12}H_{22}O_{11}$ = 342 である。

花子さん：「先生。この間，たくさんクッキーを作ったとき，グラニュー糖(以下，スクロース)を 342 g はかり取って加えました。そのとき，はかり取ったスクロースには，何個の分子が含まれているのだろうと疑問に思いました。」

太郎先生：「そうですか。スクロースの分子は非常に小さいので，目で見て数えることはできません。でも，花子さんがはかり取ったスクロースの質量から，含まれている分子の数がわかります。はかり取った 342 g には，6.0×10^{23} 個のスクロースの分子が含まれています。」

花子さん：「そんなにたくさんの分子が含まれているのですね。想像できないくらいの個数なので，よくわからなくなりそうです。」

太郎先生：「そこで，6.0×10^{23} 個の粒子を一つの単位として考えると取り扱いやすくなります。この数を(　A　)といい，6.0×10^{23} 個の粒子の集まりを 1 mol といいます。」

花子さん：「そうなんですね。では，使うスクロースが 171 g だと(　B　)mol で，その中に(　C　)個のスクロースの分子が含まれているのですね。」

太郎先生：「そのとおりです。今度は，他の物質についても調べてみてください。」

	A	B	C
①	アボガドロ数	2	6.0×10^{30}
②	質量数	2	6.0×10^{23}
③	アボガドロ数	0.5	6.0×10^{23}
④	質量数	0.5	3.0×10^{23}
⑤	アボガドロ数	0.5	3.0×10^{23}

問 2

次の化学反応式からわかる量的関係の記述として正しいものはどれか。下の①～⑤のうちから一つ選べ。

$$C + O_2 \longrightarrow CO_2$$

① 1 mol の炭素と 1 mol の酸素が反応し，2 mol の二酸化炭素が生成する。

② 1 mol の炭素と 2 mol の酸素が反応し，3 mol の二酸化炭素が生成する。

③ 2 mol の炭素と 1 mol の酸素が反応し，2 mol の二酸化炭素が生成する。

④ 2 mol の炭素と 2 mol の酸素が反応し，3 mol の二酸化炭素が生成する。

⑤ 2 mol の炭素と 2 mol の酸素が反応し，2 mol の二酸化炭素が生成する。

問 3

1.0 mol の質量が同じになる物質**ア**と**イ**の組合せとして正しいものはどれか。次の①～⑤のうちから一つ選べ。ただし，原子量は H = 1.0，C = 12，N = 14，O = 16 とする。

	ア	**イ**
①	CO_2	O_2
②	C_3H_8	NH_3
③	CO_2	C_3H_8
④	CO_2	NH_3
⑤	C_3H_8	O_2

問 4

標準状態で 22.4 L の二酸化炭素に関する記述として正しいものはどれか。次の①～⑤のうちから一つ選べ。ただし，原子量は C = 12，O = 16 とし，アボガドロ定数は 6.0×10^{23} /mol，標準状態は 0 ℃，1.01×10^5 Pa とする。

① 二酸化炭素の分子の数は，1.8×10^{24} 個である。

② 二酸化炭素の質量は，22 g である。

③ 二酸化炭素の質量は，28 g である。

④ 二酸化炭素の物質量は，1.0 mol である。

⑤ 二酸化炭素の物質量は，2.0 mol である。

（2018年8月試験）

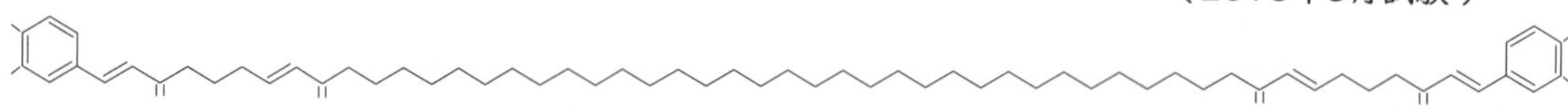

答えの出し方

【問1】

Aはアボガドロ数である。砂糖（スクロース）の分子量は342であるので、1mol は342g である。171g はその半分であるので、0.5mol となる（Bの答）。

1mol に6×10^{23}個の分子が含まれているので、0.5mol には3×10^{23}個のスクロースの分子が含まれている（Cの答）。

⑤が正解である。

【問2】

炭素Cと酸素O_2と生成されるCO_2のモル数は1：1：1である。

したがって**⑤が正しい。**

【問3】

① $CO_2=12+16\times2=44$、$O_2=32$（×）

② $C_3H_8=12\times3+1\times8=44$、
$NH_3=14+3=17$（×）

③ $CO_2=44$、$C_3H_8=44$（○）

④、⑤は（×）。**正解は③。**

【問4】

標準状態で22.4Lの気体は1mol である。

④が正解。

①1mol であるから、6×10^{23}個の分子からなる（×）。

② CO_2の分子量は$12+16\times2=44$である。したがって 44g となる（×）。

③も同じ理由で（×）。

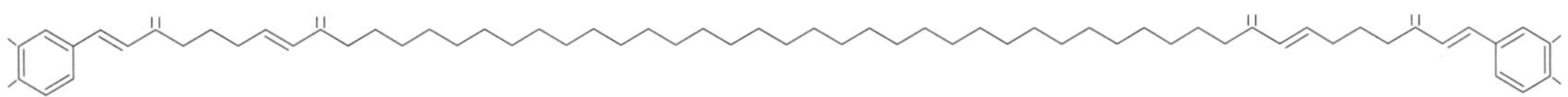

4 物質量と化学反応式について，問1～問4に答えよ。

問 1

1円硬貨1枚を1.0gのアルミニウムの単体と仮定すると，1molのアルミニウム原子と同じ質量となる1円硬貨の枚数として正しいものはどれか。次の①～⑤のうちから一つ選べ。ただし，アルミニウムの原子量を27とする。

① 1枚　② 17枚　③ 27枚　④ 54枚　⑤ 108枚

問 2

反応前と比較して，反応後の分子数の総和が増えている反応として正しいものはどれか。次の①～⑤のうちから一つ選べ。ただし，反応は過不足なく起こるものとする。

① $C_3H_8 + 5O_2 \longrightarrow 3CO_2 + 4H_2O$

② $CH_4 + 2O_2 \longrightarrow CO_2 + 2H_2O$

③ $2H_2 + O_2 \longrightarrow 2H_2O$

④ $H_2 + Cl_2 \longrightarrow 2HCl$

⑤ $2CO + O_2 \longrightarrow 2CO_2$

問 3

次の文の（ A ），（ B ）に当てはまる数値の組合せとして正しいものはどれか。下の①～⑤のうちから一つ選べ。ただし，原子量は C = 12，O = 16 とする。

炭素と酸素からなる二つの化合物として，一酸化炭素 CO と二酸化炭素 CO_2 がある。一酸化炭素 28 g と二酸化炭素 44 g は，それぞれ同量の炭素 12 g を含んでいる。一酸化炭素 28 g には酸素（ A ）g が含まれ，二酸化炭素 44 g には酸素（ B ）g が含まれる。
すなわち，一酸化炭素に含まれる炭素と酸素の質量の比は，

炭素：酸素 = 12：（ A ）

であり，二酸化炭素に含まれる炭素と酸素の質量の比は，

炭素：酸素 = 12：（ B ）

である。したがって，一酸化炭素と二酸化炭素では，炭素 12 g に対する酸素の質量の比は（ A ）：（ B ）= 1：2 となり，簡単な整数比となっていることが分かる。

また，原子はそれ以上分割できない粒子であるから，炭素原子 1 個に結びつく酸素原子の数が簡単な整数になると説明できる。このことは，ドルトンによって発見された化学の基本法則の一つである倍数比例の法則が成立していることを表しており，彼が発表した原子説の有力な証拠として発表された。

	A	B
①	8	16
②	16	28
③	16	32
④	28	32
⑤	28	44

問 4

次の化学反応式の(　A　)～(　C　)に当てはまる係数の組合せとして正しいものはどれか。下の①～⑤のうちから一つ選べ。

$$C_2H_6O + (\ \mathrm{A}\ )O_2 \longrightarrow (\ \mathrm{B}\ )CO_2 + (\ \mathrm{C}\ )H_2O$$

	A	B	C
①	1	1	1
②	1	2	1
③	2	1	2
④	2	3	2
⑤	3	2	3

（2018年11月試験）

答えの出し方

【問1】

1molのアルミニウムは27gである。これは1円玉27枚に相当する。**③が正解。**

【問2】

①は6個の分子が7個に増えている（○）。

②は3個の分子が3個となっていて分子数の総和は変わらない。

③は3個の分子が2個に減っている。

④は2個の分子が2個になっていて変わらない。

⑤は3個の分子が2個に減っている。

正解は①である。

【問3】

一酸化炭素COには炭素Cが1個に対して酸素Oが1個含まれている。炭素原子Cの質量数は12、酸素原子O個の質量数は16であるから、一酸化炭素の質量比は炭素：酸素＝12：16 である。したがって（A）には16が入る。

二酸化炭素CO_2には炭素原子1個に酸素原子2個が入っているから、二酸化炭素の質量比は、炭素：酸素＝12：32 である。したがって（B）には32が入る。**③が正解である。**

【問4】

炭素原子Cの個数を比較すると、反応前は2個であった。したがって反応後もCは2個なければならず、（B）は2である。つぎに水素原子Hの数は、反応前には6個であった。したがってCには3が入る。反応後、Bが2、Cが3とすると、反応後の酸素原子Oの数は、7個である。この数になるためには反応前の（A）には3が入る。したがって**⑤が正解である。**この式はエタノール（飲料用アルコール）の燃焼反応の化学式である。

4　物質量と化学反応式について，問1～問4に答えよ。

問1

硫酸イオン SO_4^{2-} の式量として正しいものはどれか。次の①～⑤のうちから一つ選べ。ただし，原子量はO＝16，S＝32とする。

① 46　② 48　③ 94　④ 96　⑤ 98

問2

物質量が1.0 molとなるものはどれか。次の①～⑤のうちから一つ選べ。ただし，気体の体積は標準状態（0℃，1.0×10^5 Pa）での値とし，原子量はH＝1.0，C＝12，O＝16，アボガドロ定数は 6.0×10^{23}/molとする。

① 28 gの二酸化炭素（CO_2）
② 44 Lの気体の二酸化炭素（CO_2）
③ 2.0 Lの気体の水素（H_2）
④ 18 gの液体の水（H_2O）
⑤ 1.2×10^{24} 個の水分子（H_2O）

問3

マグネシウムと希硫酸を反応させると，水素が発生する。

$$Mg + H_2SO_4 \longrightarrow H_2 + MgSO_4$$

この反応が完全に進み，水素がちょうど1.0 mol発生した。このとき反応したマグネシウムの物質量と希硫酸の濃度と体積の組合せとして正しいものはどれか。次の①～⑤のうちから一つ選べ。

	マグネシウムの物質量	希硫酸の濃度と体積
①	0.50 mol	1.0 mol/Lの希硫酸0.50 L
②	1.0 mol	1.0 mol/Lの希硫酸0.50 L
③	1.0 mol	2.0 mol/Lの希硫酸0.50 L
④	2.0 mol	1.0 mol/Lの希硫酸0.50 L
⑤	2.0 mol	2.0 mol/Lの希硫酸1.0 L

問 4

次の化学反応式の（　A　），（　B　）に当てはまる係数の組合せとして正しいものはどれか。下の①～⑤のうちから一つ選べ。

$$C_3H_8 + 5O_2 \longrightarrow (\ \mathrm{A}\ )CO_2 + (\ \mathrm{B}\ )H_2O$$

	A	B
①	2	4
②	2	6
③	2	8
④	3	2
⑤	3	4

（2017年11月試験）

答えの出し方

【問1】

硫黄原子S1個が32、酸素原子Oが4個で16×4=64。合計96である。**④が正解。**

【問2】

① CO_2の分子量は12＋16×2＝44 。
44gで1molになる（×）。
②気体は22．4Lで1molになる（×）。
③②と同（×）。
④水H_2Oの分子量は1×2+16=18、となって18gで1molになる（○）。
⑤$6×10^{23}$個で1molになる（×）。
正解は④。

【問3】

マグネシウム1molから水素分子1molが生じるから、マグネシウムの物質量は1molである。硫酸H_2SO_4も1molなくてはならないが、③がちょうど1molの量がある。（濃度×体積がモル数）
③が正解である。

【問4】

炭素原子Cは反応前には3個。したがって反応後も3個であるためには（A）は3でなくてはならない。水素原子Hは反応前には8個。したがって（B）には4が入らなくてはならない。念のために酸素原子Oの数は反応前後とも10個となって式は成立している。

この反応はプロパンの燃焼を表している。

⑤が正解である。

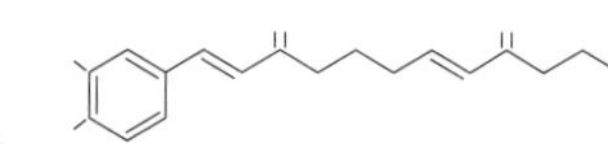

4 物質量と化学反応式について，問 1 ～問 4 に答えよ。

問 1

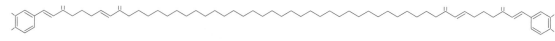

炭素の原子量に関する記述として正しいものはどれか。次の①～⑤のうちから一つ選べ。

① 質量数 12 の炭素原子(^{12}C) 1 個の質量は 1.99×10^{-23} g であるから，炭素 C の原子量は 12 g である。

② 質量数 12 の炭素原子(^{12}C) 1 個の質量は 12 と定められているので，炭素 C の原子量は 12 g である。

③ 自然界に存在する炭素は，^{12}C 原子(相対質量 12)が 98.9 %，^{13}C 原子(相対質量 13)が 1.1 % 混ざったものである。よって存在比から求めた相対質量の平均値が 12.01 となるので，炭素 C の原子量は 12.01 である。

④ 原子番号 6 の炭素原子($_6C$) 1 個の質量は 1.99×10^{-23} g ときわめて小さな数値である。このため炭素原子の質量を 6 とし，他の原子の質量を相対値で表すので，炭素 C の原子量は 6 である。

⑤ 原子番号 6 の炭素原子を $_6C$ と表すので，炭素 C の原子量は 6 である。

問 2

塩化カルシウム($CaCl_2$)が 11.1 g ある。この塩化カルシウムの物質量として正しいものはどれか。次の①～⑤のうちから一つ選べ。ただし，原子量を Cl = 35.5，Ca = 40 とする。

① 0.05 mol　② 0.10 mol　③ 0.15 mol　④ 0.20 mol　⑤ 0.25 mol

問 3

水の生成を表した次の化学反応式についての記述として正しいものはどれか。下の①～⑤のうちから一つ選べ。ただし，原子量を H = 1.0，O = 16 とする。

$$2H_2 + O_2 \longrightarrow 2H_2O$$

① 水素と酸素が 2：1 の質量比で反応することを示している。

② 水素 2 g と酸素 1 g を反応させると，水が 2 g できることを示している。

③ 水素分子 2 個と酸素分子 1 個から水分子 2 個が生成することを示している。

④ 水素 2 L(標準状態)と酸素 1 L(標準状態)を反応させると，液体の水が 2 L できることを示している。

⑤ 水素 2 mol と酸素 1 mol を反応させると，気体の水が 2 g できることを示している。

問 4

過酸化水素水に酸化マンガン(Ⅳ)を加えると，過酸化水素が分解する。このときの化学反応式として正しいものはどれか。次の①～⑤のうちから一つ選べ。

① $2H_2O_2 \longrightarrow 2H_2O + O_2$

② $H_2O_2 \longrightarrow 2H_2O + O_2$

③ $2H_2O_2 \longrightarrow H_2O + 2O_2$

④ $H_2O_2 \longrightarrow 2H_2O + 2O_2$

⑤ $H_2O_2 \longrightarrow H_2O + O_2$

（ 2016年11月試験 ）

答えの出し方

【問1】

原子量に単位はつかない。したがって①②は誤(×)。炭素の原子量は12である。

③が正しい。炭素の質量数ではなく原子番号が6である。したがって④⑤は誤(×)。

【注意】この問題では、③の文章が「ぐらついている」ので、この文だけでは正か誤か判断しにくい。しかし①②④⑤が明白に誤なので、③は正しいと判断する。

【問2】

塩化カルシウム $CaCl_2$ の質量数は

40+35.5×2=111である。

したがって111gが1molになる。

11.1gは0.10molである。**②が正しい。**

【問3】

③が正しい。

①質量比→物質量の比、とすると正しくなる。

②水素分子 H_2 の分子量は2、酸素分子 O_2 の分子量は32、水の分子量は18である。したがって「水素4gと酸素32gを反応させると水が36gできる」が正しい。

④ 液体の水→気体の水(標準状態での水蒸気)とすると正しくなる。

⑤ 2g→2mol(36g)とすると正しくなる。

【問4】

反応前と反応後の水素原子Hと酸素原子Oの個数が一致しているかどうかを調べる。

①はH、Oとも反応前は4個と4個。
反応後も4個と4個で正しい(○)。

②はH、Oとも反応前は2個。
反応後はHが4個、Oが4個で合っていない(×)。

③はH、Oとも反応前は4個と4個。
反応後は2個と5個。合っていない(×)。

④はH、Oとも反応前は2個と2個。
反応後は4個と6個。合っていない(×)。

⑤はH、Oとも反応前は2個と2個。
反応後は2個と3個。合っていない(×)。

①が正解である。

5　化学反応

5−1　酸と塩基（アルカリ）

（1）酸のいろいろ

塩酸 HCl や硫酸 H_2SO_4、硝…「強酸」は、水に溶けていると、ほ…原子 H がイオン化（電離という）さ…になる。このとき水素原子 H は電子…核だけからなる水素イオンH^+として…る。この状態が「酸」の状態である。

塩酸 HCl と硝酸 HNO_3の場合、

$HCl \rightarrow H^+ + Cl^-$、$HNO_3 \rightarrow H^+$…

と電離して、水中では水素イオンH^+と…あるいは硝酸イオンNO_3^-に分かれる…

硫酸の場合には、

$H_2SO_4 \rightarrow 2H^+ + SO_4{}^{2-}$

となって、1個の分子から2個の水素イオ…1個の硫酸イオン$SO_4{}^{2-}$に分かれる。$SO_4{}^{2-}$の…は、まるで1個の原子のように振舞うので分けて書か…ない。電子e^-を2個吸収して、2単位のマイナス電荷を帯びている状態を、肩の上の添え字「2^-」と表すことに注意したい。

塩酸 HCl や硝酸 HNO_3は分子1個から H^+を1個出すので**1価の酸**、硫酸 H_2SO_4はH^+を2個出すので**2価の酸**とよばれる。この 3種類の酸はいずれも強酸である。ただし、価の数字が大きいから強い酸になるとは限らない。

有機物（炭素 C を含む物質の大部分）の酸として、「おすし」に使われる「す」の成分である酢酸 CH_3COOH も、最後に書いた H が水中では水素イオンH^+として数パーセントだけ分離するので「弱い酸」になる。

$CH_3COOH \rightarrow H^+ + CH_3COO^-$

二酸化炭素 CO_2は、「炭酸ガス」ともよばれ、↗

…ときに大気中に放出され、また人間をは…吸によって大気中に放出される。これが…

…$H_2O \rightarrow H_2CO_3$（炭酸）

…」という弱い酸になる。炭酸は2価の酸…中でわずかしかイオン化しないので弱…

…アルカリ）のいろいろ

…リウム NaOH は水に溶けると、電離して

…$Na^+ + OH^-$

…ナトリウムイオンNa^+と水酸イオンOH^-と…のように水溶液が水酸イオンOH^-を分…アルカリ、または塩基という。

…シウム $Ca(OH)_2$ の場合には、水に溶…

…$\rightarrow Ca^{2+} + 2OH^-$

…価のカルシウムイオンである Ca^{2+}と、…オンOH^-に分かれる（2価の塩基）。

…トリウム NaOH も水酸化カルシウム $Ca(OH)_2$ もともに強塩基である。

アンモニア NH_3は水に溶けると、水分子 H_2O を1個取り込んで、NH_4OH と書き表される構造になって、この最後の OH が水酸イオンOH^-となるので、弱いアルカリに分類される。

水酸化ナトリウム NaOH やアンモニア NH_4OH のように分子1個から1個の水酸イオン OH^-を電離するものを**1価の塩基**、$Ca(OH)_2$のように2個の水酸イオンOH^-を電離するものを**2価の塩基**という。

（3）酸とアルカリの中和反応

酸とアルカリを溶液として混ぜると、酸から来た水素イオン H^+と、アルカリから来た水酸イオン OH^-とが結合して水分子 H_2O になってしまって、どちらもあ

まらないときには酸でもアルカリでもなく中性

しまう。これを「**中和**（ちゅうわ）」という。

塩酸と水酸化ナトリウムの反応式を書いておこう

出来上がった NaCl は塩化ナトリウム、つまり食塩で

ある。

$$HCl + NaOH \rightarrow NaCl + H_2O$$

この中和を表す式の NaCl のように、一般に中和反応でできるものを「**塩**（えん）」とよぶ。その水溶液はイオンに分離して電気をよく通す。

> **中和の公式**
>
> 酸の価数を n、水溶液の濃度を C（mol／リットル）、体積を V とし、塩基のそれらをそれぞれ n'、C'、V' とすると、中和条件するときには水素イオン H^+ と水酸イオン OH^- の量が等しいと置いて得られる、次の公式が成り立つ。
>
> $$nCV = n'C'V'$$

（4）酸・アルカリの判定と中和滴定

リトマス試験紙は赤と青のものがあるが、酸であれば青色リトマス試験紙が赤になる。逆に、アルカリであれば、青色リトマス試験紙を赤にする。覚え方としては「**すっぱい梅干は赤いから、酸ではリトマス試験紙は赤になる**」と覚えることにしよう。

精度を高く濃度不明の酸の溶液の濃度を調べるのには、指示薬（しじやく）として**フェノールフタレイン液**を用いた**中和滴定**（ちゅうわてきてい）が行われる。濃度未知の酸を底の平たい**コニカルビーカー**に入れ、フェノールフタレイン指示薬を1滴たらして入れておく、目盛りが細かく打たれた細長いガラス管であるビュレットのなかに、濃度の分かっている水酸化ナトリウム液を入れておき、ビュレットの下のコックを少しずつ開いて、コニカルビーカー内の酸に液を静かに滴下（1適ずつ落していく）する。中和点を越え↗

つととたんに、液は赤に

な水酸化ナトリウムの

酸の濃度が分かる。

赤になる。リトマス試

験紙は塩基性で青

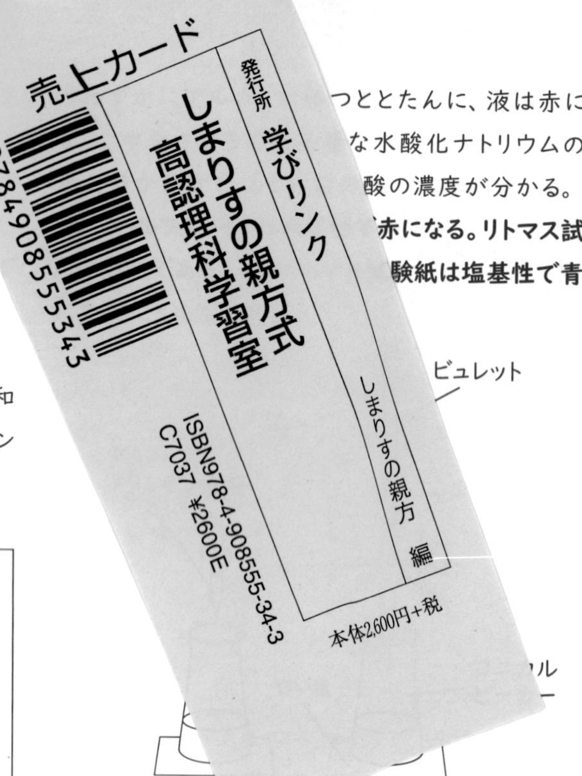

売上カード
発行所 学びリンク
しまりすの親方式
高認理科学習室
しまりすの親方 編
9784908555343
ISBN978-4-908555-34-3
C7037 ¥2600E
本体2,600円+税

ビュレット

ル

図16 フェノールフタレイン指示薬による中和滴定

（5）酸・塩基とpH

酸とアルカリのものさしとして pH（ピーエイチ）がある。pH 7が中性、7より小さいと酸（3は7より小さいでしょう?）、7より大きいと塩基である。トランプの7ならべと同じで7が真ん中である。7から数字が離れているほど強い酸、強い塩基になる。**トランプのキングのカードをよくみてごらんなさい。いかにも強い塩基という感じがするでしょう！**

（6）強いものと弱いものの中和

塩酸 HCl や硫酸 H_2SO_4 などの強い酸と水酸化ナトリウム NaOH などの強い塩基を中和させると、液は完全に中性になって pH は7に近い数値になる。

たとえば、

$$HCl + NaOH \rightarrow NaCl + H_2O$$

$$H_2SO_4 + 2NaOH \rightarrow Na_2SO_4 + 2H_2O$$

という中和反応の結果できあがった、NaCl（食塩）、Na_2SO_4（硫酸ナトリウム）などの塩（えん）は完全に中性である。

ところが、酢酸 CH_3COOH や炭酸 H_2CO_3 などの弱い酸と、強い塩基である水酸化ナトリウム NaOH を中和させると、できた塩(えん)は弱い塩基性を示す。**「強い塩基が勝って、中和しても弱い塩基性が残る」**のである。

$CH_3COOH + NaOH \rightarrow CH_3COONa + H_2O$

$H_2CO_3 + NaOH \rightarrow NaHCO_3 + H_2O$

（7）ブレンステッド・ローリーによる 酸・塩基の定義

以上が、「アレニウスの定義」のよる伝統的な酸と塩基の議論であったが、これをもう少し広い範囲に使える「ブレンステッド・ローリーの定義」という酸・塩基の定義があり、次のようである。

水素イオン H^+ を与える分子・イオンを酸といい、水素イオン H^+ を受け取る分子・イオンを塩基という。

この定義では、水酸基 OH^- については何もいっていない。またこれよると，水中以外で起きる反応にも酸・塩基が定義できる。

たとえば塩酸 HCl が水に溶けて H^+ と Cl^- にイオン分離した後、H^+ と水分子は水和して、H_3O^+ を作ることがある。

$HCl + H_2O \rightarrow Cl^- + H_3O^+$

この反応の場合、水分子 H_2O はブレンステッド・ローリーの塩基になっている。H^+ を受け取っているからである。

5−2 酸化と還元

ある原子が、水素 H、または酸素 O と化合物を作っているとき、酸素原子 1 個当たり 2 点、水素原子 1 個当たりマイナス 1 点として点数をつける。原子 1 個あたりのこの点数を酸化数という。また 1 種類の原子だけからなる単体の分子では、酸化数は 0 とする。イオンの場合には、その数字をそのまま点数とする。

たとえば、

例1

$2H_2S + O_2 \rightarrow 2S + H_2O$

という反応の、硫黄原子 S の酸化数を計算しよう。

H_2S のときには、S には水素原子 H が 2 個あるから、マイナス 2 点で、硫黄原子 S の酸化数はマイナス 2 である。反応後は硫黄 S の単体になっているから酸化数はゼロ。つまり硫黄原子 S は反応前には −2 であった酸化数が反応後はゼロになった。このように酸化数が増えた場合、硫黄原子 S は酸化された、という。

例2

硫酸分子 H_2SO_4 の S の酸化数は？　H が 2 個でマイナス 2 点、O が 4 個でプラス 8 点。合計で 6 点。だからこの硫黄原子 S の酸化数は 6 である。

例3

アンモニウムイオン NH_4^+ の窒素原子 N の酸化数は？ 水素 H が 4 つでマイナス 4 点、イオンを表す + が 1 個でプラス 1 点。だからこの窒素原子 N の酸化数は −3。

ある化学反応で、ある原子の酸化数が増えているのを**「酸化反応」**、その反対に酸化数が減っているのを**「還元(かんげん)反応」**という。酸化鉄 Fe_2O_3 から金属鉄 Fe を作る反応（鉄の精錬）は、還元反応である（鉄 Fe の酸化数が 3 からゼロになった）。もっと簡単に、水素 H が取れていったり、酸素 O がくっついてきたりするのが酸化、この逆に、くっついていた酸素が取れたり、水素がくっついてくるのが還元、ということになる。これで判定できるときは、酸化数など計算しなくても酸化還元の判断ができる。

それでは大問5の過去問をやってみよう。

5 化学反応について，問 1 ～問 4 に答えよ。

問 1

次の酸・塩基の水溶液の中で，強酸と強塩基の組合せとして正しいものはどれか。次の①～⑤のうちから一つ選べ。

	酸	塩基
①	酢酸	水酸化ナトリウム
②	酢酸	水酸化カルシウム
③	硫酸	水酸化カルシウム
④	硫酸	アンモニア
⑤	塩酸	アンモニア

問 2

中和を表す化学反応式として正しいものはどれか。次の①～⑤のうちから一つ選べ。

① $2\,H_2O_2 \longrightarrow O_2 + 2\,H_2O$

② $CH_3COOH + NaOH \longrightarrow CH_3COONa + H_2O$

③ $Zn + 2\,HCl \longrightarrow ZnCl_2 + H_2$

④ $FeS + 2\,HCl \longrightarrow FeCl_2 + H_2S$

⑤ $NaCl + AgNO_3 \longrightarrow AgCl + NaNO_3$

問 3

下線部の原子が酸化されている化学反応式として正しいものはどれか。次の①～⑤のうちから一つ選べ。

① $\underline{Na} \longrightarrow Na^+ + e^-$

② $2\,C\underline{O} + O_2 \longrightarrow 2\,CO_2$

③ $\underline{Br_2} + 2\,e^- \longrightarrow 2\,Br^-$

④ $\underline{Cu}O + H_2 \longrightarrow Cu + H_2O$

⑤ $\underline{Fe}_2O_3 + 3\,CO \longrightarrow 2\,Fe + 3\,CO_2$

問 4

金属Mを，水，0.10 mol/L の塩酸，0.10 mol/L の硝酸にそれぞれ入れると次の**ア〜ウ**のような結果となった。この**金属M**の化学式として正しいものはどれか。下の**①〜⑤**のうちから一つ選べ。

ア　**金属M**を水に入れると，変化が見られなかった。

イ　**金属M**を 0.10 mol/L の塩酸に入れると，変化が見られなかった。

ウ　**金属M**を 0.10 mol/L の硝酸に入れると，気体の発生が見られた。

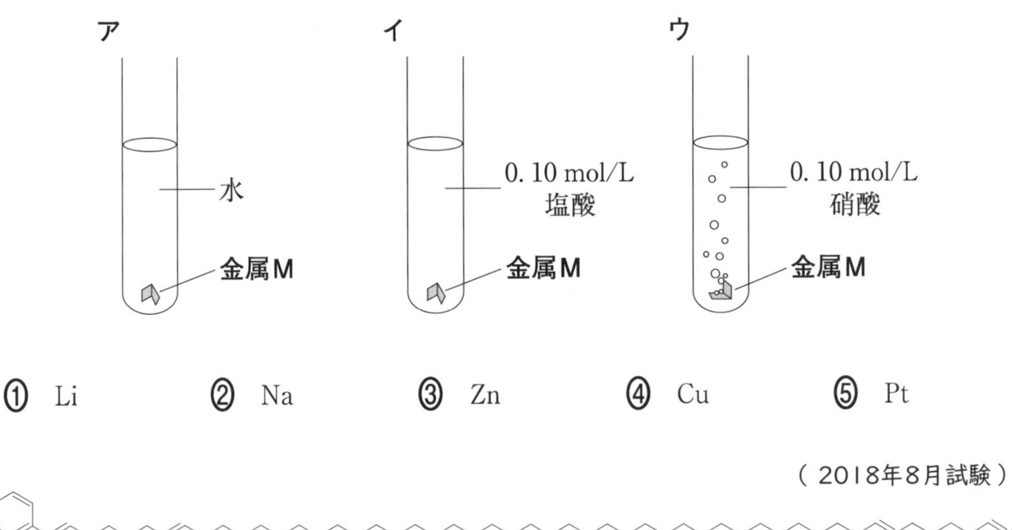

① Li　　② Na　　③ Zn　　④ Cu　　⑤ Pt

（2018年8月試験）

答えの出し方

【問1】

酸では硫酸(りゅうさん) H_2SO_4と塩酸 HCl が強酸で、酢酸 CH_3COOH は弱酸である。塩基（アルカリ）では水酸化ナトリウム NaOH が強塩基でアンモニア NH_4OH は弱塩基である。

したがって**正解は③である。**

【問2】

酸とアルカリの中和反応では、酸からの水素イオン H^+とアルカリからの水酸イオン OH^-が結合して水分子 H_2O が作られる。**②が酢酸と水酸化ナトリウムの中和で、これに該当していて正解である。**

①は2つの物質の反応ではない（×）。③④⑤はどれも水分子 H_2O ができておらず、中和反応ではない（×）。③は亜鉛 Zn が塩酸 HCl に溶ける反応。④は硫化鉄 FeS の塩素置換反応。⑤は塩素イオン Cl^- の硝酸銀 $AgNO_3$による検定反応である。

【問3】

①反応前はゼロ。反応後は+1のイオンになっているので1点。**したがって酸化されている。**

②は難しいので後回し。

③反応前は同種の原子の化合物(単体)でゼロ。反応後は−1イオンで−1点。だから酸化数が減っているので還元されている。

④反応前は銅 Cu は酸素 O 1個と化合しているので+2点。反応後は単体でゼロなので、酸化数が減っているので還元されている。

⑤反応前は鉄原子 Fe 2個が酸素3個と化合しているので+6点。だから Fe 原子1個あたり+3点。反応後は金属鉄 Fe となってゼロ。点数が減っているので還元である。

以上で**①が正解**とわかるのだが……

②の酸素原子 O は酸化されているか還元されているか? という問題。「酸素 O と水素 H は、酸化還元を決めるもとになる原子だからそれら自体は↗酸化還元の議論にならないんじゃないの?」と文句言いたくなるね? その上一酸化炭素 CO は C が荷電子4個(4価:手が4本)、O は荷電子6個(2価:手が2本)で、高校までの知識では表すことができない分子である。

CO の炭素原子 C の立場で見てみよう。この炭素原子は酸素原子 O 個と結合して」いる。だから C の酸化数は+2点。**「1つの化合物分子の酸化数の総和はゼロ」の原則から言えば、O の酸化数は−2になる。**

しかし反応後は CO_2 に成っているので C の酸化数は+4。すると O は? やはり−2で「変わらない」のかな? しかし、O は O_2 の方からも来てるぞ? どうも②の反応、酸化還元からどう解釈するのがいいのか、複雑すぎてしまりすの親方にも分からん!

【問4】

金属の**イオン化傾向**の順序をきちんと覚えること。イオン化傾向が大から小の順に、

かそう	か	な		ま	あ	あ	て	に	する	な		ひ		ど	す	ぎる		しゃっ	きん
K	Ca	Na	|	Mg	Al	Zn	Fe	Ni	Sn	Pb	|	(H)	|	Cu	Hg	Ag	|	Pt	Au
			[1]								[2]						[3]		

貸そうかな? まああてにす(る)な。ひどすぎる。借金。

(Sn はスズ、Pb は鉛、Pt は白金)

最初の[1]の境の前は、イオン化傾向が大きすぎて、水や空気にでも反応してしまう金属。

[1]と[2]の間は酸と反応する金属。[2]と[3]の間は酸化力の強い酸(加熱濃硫酸と硝酸)に溶ける金属。

アの実験から、この金属は水とは反応しない。したがって、K、Na、Ca ではない。

イの実験から、この金属は(還元性のない)塩酸 HCl とは反応しない。↗したがって、Mg、Al、Zn、Fe、Ni、Sn、Pb(マグネシウム、アルミニウム、亜鉛、鉄、ニッケル、スズ、鉛(なまり))ではない。

ウの実験から、還元性の酸(=酸化力の強い硝酸:HNO_3)とは反応する。したがって、この金属は Cu Hg Ag(銅、水銀、銀)のどれかである。

したがって**答は、④銅 Cu である。**

ウで発生した気体は一酸化窒素 NO である。

【注意】この問題高度、大学入試のレベルである。なお Li は K の前にあるべき金属である。

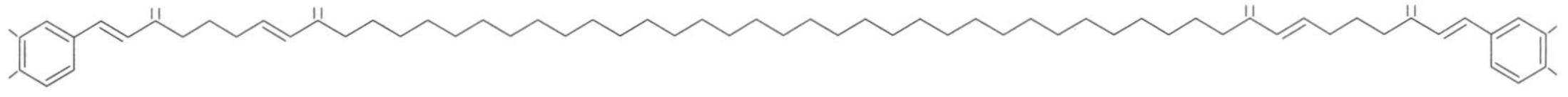

5 化学反応について，問１～問４に答えよ。

問 1

0.1 mol/L の塩酸と 0.1 mol/L の酢酸に共通する性質として正しいものはどれか。次の①～⑤のうちから一つ選べ。

① 水溶液中で電離して H^+ を生じる。

② 赤色リトマス紙を青色に変える。

③ 亜鉛と反応して H_2O を生じる。

④ 0.1 mol/L の水酸化ナトリウム水溶液と反応して，白色の沈殿を生じる。

⑤ 塩基と反応して H_2 を生じる。

問 2

次の表は 25 ℃ における pH と水素イオン濃度$[H^+]$と水酸化物イオン濃度$[OH^-]$の関係を表したものである。1.0×10^{-2} mol/L の水酸化ナトリウム水溶液の pH として正しいものはどれか。下の①～⑤のうちから一つ選べ。ただし，水酸化ナトリウムは水溶液中で完全に電離しているものとする。

表　pH と水素イオン濃度$[H^+]$と水酸化物イオン濃度$[OH^-]$の関係（25 ℃）

pH	0	1	2	3	4	5	6	7	8	9	10	11	12	13	14
$[H^+]$ mol/L	10^0	10^{-1}	10^{-2}	10^{-3}	10^{-4}	10^{-5}	10^{-6}	10^{-7}	10^{-8}	10^{-9}	10^{-10}	10^{-11}	10^{-12}	10^{-13}	10^{-14}
$[OH^-]$ mol/L	10^{-14}	10^{-13}	10^{-12}	10^{-11}	10^{-10}	10^{-9}	10^{-8}	10^{-7}	10^{-6}	10^{-5}	10^{-4}	10^{-3}	10^{-2}	10^{-1}	10^0

① 1　　② 2　　③ 7　　④ 11　　⑤ 12

問 3

0.1 mol/L の塩酸 HCl の中にマグネシウムリボンを入れたところ，次のように反応し水素が発生して溶けた。この反応についての記述として正しいものはどれか。下の①～⑤のうちから一つ選べ。

$$Mg + 2HCl \longrightarrow MgCl_2 + H_2$$

① マグネシウム原子が還元された。

② マグネシウム原子が酸化された。

③ 塩酸 HCl の塩素原子が還元された。

④ 塩酸 HCl の塩素原子が酸化された。

⑤ 塩酸 HCl の水素原子が酸化された。

問 4

酸化銀(Ⅰ)を加熱すると，次のように反応する。この反応についての記述として正しいものはどれか。下の①～⑤のうちから一つ選べ。

$$2Ag_2O \longrightarrow 4Ag + O_2$$

① 酸素原子の酸化数は，0 から +2 へと増加している。

② 酸素原子の酸化数は，0 から −2 へと減少している。

③ 銀原子の酸化数は，0 から +1 へと増加している。

④ 銀原子の酸化数は，+1 から 0 へと減少している。

⑤ 銀原子の酸化数は，変化していない。

（2018年11月試験）

答えの出し方

【問1】

①正しい。

②赤色リトマス紙を青色に変えるのは塩基(アルカリ)である(×)。酸は青色リトマス試験紙を赤色に変える。

③強酸の塩酸は亜鉛 Zn と反応して、水 H_2O ではなく水素 H_2 を生じる(×)。

④塩酸とは中和して食塩を生ずるが、これは白色の沈殿にはならない。酢酸とは中和して酢酸ナトリウム CH_3COONa を生ずるがこれも白色の沈殿にはならない(×)。

⑤ともに塩基(アルカリ)と反応して、水素 H_2 ではなく水 H_2O を生ずる(×)。

①が正解である。

【問2】

水酸化ナトリウムの水溶液には、1×10^{-2} mol/L の OH^- イオンが含まれるから、表から pH = 12 になる。

⑤が正しい。

【問3】

反応前は Mg の酸化数はゼロであった。反応後はイオン結合であるため、マグネシウム原子はマグネシウムイオン Mg^{2+} になっていて、酸化数は2になっている。したがって、マグネシウム原子が酸化されている。

②は正しい。

塩素は、反応前も後も酸化数は−1で酸化も還元もされていない。③④とも(×)。

水素原子は反応前は水素イオン H^+ で+1、反応後はゼロで、酸化数が減っているので還元されている。⑤は(×)。

【問4】

まず考えやすい銀原子 Ag からチェックする。反応前は銀原子2個が酸素原子1個と結合しているから+2点だが Ag 原子は2個あるから Ag 原子1個あたり+1点である。反応後は銀の単体になっているからゼロである。

④が正しいことが分かる。

酸素原子は反応前は O^{2-} であって、−2点。反応度は単体となってゼロ。だから①②とも×。

5 化学反応について，問１～問４に答えよ。

問 1

身近な物質に関する酸や塩基の性質について述べた文として正しいものはどれか。次の①～⑤のうちから一つ選べ。

① 胃液は，強い塩基性となっている。

② 大気中の二酸化炭素や窒素酸化物が溶解している雨水は，酸性を示す。

③ セッケン水は酸性を示すので，皮膚(ひふ)の汚れを落とすはたらきがある。

④ レモンの汁にフェノールフタレイン溶液を加えると，溶液は赤色になる。

⑤ 食酢に赤色リトマス紙を浸すと，青色に変化する。

問 2

酸と塩基に関する次の文の（　A　）～（　C　）に当てはまる語句や数値の組合せとして正しいものはどれか。下の①～⑤のうちから一つ選べ。

アレニウス（アレーニウス）は「酸とは水に溶けて（　A　）を生じる物質である」と定義した。一方，ブレンステッドとローリーはこの定義をさらに拡大して「酸とは（　A　）を（　B　）物質である」と定義した。

また，水溶液中における酸や塩基の電離している割合を電離度といい，次の式で表される。

$$電離度 = \frac{電離した電解質の物質量}{溶解した電解質の物質量}$$

電離度が（　C　）に近く，水溶液中でほぼ完全に電離する酸・塩基を強酸・強塩基という。

	A	B	C
①	水酸化物イオン	与える	100
②	水酸化物イオン	受け取る	10
③	水素イオン	受け取る	1
④	水素イオン	与える	1
⑤	水素イオン	与える	100

問 3

下線を引いた原子の酸化数が最も大きいものはどれか。次の①～⑤のうちから一つ選べ。

①　$\underline{Mn}O_4^-$　　②　$\underline{Na}^+$　　③　$\underline{N}H_3$　　④　$\underline{Mg}$　　⑤　$\underline{Si}O_2$

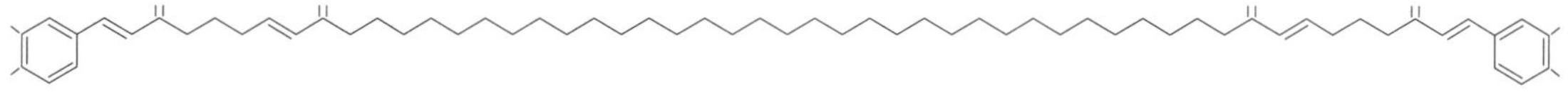

問 4

次のイオン反応式は，亜鉛と酸の反応を示したものである。この反応について述べた文として正しいものはどれか。下の①～⑤のうちから一つ選べ。

$$Zn + 2H^{+} \longrightarrow Zn^{2+} + H_2$$

① この反応では酸化反応だけが起きている。

② 水素イオンは酸化された。

③ 亜鉛原子の酸化数は減った。

④ 亜鉛は酸化剤としてはたらく。

⑤ 亜鉛は電子を失った。

（2017年11月試験）

答えの出し方

【問1】

①胃液は酸性である（×）。

②正しい。これが酸性雨である（○）。

③せっけん水は塩基性である（×）。

④フェノールフタレイン溶液は塩基性で赤く染まる。酸性では無色である（×）。

⑤食酢は酢酸である。酸であるから、青色リトマス試験紙が赤色になる（×）。

②が正解。

【問2】

アレニウスの酸の定義（古くからの定義）は、酸とは水に溶けて水素イオンH^{+}を生じる物質、塩基とは水に溶けて水酸イオンOH^{-}を出す物質とされた。

ブレンステッド・ローリーの定義（新定義）では酸とは水素イオンH^{+}を**与える**物質、塩基とは、水素イオンH^{+}を**受け取る**物質とした。

比べてみると、酸の定義は両者あまり差がないが、塩基の定義が大きく異なることに注意したい。

この問題では（A）が水素イオン、（B）が「与える」。電離度が1に近い酸、あるいは塩基を強酸・強塩基という。（C）には1が入る。

④が正解である。

【問3】

> **酸化数のルール**
> (a) 分子を作っている相手の原子が酸素Oが1個あれば2点、2個以上あればOが1個につき2点を加算。
> (b) 分子を作っている相手の原子が水素Hが1個ならば-1点、1個増えるたびに1点を減らす。
> (c) イオンになっていて、「+」が1個なら1点加算、「2+」なら2点を加算。「−」ならマイナス1点、「2−」ならマイナス2点。

以上のルールを頭に置いて、酸化数を計算してみよう。

①分子を作っている相手が酸素 O が4つだから+8点。イオンになっていて「−」だから1点減点で、酸化数は7。

②イオン数が「+1」だから1点。酸化数は1。

③分子を作っている相手が水素H3つだから-3点。酸化数は -3。

④単体であるので、酸化数はゼロ。

⑤分子を作っている相手が、酸素原子 O が2個なので4点。酸化数は4。

したがって酸化数が一番大きいのは**①である。**

【問4】

亜鉛原子 Zn の酸化数は反応前は単体でゼロ。反応後は+2となって、酸化数は増えており亜鉛原子は酸化されている。水素原子は、反応前は酸化数は+1であったのが、反応後は単体でゼロとなり、水素原子は還元されている。

①亜鉛原子 Zn は酸化されているが、水素原子 H の方は還元されているので(×)。

②「還元された」の誤り(×)。

③亜鉛原子 Zn の酸化数は増えている(×)。

④亜鉛は相手の水素原子を還元しているので還元剤として働いている(×)。

⑤亜鉛原子は電子を2個失っている(○)。

正解は⑤。

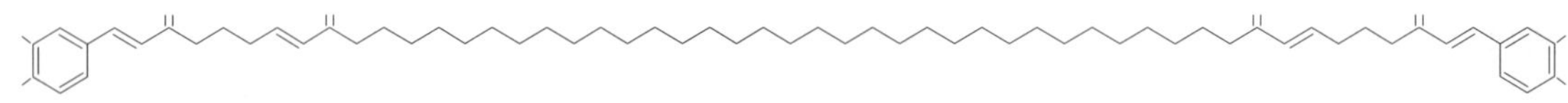

5 化学反応について，問 1 〜問 4 に答えよ。

問 1

次の表は，物質とその物質の水溶液中での電離を表したイオン反応式を示したものである。2 価の酸である物質として正しいものはどれか。次の①〜⑤のうちから一つ選べ。

	物質	水溶液中での電離を表したイオン反応式
①	アンモニア	$NH_3 + H_2O \rightleftarrows NH_4^+ + OH^-$
②	硝酸	$HNO_3 \longrightarrow H^+ + NO_3^-$
③	酢酸	$CH_3COOH \rightleftarrows CH_3COO^- + H^+$
④	硫酸	$H_2SO_4 \longrightarrow 2H^+ + SO_4^{2-}$
⑤	水酸化カルシウム	$Ca(OH)_2 \longrightarrow Ca^{2+} + 2OH^-$

問 2

薄めた食酢の濃度を調べるために，次のような操作を行った。

薄めた食酢 10 mL をホールピペットを用いてとり，コニカルビーカーに入れた。pH 指示薬としてフェノールフタレインを 2，3 滴コニカルビーカーに加えた。0.10 mol/L の水酸化ナトリウム水溶液をビュレットに入れ，図のように滴定操作を行った。

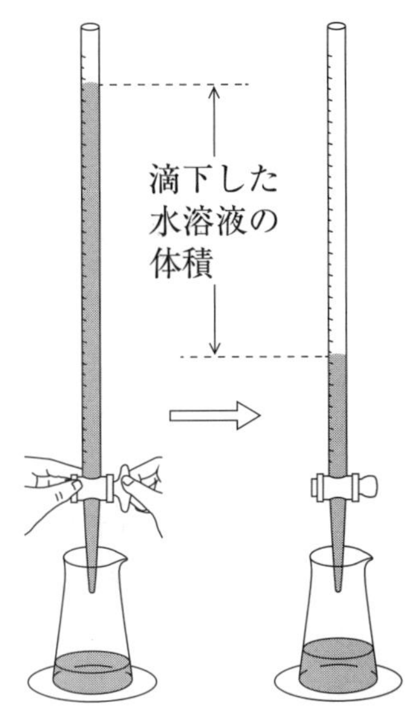

図　中和滴定

このときの pH 指示薬の中和点での色の変化として正しいものはどれか。次の①～⑤のうちから一つ選べ。

① 青色から赤色　② 黄色から青色　③ 黄色から赤色

④ 無色から薄い赤色　⑤ 薄い赤色から無色

問 3

次の硫黄を含む化合物のなかで硫黄の酸化数が ＋4 であるものとして正しいものはどれか。次の①～⑤のうちから一つ選べ。

① 硫化鉄(Ⅱ)　FeS　② 二酸化硫黄　SO_2　③ 硫酸　H_2SO_4

④ 硫化水素　H_2S　⑤ 三酸化硫黄　SO_3

問 4

次の化学反応のうち下線をつけた物質が還元されているものはどれか。次の①～⑤のうちから一つ選べ。

① 銅粉を加熱したら酸化銅(Ⅱ)の黒色粉末になった。

② 銅片を硝酸銀水溶液に入れたら，銀が析出し，水溶液中に銅(Ⅱ)イオンが生じて薄い青色になった。

③ 銅粉を希硝酸中に入れたら，気体を発生しながら徐々に溶解して銅(Ⅱ)イオンになった。

④ 銅粉を濃硝酸中に入れたら，赤褐色の気体を発生しながら激しく反応し溶解して銅(Ⅱ)イオンになった。

⑤ 酸化銅(Ⅱ)を強く熱して水素中に入れたら，赤銅色の銅になった。

（2016年11月試験）

答えの出し方

【問1】

水素イオンH^{+}が出ているのが酸、水酸イオンOH^{-}が出ているのが塩基(アルカリ)である。「2価の酸」とはH^{+}が2個出ているもの。**④の硫酸が正解である。**

①、⑤は塩基、②③は1価の酸である(×)。

【問2】

フェノールフタレイン液は酸性のときは無色。中和点を過ぎてアルカリ性になったとたん薄い赤色に変わる。**④が正解である。**

【注意】赤色リトマス試験紙は、アルカリで青になる。フェノールニレイン液はアルカリで赤になる。青赤が逆であることに注意。

【問3】

酸化数計算の原則。酸素原子Oが1個で+2点、水素原子Hが1個で−1点。

①は難しいから後回し。

②は酸素2個で酸化数+4。**これが正解。**

③は酸素4個で+8、水素2個で−2、合計で酸化数+6。➚

④は水素2個で酸化数−2。

⑤は酸素3個で酸化数+6。

となって酸化数が+4のものは②の二酸化硫黄。

②が正解。

難しいから後回しにした①は? 金属はいつもプラスイオン。Fe(Ⅱ)は2価の鉄Fe^{2+}であることを示している。したがってこの鉄Feは酸化数+2。酸化数の合計は1つの分子の中でゼロになるから、①の硫黄Sの酸化数は−2。

【問4】

①銅粉は単体であるから酸化数ゼロ。酸化銅(Ⅱ)CuOの銅の酸化数は+2。だから、銅は酸化されている。

②銅片は単体であるから酸化数ゼロ。銅イオンCu 2+は酸化数+2。だから、銅は酸化されている。

③④　②と同じ。銅は酸化されている。赤褐色の気体は二酸化窒素NO_2である。

⑤酸化銅CuOの銅の酸化数は+2。これが単体の銅Cuになったら酸化数はゼロ。酸化数が減っているので銅は還元されている。

⑤が正解。

生き残る種とは、
最も強いものではない。
最も知的なものでもない。
それは、変化に最もよく
適応したものである。

It is not the strongest of the species that survives,
nor the most intelligent that survives.
It is the one that is most adaptable to change.

チャールズ・ダーウィン
（イギリスの自然科学者・地質学者・生物学者）

生物基礎
BASIC BIOLOGY

Ⅰ．高認「生物基礎」の学び方

高認理科の1科目として生物基礎という科目がある。全部で5個の大問からなっており、大問1が「生物の特徴」、大問2が「遺伝子とその働き」、大問3が「生物の体内環境」、大問4が「植生の多様性と分布」、そして大問5が「生態系と保全」である。

この本は、5個の大問のテーマごとに、【解説】の部分と【過去問研究】の部分からなっている。みなさんは【解説】の部分を、ざっと読み通し、分からないところがあちこちにあっても気にせず【過去問研究】に進んでください。【過去問研究】は2016年から2018年までの3年分の11月試験の過去問を取り上げた。【過去問研究】は【解説】で勉強したことの「記憶力のチェック」あるいは「うでだめしテスト」ではない。【過去問研究】もまた知識を増やす勉強の一部なのである。だから、答が分からなければ、意地を張らずさっさと降参して答を読んでもかまわない。

勉強が大問5の最後まで進んだら1回目の勉強は完成である。他の科目の勉強をして何日か後に、もう一度生物の勉強に戻って第2回目の勉強を行う。そうして、本試験の直前1週間ぐらいに、2日ほどかけて3回目の勉強をすれば万全だろう。↗

これを正しく実行すれば、高認生物は合格ができることは間違いないだろう。それだけではなく大学共通テストでも半分ぐらいの正解が出せると考えられる。これは高認生物の問題が高度で難しいことを示している。高認生物は気を引き締めて学んで下さい。

なお、生物は高得点で高認合格する必要はなく、最低合格ラインの点数（約40点）でとにかく合格するだけでよい人、大学受験のことを考え、生物の学習に多くの時間を掛けることはしたくなくて、できれば英語などの他の科目に時間をかけたい人は、勉強が重くなる大問3はすててしまって、勉強しないことをお勧め（すす）めしたい。このような人は大問4、大問5がわりと易しいため、こちらの勉強に重点を置くことをお勧めする。

高認生物は難しい。高認化学、高認地学の10倍難しい。

Ⅱ．高認「生物基礎」の学習

1 生物の特徴

1－1 原核生物と真核生物

生物は、動物にしろ植物にしろ、体は細胞からできている。大部分の生物の細胞にはなかに**核**(かく)があり、核の中には、遺伝の情報が詰まったDNA（ディーエヌエー）でできた染色体が入っている。このような「普通の構造をもった細胞の生物」を**「真核生物」**(しんかく)とよぶ。サクラもキノコも、トンボもメダカもキリンも人間も真核生物の多細胞生物である。細胞1個だけからできている（単細胞生物）ゾウリムシやアメーバも真核生物である。

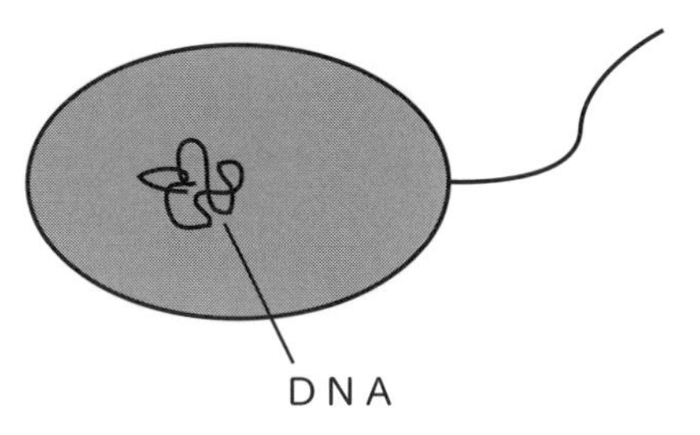

図1－a 真核生物

ところが、大腸菌等のような原始的な生物の中に、細胞に核がなく、DNAが細胞のなかに散らばって分布している細胞をもつ**「原核生物」**(げんかく)がいる。原核生物は単細胞生物の一種である。原核生物には、大腸菌、乳酸菌、ネンジュモ（イシクラゲ）などがいる。

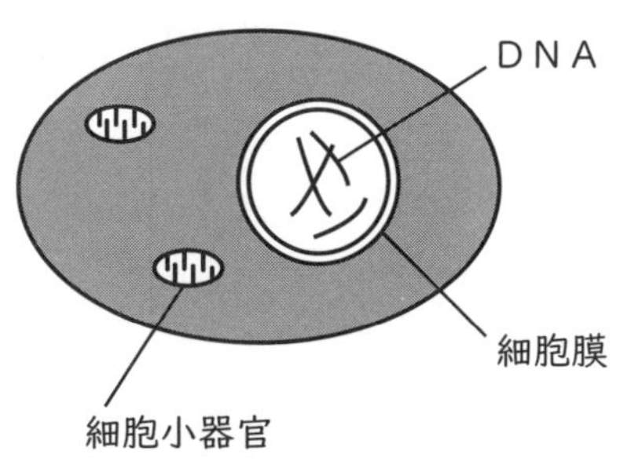

図1－b 原核生物

1－2 生物の共通性

生物に見られる共通性は、

a. 細胞膜をもつ
b. 遺伝物質としてDNAを持っている
c. 生命活動のためにエネルギーを利用する
d. 自分自身とほぼ同じ個体を作る

の4つである。

以上は動物・植物に共通する性質である。

植物だけに見られる植物の共通性としては

e. 細胞壁(さいぼうへき)がある
f. 光を利用して無機物（二酸化炭素と水）から有機物（デンプン）を作り出す（葉緑体による光合成）

の2項目が加わる。

【注意】**a.細胞膜**は極めて薄い変形自由な膜。植物の細胞壁（e）は、ある程度の厚さのある「かべ」である。この2つを混同しないように。

動物の細胞の例としてヒトの口腔上皮、植物の細胞の例としてタマネギのりん片、原核生物の例としてネンジュモ（イシクラゲ）の細胞を、スライドガラスに載せ、核を見やすくするために酢酸(さくさん)オルセイン溶液をたらして、カバーグラスをかけて光学顕微鏡(こうがくけんびきょう)でのぞいた様子を図2に示す。ここで、「色濃く染まった円形のもの」が核である。原核生物のネンジュモには核が見えない。

細胞という構造を持たず、遺伝子を保存をするDNAあるいはRNAにタンパク質をまとっただけの構造をもつウイルスは単独では生きていけず、他の生物の細胞に寄生して「生きて」いる。ウイルスはインフルエンザやエイズ、新型コロナ感染症などの病原体となる。ウイルスはあまりにも小さいために、光学顕微鏡では見ることが困難で、電子顕微鏡でしかその姿を見ることができないものが多い。

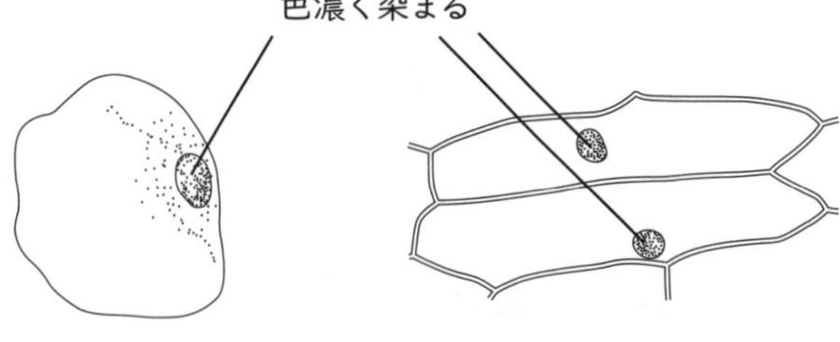

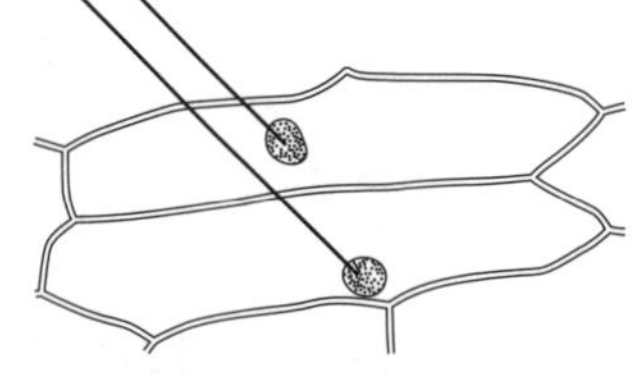
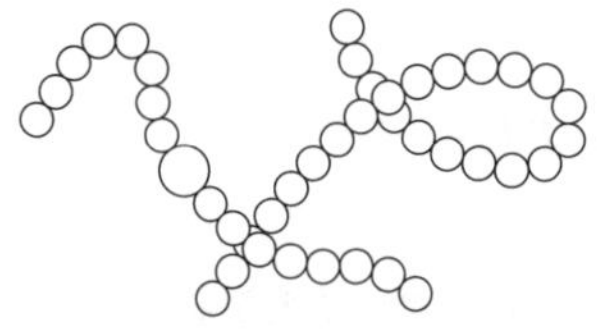

図2 真核生物の細胞（左と中、核の黒い点が見える）、原核生物の細胞（右、核が見えない）
（［左・中］平成29年8月試験問題から、［右］平成30年11月試験問題から）

1－3 共生で取り込まれた細胞小器官

a. 呼吸の役目を果たすミトコンドリア

われわれは、空気中の酸素を吸い、食物として得たデンプンなどを分解して得られた単糖類グルコース（ブドウ糖）などの有機物を酸素と結合させて分解してエネルギーを得ている。このように大きな分子のデンプンを消化して、小さな分子のグルコースに分解することを異化という。水（H_2O）と二酸化炭素（CO_2）を排出して、そのとき生じるエネルギーを得て生命維持に利用している。この作用を**呼吸**という。この呼吸の動作は体全体をして行っているほかに、細胞の1個1個もまた行っており、その役目を果たすのが「ミトコンドリア」と呼ばれる細胞内の小器官である。

このミトコンドリアは、実は真核生物が生まれたばかりの時には、細胞内には存在しなかった。他の生物であったものが、真核生物の中に入り込んで、その真核生物の一部に変化したのである。このような生物体を**「共生」**と言う。現在では完全に真核生物の細胞の小器官として一体化しているので、もはや「共生」とは言わない。

ミトコンドリアは動物・植物の細胞に広く存在しているが、酸素呼吸を行わない生物にはミトコンドリアを持たない細胞の生物もいる。

b. 葉緑体

どの植物の細胞にも空気中の二酸化炭素と、根から吸収された水分を材料に、光の作用によって、でんぷんを作る作用があり、その作用を同化という。この過程はとくに、**炭酸同化作用**、あるいは**光合成**という。光合成を行うのは**葉緑素（クロロフィル）を**含んだ**葉緑体**という細胞小器官である。これも元は別の生物（シアノバクテリア）が真核生物の細胞に取り込まれて、共生の関係にあったものが、現在では植物細胞内の小器官として一体化したものである。

光合成は、無機物である炭酸ガスから生物体の体を構成する有機物を作り出す、自然界の中でのただ一つの過程である。この意味で植物は**「生産者」**と呼ばれることがある（大問5の生態系参照）。これに対して、植物を食べる動物は**消費者**と呼ばれることがある。

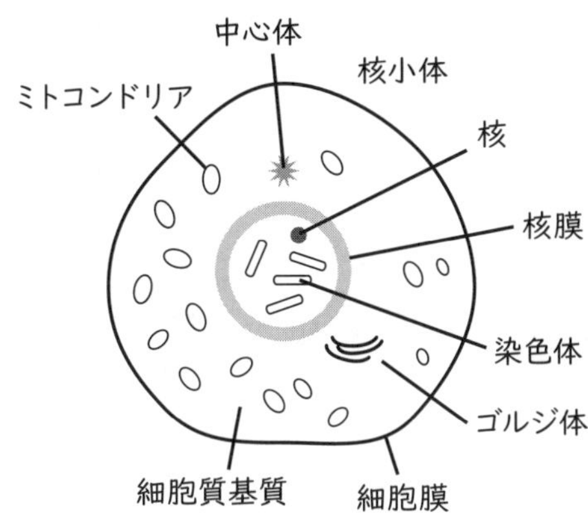

図3 動物細胞の模式図
小器官・ミトコンドリアがある

【ゴロあわせ】
水戸黄門（みとこうもん、ミトコンドリア）は
呼吸を助けている

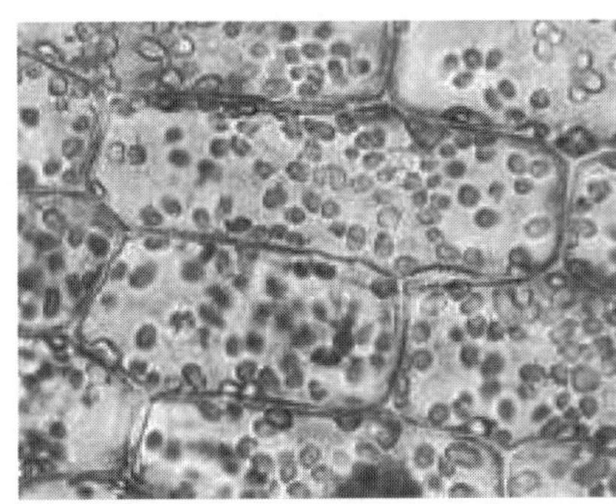

図4 光学顕微鏡で見たオオカナダモ
（平成27年8月試験問題から）
細胞の中に数多く葉緑体（黒い粒状の物）が見られる

1－4 酵素の触媒作用

唾液の中に含まれている**消化酵素・アミラーゼ**は、大きな分子で出来たデンプンを小さな分子のグルコースに分解する働きをする。また、胃液に含まれているペプシンはタンパク質を分解する消化酵素である。ここで、「酵素」というのは、ある化学変化を促進する（手伝う）物質のことで、生物の体内で分泌されるものを言う。一般にこのように自分自身は変化しないが、ある化学変化を促進させる役目を果たす物質は**「触媒」**と呼ばれている。

触媒のなかで、とくに生物の体内で作られるものを酵素と呼ぶ。酵素には、もっとも働きやすい温度（人体の場合体温37℃前後）や、酸アルカリの程度をあらわす**pH（ピーエイチ）**値がある。酵素はタンパク質で出来ている。酵素は使ったから減るものではなく、何度でも触媒の役目を果たす。

ブタやニワトリの肝臓に含まれる酵素であるカタラーゼは、有害な過酸化水素水に働きかけて酸素を作り出す働きをする。酵素は一回酸素を作るために働いても、酵素自体はなくならないので、再び過酸化水素水を加えると、一回目と同じように酸素を作る役目を果たす。酵素は何回でも働くのである。

1－5 体の中でエネルギーの通貨として働くATP

呼吸作用によって単糖類（グルコース）を二酸化炭素と水に分解して得られるエネルギーは生命維持のために使われている、と書いた。しかしこうして得られたエネルギーは、すぐその場で使われるのではなく、いったんATPというエネルギーの通貨にして、このATPを血液に載せて体中に運搬させて、その行き先で必要に応じて使うのである。ATPは、アデノシン（ADP）の一端に**3つのリン酸**が結合している。この結合は**「高エネルギーリン酸結合」**と呼ばれる。体の各所の行き先でATPからエネルギーを取り出すときには、ATPをADPと1個のリン酸に分解し、そのとき得られるエネルギーがその行き先で使われるのである。ADPとリン酸は血液循環に乗って、エネルギーの生産現場に戻され、そこで再びリン酸1個とエネルギーを加えてATPに戻されるのである。

コンビニにはATMという機械があって、キャッシュカードでお金を引き出すことができますね。ATPは通貨というよりキャッシュカードみたいですね。会社で働いてお金（エネルギー）がキャッシュカードに振り込まれて、家の近所のATMでお金（エネルギー）の形でひきだすことができますからね。それにしてもATPとATMとは似てますねえ！

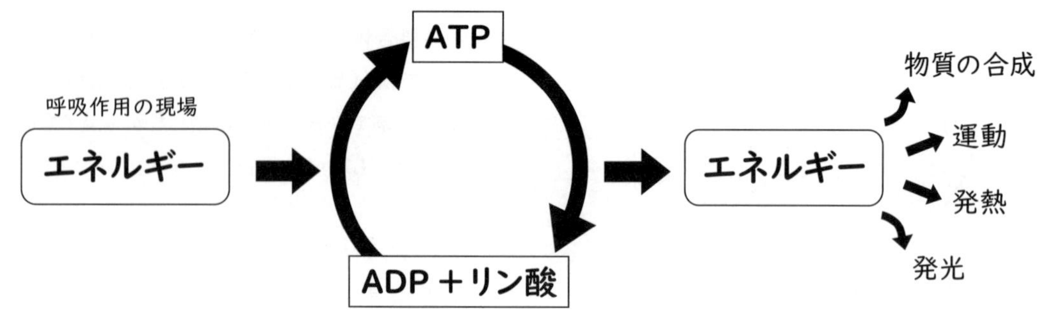

図5－a　生物の体内でのエネルギーのやりとり

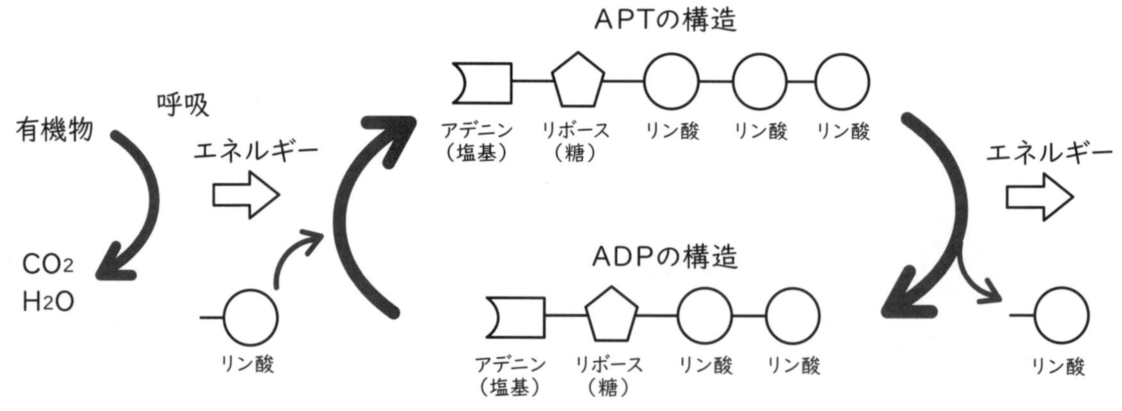

図5－b　エネルギーの通貨APTと、その「灰」のADPとリン酸のリサイクル使用

それでは、大問1の過去問をやってみよう。

1 生物の特徴について，**問 1 ～問 4** に答えよ。

問 1

表 1 は，原核細胞と真核細胞のそれぞれに含まれる構造物の有無などについてまとめたものである。表中の空欄 ア と イ に入る記号と**原核生物の例**の正しい組合せを，下の①～⑥のうちから一つ選べ。

表 1

細胞の構造物	原核細胞	真核細胞	
		動物細胞	植物細胞
核　膜	−	＋	＋
細胞膜	＋	＋	＋
ミトコンドリア	−	ア	＋
葉緑体	−	−	＋
液　胞	−	発達していない	＋
細胞壁	＋	−	イ

※表中の空欄＋は存在する，−は存在しないことを示している。

【原核生物の例】

a　イシクラゲ(ネンジュモ)，大腸菌，乳酸菌

b　酵母菌，ゾウリムシ，アメーバ

	ア	イ	原核生物の例
①	−	＋	b
②	−	−	b
③	−	＋	a
④	＋	−	b
⑤	＋	−	a
⑥	＋	＋	a

問 2

図 1 は，いくつかの細胞小器官を示した細胞の模式図である。文章中の空欄 **ウ** ～ **オ** に入る語句の正しい組合せを，下の①～⑥のうちから一つ選べ。

光合成では，根から吸収した **ウ** ，葉の気孔から取り入れた二酸化炭素を原料にデンプンなどの **エ** が合成される。

光合成は**図 1** の **オ** で行われ，光エネルギーを利用してつくられた ATP が利用される。

光合成の反応式は，次の式で表すことができる。

ウ ＋ 二酸化炭素 → **エ** ＋ 酸素

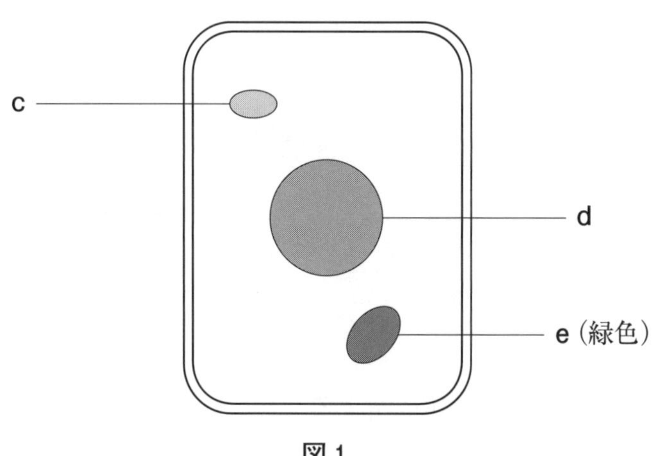

図 1

	ウ	エ	オ
①	水	無機物	c
②	無機塩類	有機物	c
③	水	無機物	d
④	無機塩類	無機物	d
⑤	水	有機物	e
⑥	無機塩類	有機物	e

問 3

次の文章は，代謝とエネルギーについて述べたものである。文章中の空欄 **カ** と **キ** に入る語句の正しい組合せを，下の①〜④のうちから一つ選べ。

> 生物の活動にはエネルギーが必要であり， **カ** の生物における，エネルギーの出入りや変換などには，ATP が仲立ちとして重要な役割を果たしている。
>
> ATP は，**図 2** のうち **キ** のような構造をとり，**図 2** で示すリン酸どうしの結合には多量のエネルギーがたくわえられている。
>
> ATP が ADP になるときに多量のエネルギーが放出され，それが物質の合成や発熱など， **カ** の生物のいろいろな活動に使われる。

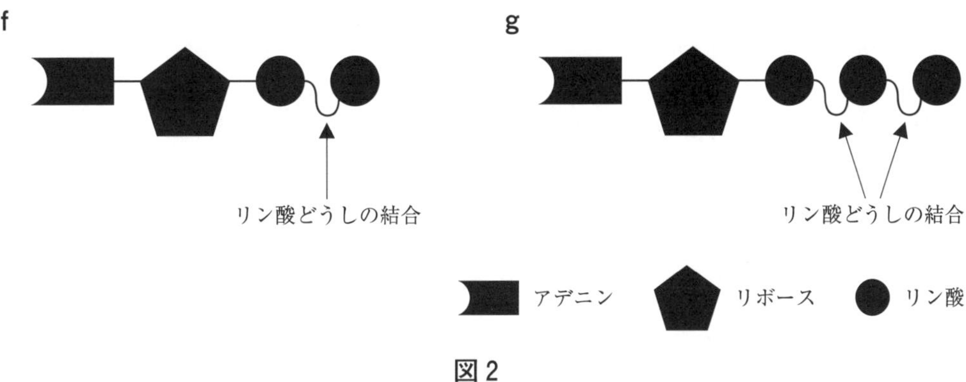

図 2

	カ	キ
①	すべて	f
②	すべて	g
③	ある特定	f
④	ある特定	g

問 4

次の実験は，植物の色素と細胞小器官について調べたものである。文章中の空欄 [ク] ～ [コ] に入る語句の正しい組合せを，下の①～⑤のうちから一つ選べ。

パンジーの紫色の花弁を観察したところ，**図 3** のような紫色の液胞が見られた。そこで次のような仮説を設定し観察を行った。

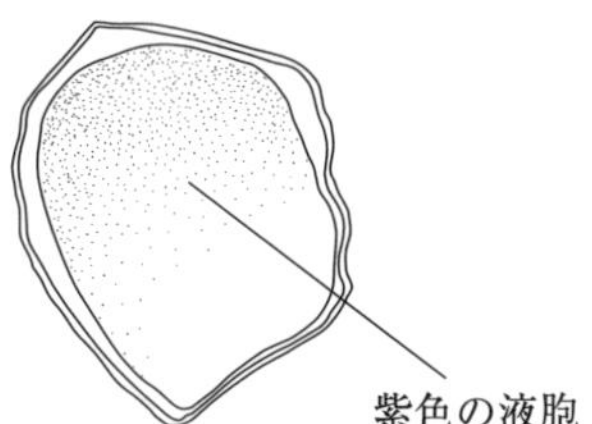

細胞のスケッチ

図 3

【仮　説】 パンジーの花弁の色は液胞に含まれる色素だけによって決まる。

【準　備】 パンジーの花弁(紫色，黄色，えんじ色)，検鏡セット

【方　法】 それぞれの花弁の薄い切片をつくり，それらの細胞を顕微鏡で観察する。

【結　果】 液胞の他に小さな粒もあったので，液胞の色と小さな粒についての観察結果を表にまとめた。

花弁の色	液　胞	小さな粒
紫　色	紫　色	見えなかった
黄　色	無色透明	黄　色
えんじ色	紫　色	黄　色

【まとめ】

黄色の花弁の液胞は無色透明であったため，仮説は [ク] といえる。

紫色・黄色・えんじ色の花弁の細胞の色は，紫色は [ケ] ，黄色は [コ] ，えんじ色は液胞と小さな粒の両方によって決まることがわかった。

	ク	ケ	コ
①	正しい	小さな粒	小さな粒
②	誤　り	液　胞	小さな粒
③	正しい	液胞と小さな粒	小さな粒
④	正しい	小さな粒	液　胞
⑤	誤　り	液胞と小さな粒	液　胞

（2016年11月試験）

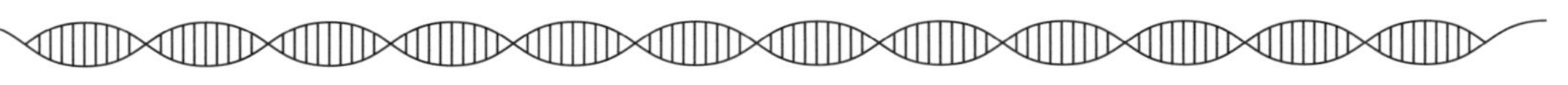

答えの出し方

【問1】

呼吸の役目をするミトコンドリアは動物細胞にもある。したがって、「ア」は+。細胞壁は動物の細胞にはないが植物の細胞にある。したがって「イ」は+。イシクラゲ（ネンジュモ）と大腸菌、乳酸菌は原核細胞の単細胞生物。ゾウリムシ、酵母、アメーバは原核細胞ではなく真核細胞の単細胞生物である（aが正しい）。したがって、**⑥が正しい。**

【問2】

植物の光合成は根から吸収した水、葉の気孔から取り入れた二酸化炭素を原料にデンプン（有機物）を合成する作用である。光合成は植物細胞のなかの葉緑体（図1のe）で行われる。**⑤が正しい。**

【問3】

すべての生物のエネルギーの仲立ちの役目をしている。**ATPは3個のリン酸を結合している。**エネルギーを使った後は、リン酸は2個になる。**キはgが正しい。正解は②である。**

【注意】高認の「裏ワザ」の一つに、「すべての」が入っていると（×）というのがある。このATP問題だけは、ただ一つの例外である。

【問4】

暗記してきた知識が聞かれているのではなく、判断力が問われる問題。パンジー（すみれ）の花びらの色は、（A）液胞の色で決まるか？ それとも（B）小さな粒で決まっているのか判断して答えてくださいという問題。紫色に見える花弁は液胞の色を反映している（小さな粒がない場合から判断）。液胞が無職で小さな粒が見えてそれが黄色の時は花弁は黄色に見える。液胞が紫で小さな粒があってそれが黄色の時は「えんじ色（黒みががった赤、あずき色）」に見える。紫に見える花弁は液胞が紫だから（「ケ」は液胞）、黄色は小さな粒が黄色だからで、「コ」は小さな粒が正解。この結果は花弁の色は「液胞の色だけで決まる」は間違い、小さな粒によっても色が変わるので、この仮説は間違いと分かる。

以上の結果を合わせて**②が正しい。**

言われてみればなーんだ、という問題であるが、キミ一人で答案に向かった時この正解が出せるか？

1 生物の特徴について，**問 1 ～問 4** に答えよ。

問 1

次の文章は，生物が進化してきた道筋について述べたものである。文章中の空欄 ア と イ に入る語句の正しい組合せを，下の①～④から一つ選べ。

現在地球上にいる生物は ア 祖先を持つと考えられている。

生物が世代を重ねていく間に，その遺伝的性質が変化することを進化という。生物は， ア 祖先から進化し，祖先がもっていなかった新たな性質をもつ生物が出現することで イ 種を生み出してきた。

	ア	イ
①	多様な	共通の
②	多様な	多様な
③	共通の	共通の
④	共通の	多様な

問 2

ATP について述べた文のうち**誤っているもの**を，次の①～④のうちから一つ選べ。

① 生命活動に必要なエネルギーの出入りや変換などは，ATP を仲立ちとして行われる。

② ATP はすべての生物が共通にもつ物質である。

③ 光合成の過程では，光エネルギーを利用して，ADP とリン酸から ATP が合成される。

④ ATP のリン酸どうしの結合が切れると，ADP とリン酸に分かれ，エネルギーが吸収される。

問 3

次の文章は，代謝について述べたものである。文章中の空欄 ウ と エ に入る語句と，**呼吸の反応を表す式**の正しい組合せを，下の①～⑥から一つ選べ。

生体内での化学反応全体を代謝という。代謝は，単純な物質を複雑な物質に合成する過程である ウ と，複雑な物質を単純な物質に分解する過程である エ に分けられる。

エ の代表例に，すべての生物が行う呼吸がある。

【呼吸の反応を表す式】

a 有機物 ＋ 酸素 ＋ エネルギー → 二酸化炭素 ＋ 水

b 二酸化炭素 ＋ 水 ＋ エネルギー → 有機物 ＋ 酸素

c 有機物 ＋ 酸素 → 二酸化炭素 ＋ 水 ＋ エネルギー

	ウ	エ	呼吸の反応を表す式
①	異化	同化	a
②	異化	同化	b
③	異化	同化	c
④	同化	異化	a
⑤	同化	異化	b
⑥	同化	異化	c

問 4

次の文章は，ミトコンドリアと葉緑体の起源について述べたものである。文章中の空欄 **オ** ～ **キ** に入る語句の正しい組合せを，下の①～⑥のうちから一つ選べ。

> **図1**は，ミトコンドリアと葉緑体の由来を模式的に表したものである。まず，呼吸を行う **オ** である**A**が別の生物の細胞に取り込まれてミトコンドリアとなった。次に，光合成を行う **カ** である**B**がミトコンドリアをもつ生物の細胞に取り込まれて葉緑体となった。このように，ミトコンドリアや葉緑体は，**A**や**B**が別の生物の細胞内に **キ** することによってできたと考えられている。

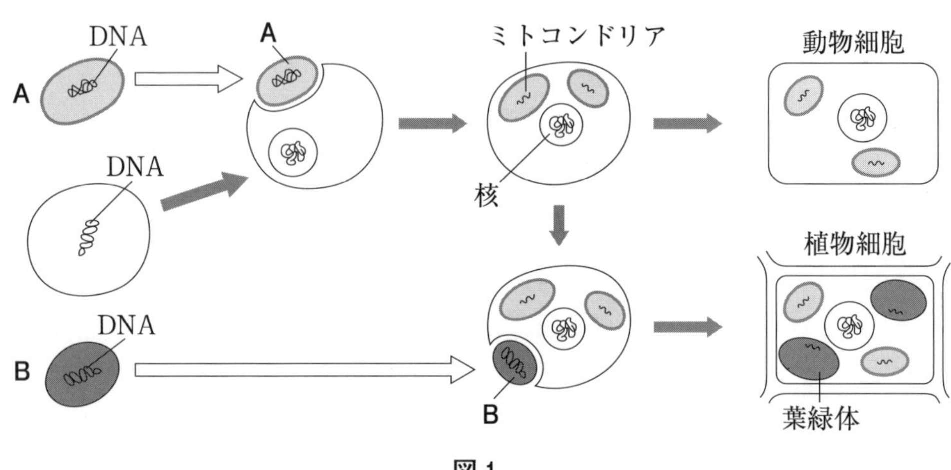

図1

	オ	カ	キ
①	原核生物	原核生物	共　生
②	原核生物	真核生物	共　生
③	原核生物	原核生物	同　化
④	真核生物	真核生物	同　化
⑤	真核生物	原核生物	同　化
⑥	真核生物	真核生物	共　生

（2017年11月試験）

答えの出し方

【問1】

現在地球上に住んでいる多種類の生物は、共通の先祖から分かれたと考えられている。それが進化して多様な種類の生物が現れたと考えられている。したがって、**④が正しい。**

ただし、なぜこう言えるのかについては、深い議論がある。

【問2】

ATPが、リン酸を切り離してADPとリン酸に分かれるとき、エネルギーは放出される。したがって④の「エネルギーが吸収される」は間違いである。

④が正解。

ただし、③が正しいか誤りかの判断は高認の知識を超えている。

【問3】

構造の簡単な空気中の二酸化炭素（CO_2）から構造の複雑なでんぷんを作る光合成は「炭酸同化作用」とも呼ばれる同化作用である。構造の複雑なでんぷんから、比較的簡単な構造のグルコースにする作用（消化作用）は異化の一種である。呼吸はデンプンなどの有機物を、酸素と作用させて、二酸化炭素と水に分解してエネルギーを作る作用であるので、cが正解である。

したがって、**この問題の正解は⑥である。**

【問4】

ミトコンドリアとして取り込まれた元の単細胞はDNAはあったが核はなかったため「原核生物」であったと考えられる。さらに、「葉緑素」を細胞内に持ち込んだ元の生物はDNAが細胞内に散らばって存在していたため、これも原核生物であったと考えられる。このように他の生物を細胞内に取り込むことによって新たな一つの生命体を作ることを「共生」という。

①が正解である。

MEMO

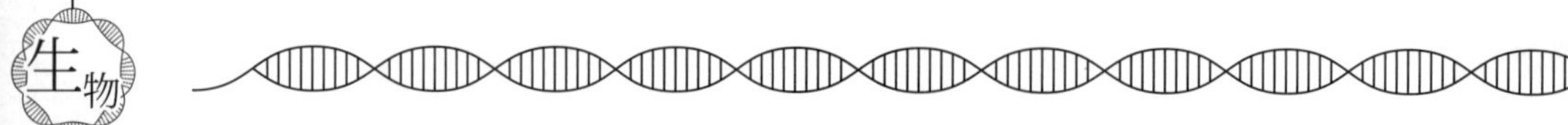

1 生物の特徴について，**問１～問４**に答えよ。

問 1

図１は，イシクラゲ(ネンジュモの一種)の細胞，乳酸菌の細胞，タマネギの細胞(鱗片葉(りんぺんよう)の表皮細胞)を酢酸オルセイン溶液で染色し，それぞれを光学顕微鏡で観察し，スケッチしたものである。これらの**スケッチから分かること**を述べた文 **a ～ c** と**原核細胞からなる生物**の正しい組合せを，下の①～⑤のうちから一つ選べ。

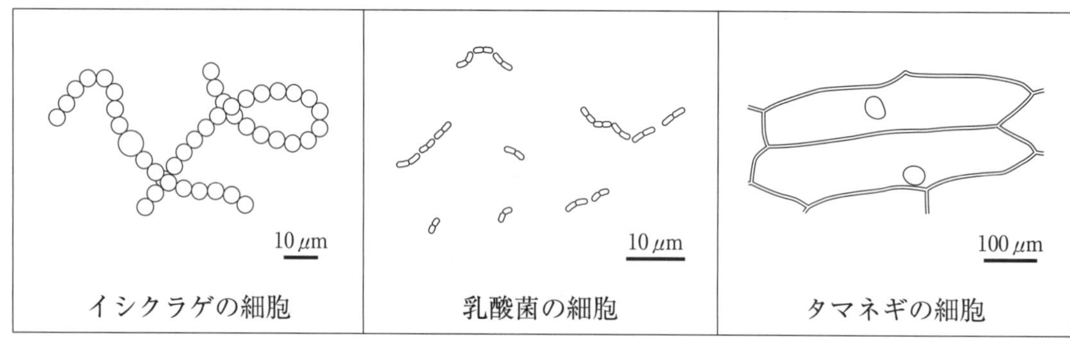

図 1

【スケッチから分かること】

a　3つの細胞のうちで最も小さいものは，イシクラゲの細胞である。

b　どれも複数の細胞が観察できるため，全て多細胞生物である。

c　タマネギの細胞で，酢酸オルセイン溶液によって染まる細胞内の構造体が細胞ごとに1つずつ観察された。

	スケッチから分かること	原核細胞からなる生物
①	a	イシクラゲ，乳酸菌
②	a	タマネギ
③	b	イシクラゲ，乳酸菌
④	c	タマネギ
⑤	c	イシクラゲ，乳酸菌

問 2

図 2 のように，ホウレンソウの葉から細胞内の**構造体 A 〜 C** を取り出し，分離した。**表 1** は，**構造体 A 〜 C** の特徴をまとめたものである。**構造体 A 〜 C** の名称の正しい組合せを，下の①〜⑥のうちから一つ選べ。

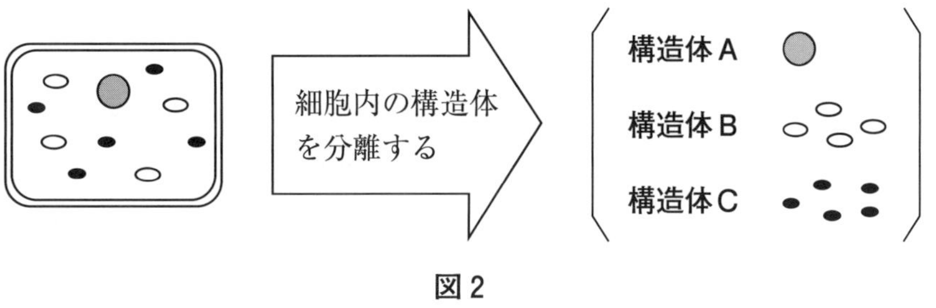

図 2

表 1

構造体 A	大きさが**構造体 B・C** よりも大きく，細胞内に１つずつ含まれている。
構造体 B	クロロフィルという緑色の色素が含まれている。
構造体 C	呼吸に関する酵素が含まれている。

	構造体 A	構造体 B	構造体 C
①	核	ミトコンドリア	葉緑体
②	核	葉緑体	ミトコンドリア
③	葉緑体	ミトコンドリア	核
④	葉緑体	核	ミトコンドリア
⑤	ミトコンドリア	葉緑体	核
⑥	ミトコンドリア	核	葉緑体

問 3

次の文章は，酵素の働きについて述べたものである。文章中の空欄 ア ～ ウ に入る語句の正しい組合せを，下の①～⑤のうちから一つ選べ。

> 酵素は ア からできており，特定の酵素は イ 化学反応を促進する働きを持つ。
>
> ほとんど全ての生物は，過酸化水素の分解を促進する酵素であるカタラーゼを持っている。そのため，傷口に消毒薬である3％過酸化水素水を少量滴下すると，気泡が発生する。しかし，その後しばらくすると，気泡の発生は少なくなり，やがて止まってしまう。これは， ウ が全て分解されたためである。

	ア	イ	ウ
①	糖	特定の	過酸化水素
②	糖	様々な	カタラーゼ
③	タンパク質	特定の	カタラーゼ
④	タンパク質	特定の	過酸化水素
⑤	タンパク質	様々な	過酸化水素

問 4

図 3 は，代謝に伴うエネルギーの出入りを示したものである。**図 3** の過程Ⅰと過程Ⅱは，それぞれ同化または異化のいずれかを示している。文章中の空欄 **エ** ～ **カ** に入る語句の正しい組合せを，下の①～④のうちから一つ選べ。

図 3 では，過程Ⅰは **エ** を，過程Ⅱは **オ** を示している。

過程Ⅱは，複雑な物質（有機物）を簡単な物質（無機物）に分解してエネルギーを取り出す過程である。 **オ** の１つである呼吸では，有機物を分解して取り出されたエネルギーは **カ** に蓄えられ，様々な生命活動に利用される。

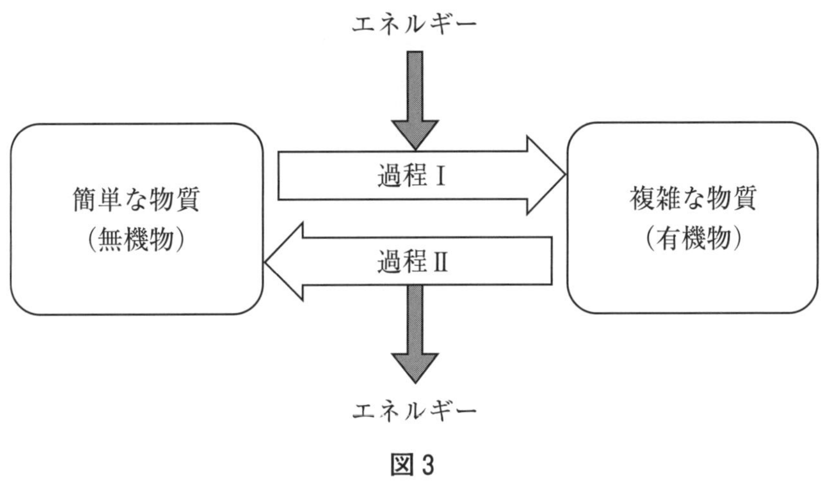

図 3

	エ	**オ**	**カ**
①	同 化	異 化	ADP
②	同 化	異 化	ATP
③	異 化	同 化	ADP
④	異 化	同 化	ATP

（ 2018年 11月試験 ）

【問1】

a. 図1の左のイシクラゲの細胞の方が真ん中の乳酸菌の細胞より大きい。だからaは間違い(×)。

b. イシクラゲ、乳酸菌との原核生物で、両方ともいくつかの細胞(粒・つぶ)が連なっているように見えるが、粒の1個1個が独立した単細胞生物である。だからbは間違い。

c.「酢酸オルセイン溶液」は、細胞の形を固定し、細胞核と染色体を紫色に染める役目を果たす。cは正しい。遺伝情報のつまったDNAは、真核細胞では核のなかにあるが、より原始的な原核細胞では細胞内全体に散らばって存在している。原核細胞の生物はすべて単細胞生物で、イシクラゲ(ネンジュモ)、乳酸菌、大腸菌が主な者である。タマネギは真核細胞の多細胞生物である。

正解は⑤。

【問2】

構造体Aは細胞に1個ずつ含まれている核である。構造体Bはクロロフィル(葉緑素)が入っている葉緑体である。構造体Cは呼吸の役目を果たす、ミトコンドリアである。

したがって、②が正しい。

【問3】

酵素はタンパク質でできており(**アはタンパク質**)、ある決まった化学反応を促進(そくしん)する(**イは「特定の」**)。カタラーゼ酵素は過酸化水素 H_2O_2 の分子を水 H_2O と酸素 O_2 に分解水する化学反応を促進する。気泡の発生が止まったのは、過酸化水素がすべて分解され尽(つ)くしたからである。

④が正しい。

【問4】

植物の葉緑体が行っている「光合成」のことを「炭酸**同化**作用」と呼ぶことがある。葉緑体が、空気中の二酸化炭素 CO_2 と水 H_2O という簡単な物質から、光のエネルギーを利用してデンプンという複雑な物質をつくる働きである。これが「同化」とよばれるのは、簡単な物質から複雑な物質を作る働き(過程)であるからである。図3の過程Ⅰが同化である。この反対の複雑な構造の物質を簡単な物質に分解することは異化という。したがって「エ」が過程Ⅰで同化であり、「オ」は過程Ⅱで異化である。異化によって我々の体内で得られたエネルギーは「エネルギーの通貨」(ATP)に変えられて、様々な生命活動に利用される。

したがって、**②が正解である。**

2 遺伝子とその働き

2−1 DNAの構造

子供は親に似る。赤い花のアサガオの種をまくと、赤い花の咲くアサガオを付ける子供のアサガオが出来る。このように、似た性質（形質という）が親から子へと受け継がれることを遺伝という。そうすると、子供の体を作る設計図がどこかにあるはずである。真核生物の場合には、細胞の核のなかにある染色体にあって、設計図の情報（ゲノム）を直接になっているのはDNAという物質であることが突き止められている。

DNAは、「糖」の部分の両側にリン酸と塩基を従えた構造をしているヌクレオチドとよばれる単位構造が（図6）、長く鎖状に連なったものである。**「ヌクレオチド」**という名前、「ぬかり落ち度」なく覚えてください。

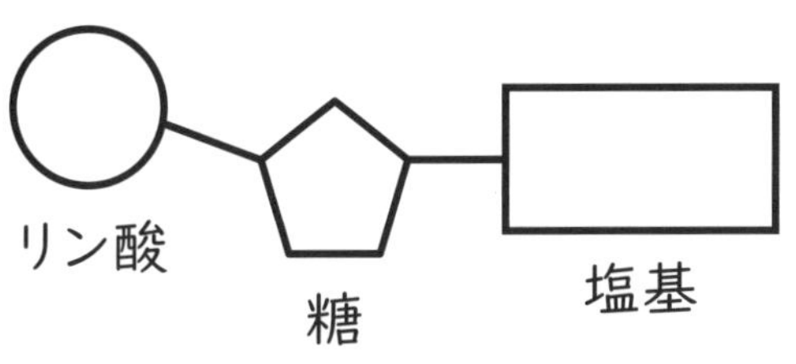

図6 DNAの基本単位であるヌクレオチドの構造

2−2 シャルガフの業績

ヌクレオチドの中心に座っている五角形の糖というのは、DNAの場合、デオキシリボースという糖の単位で、ただ1種類しかない。リン酸の部分もただ1種類しかない。オーストリア出身の生化学者**シャルガフ**は、ヌクレオチドの右側の塩基には、A、T、G、Cの4種類があることを発見した。そのうえ、一つのDNAの中では、**A型のヌクレオチド**と**T型のヌクレオチド**とは同じ数だけあること、**G型**と**C型**も同じ数だけあることを見つけ出した。ただし、（AT）グループは（GC）グループより数が多い（「At Greece、ギリシャにて」と覚える）。

DNAの構造の中でA型のヌクレオチドは必ずT型のヌクレオチドを相手として結合していること、そして、同じようにG型はC型を相手として結合していることが判明した（**塩基の相補性**）。DNAの構造を図7に示す。

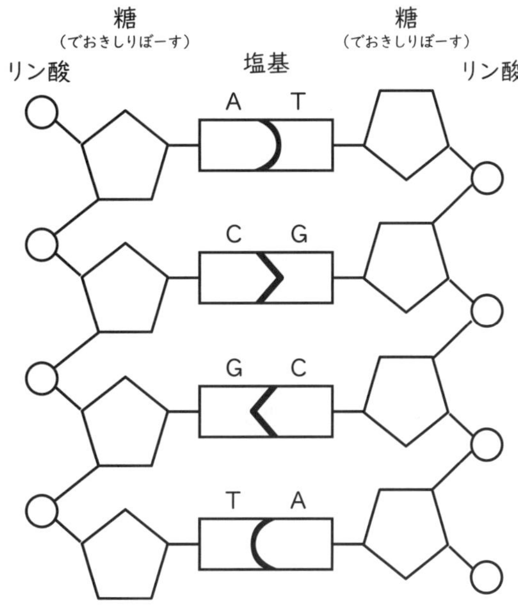

図7 DNAの構造。実際にはこの構造が上下に鎖のように何万も連なっている

なお、DNAの「裏の存在」として、RNAについて説明しておこう。上の図で五角形で描かれた糖はデオキシリボース（D）であった。これをリボース（R）に置き換え、さらに塩基T（チミン）を塩基U（ウラシル）に置き換えたものはRNAと呼ばれる。DNAがトランプのハートの札とすれば、RNAはスペードの札であって、両方ともきっちり1対1にそろっている。普通の生物でDNAのかわりにRNAの体で出来ている生物はないが、ウイルスのなかにはRNAだけで出来ているものも存在する。

2－3 ワトソンとクリックの業績

もしDNAが図7のように構造が上下に連なっているだけだったら、DNAはただ長いベルトのような形をしていることになる。しかしワトソンとクリックは、DNAはねじれた二重らせん構造をした質量の大きな分子であることを示した（図8）。

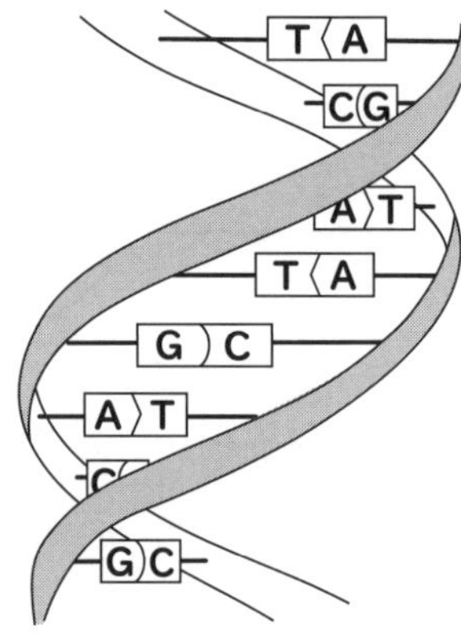

図8 DNAの二重らせん構造

2－4 細胞分裂の周期

われわれの体も、ほとんどあらゆる多細胞生物も、一番はじめは受精した直後のただ1個の細胞であった。それが、細胞分裂を繰り返して人間の場合には約40兆個もの細胞からなる成人の体となったのである。その細胞分裂の1段階、すなわち、一個の動物の細胞が、二個に分裂する所までの姿を描いてみると、図9（次ページ）のようになる。

まず一番左の図は細胞分裂前の細胞の姿である。実はこのときすでに各染色糸は自分と同じ複製が作り終えられていて、**染色体は2本対になっている。**分裂前の絵で、核の左下に小さな星のような**中心体**と呼ばれる小器官があることに注目すること。細胞分裂期の前期にはいると、まず中心体が2個に分かれて核のおのおの上と下に移動する。核膜が次第に消滅していく（前期Ⅰ）。そのとき、細くてほとんど見えていなかった染色糸が、ハッキリ見ることのできる太い染色体となる。前期Ⅱになると核膜は完全に消滅し、上下にある2つの中心体から染色体に1本ずつ糸がでて各染色体につながる。中期になると、太くなった2本対になった染色体は「赤道面」にならぶ（図9の中期）。後期になると、2個の中心体は、おのおの自分の方へ染色体を1本ずつ引き寄せる。終期になると、上側、下側でおのおの核膜が再生し、染色体をそのなかに閉じこめる。そうして、染色体はしだいに細くなって、もとの染色体と同じくほとんど見えなくなる。最後に、細胞膜も2つに分かれて2個の細胞となり、細胞分裂は終了する。

この細胞分裂の最初から最後までを「分裂期」（M期）と呼ぶ。

さて、1回の細胞分裂を終えると、しばらくして、再び次の細胞分裂の分裂期を迎えるが、この一巡の過程を「細胞周期」とよぶ。細胞の分裂期はM期と呼ばれるが、それ以外の準備期間は「間期」と呼ばれる。間期はさらにG_1期、S期、G_2期の3期に分けられるが、染色体の複製が作られるのはS期である。この細胞周期の1周分を時計の文字盤のように円形に描いたのが図10である。

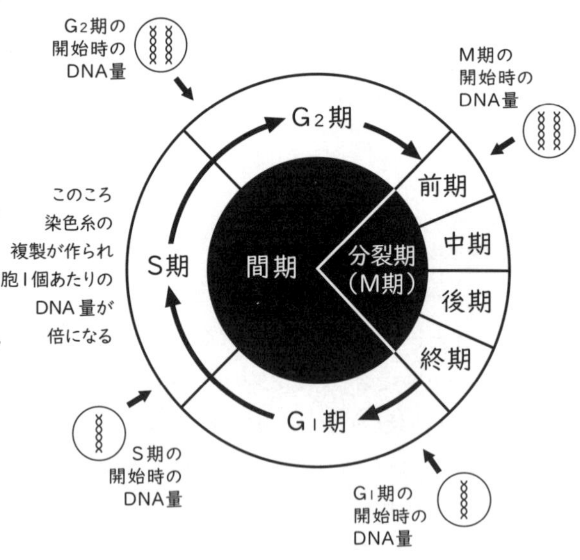

図10 細胞周期

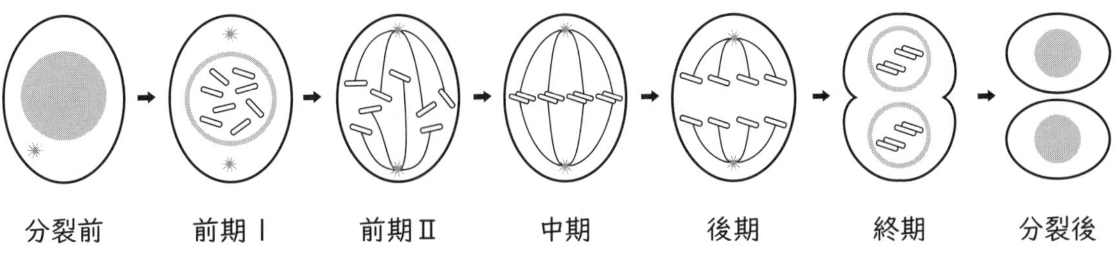

図9 動物の細胞分裂

2−5 DNAに記録された設計図に基づいて タンパク質を合成する過程

DNAには、生物の体を作る設計図に相当する遺伝子（ゲノム）が記録されている。生物の体の大部分はタンパク質で出来ているが、心臓と手足の筋肉、眼球などではおのおののタンパク質の分子構造が異なっている。一体どうやってDNAから適材適所のタンパク質が合成されるのであろうか？

図11は、タンパク質の合成過程を示したものである。まず、DNAの塩基配列は、RNAの塩基配列として写し取られる。この過程は**「転写過程」**と呼ばれる。タンパク質はアミノ酸が多数つながってできたものである。その場所に必要なタンパク質のアミノ酸の種類や配列順序を決定する設計は、この転写されたRNAの情報が用いられ、これに従って必要なアミノ酸が合成される。アミノ酸が組み立てられてタンパク質となる。このアミノ酸からタンパク質を合成する過程は**「翻訳（ほんやく）」**とよばれる。

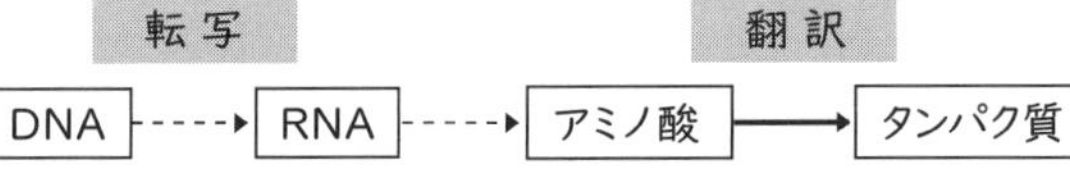

図11 タンパク質の合成

ここに現れるRNAは
「伝令RNA」あるいは「mRNA」と呼ばれることがある。

2−6 ショウジョウバエの幼虫の 唾腺（だせん）染色体の観察

普通の生物の体細胞の染色体は核の中に入っていて、光学顕微鏡を使ってもその縞模様構造は小さくて観察が難しいものである。ところが、蚊や蝿（はえ）の仲間であるショウジョウバエやユスリカの唾腺（だせん）の染色体は、普通の生物の染色体の100〜200倍の大きさがあって、普通の光学顕微鏡で容易に観察することが出来る。

> これに関する2016年8月の過去問をやっておこう。

次の文章は，ショウジョウバエの幼虫のだ腺（だ液腺）染色体を観察する実験について述べたものである。**図1**はショウジョウバエの幼虫のだ腺染色体の一部を光学顕微鏡で観察した際のスケッチである。文章中の空欄 **エ** に入る正しい文を，下の①～⑤のうちから一つ選べ。

> ショウジョウバエの幼虫のだ腺を取り出した。その後，DNAを青緑色に，RNAを赤桃色に染めるメチルグリーン・ピロニン溶液で染色し，顕微鏡で染色体を観察したところ，複数のパフ（膨（ふく）らんだ部分）が赤みを帯びて染色された。このことから，だ腺染色体の膨らんだ部分では，［ **エ** ］と考えられる。
>
> 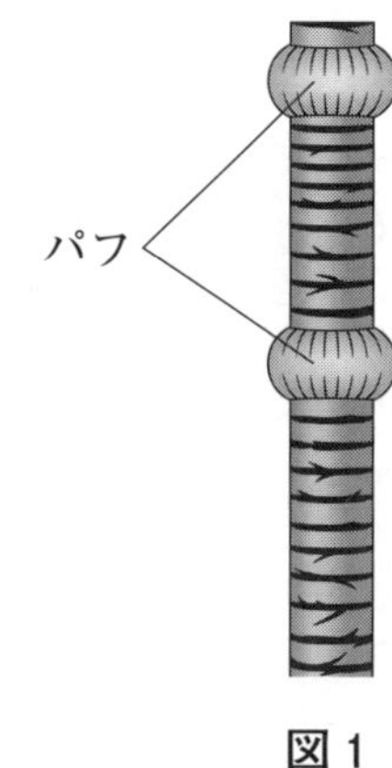
>
>
> **図1**

① DNAを転写して，mRNA（伝令RNA）をさかんに合成している

② 翻訳によりタンパク質をさかんに合成している

③ DNAの複製をさかんに行っている

④ 翻訳によるタンパク質の合成が抑制されている

⑤ DNAが折りたたまれて凝縮している

（2016年8月試験　大問2 問3）

答えの出し方

パフの部分だけ赤に染まったのだから、ここだけにDNAから転写されたmRNAがさかんに合成されていることが分かる。**①が正解である。**

ただし、その先の過程「タンパク質の合成」までパフでやってるわけではないので④は（×）になる。

2－7 遺伝子の発現

もとはたった1個の受精卵の細胞であったわれわれの体も、細胞分裂を繰り返して細胞は数を増やす。そのうちに心臓の細胞、肝臓の細胞、手足の筋肉の細胞、眼球の細胞と、細胞自身はその働きに応じて形を変えていく。これを**「分化」**と言う。

しかし一方、われわれの体を作る約70兆個の一つ一つの細胞の核のなかのDNAには、人間全体をつくる設計図（遺伝子）がはいっているという。そうすると例えば眼球を形作っている細胞にも、眼を作るのに必要な遺伝子のほかに、胃液の中のタンパク質の消化酵素ペプシンを作る遺伝子もあることになる。

眼球を作る細胞の遺伝子に、こんな胃の働きに必要な遺伝子があってもムダではないのか？ **つまり、眼球の中の細胞DNAにも胃のペプシンを合成する遺伝子もあるが、これは、役目がなくて遊んでいるのか？じつは、その通りなのである。**眼球を構成する細胞のDNAの遺伝子は、眼に必要なタンパク質を作る遺伝子以外は、じつは全部何もしないでただ遊んでいるのだ。

それでは、大問2の過去問をやっておこう。

2 遺伝子とそのはたらきについて，**問1**～**問4**に答えよ。

問 1

次の文章は，DNAについて説明したものである。文章中の空欄 ア と イ に入る語句の正しい組合せを，下の①～⑥のうちから一つ選べ。

> **図1**は，DNAの一部分を模式的に示したものである。DNAは，ヌクレオチドが基本単位となっている。ヌクレオチドは3つの成分から構成されており，**図1**の**a**の成分は ア である。
> **図1**のような順で ア が配列する場合，これと対になる**b**の部分の ア の配列は，**図1**の左側から イ の順となる。

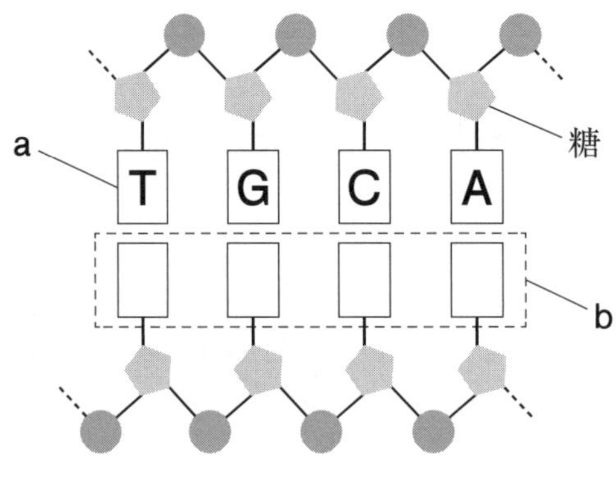

図1

	ア	イ
①	塩　基	ACGT
②	塩　基	ACGU
③	アミノ酸	TGCA
④	アミノ酸	ACGU
⑤	リン酸	TGCA
⑥	リン酸	ACGT

問 2

細胞周期における DNA 量の変化について，細胞周期の各時期の終了時における**細胞あたりの DNA 量の変化のグラフ**と，**体細胞分裂に関する文**の正しい組合せを，下の①～⑥のうちから一つ選べ。

【細胞あたりの DNA 量の変化のグラフ】

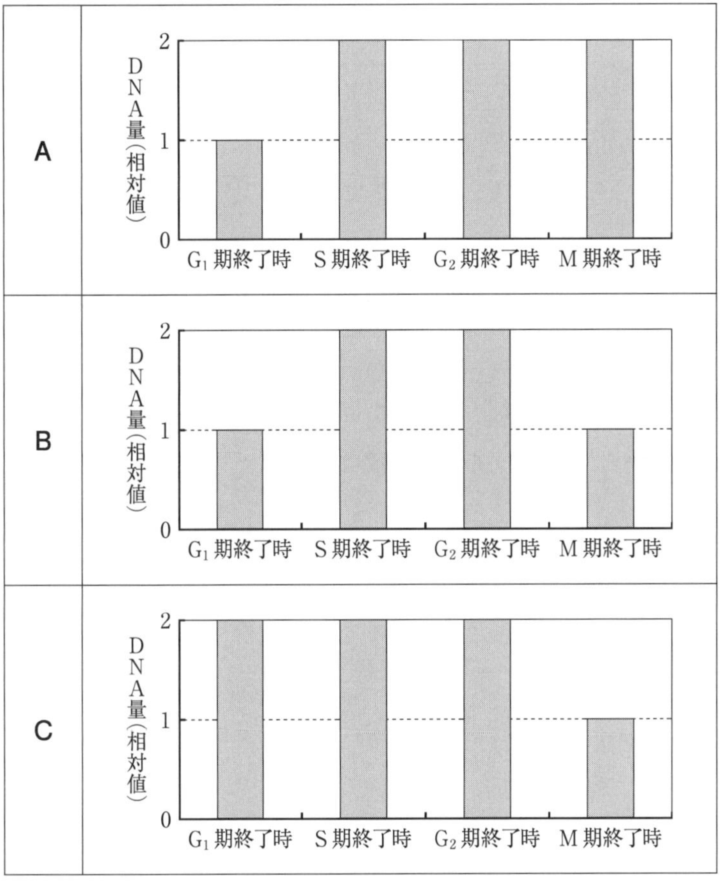

G_1 期：DNA 合成準備期，S 期：DNA 合成期，G_2 期：分裂準備期，M 期：分裂期

【体細胞分裂に関する文】

ウ　体細胞分裂では，DNA は２つの娘細胞の一方のみに伝わる。

エ　体細胞分裂では，DNA は２つの娘細胞に均等に分配される。

	細胞あたりの DNA 量の変化のグラフ	体細胞分裂に関する文
①	A	ウ
②	A	エ
③	B	ウ
④	B	エ
⑤	C	ウ
⑥	C	エ

問 3

ゲノムについて述べた文**オ**～**ク**のうち，正しい文の組合せを，下の①～⑤のうちから一つ選べ。

オ　ある生物の生殖細胞１つに含まれるすべての遺伝情報をその生物のゲノムという。

カ　遺伝子には，多数のゲノムが存在する。

キ　ヒトのゲノムを構成する DNA の大部分は，遺伝子としてはたらいている。

ク　現在までのゲノムの解読結果から，ヒトの遺伝子の数は 20,000 ～ 25,000 程度と推定されている。

① **オ**，**カ**

② **オ**，**キ**

③ **オ**，**ク**

④ **カ**，**キ**

⑤ **カ**，**ク**

問 4

遺伝情報とその発現について述べた文**ケ**～**ス**のうち，正しい文の組合せを，下の①～④のうちから一つ選べ。

ケ　DNA の塩基配列がタンパク質の配列に変換され，アミノ酸が合成される。

コ　DNA の塩基配列がアミノ酸の配列に変換され，タンパク質が合成される。

サ　細胞には１つの遺伝子が存在し，発現する遺伝子も１つだけである。

シ　細胞には多数の遺伝子が存在し，どの細胞でも同じ遺伝子が発現する。

ス　個体を構成する細胞は遺伝的に同一だが，個体の部位に応じて発現している遺伝子が異なる。

① ケ，サ

② ケ，シ

③ コ，シ

④ コ，ス

（2016年11月試験）

答えの出し方

【問1】

ATGCは塩基の種類である。（A，T）がペア、（G，C）がペアである。だからTの下にはA、Gの下にはC、Cの下にはG、Aの下にはTが入っている。

つまり、図の場合ACGTが正しい。

①が正解である。

【問2】

DNAはS期の途中で複製が作られる。だからS期末期には、DNAの量はG_1期末期の2倍になっている。細胞が分裂するM期に細胞が2個になるので、細胞1個あたりのDNAは、半分にもどる（Bが正しい）。体細胞分裂ではDNAは均等に分配される（エが正しい）。

したがって**④が正解である**（この問題は大学入試のレベルである）。

【問3】

「ゲノム」というのは、「図書館」である。DNAは1冊の本である。遺伝子は本の中の1ページである。

オ：正しい。

カ：「1ページには多数の図書館がある」という文章になっている（×）。

キ：DNAの10％ほどには意味のある遺伝子の「設計図」が書かれている有用な「本」であるが、**あとの90％は、ほとんど遺伝子としての役割を果たしていない**（たんなる落書き帳、×）。

ク：正しい。

というわけで、**正解は③。**

この問題も高認としては難問である。キは誤、クは正しい。正確に学んでください。

【問4】

人間の体は、腕の筋肉のタンパク質、眼球のタンパク質、舌の筋肉のタンパク質、心臓を作っている筋肉のタンパク質、赤血球のタンパク質など非常に多くのタンパク質からなるが、これら多数のタンパク質は、わずか数十種類のアミノ酸から構成されている。アミノ酸が積み木の1個のブロック、タンパク質が多数の積み木で作った城の模型である。

DNA→（転写）→RNA→（アミノ酸）であって、直接作られるのはアミノ酸である。したがって、［ケ］は間違いで、［コ］が正しい。［サ］は「1つの」が間違い。［シ］眼の細胞では胃での消化液を作る遺伝子は働いていない（×）。［ス］は正しい。

④が正解である。

問1から問4までを見ていると、各選択肢の文章を正確に読み取るのが大変なため、高認生物は高認化学や高認地学よりかなり難しい科目であることがよくわかる。しかし、気を落とさず次のページに進んでください。

2 遺伝子とそのはたらきについて，**問１～問４**に答えよ。

問１

次の文章は，DNAの構造について述べたものである。文章中の空欄 ア ～ ウ に入る語句の正しい組合せを，下の①～⑥のうちから一つ選べ。

> シャルガフによる塩基の含有比の研究や，ウィルキンスらによるX線を使った解析など，それまでに得られたDNAに関する事実にもとづき，1953年，ワトソンとクリックはDNAが ア 構造をした分子であることを提唱した。
>
> DNAを構成するヌクレオチドは，隣りあうヌクレオチドの糖とリン酸とで結合するだけでなく，向き合う塩基も互いに結合し，全体として ア 構造となる。
>
> この塩基どうしの結合は特定のものが対になっており，これを塩基の イ という。例えば，アデニン(A)は ウ と結合する。

	ア	イ	ウ
①	一本鎖	配　列	グアニン(G)
②	一本鎖	相補性	シトシン(C)
③	一本鎖	配　列	チ ミ ン(T)
④	二重らせん	相補性	グアニン(G)
⑤	二重らせん	配　列	シトシン(C)
⑥	二重らせん	相補性	チ ミ ン(T)

問 2

動物の生殖細胞（卵や精子）のDNA，遺伝子およびゲノムについて述べた文として正しいものを，次の①～⑤のうちから一つ選べ。

① 生殖細胞に含まれるDNAのすべてが，遺伝子としてはたらく。

② 生殖細胞に含まれるDNAの量は，すべての生物に共通である。

③ 生殖細胞に含まれるDNA全体のうち，遺伝子としてはたらかない部分をゲノムという。

④ 生殖細胞に含まれるDNA全体のうち，遺伝子としてはたらく部分をゲノムという。

⑤ 生殖細胞に含まれるDNA全体の遺伝情報を，ゲノムという。

問 3

図1は，細胞周期を模式的に示したものである。図中のG_1期はDNA合成準備期，S期はDNA合成期，G_2期は分裂準備期をそれぞれ表している。G_1期における核あたりのDNA量を1としたとき，S期およびG_2期の核あたりのDNA量**X**，**Y**の正しい組合せを，下の①～⑤のうちから一つ選べ。

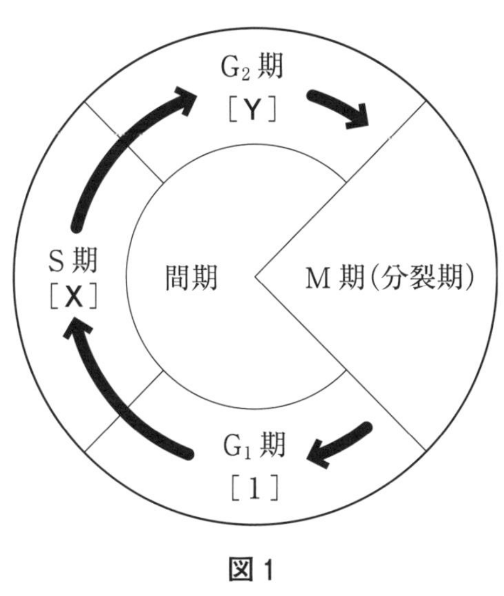

図1

	X	Y
①	1	2
②	1	4
③	1～2	2
④	1～2	2～4
⑤	1～2	4

問 4

タンパク質の合成過程を示した模式図のうち正しいものを，次の①～④のうちから一つ選べ。ただし，図中の矢印は情報の流れを示している。

①

———————————— DNA
↓ 転写
-------------------- RNA
↓ 翻訳
○○○○○○○○○○○○○○ タンパク質

②

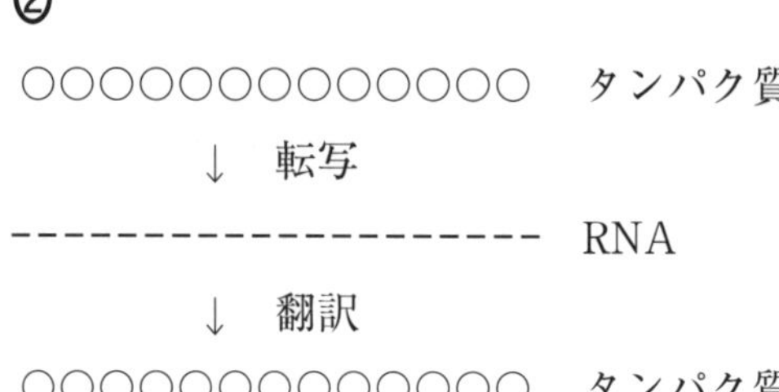

③

-------------------- RNA
↓ 転写
———————————— DNA
↓ 翻訳
○○○○○○○○○○○○○○ タンパク質

④

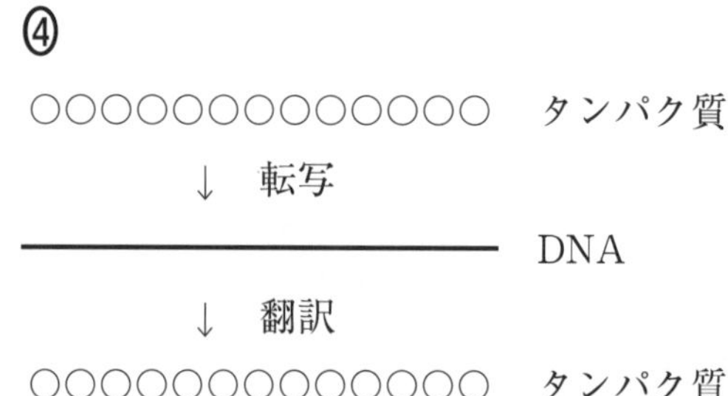

（ 2017年11月試験 ）

答えの▸出し方

【問1】

DNAは**二重らせん**構造をしている。塩基Aは塩基Tと対になり、塩基Gは塩基Cと対になる。これを塩基の「相補性（そうほせい）」という。AはTとペアになる。

⑥が正解。

【問2】

① DNAの90% ほどは「あるけど何の役目も果たしていない」（×）。

② DNAの量は生物毎に異なる（×）。遺伝子は「1冊の本の中の1ページ」、ゲノムは「図書館」。

③と④は（×）。

⑤が正解。

【問3】

DNAの複製はS期に起きる。S期の初めにはX＝1、終わりにはX＝2になる。G_2期には2倍になっている。つまりY＝2。

③が正解。

【問4】

DNAによるアミノ酸（タンパク質）の合成過程での情報の流れは、DNA→（転写）→RNA→（翻訳）→アミノ酸（タンパク質）である。

①が正しい。

2 遺伝子とそのはたらきについて，**問1～問4**に答えよ。

問 1

表1は，様々な生物のDNAを抽出し，その塩基の数の割合を調べたものである。この**表1**から導かれる**考察**と，表中の空欄 ア に入る最も適当な値の正しい組合せを，下の①～⑥のうちから一つ選べ。

表1

生物種	塩基の種類			
	A	G	C	T
ヒ　ト	30.9 %	19.9 %	19.8 %	29.4 %
ニワトリ	28.8 %	20.5 %	21.5 %	29.2 %
結核菌	15.1 %	ア %	35.4 %	14.6 %

	考　察	ア
①	Aの数は，どの生物でもほぼ同じである。	15.1
②	AとTの数の比は，どの生物でもほぼ1：1になる。	15.1
③	Aの数は，どの生物でもほぼ同じである。	20.0
④	AとTの数の比は，どの生物でもほぼ1：1になる。	20.0
⑤	Aの数は，どの生物でもほぼ同じである。	34.9
⑥	AとTの数の比は，どの生物でもほぼ1：1になる。	34.9

問 2

次の文章は，タンパク質の合成過程について述べたものである。文章中の空欄 [イ] と [ウ] に入る語句の正しい組合せを，下の①～④のうちから一つ選べ。

> **図 1** は，DNA の遺伝情報を基にタンパク質が合成されるまでの流れを示している。タンパク質の合成では，DNA の一方の鎖の塩基配列が写し取られ RNA が合成される。さらに，合成された RNA の 3 個連続した塩基の配列がそれぞれ特定の [イ] を 1 つ指定する。 [イ] は順番につながれてタンパク質となる。合成された RNA の塩基配列を基にタンパク質を合成する過程を [ウ] という。

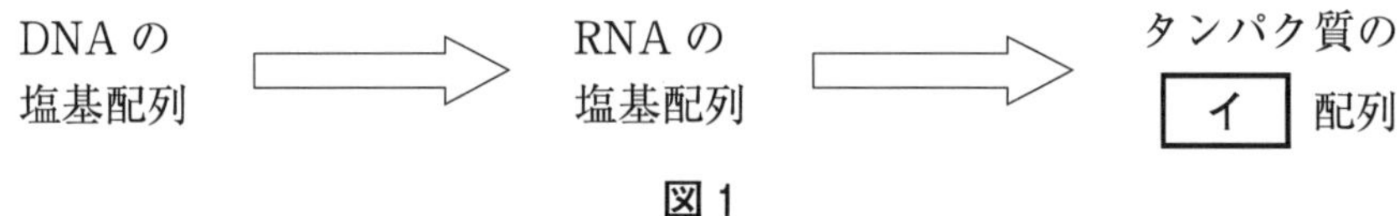

図 1

	イ	ウ
①	核　酸	翻　訳
②	核　酸	転　写
③	アミノ酸	翻　訳
④	アミノ酸	転　写

問 3

図 2 は，タマネギの根端の細胞を酢酸オルセイン溶液で染色し，光学顕微鏡で観察した様子を示している。また**図 3** は，**図 2** の細胞を間期と分裂期に分けて数え，模式化して方眼紙上に転記したものである。細胞周期において，観察される細胞数がその期間の長さに比例すると仮定したとき，この観察結果より推測した間期と分裂期の長さの比を示した図を，下の①～⑤のうちから一つ選べ。

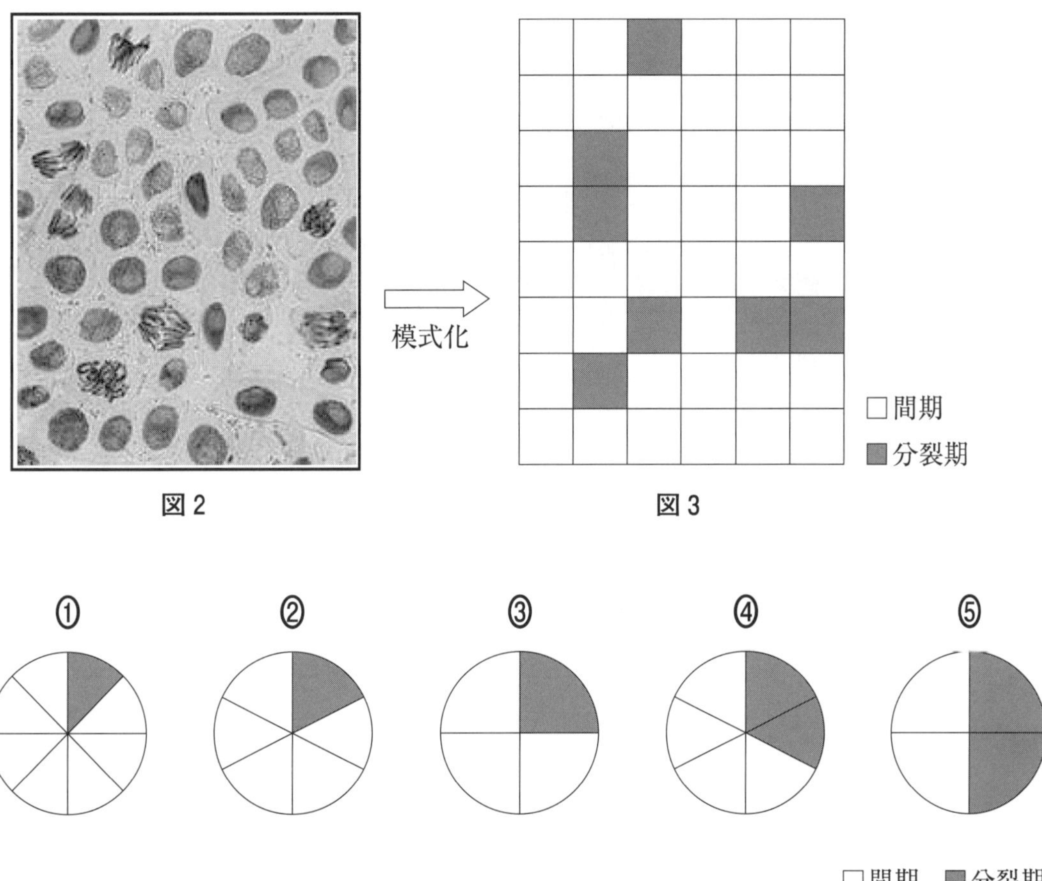

図 2　　　図 3

① ② ③ ④ ⑤

□間期　■分裂期

問 4

図 4 は，ヒトの受精卵に含まれる DNA の一部と，そこに存在する遺伝子を模式的に示したものである。遺伝子 **A** はタンパク質 **a** を作り，遺伝子 **B** はタンパク質 **b** を作るものとする。受精卵が分裂し，様々な組織や器官に正常に分化する過程で，タンパク質 **a** を合成するが，タンパク質 **b** を合成しない細胞ができた。その細胞の遺伝子 **B** の様子を正しく示したものを，下の①～④のうちから一つ選べ。なお，選択肢の図中の☆は遺伝子 **A** が発現していることを表している。

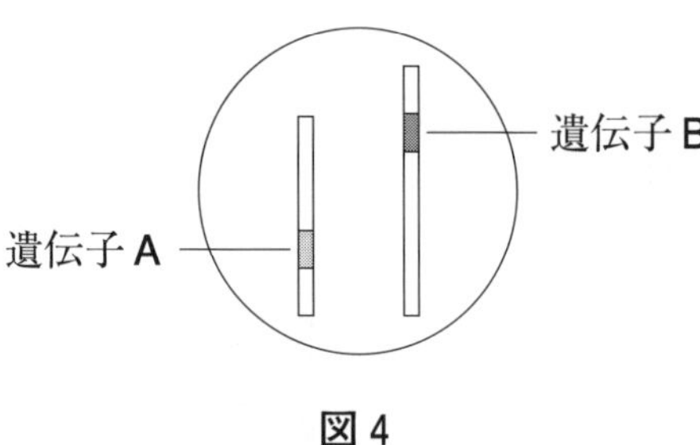

図 4

①

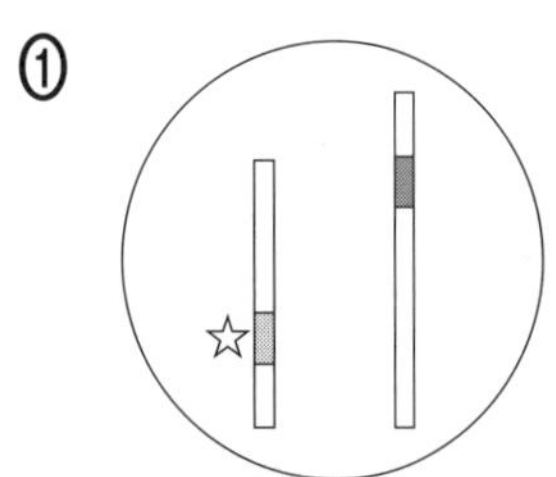

遺伝子 **B** は DNA 上に存在するが，発現していない。

②

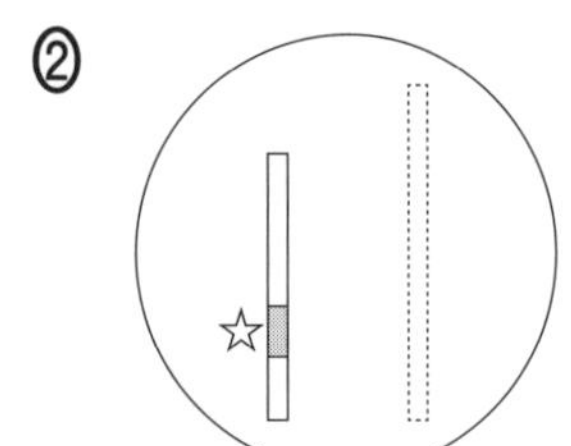

遺伝子 **B** は DNA ごと消失している。

③

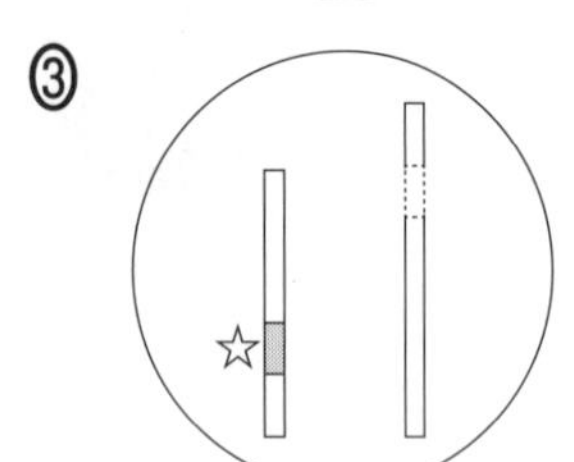

遺伝子 **B** のみが DNA 上から消失している。

④

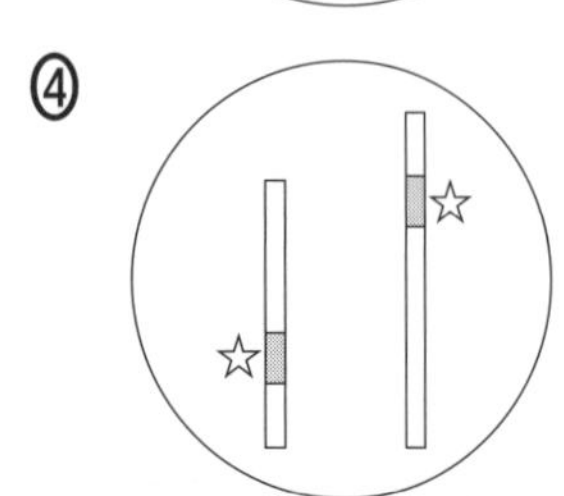

遺伝子 **B** は遺伝子 **A** に変化している。

（2018年11月試験）

答えの出し方

【問1】

AとTはペアを作るので、どの生物でもほぼ1：1。GとCはどの生物でもほぼ1：1になるので、結核菌の ア にはCと同じ35ぐらいの数が入る。

⑥が正しい。

【問2】

タンパク質はアミノ酸が多数つながったものである。RNAはアミノ酸を作るとともに、それを多数連結してタンパク質を作る。この過程を「翻訳」という。イ はアミノ酸、ウ は「翻訳」という。DNAからRNAが作られる過程が「転写」である。**③が正しい。**

なお、「核酸」というのはDNAとRNAをあわせた呼び名である。

【問3】

図3の灰色は8個で全体48個の6分の1である。**したがって、②が正解である。**

【問4】

DNA上にタンパク質bを作る遺伝子Bはあるが、「その能力が発揮（発現）されない」ことがある。例えば、遺伝子Bを胃での消化液酵素bを作る部分であってもこの細胞が眼球内にある場合には、消化酵素bは作り出されることはない。**①が正解。**

【問3】、【問4】とも、質問されている内容を理解するのがやや難しい。

【注意】高認生物は最低点合格（約40点）でいい人は、次の第3章には入らず、283ページの「第4章 植生の多様性と分布」に飛んでください。

3 生物の体内環境とその維持

この章では、人間の血液、心臓、肝臓、腎臓、ホルモン、免疫が取り上げられる。暗記を伴うしっかりした学習が必要な分野になる。この章が生物の中心部分といえるであろう。ここを過ぎれば生物は急にラクになる。

3－1 ヒトの血液

ヒトの血液成分のうち、赤血球（せっけっきゅう）はヘモグロビンを含み、酸素を運搬するはたらきをもつ。ヒトの血液を試験管に採取し、室温に置くと、図12のように上澄み（うわずみ）と凝固（ぎょうこ）した部分に分かれる。この上澄みを血清（けっせい）といい、凝固した部分を血餅（けっぺい）という。血餅は血球成分が繊維（せんい）状のタンパク質と絡み合ったものである。

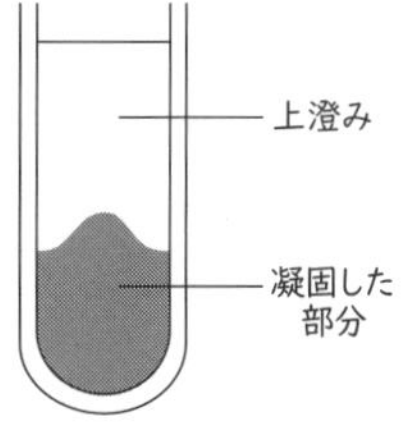

図12 血液の成分

ここで、2014年11月の過去問を見ておこう。

次の文章は、血液による酸素の運搬について述べたものである。文章中の空欄 ア と イ に入る語の正しい組み合わせを、下の①～⑤のうちから一つ選べ。

肺で取り込んだ酸素は、 ア によって各組織の細胞へと運ばれる。そのとき ア の中にある イ は、酸素濃度の高い肺で酸素と結合して、その多くは酸素 イ となる。酸素 イ は酸素濃度の低い組織に運ばれると酸素を解離して、 イ に戻る。

	ア	イ
①	赤血球	グロブリン
②	赤血球	フィブリン
③	赤血球	ヘモグロビン
④	白血球	フィブリン
⑤	白血球	ヘモグロビン

（2014年11月試験 大問2 問2）

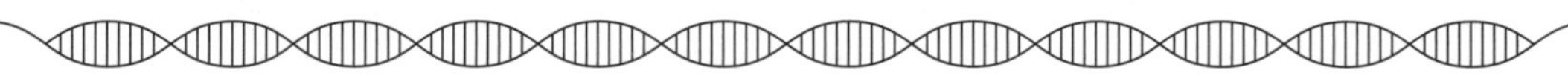

答えの▸出し方

酸素は、赤血球の中のヘモグロビンによって運ばれる。**③が正解である。**

酸素を運ぶのは「タッキュウ便」じゃなくて、「ヘモグロ便」なんだ。

3- 2 傷口の出血を止めるしくみ

これについては2015 年 11 月の過去問で勉強しよう。

次の文章は，出血を止めるしくみについて述べたものである。文章中の空欄 ア ～ ウ に入る語句の正しい組合せを，下の①～⑤のうちから一つ選べ。

ヒトのからだには，外傷によって出血しても血液が固まって止血し，体液が減少しないようにして体内環境を保つしくみがある。

図１のように損傷した血管から血液が流出すると，まず，そこに ア が凝集する。また， ア から放出される凝固因子(ぎょうこいんし)などの作用で，血しょう中にフィブリンというタンパク質からなる繊維が形成される。フィブリンは，赤血球などの血球とからまって イ を形成する。 イ は傷口をふさいでやがてかさぶたとなる。このような一連の現象は ウ とよばれる。

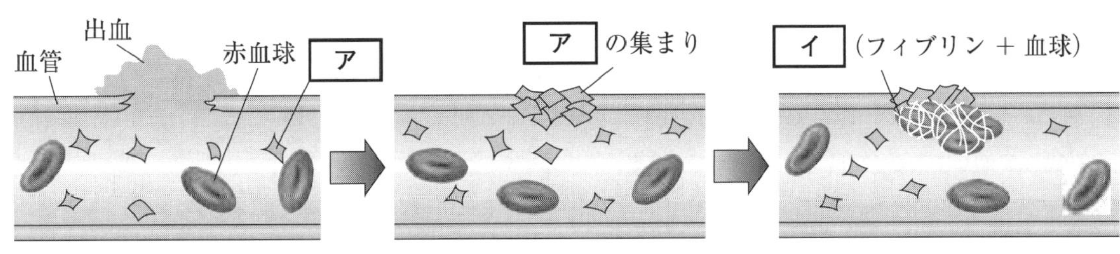

図１

	ア	イ	ウ
①	白血球	血ぺい	血液凝固
②	白血球	血　清	再吸収
③	血小板	血　清	再吸収
④	血小板	血ぺい	血液凝固
⑤	血小板	血ぺい	再吸収

（ 2015年11月試験 大問3 問1 ）

図1の「ア」は血小板である。ヒトがケガをすると、まず傷口に血小板が凝集する。そこに繊維質のフィブリンが形成され、これに血球がからまって血餅となる。この一連の作用は血液凝固とよばれる。

正解は④。 なお、白血球は体内に侵入した有害な細菌を食べる役目を果たす。

3－3　血液の体内循環

体の全身をめぐる血液は、酸素 O_2を運びこみ、廃棄物である二酸化炭素 CO_2 を肺を通じて体の外へ運び出す役目を担っている。その担い手は血液のなかのヘモグロビンを含む赤血球である。全身に張り巡らされた毛細血管から、しだいに太い静脈へ二酸化炭素の多くたまった血液が集められ、最後に1本の大静脈に集められて心臓の右心房に入る。そこから弁によってその下の右心室に送り込まれ、ここから肺動脈を通じて肺に送り出される。肺で、二酸化炭素を流し出し、酸素をもらってきれいになった血液は、肺静脈として再び心臓に戻ってきて、左心房に入る。そこから弁を通じて下の左心室に送りこまれたあと、大動脈を通じて再び全身に送り込まれる。

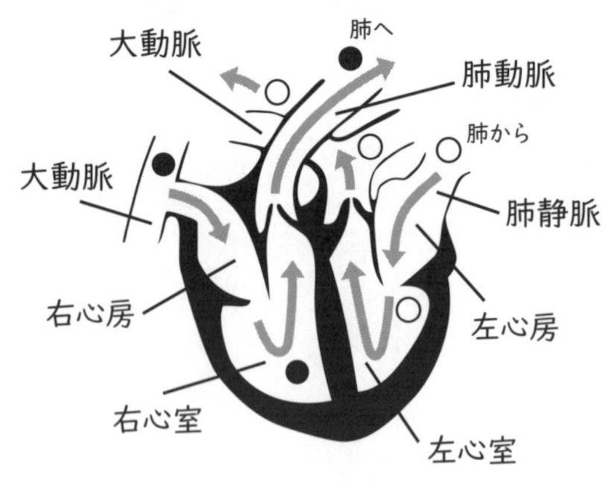

図13　心臓のなかの血液の動き

このような血液の流れと、心臓の構造を図で理解しておこう。結局、血液の流れは「全身→右心房→右心室→肺→左心房→左心室→全身」である。これは暗記すべきだが、毎日声を出して「うしんぼう・うしんしつ・はい・さしんぼう・さしんしつ」と叫べば良いだろう。

【注意】なぜ、図の左に右心房・右心室があって、右に左心房・左心室があるんだ、と疑問をもった人はいますか？ この紙の図を、自分の心臓のところに当ててごらんなさい。これで理由が納得できたでしょう？

それでは、血液循環に関する2014年11月の過去問をみておこう。ここまで勉強したことの腕試しの意味より、新しい知識を補う意味の方が大きいのです。

図1は、ヒトの循環系を模式的に表したものである。循環系について述べた文として、正しいものを、下の ①～⑤ のうちから一つ選べ。

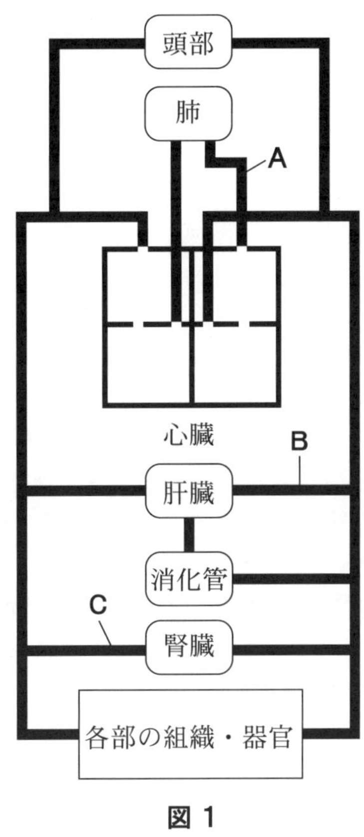

図 1

① 全身を流れてきた血液は心臓の左心房に入り、左心室を経て肺に送られる。

② 血管**A**には、動脈血が流れている。

③ 血管**B**には、小腸で吸収したグルコースやアミノ酸が豊富に含まれている。

④ 食後の血管**C**には、どの血液よりも高濃度のグルコースを含む血液が流れている。

⑤ 血管**C**には、尿素などの老廃物の濃度がどの血管よりも高い血液が流れている。

（2014年11月試験 大問3 問1）

① 正しくは「全身を流れてきた血液は右心房に入り、右心室を経て肺に送られる」である(×)。

② この肺から左心房に入る血管は「肺静脈」と呼ばれるが、中を流れる血液は、二酸化炭素が少なく酸素の多い、動脈血が流れている(○)

③ Bは心臓(右心室)から出た血液を肝臓に送り込む血管で、小腸で吸収した成分はない(×)。

④⑤ 腎臓は尿素などの老廃物を尿として体外に排出する器官で、特に栄養分が豊富ではない。またCは腎臓を通ったあとの血液であるから尿素などの老廃物は一番少ない血液が流れている(両方とも×)

正解は②。

3−4 デンプンの消化

われわれが食べるご飯やパンの主成分は糖分(炭水化物)であるデンプンである。デンプンは多糖類に分類される。いま、 を炭素C原子5個と酸素原子Oが1個の合計6個の原子で作られる環状構造を表すとすると、デンプンの分子構造はこれらが鎖状につながった ･･･ と表すことができる。デンプンは唾液(つば)や、膵液に含まれる消化酵素・アミラーゼによって二糖類(分子構造は)のマルトースに分解され、さらに小腸でマルターゼという消化酵素によって単糖類( )のグルコース(ブドウ糖)にまで分解される。

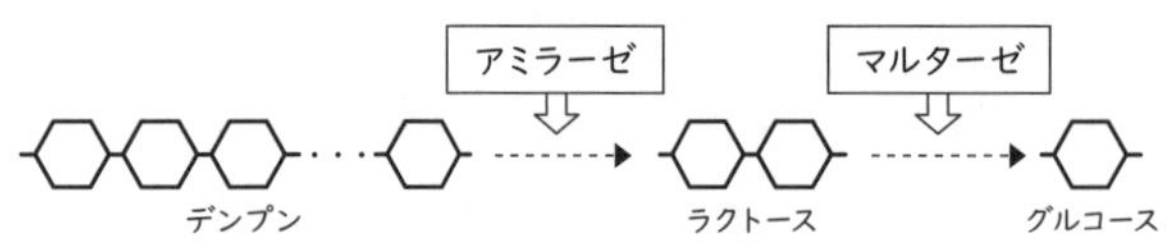

図14 デンプンの消化

単糖類のグルコースは血液にとけ込み、小腸と肝臓を繋ぐ血管である肝門脈を通じて、肝臓に送られ、血液中の濃度を調整されて、体内各所へ送られる。血液中のグルコースの濃度は「血糖値」とよばれる。

3−5 肝臓の役目

われわれの内臓のほぼ中心に位置する肝臓の役目は、

(1) 血液中の糖分の調整
(2) アミノ酸から合成されたタンパク質を血しょう中に送り出す
(3) タンパク質が分解された際に生ずるアンモニアを尿素に変える
(4) アルコールを分解して無害化する
(5) 脂肪の消化酵素である胆汁を合成する

の5つである。

(1) 血液中の糖分(グルコース)の調整

デンプンは、アミラーゼ、マルターゼの消化酵素によって最終的に単糖類であるグルコースにまで分解され、小腸から血液中に取り込まれる。

グルコースを取り込んだ血液は肝門脈を通って肝臓に送られる。肝臓では、血液中の糖分を0.1%濃度に調整して全身に送り出し、余ったグルコースはグリコーゲンとして肝臓内に蓄えられる。肝臓に蓄えられたグリコーゲンは、必要に応じてグルコースに戻され、グルコースを消費して戻ってきた血液に再供給される。

（2）血しょう中に合成したたんぱく質を送り出す

血液の成分のうち血しょうには、アルブミンやグロブリンなど人間の体にとって必要な多くの種類のタンパク質が含まれている。これらのタンパク質は、小腸で吸収されたアミノ酸を原料として主に肝臓で合成され、濃度が調整されて血液中に送り出される。

（3）アンモニアの分解と尿素の合成

全身に運ばれ、いろいろな役目を果たした血液には、タンパク質を消費した後の不要物質としてアンモニアがたまっている。これは体にとって有害なので、肝臓では血液中のアンモニアから無害な尿素に変える作用をする。肝臓で合成された尿素は、最終的には腎臓(じんぞう)から尿(にょう)（おしっこ）として体外に放出される。

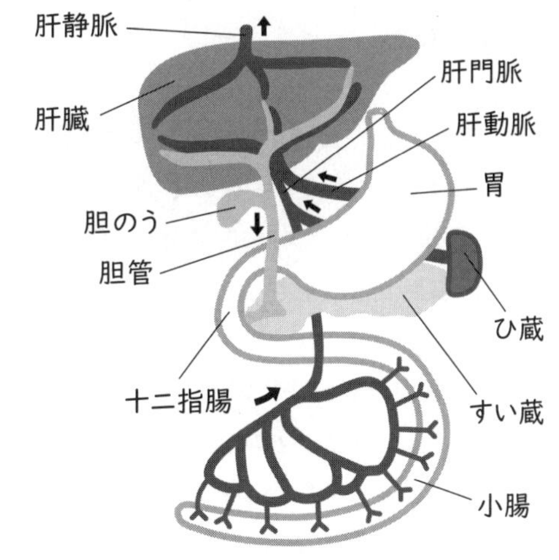

図15 肝臓と消化器官

> 勉強したことを確かめるために
> 2016年8月の過去問をやっておこう。

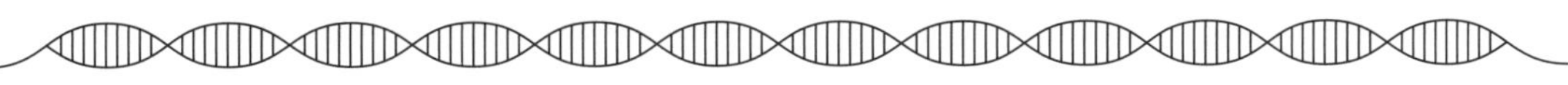

肝臓のはたらきについて述べた文として，**誤っているもの**を，次の①～④のうちから一つ選べ。

① 脂肪の消化に関係する胆汁(たんじゅう)を合成する。

② アルコールなどの有害な物質を無害な物質に変える。

③ 血液中のグルコースをデンプンに変えて貯蔵する。

④ タンパク質が分解された際に生じるアンモニアを尿素に変える。

（2016年8月試験 大問3 問2）

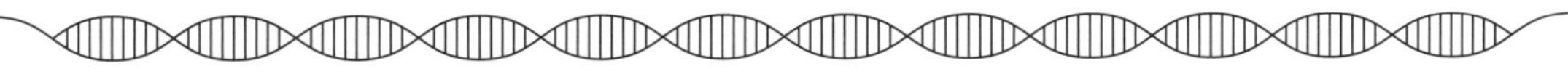

答えの▶出し方

①、②、④ は正しい。

③ グルコースをデンプンに変えるのではなく、グリコーゲンに変える（×）。

正解は③。

（なお、キャラメルの名前の「グリコ」はグルコース、あるいはグリコーゲンから来ている）。

3−6 腎臓の働き

人間が活動すると、血液のなかにアンモニアが溜まってくる。これは人体に有害なので、肝臓で「尿素回路」という複雑な過程を経て、毒性のない尿素に変換され、再び血液に放出される。

この尿素を血液からより分け、体外に排出する尿(おしっこ)として作り出すのが腎臓の仕事である。腎臓には腎小体という組織がある。腎小体は腎動脈から分かれてきた血管が細かく分かれて球状をなした糸球体と、これを取り囲む「ボーマン嚢」からなっている。糸球体に流れこんできた血液は、ここでタンパク室を除く血しょうの成分が濾し出され、ボーマン嚢に取り込まれる。これを原尿という。この原尿は、腎細管→集合管と流れていくうちに、グルコース、水分などの有用物質が再び血液中に取り込まれるが、尿素だけは取り込まれない。最後に尿素の濃縮された尿が生成され、おしっことなって体外に排泄されるのである。

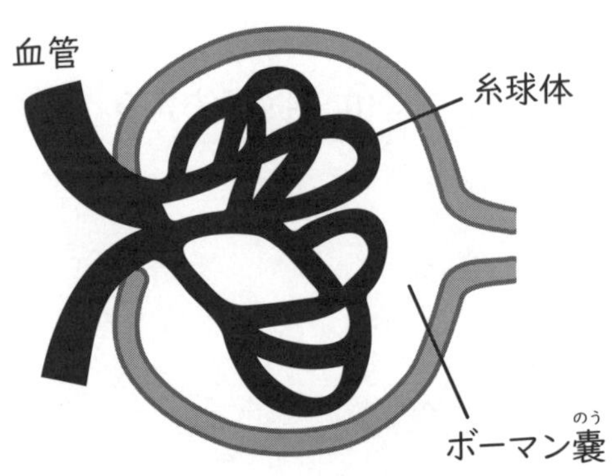

図16 腎小体の構造模式図

3−7 ホルモンの働き

われわれの体の体温や平衡感覚、興奮作用、心臓の鼓動、血圧などは、体をよい状態に保つために微妙に調整されている。その役目を果たすために、全身をめぐる血液の中に「ホルモン」と呼ばれるさまざまな種類の微量物質が肝臓やすい臓などの内臓で合成され、分泌(泌み出し)されている。ホルモンが漢字で「内分泌物質」と書かれるのは、外から取り込まれる微量物質であるビタミンと同じような役目をするが、外からの食事で取り込まれるものではなく、われわれの内臓器官自身が合成し、血液中に泌み出して全身に送り出す物質という意味が込められているからである。

血糖濃度を調節するホルモンについて説明しよう。

(a−1)血糖値を下げるインスリン

食事などによって取られたデンプンは消化されてグルコースとなり、小腸から肝臓に蓄えられた後、濃度を調整されて血液中に排出される。この血糖の濃度である血糖値が正常値より高くなって、尿の中にも糖が出てくる状態を**糖尿病**という。この場合には血糖を下げなくてはならないが、この役目は**間脳の視床下部**が高血糖の状態を察知し、交換神経と通じて、膵臓の**ランゲルハンス島B細胞**からインスリンを分泌せる。インスリンは血中の糖の消費を促進して糖分を減らす役目を果たす。

(a−2)血糖値を上げるグルカゴンとアドレナリン

前とは逆に血糖値が下がりすぎた場合には、**間脳の視床下部**が高血糖の状態を察知し、交換神経を通じて、同じ膵臓のランゲルハンス島のA細胞にグルカゴンを分泌させる。グルカゴンは血糖値を上げるホルモンである。また**副腎の髄質**から分泌される**アドレナリン**、**副腎の皮質**から分泌される**コルチノイド**も同じ役目を果たす。

(b)細胞を活発化させる甲状腺ホルモン・チロキシン

のどにある甲状腺から分泌されるホルモンで、エネルギー代謝、タンパク質の代謝を促進し、細胞を活発化するホルモンにチロキシンがある。

【しまりすの親方B島探検記】

2016年12月16日、しまりすの親方は、伊豆の下田を朝9時発の神津島(こうづしま)行きの船に乗って、伊豆膵臓(いずすいぞう、伊豆諸島だっけ？)の一つ、**ランゲルハンスB島**を探検してきた。その島にいくと、AさんとBさんがいた。Aさんは飲酒(いんしゅ)運転でつかまって**「飲酒人(いんしゅじん、インシュリン)」**と名乗っていた。お巡りさんにスピードが**高すぎる、もっと下げろ**と言われて、罰としてこの島に送られて来たんだって。

Bさんは鹿児島(かごしま)から来たので、**「来る、鹿児島人(くるかごしマン、グルカゴン)」**と名乗ってました。**侮(あな)どれない人(アドレナリン)**も同行していました。Bさんたちは Aさんとは逆に「低すぎる、もっと上げろ」と言われてました。高認の合格率を**上げるため**の研究してるんだって！ 強い味方だなあ！

図17 これがランゲルハンスB島だ！
「B」の字を寝かしたような形をしている。
（本当はウトネ島）。

それでは過去問を見ておこう。

次の文章は、血糖量の調節ついて述べたものである。文章中の空欄 **オ** と **カ** に入る語の正しい組み合わせを、下の ①〜⑤ のうちから一つ選べ。

血糖量が増加したとき、Ⅰ〜Ⅳの課程を経て血糖量を減少させる。

Ⅰ　高血糖の血液が間脳の視床下部にある血糖調節中枢に流入すると、興奮が副交感神経を通じて **オ** に伝えられる。

Ⅱ　高血糖の血液が直接 **オ** を刺激する。

Ⅲ　刺激を受けた **オ** から **カ** というホルモンが分泌される。

Ⅳ　**カ** は、各細胞でのグルコースの消費を促し、肝臓ではグルコースからグリコーゲンを合成する反応を促すので、血糖量は減少する。

	オ	カ
①	すい臓のランゲルハンス島Ａ細胞	インスリン
②	すい臓のランゲルハンス島Ａ細胞	アドレナリン
③	すい臓のランゲルハンス島Ｂ細胞	グルカゴン
④	すい臓のランゲルハンス島Ｂ細胞	インスリン
⑤	副腎皮質	アドレナリン

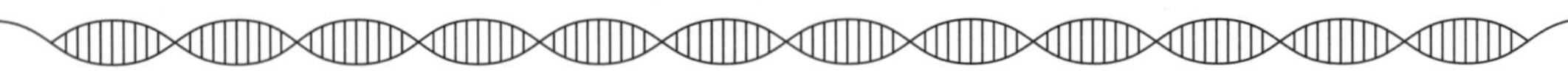

答えの出し方

Ｂ島で会った飲酒運転で速度を下げなくてはいけないＡさんだね！ **④が正解。**

2016年の８月の過去問も試験もやっておこう。

図２は，副腎の位置と断面の模式図である。副腎のはたらきについて説明した次の文章中の空欄 ウ と エ に入る語句の正しい組合せを，下の①～④のうちから一つ選べ。

腎臓の上にある副腎は，腎臓と組織的なつながりはなく，内分泌腺として機能している。血糖濃度が低下すると，間脳の視床下部がこの情報を受け取り， ウ を通じて副腎の髄質からの エ の分泌を促す。 エ は肝臓などにはたらきかけて血糖濃度を上昇させる。また，副腎の皮質から分泌される糖質コルチコイドも，タンパク質から糖をつくる反応を促進し，血糖濃度を上昇させるはたらきがある。

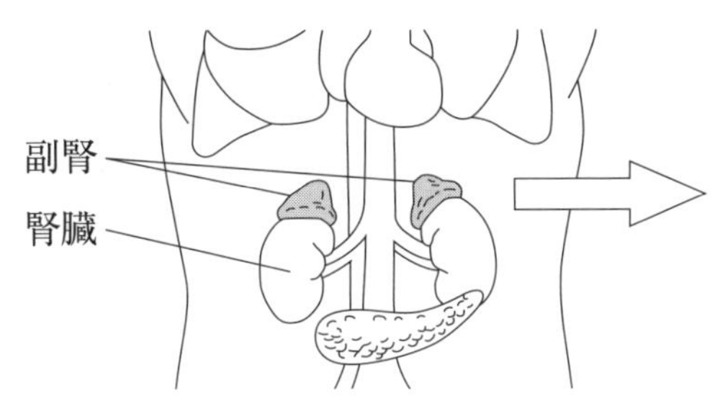

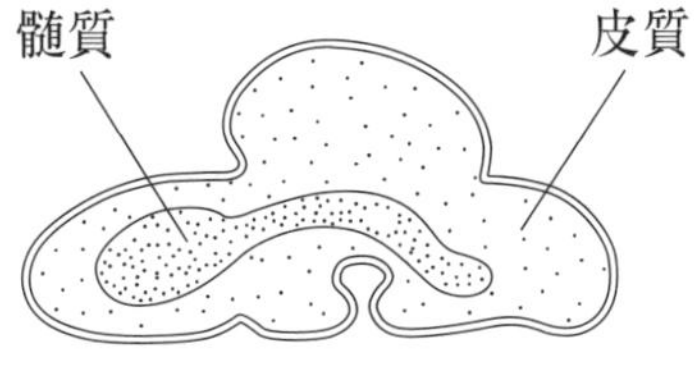

図２

	ウ	エ
①	交感神経	アドレナリン
②	交感神経	チロキシン
③	副交感神経	アドレナリン
④	副交感神経	チロキシン

（2016年8月試験 大問3 問3）

答えの出し方

交感神経からの命令を受けて血糖値を下げるホルモンが副腎から分泌される。それは、アドレナリン（副腎の髄質）とコルチノイド（副腎の皮質）である。

①が正解である。

チロキシンは成長を促す甲状腺ホルモン。次の↗問題を参照のこと。

【厳重注意】 交感神経系→（命令）→副賢→アドレナリン、コルチノイドであって、「副交感神経系→副賢」はマチガイである。「副」の漢字にダマされないように！

2015年8月の問題で、チロキシンの果たす役割を見ておこう。

次の文章は甲状腺からのチロキシンの分泌の調節について述べたものであり，**図1**はその調節について模式的に示したものである。文章中の空欄 キ ～ ケ に入る語句の正しい組合せを，下の①～⑤のうちから一つ選べ。

甲状腺はチロキシンを分泌する。このホルモンは，全身の細胞の活動を活発にする。チロキシン濃度が不足すると，視床下部から甲状腺刺激ホルモン放出ホルモンが分泌される。甲状腺刺激ホルモン放出ホルモンは， キ からの甲状腺刺激ホルモンの分泌をうながす。甲状腺刺激ホルモンが甲状腺に作用し，チロキシンが分泌される。チロキシンの濃度が上昇してくると，視床下部と キ からのホルモンの分泌は， ク される。このように，一連の反応の最終結果が反応のはじめの段階までさかのぼって反応を調節するしくみを ケ という。

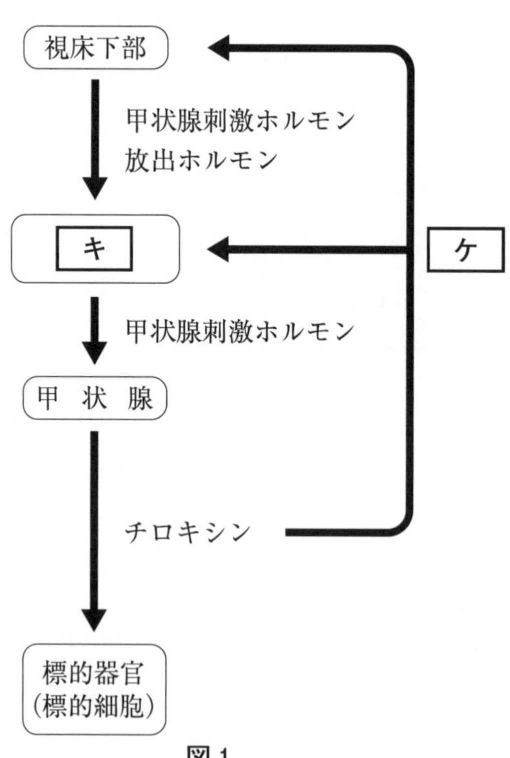

図1

	キ	ク	ケ
①	脳下垂体後葉	抑　制	フィードバック
②	脳下垂体後葉	促　進	ホメオスタシス
③	脳下垂体前葉	抑　制	フィードバック
④	脳下垂体前葉	促　進	フィードバック
⑤	脳下垂体前葉	抑　制	ホメオスタシス

（2015年8月試験 大問3 問4）

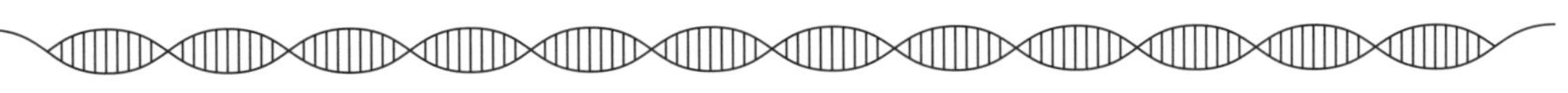

答えの▸出し方

チロキシンは全身の細胞を活発化させるため一定濃度血中になくてはならないホルモンである。その不足を察知するのは視床下部であって、その情報は脳下垂体前葉(のうかすいたいぜんよう)に伝えられ、交換神経を通じて甲状腺にチロキシンの分泌が命令される。チロキシンの分泌が促進されるとそのことは視床下部と脳下垂体前葉に伝えられて、チロキシンの過剰な分泌がおさえられる作用をもたらす（負のフィードバック）。こうしてチロキシンの量は過剰にも過少にもならず、適量が保たれ続けるのである。

正解は③。

MEMO

3−7 免疫(めんえき)：生体防御のしくみ

人間の体の中に外部から有害な細菌や毒素などが侵入して来たとき、人間の体にはこれに対抗するしくみが備わっている。このような場合の細菌や毒素を「抗原(こうげん)」という。これに対して人間の体から、これに対抗して体内で発生する物質を「抗体」と呼ぶ。

ヘルパーT細胞が主役を演ずるこの作用に関して、2014年8月の問題を見ておこう。

次の文章は、抗原が体内に侵入してから抗体がつくられるまでのしくみについて述べたものである。文章中の空欄 セ ～ タ にあてはまる語の正しい組み合わせを、下の①～⑤のうちから一つ選べ。

体外から侵入した非自己である抗原を取り込んだ セ は、それを細胞内で消化して、その情報を ソ に伝える。次に、 ソ は、 タ を刺激する。活性化された タ は増殖して、抗体産生細胞になり、抗体を産生する。

	セ	ソ	タ
①	キラー T 細胞	B 細胞	ヘルパー T 細胞
②	キラー T 細胞	ヘルパー T 細胞	B 細胞
③	樹状細胞	B 細胞	ヘルパー T 細胞
④	樹状細胞	ヘルパー T 細胞	B 細胞
⑤	ヘルパー T 細胞	B 細胞	樹状細胞

（2014年8月試験 大問3 問6）

答えの出し方

体外から有害な毒素物質や細菌等の抗原が体内に侵入すると、まずその抗原は樹状細胞(じゅじょうさいぼう)が取り囲み、その情報がヘルパーT細胞に伝えられる。ヘルパーT細胞はB細胞を刺激する。B細胞は増加し、抗体を作り出す細胞になる。こうして抗体が作り出される。

正解は④。

Tは先生(teacher)、Bは生徒(boys)かな?

【注意】この免疫の形式を「体液性免疫」、あるいは「自然免疫」という。

樹状細胞(J)、T、Bと続く。JTBだ。旅行会社の名前みたいだね。

生体防御としてB細胞を刺激・増殖させて抗体を作る「体液性免疫」のほかに、抗体を作らずT細胞自身が抗原(病原菌)に直接攻撃を加える「細胞性免疫」という生体防御の方式がある。
これに関して2016年8月の問題を見ておこう。

図3は免疫の過程をまとめた模式図である。**図3**の空欄 **オ** と **カ** に入る語句の正しい組合せを，下の①～④のうちから一つ選べ。

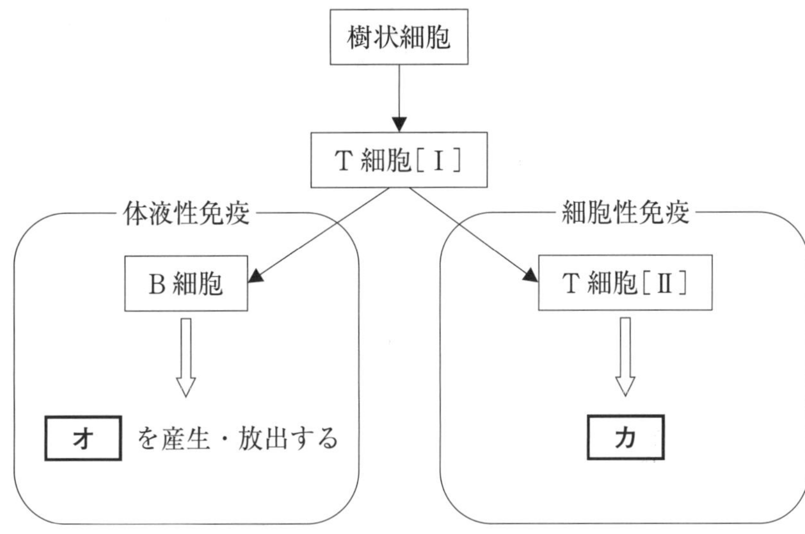

(注) T細胞[Ⅰ]と[Ⅱ]はそれぞれ別の種類のT細胞を示している。

図3

	オ	カ
①	抗　体	病原体の侵入を防ぐ
②	ワクチン	病原体の侵入を防ぐ
③	抗　体	感染細胞を直接攻撃する
④	ワクチン	感染細胞を直接攻撃する

(2016年8月試験 大問3 問5)

答えの出し方

図3の左の枝はB細胞に抗体を作らせる体液性免疫で、前問で学んだ免疫作用である。右の枝はT細胞自身が直接異物に攻撃を加える細胞性免疫の様式である。「オ」は抗体、「カ」は直接攻撃である。

③が正しい。

この問題の図の「B細胞が体液性免疫」、で「T細胞が細胞性免疫」は覚えたい。

血液の中の白血球は体内に侵入してきた異物を「食べる」機能があり、これも生体防御のひとつの形式である。

これに関して、2015年8月の問題を見ておこう。

生体防御について，白血球のうちマクロファージの主なはたらきとして正しいものを，次の①～④のうちから一つ選べ。

① 体内に侵入した異物を，細胞内に取り込んで分解する。

② 出血した際に，血液凝固反応に関わる。

③ 体内に異物が侵入すると，抗体を大量に生産する。

④ 酸素の運搬を行う。

（2015年8月試験 大問3 問5）

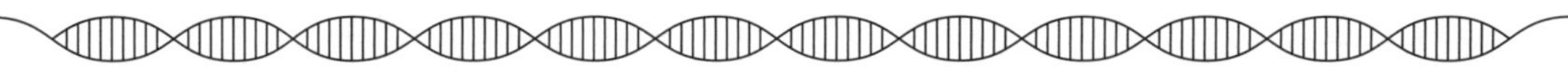

答えの出し方

①が正解である。「細胞内に取り込んで分解」することをふつうは「食べる」という。

②は白血球ではなく、血小板が行うことである（×）。

③はB細胞が行うことである（×）。

④これは赤血球のヘモグロビンによる酸素輸送の役割であって、生体防御・免疫ではない。

この問題の最初に「白血球のうちマクロファージ」とあった。白血球のすべてが体内に入ってきた異物を捕食して分解するわけではない。白血球のうちでも特にマクロファージと呼ばれる「エライ白血球だけが」異物を捕食するのである。白血球の中にも異物を捕食しない役立たずのものもいるのだ。

3－8 アレルギーとエイズの問題

以上に見てきたように人間の体には、有害な侵入者から身を守ってくれる生体防御・免疫の機構が備わっている。しかし、このしくみも万能ではなく、2個の弱点を持っている。一つの弱点は、人体を守るはずの抗体が、過剰に作用してかえって人体を損ねるアレルギーの問題がある。二つ目の弱点は免疫機構そのものを無効にしてしまうエイズの問題である。

まず、アレルギーの問題に関する2015年8月の問題を見ておこう。

次の文章は，免疫のしくみがからだに異常をもたらす例について述べたものである。文章中の空欄 コ と サ に入る語句の正しい組合せを，下の①～④のうちから一つ選べ。

外界から侵入した異物を認識・記憶し，再侵入時にすばやく強く排除する免疫のしくみがある。これは本来，からだを効果的に防御するシステムであるが，スギ花粉などを コ として認識し，過敏な免疫反応が引き起こされることがある。これを サ という。

	コ	サ
①	抗　体	ワクチン
②	抗　原	アレルギー
③	抗　体	アレルギー
④	抗　原	ワクチン

（2015年8月試験 大問3 問6）

答えの出し方

人間にとって無害なはずのスギ花粉（かふん）を抗原と認識し、過敏な免疫反応が働いて「鼻水、くしゃみが止まらない」などの反応をおこすことがある。これをスギ花粉アレルギーという。コは抗原、サはアレルギーが正しい。

②が正解である。

なお、生魚を食べたときに人によっては全身がかゆくなることがある。これもアレルギーの症状である。

続いて、2016年8月の問題を見ておこう。

T 細胞は，他の免疫細胞にはたらきかけて，免疫系全体を制御する重要な役割がある。あるウイルスの感染によりこの T 細胞が破壊されると，免疫系が正常にはたらかなくなる。このウイルスが引き起こす**病気の名称**と，その**症状**の正しい組合せを，次の①～④のうちから一つ選べ。

	病気の名称	症　状
①	アレルギー	いろいろな感染症にかかりやすくなる
②	アレルギー	炎症など過敏な免疫反応が起こる
③	エイズ	いろいろな感染症にかかりやすくなる
④	エイズ	炎症など過敏な免疫反応が起こる

（2016年8月試験 大問3 問4）

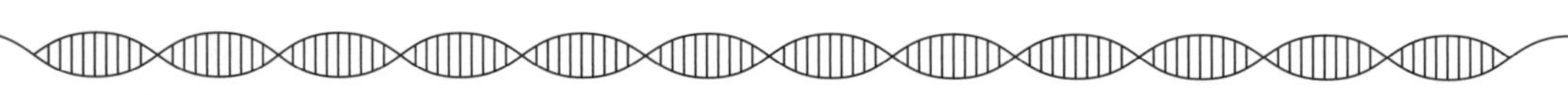

答えの▸出し方

生体防御に重要な役目を果たす T 細胞自身が破壊されてしまうと、人体にせっかく備わった免疫自体が無効になってしまう。これが**エイズ**という病気の恐ろしいところである。**③が正解。**

第3章最後の問題として、予防接種と血清療法の2015年11月の問題を研究しておこう。

予防接種と血清療法に関する次の文g～jについて，正しい文の組合せを，下の①～⑤のうちから一つ選べ。

g　予防接種とは，微生物が分泌する抗体をそのまま注射し，抵抗力をつけて，感染症にかかりにくくする方法である。

h　予防接種とは，病原体の病原性を弱めたり，なくしたりしたものを注射し，人工的に記憶細胞を形成させて抵抗力をつけて，感染症にかかりにくくする方法である。

i　血清療法とは，毒ヘビにかまれたことのあるウマやウサギなどの動物の体内にいる微生物を保存しておき，それを毒ヘビにかまれたヒトに注射して治療する方法である。

j　血清療法とは，ウマやウサギなどの動物にヘビ毒の毒素を注射し，その動物の血清を保存しておき，それを毒ヘビにかまれたヒトに注射して治療する方法である。

①　g，h

②　g，i

③　g，j

④　h，i

⑤　h，j

（2015年11月試験 大問3 問6）

答えの▸出し方

予防接種とは、病原体の性質を弱めたものを注射し、人工的に対抗力を付ける方法である。血清療法はjの文章の通り。「抗体をそのまま注射」とか「毒ヘビにウマやウサギをかませる」などというランボウなことはしない。

h、jが正しく、**⑤が正解である。**

【注意】驚いたことに、第３章はここまでが勉強で、ここからが過去問研究である。

それでは、大問3の過去問をやってみよう。

3 生物の体内環境の維持について，問１～問５に答えよ。

問１

次の文章は，赤血球のはたらきについて述べたものである。文章中の空欄 ア ～ ウ に入る語句の正しい組合せを，下の①～⑤のうちから一つ選べ。

> ヒトの赤血球中にはヘモグロビンというタンパク質が含まれている。ヘモグロビンは，酸素濃度が高く二酸化炭素濃度が低いところでは酸素と ア しやすく，酸素濃度が低く二酸化炭素濃度が高いところでは酸素と イ しやすい性質がある。この性質により，酸素ヘモグロビンの割合は ウ において増加し，他の組織では減少する。このことにより赤血球は酸素を運搬することができる。

	ア	イ	ウ
①	結　合	解　離	肺　胞
②	結　合	解　離	脳
③	結　合	解　離	筋　肉
④	解　離	結　合	肺　胞
⑤	解　離	結　合	脳

問 2

次の文章は，尿の生成について述べたものである。文章中の空欄 **エ** ～ **カ** に入る語句の正しい組合せを，下の①～⑥のうちから一つ選べ。

> **図 1** は，腎臓における尿の生成について模式的に示したものである。腎臓に入った血液は，血球とタンパク質を除く成分が糸球体からボーマンのうへ **エ** され，原尿になる。原尿が腎細管(細尿管)や集合管を通る過程で，必要に応じて成分が **オ** され，残りが尿となる。このようにして，腎臓は体液に含まれる **カ** を一定に保っている。

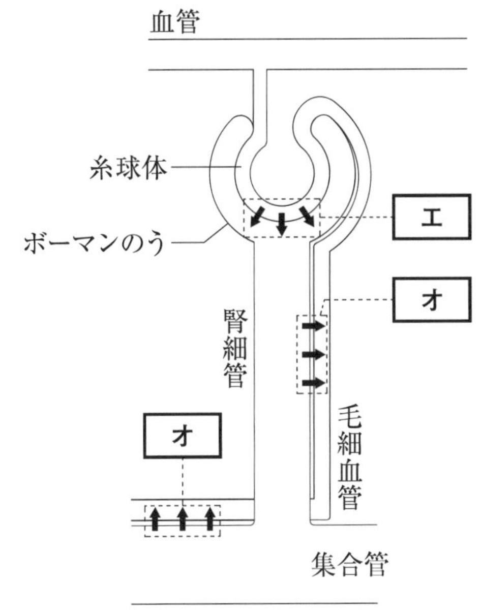

図 1

	エ	オ	カ
①	再吸収	ろ　過	無機塩類の濃度
②	再吸収	ろ　過	ホルモンの濃度
③	再吸収	再吸収	赤血球の数
④	ろ　過	再吸収	無機塩類の濃度
⑤	ろ　過	再吸収	ホルモンの濃度
⑥	ろ　過	ろ　過	赤血球の数

問 3

次の文章は，肝臓のはたらきについて述べたものである。文章中の空欄 キ ～ ケ に入る語句の正しい組合せを，下の①～⑤のうちから一つ選べ。

> ヒトの肝臓は図2の キ である。肝臓では，脂肪の分解を助ける成分を含む ク が合成される。 ク は，肝臓でつくられた後，胆のうで一時的に貯蔵・濃縮されたのちに十二指腸で分泌される。また，肝臓には，アルコールのような有害物質を ケ はたらきがある。

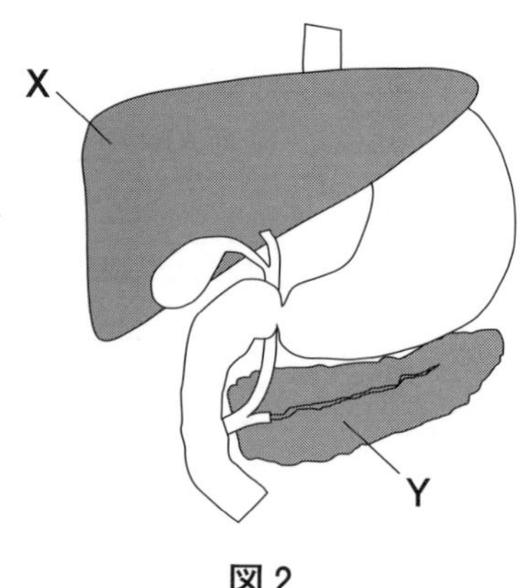

図2

	キ	ク	ケ
①	X	グリコーゲン	分解して無害な物質にする
②	X	グリコーゲン	合成して貯蔵する
③	X	胆汁(たんじゅう)	分解して無害な物質にする
④	Y	グリコーゲン	分解して無害な物質にする
⑤	Y	胆汁	合成して貯蔵する

問 4

次の文章は，ヒトの免疫について述べたものである。文章中の空欄 **コ** に入る正しい組合せを，下の①～④のうちから一つ選べ。

ヒトの免疫は，自然免疫と獲得免疫の大きく２つに分けられる。次の３月のある日に書かれたＡ君の日記において獲得免疫と関係が深いのは，下線部(a)～(d)のうち **コ** の組合せである。

Ａ君の日記

３月●日

今日はクラスの８人がインフルエンザで欠席した。ぼくは(a)先週かかったので，かからないだろう。

２時間目の体育の授業はグラウンドで行われ，(b)友人が花粉症のためにくしゃみをしていた。グラウンドは風が強く，(c)砂ぼこりが目に入り，涙が止まらなかった。砂ぼこりで前がよく見えず，転んですり傷ができた。しばらくすると(d)血がかたまって止まった。みんなに心配されて恥ずかしかった。

	コ
①	(a)先週かかったので，かからない (b)友人が花粉症のためにくしゃみをしていた
②	(a)先週かかったので，かからない (c)砂ぼこりが目に入り，涙が止まらなかった
③	(b)友人が花粉症のためにくしゃみをしていた (c)砂ぼこりが目に入り，涙が止まらなかった
④	(b)友人が花粉症のためにくしゃみをしていた (d)血がかたまって止まった

問 5

次の文章は，皮膚や臓器移植の際におこる拒絶反応について述べたものである。文章中の空欄 サ ～ ス に入る語句の正しい組合せを，下の①～⑤のうちから一つ選べ。

> 他人の皮膚や臓器を移植した場合には，移植された組織が サ と認識され， シ 細胞が移植された組織を直接，攻撃する。攻撃された組織は定着できなくなる。これを拒絶反応という。拒絶反応は ス 免疫が大きくかかわっている。

	サ	シ	ス
①	自　己	B	体液性
②	自　己	T	細胞性
③	自　己	T	体液性
④	非自己	B	体液性
⑤	非自己	T	細胞性

（ 2016年11月試験 ）

答えの出し方

【問1】

血液の赤血球には鉄分を含んだヘモグロビンがあり、肺のような酸素が多く二酸化炭素の少ないところで酸素と結合し、肺以外の全身のように酸素が少なく二酸化炭素の多いところで酸素を「放り出す」（解離する）。「ウ」は肺胞（はいほう）である。**①が正解。**

【問2】

エ は「こしだされている」ので「濾過（ろか）」だね。 オ では濾過された原尿にある有効な成分（水分、塩分、糖類、ミネラル）が再吸収されている。このようにして腎臓は血液中の無機塩類の濃度を調整しているのである。**④が正しい。**

【問3】

肝臓はXで、Yは脾臓（ひぞう）である。肝臓は脂肪の分解を助ける胆汁（たんじゅう）を分泌する。肝臓にはアルコールを分解して無害にする役割もある。**③が正解である。**

【問4】

「自然免疫」は体内に入ってきた異物を体内組織が「食べる」免疫、と書かれている。「獲得免疫」は「はしかは一度かかるとその後一生かからない」、「天然痘はワクチンで」ということを言うことである。どうも教科書を読んでもなんだかよく分からないが、しまりすの親方はこう理解した。けがが治るのが「自然免疫」で、伝染病に抵抗するのが「獲得免疫」だ。だいたいこういうことらしい。

(a)(b)はけがじゃないので「獲得免疫」らしい。

(d)はけがだから自然免疫らしい。

(c)は免疫と言えるのかねえ。(インターネットで調べても本物のお医者さん以外分からないような説明ばかり)。

①が正解らしい。たしかに合っていた。

「砂ぼこり」と「血がかたまって」は「獲得免疫」じゃないんだって。

【問5】

サ は自分の臓器ではない「非自己」、直接攻撃するのはT細胞、と知っていれば **⑤が正解**と分かる。「Bが体液性」、「Tが細胞性」と覚えていれば、③が間違いであることが分かる。

3 生物の体内環境の維持について，問1～問5に答えよ。

問 1

次の文章は，ヒトの血液凝固について述べたものである。文章中の空欄 ア ～ ウ に入る語句の正しい組合せを，下の①～⑤のうちから一つ選べ。

けがなどで血管が傷つくと，そこに ア が集まってきて傷口をふさぐ。さらに， ア から放出される血液凝固因子(ぎょうこいんし)などの作用で，血しょう中に イ とよばれるタンパク質からなる繊維が形成される。これが血球とからみ合って血ぺいをつくり，傷口から流出する血液が固まる。この現象は血液凝固とよばれ，それ以上の血液が失われるのを防ぐとともに，体外からの病原菌をはじめとする異物が侵入することを防ぐ。

血液を試験管に採取してしばらく置くと，血液は血ぺいと血清に分かれるが，このとき，血ぺいは，図1の ウ の部分である。

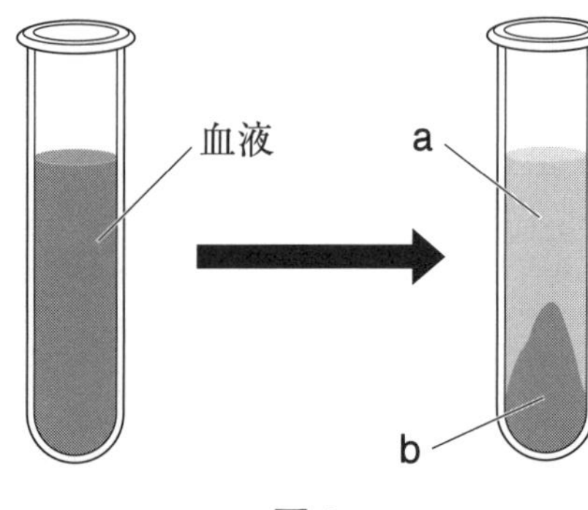

図1

	ア	イ	ウ
①	血小板	フィブリン	a
②	血小板	フィブリン	b
③	血小板	ヘモグロビン	a
④	赤血球	ヘモグロビン	a
⑤	赤血球	フィブリン	b

問 2

ヒトの肝臓の特徴やはたらきについて述べた正しい文の組合せを，下の①～⑤のうちから一つ選べ。

c　胆汁は肝臓でつくられた後，胆のうで一時的に貯蔵される。

d　肝臓につながる肝門脈を流れる血液には，ほかの血管を流れる血液よりも多くの尿素が含まれる。

e　肝臓では物質の合成・分解が盛んに行われてたくさんの熱が発生しており，これが体温の維持に役立っている。

f　体内でできた有害なアンモニアは，肝臓に運ばれて害の少ないグリコーゲンに変えられる。

① c，d
② c，e
③ c，f
④ d，e
⑤ d，f

問 3

次の文章は，ヒトの腎臓のはたらきについて述べたものである。**図 2** は，腎臓の尿を生成する構造上の単位を模式的に示したものである。文章中の空欄 エ ～ カ に入る語句の正しい組合せを，下の①～⑥のうちから一つ選べ。

> 腎臓中には，ネフロン（腎単位）とよばれる尿を生成する単位がある。ネフロンは，エ とそれに続く細尿管（腎細管）からできている。エ は，毛細血管が集まって球状になった糸球体と，それを包んでいる袋状のボーマンのうからなる。
>
> 糸球体では，血液中の血球や オ 以外の成分の大部分がボーマンのうにろ過され，原尿となる。
>
> 原尿は細尿管に導かれ，すべての カ ，必要量の塩類などが，そこに分布する毛細血管に再吸収される。

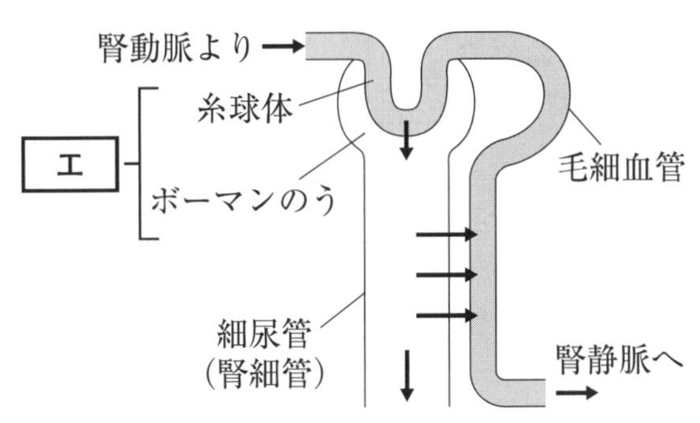

→ は，液体の流れる方向を示す

図 2

	エ	オ	カ
①	輸尿管	タンパク質	グルコース
②	輸尿管	グルコース	タンパク質
③	集合管	タンパク質	グルコース
④	集合管	グルコース	タンパク質
⑤	腎小体	タンパク質	グルコース
⑥	腎小体	グルコース	タンパク質

問 4

次の文章は，チロキシンの分泌調節のしくみについて述べたものである。文章中の空欄 **キ** ～ **ケ** に入る語句の正しい組合せを，下の①～⑤のうちから一つ選べ。

> **図 3** は，甲状腺から分泌されるホルモンの一種であるチロキシンの濃度調節のしくみを表した模式図である。チロキシン濃度は，最終的につくられた物質や起きたはたらきの効果(チロキシン濃度の変化)が，そのはたらきを調節するもとの器官や組織に戻って作用する **キ** というしくみによって調節されている。
>
> 血液中のチロキシン濃度が低下すると， **ク** がその濃度を感知し，放出ホルモンを分泌する。放出ホルモンは， **ケ** からの甲状腺刺激ホルモンの分泌を促進する。甲状腺刺激ホルモンは，甲状腺からのチロキシンの分泌を促進する。その結果，チロキシン濃度が上昇する。
>
> チロキシン濃度が高くなると，その情報を **ク** や脳下垂体が受け取り，放出ホルモンや甲状腺刺激ホルモンの分泌を抑制し，チロキシンの分泌量が減少する。

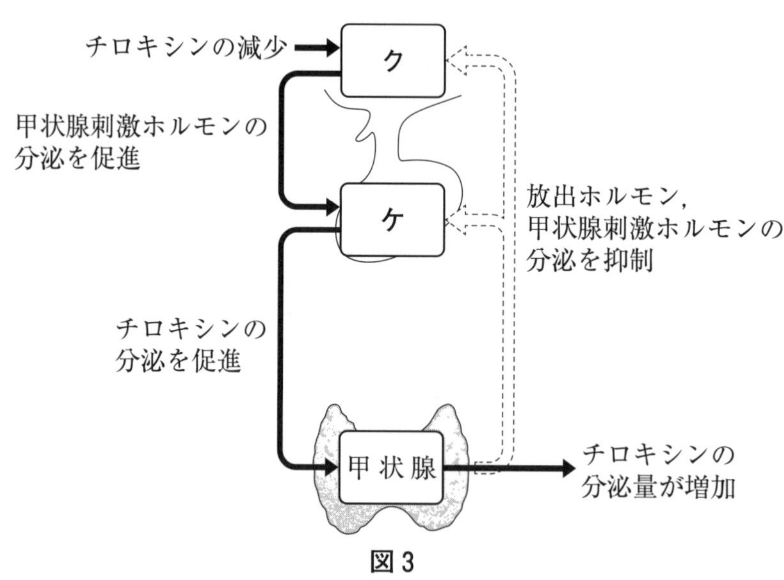

図 3

	キ	ク	ケ
①	ホメオスタシス	視床下部(間脳)	脳下垂体後葉
②	ホメオスタシス	大　脳	脳下垂体前葉
③	フィードバック	大　脳	脳下垂体前葉
④	フィードバック	視床下部(間脳)	脳下垂体後葉
⑤	フィードバック	視床下部(間脳)	脳下垂体前葉

問 5

赤血球の性質を調べる探究活動として，以下のような実験を行った。文章中の空欄 コ と サ に入る数値として最も適切なものの組合せを，次のページの①～④のうちから一つ選べ。

【実験の目的】

ブタの赤血球を観察するとき，赤血球が膨張も収縮もしない食塩水の濃度を調べる。

【予備実験】

ブタの血液を表 1 のＡ～Ｃの 3 種類の濃度の食塩水に加え，赤血球の変化の様子を観察した。図 4 は，そのときに顕微鏡で多く観察できた赤血球を模式的に表している。

表 1

	A	B	C
食塩水の濃度	0.5 %	2.5 %	4.5 %

通常の赤血球	A	B	C
 膨張も収縮もしない	 膨張した赤血球	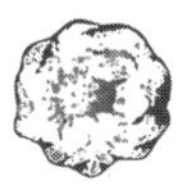 収縮した赤血球	 収縮した赤血球

図 4

【予備実験の結果】

顕微鏡で観察すると，Ａでは，通常の赤血球よりも膨張した赤血球が多くみられた。ＢとＣでは，通常の赤血球よりも収縮した赤血球が多くみられた(図 4)。

参考書で調べたところ，ブタの赤血球を細胞内の塩濃度より高い濃度の食塩水に浸すと，細胞内の水が外に出て赤血球は収縮することがわかった。一方，細胞内の塩濃度より低い濃度の食塩水に浸すと，細胞内に水が入って赤血球は膨張することがわかった。

【本実験の計画】

予備実験の結果から，ブタの赤血球が膨張も収縮もしない食塩水の濃度は， コ の間と予想されるので，予備実験の食塩水のほかに， サ の 3 種類の濃度の食塩水を用意し，それぞれにブタの血液を加え，ブタの赤血球が膨張も収縮もしない食塩水の濃度を詳しく調べることにした。

	コ	サ
①	0.5％〜2.5％	1.0％, 1.5％, 2.0％
②	0.5％〜2.5％	1.5％, 3.5％, 5.5％
③	2.5％〜4.5％	1.0％, 1.5％, 2.0％
④	2.5％〜4.5％	1.5％, 3.5％, 5.5％

（2017年11月試験）

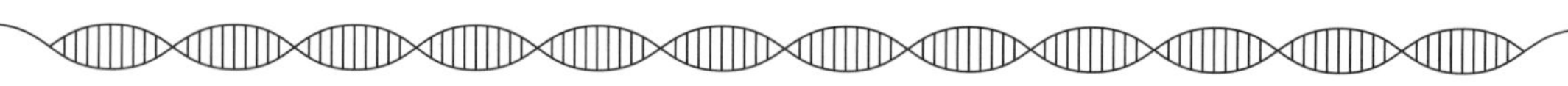

答えの▸出し方

【問1】

けがをしたとき傷口をふさぐ役目をするのは血小板である。血小板にはフィブリンと呼ばれる繊維物質が含まれていてこれが「血餅」を作る。血小板は図1の沈殿したbの部分に多く含まれる。

②が正解である。

フィブリンは「fiber（英語で繊維）」からきた言葉である。

【問2】

c：正しい。

d：肝門脈というのは小腸や脾臓から肝臓に向かって血液を送る血管のこと。小腸からは吸収された養分が運ばれてくる。脾臓からは古くなって破壊された赤血球の成分が含まれている。尿素は含まれていない。肝臓は全身で発生した有毒なアンモニアを尿素に変えて送り出す役目を果たすので「肝臓から出る」には尿素が多いが、「肝臓に来る血管」には尿素はない（×）。

e：あとまわし。↗

f：アンモニアは肝臓で害の少ない尿素に変えられる。肝臓では血液中の過剰なグルコース（ブドウ糖）をグリコーゲンに変えて貯蔵し、血液中のグルコースが足りないときにグリコーゲンをグルコースに戻して血液中に出す目を果たす。fは（×）。

結局cとeが正解で、**②が正しい。**

しかし、eが正しいかまちがった文かこの文だけで判断するのは不可能に近い。ただ、dとfがハッキリ誤りであることから、「eは正しいんだろうなぁ」と思われるだけである。

この問題、従来のセンター試験並みの難問である。

【問3】

球状や袋状のものは「管」ではない。したがって、①〜④は誤り。⑤か⑥が正解である。原尿から再吸収されるのはグルコースである。

⑤が正解である。

【問4】

「元に戻る」は英語で「バック」だから、 キ はフィードバック。「濃度の異常を検知するのは、視床下部」。

ここまではいいが、 ク が「脳下垂体前葉」か「脳下垂体後葉」か知ってますか？「特性ホルモン」を分泌するのが「前葉」、ホルモンを直接分泌するのが「後葉」なんだそうだ。

だから、**⑤が正解**ということになるのだが、しまりすの親方の頭が悪いのか、教科書のこの部分の説明の日本語をいくら読んでも理解できなかった。「脳下垂体前葉」と「脳下垂体後葉」の区別を聞かれる問題が出されたら、「好きな方を選びなさい」。こんなの専門のお医者さんだけが知ってりゃいい知識だ。誰だ、高認でこんな問題出したのは？ 高認生物の出題者には「鬼」がいる。↗

【問5】

これは「浸透圧の問題」という。

細胞膜は「半透性膜」といって、水は通すが塩は通さない。

いま細胞膜で風船を作って、風船のなかに1.0%の食塩水を入れ、風船を0.5%の食塩水のプールに入れると、風船の中と外の食塩の濃(こ)さを同じにしようとするため、プールの側の水が風船内に入ろうとする。このため風船はパンパンに膨(ふく)らむ。

逆に、風船の中が0.5%の食塩水、プールが1.0%の食塩水のときは、風船の中の水分がそとのプール側に出るので、風船はシワシワに縮む。

この問題の実験の結果は、血液の塩分濃度が0.5%より大きく、2.5%より小さかったことを示している（ コ の答）。

より詳しく血液の塩分濃度を知るには、0.5%と2.5%の間の濃度のプールを用意すればよい。

サ は1.0%、1.5%、2.0%の3種類用意する。

①が正解。

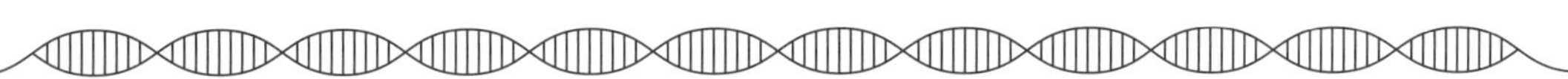

3 生物の体内環境とその維持について，問1～問5に答えよ。

問 1

次の文章は，ヒトの腎臓の構造と働きについて説明したものである。文章中の空欄 ア ～ ウ に入る語句の正しい組合せを，下の①～⑥のうちから一つ選べ。

図1は，ヒトの腎臓を構成するネフロン(腎単位)の模式図である。腎臓に入った血液は糸球体から ア にろ過され原尿となり，原尿に含まれる成分の一部は細尿管(腎細管)や集合管で再吸収され，残りが尿となる。

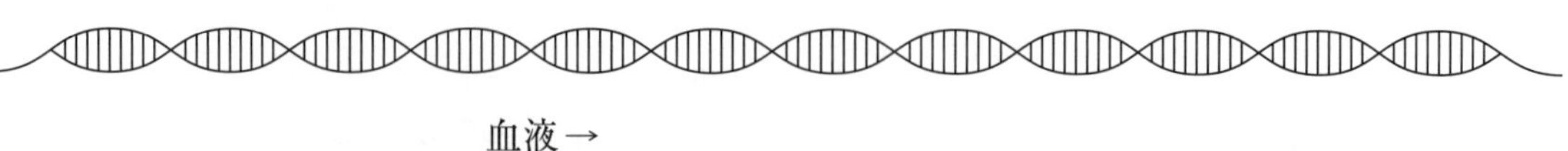

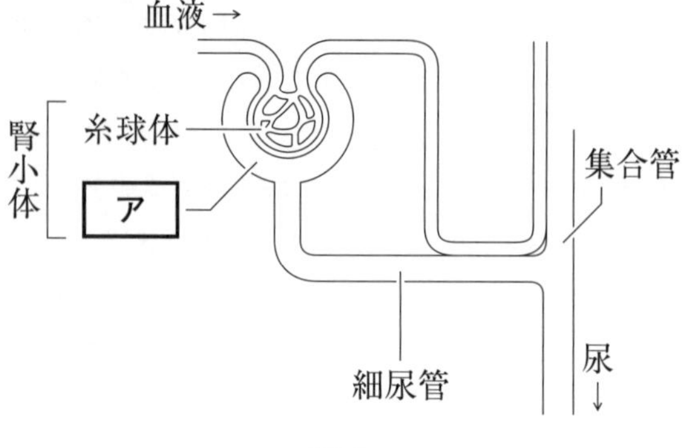

図1

ろ過される前の血しょう，原尿及び尿に含まれる成分の濃度を調べた結果，次のようになった。

・グルコースは，血しょうと原尿に含まれるが，尿にはほとんど含まれない。

・ イ は，血しょうに含まれ，原尿と尿にはほとんど含まれない。

・ ウ は，血しょう，原尿及び尿に含まれ，尿には血しょうより大きい割合で含まれる。

	ア	イ	ウ
①	ボーマンのう	ナトリウムイオン	タンパク質
②	ボーマンのう	尿　素	ナトリウムイオン
③	ボーマンのう	タンパク質	尿　素
④	ぼうこう	ナトリウムイオン	タンパク質
⑤	ぼうこう	尿　素	ナトリウムイオン
⑥	ぼうこう	タンパク質	尿　素

問 2

ヒトの自律神経系について述べた正しい文を，次の①～⑤のうちから一つ選べ。

① 自律神経系と内分泌系は，協調して働くことはない。

② 自律神経系は心臓や気管支には分布していない。

③ 自律神経系の働きは，大脳のみによって支配されている。

④ 自律神経系は，瞳孔(ひとみ)の大きさや消化管の働きを調節する。

⑤ 副交感神経は交感神経の働きを強める。

問 3

図2は，チロキシンの分泌に関わる器官を示したものである。また，文**A**～**E**は血液中のチロキシン濃度の調節過程を説明したものである。文**A**～**E**について，文**A**から始めて調節過程を正しい順に並べたものを，下の①～④のうちから一つ選べ。

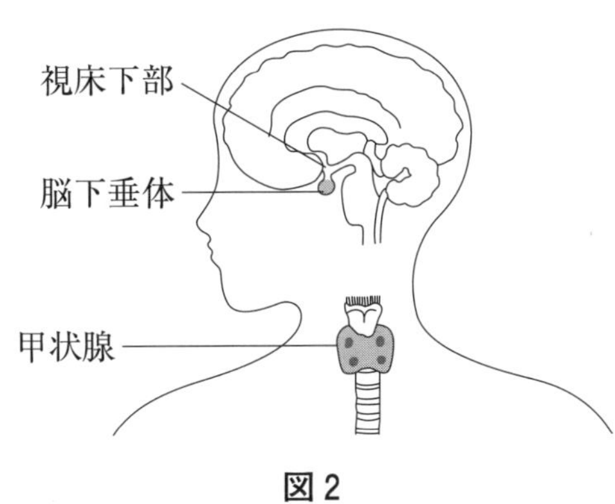

図2

A　血液中のチロキシン濃度が低下する。

B　血液中のチロキシン濃度が上昇する。

C　脳下垂体の前葉が甲状腺刺激ホルモンを分泌する。

D　甲状腺がチロキシンを分泌する。

E　間脳の視床下部が放出ホルモン（甲状腺刺激ホルモン放出ホルモン）を分泌する。

① A → C → D → E → B

② A → D → E → B → C

③ A → E → C → D → B

④ A → E → C → B → D

問 4

次の文章は，ヒトの血糖濃度の調節について先生とひろみさんが会話した内容である。文章中の空欄 エ と オ に入る語句の正しい組合せを，下の①～⑥のうちから一つ選べ。

先　生：**図 3** はヒトの食事の前後の血糖濃度の変化を示したものです。

ひろみ：食事の後で血糖濃度が上がっていますね。

先　生：**図 4** はあるホルモンの濃度の変化を示しています。

ひろみ：血糖濃度の変化とグラフの形が似ています。食後に血糖濃度が上がることで，**図 4** のホルモンも同じように濃度が上がっています。その後，血糖濃度が下がっているので，**図 4** のホルモンは血糖濃度を エ 働きがある オ だと考えられます。

先　生：そうですね。 オ の分泌や働きに異常があると糖尿病になることが知られています。

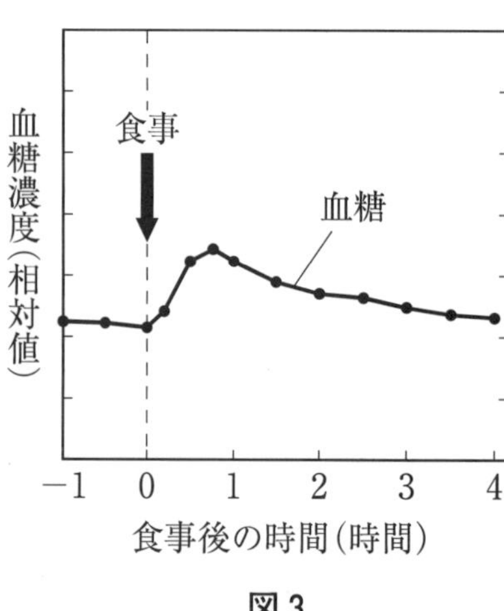

図 3

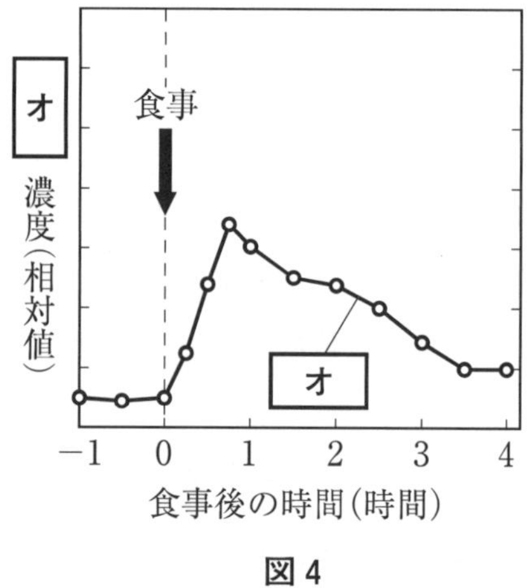

図 4

	エ	オ
①	上げる	インスリン
②	下げる	インスリン
③	上げる	グルカゴン
④	下げる	グルカゴン
⑤	上げる	アドレナリン
⑥	下げる	アドレナリン

問 5

次の文章は，ヒトにおける異物の排除の仕組みについて説明したものである。文章中の空欄 カ と キ に入る語句の正しい組合せを，下の①～④のうちから一つ選べ。

体内に侵入した異物は，白血球の一種である好中球や カ ，樹状細胞などによって細胞内に取り込まれ，酵素の働きによって消化・分解される。この働きを キ という。

	カ	キ
①	マクロファージ	食作用
②	マクロファージ	抗原抗体反応
③	T 細胞	食作用
④	T 細胞	抗原抗体反応

（ 2018年11月試験 ）

【問1】

ぼうこうは尿の出る近く、おしりの近くにあって腎臓にはない。たんぱく質は原尿の段階で含まれない。したがって［イ］はタンパク質である。原尿と尿の両方に含まれるのは尿素である。

したがって③が正解である。

【問2】

運動をすると心臓の脈拍が速くなり、おいしそうなものを見ると唾(つば)が出る、こういうのは「自律神経系」による調節作用である。脳や脊髄から直接に神経系統から指令が心臓や口に伝わる。

これに対して、甘いものを食べすぎて血液中の糖分が高くなりすぎると、すい臓のランゲルハンスB島からインシュリンというホルモン（内分泌液）が出て血糖値を下げる、というのが「内分泌系」による調整作用である。

① 自律神経系の指令に従って内分泌系が働く。したがって（×）である。

② これは明白に間違い（×）。運動すると心臓の脈拍数が増えるからね。

③ 大脳だけじゃない（×）。小脳や延髄・脊髄(せきずい)なども働く。

④ 正しい。

⑤ 副交感神経は、交感神経の作用とは逆の働きをする。だから（×）。

結局④が正解。

これも高認としてかなりの難問になるだろう。

【問3】

これは、国語の論理の問題として考えてみよう。

チロシンの濃度が低下しすぎたのを、上げる働きの問題だから、Aが最初、Bが最後であるべきだね。「甲状腺」という単語に注目すると、Cは「甲状腺に何かする」、Dは「甲状腺が何かする」だから、C→Dとなっているべきであることが分かる。

つぎに、「甲状腺刺激ホルモン放出ホルモン」という単語に注目すると、Eはこれを出す、といっている。これを受けて、Cが起きる（甲状腺ホルモンが出る）。だからE→Cであるべきである。

というわけで、**③が正解である。**

このように自分で「行きすぎを戻す」しくみを「フィードバック」という。

これもやはり難問であろう。

【問4】

［オ］のホルモンは食事によって血液中にとりこまれた血糖値を「行きすぎないように下げる」役目を果たしている。［オ］は血糖値を下げるホルモンで「インスリン」である。グルカゴン、アドレナリンは血糖値を上げるホルモンである。

②が正解である。

【問5】

自然免疫の一種として食細胞による食作用がある。体内に病原体が侵入するとそれを食べて消化・分解する大型の細胞で、好中球、マクロファージ、樹状細胞などがある。

①が正解である。

［しまりすの親方の感想］

第3章はどの問題も余りに難しい。生物で80点以上の成績Aをとるには、小問4つ以上まちがえてはいけない。しまりすの親方ですら、生物で成績Aを取る自信はない。

けど、次の第4章、第5章はぐっと問題が易しくなる。気を落とさず次の章の勉強に入ろう。

4 植生の多様性と分布

生物基礎はここで話題がガラリと変化し、樹木による森林形成の話になる。記憶しておかなくてはならない事柄は「森林の遷移」と「気候バイオーム」の2つしかない。あとは問題文の文章をきちんと読む国語の力があれば正解が得られる問題ばかりである。過去問によって知識を増やすのが学習の早道であろう。過去問の問題文が学習すべき内容を豊富に説明してくれている場合が多いからである。

4－1 森林植生の遷移

東京の南約1000kmの小笠原諸島に西の島がある。2020年の現在まで激しい噴火を繰り返し、従来の面積の約12倍にも拡大した。できあがったものは、溶岩が固まったばかりの草も木も1本も生えていない裸地からなる火山島の大地であった。このあと、島はどういう経過をたどって緑溢れる森林で覆われた島になっていくのであろうか？ じつは、西の島のような火山島の裸地に、初めて植物が生えるまでの変化は、一次遷移(せんい)と呼ばれる。

この問題について、2014年11月の問題を研究しておこう。

次の文章は、一次遷移について述べたものである。文章中の空欄 ウ ～ オ に入る語の正しい組み合せを、下の ①～⑤ のうちから一つ選べ。

ある地域の植生が、長い年月の間に一定の方向性をもって変化していく現象を遷移という。遷移の進行には、環境からの作用が関与する。

裸地や ウ から出発する遷移を一次遷移という。また、裸地から出発する場合を エ 遷移、 ウ から出発する場合を湿性遷移という。

遷移のはじめに、光は十分にあるが土壌のない裸地では水や養分が不足する。そのような裸地に最初に侵入する生物のことを オ とよぶ。鹿児島県の桜島では、溶岩上に地衣類やコケ植物が現れた。

	ウ	エ	オ
①	伐採地	乾　性	優占種
②	伐採地	二　次	優占種
③	湖　沼	乾　性	優占種
④	湖　沼	二　次	先駆種(先駆植物)
⑤	湖　沼	乾　性	先駆種(先駆植物)

（2014年11月試験 大問4 問2）

答えの出し方

まだ植物が生えていない状態として、小笠原諸島の西の島のような火山活動を終えたばかりの裸地と、湖沼地が干上がって始まった場合がある。**ウ** には「湖沼」が入る。裸地から出発する場合を乾性遷移(かんせいせんい)、湖沼から出発する場合を湿性遷移(しっせいせんい)という。ともに、最初は草も木もないところからスタートするので共に一次遷移である。このようなところに最初に根付くのは地衣類(ちいるい)やコケ植物であるが、これらは先駆種(あるいは先駆植物)という(**オ** の答)。

⑤が正解である。

> 同じ2014年8月の次の問題に、
> 森林となり、それが安定な極相(きょくそう)に達するまでのことが述べられている。

次の文章は、遷移の課程と森林の維持について述べたものである。文章中の空欄 **カ** と **キ** に入る語の正しい組み合わせを、下の ①～⑤ のうちから一つ選べ。

> 火山の噴火跡から始まる遷移の場合、地衣類やコケ植物の侵入、草原、低木林を経て、陽樹林が形成される。陽樹林の林床は暗いため、陽樹の芽生えや幼木は生育できなくなる。その結果、陽樹と陰樹の混ざった混交林を経て、やがて陰樹林が形成される。このようにして形成された、安定した状態を **カ** とよぶ。
> 陰樹の老木が枯れたり、台風で倒れたりすると **カ** 林の林冠に **キ** とよばれる高木を欠く場所ができる。そこでは陽樹が生育する場合もあるため、実際の **カ** 林は、陰樹と陽樹が混在している場合が多い。

	カ	キ
①	相　観	植　生
②	相　観	気　孔
③	相　観	ギャップ
④	極　相	気　孔
⑤	極　相	ギャップ

(2014年8月試験 大問4 問3)

答えの出し方

火山島の表面のような草も木もない土地が出現したとき、一番最初に出現する先駆植物は地衣類やコケ類である。地衣類というのは古い墓石などの表面に、張り付いたようになっている緑色の植物である。それが次第に草原となり、低木林となる。

そこに、日光によって急速に成長する「陽樹(ようじゅ)」が生え始める。陽樹の高木の森林が出来ると、その林の地面（林床(りんしょう)という）には、日光があまり射(さ)さないため、陽樹の幼木は成長することができない。日光が少なくてもゆっくり成長する陰樹(いんじゅ)の幼木が成長して、ついに陽樹を次々に駆逐(くちく)（追い出すこと）して、最終的には陰樹ばかりの森林となって、それ以後はあまり変化しない。↗

森林がこの段階にまで達したとき、その森林は**極相(きょくそう)**に達したという。このような林を**「極相林」**という。

しかし極相に達した陰樹の森林も、老木が枯れたり、台風や、落雷などによって森林のなかに部分的に木のないところ（ギャップという）が出来ることがある。そこには陽樹の幼木から高木に育つことがあり、陰樹のなかに陽樹が混じった森林となることがある。

正解は、［カ］は極相、［キ］はギャップである。

⑤が正しい。

なお、「相観」というのは、現在の森林のありのままのようすを言う。

つぎは2015年8月の問題である。暗記・知識不要。国語力と判断力で正解が出せる。

図 1 は，日本のある森林の階層構造の模式図である。**図 2** は，**図 1** の**森林内の光の強さ**の変化を最上部を 100 % として，表したものである。**図 1** 中の空欄［ア］に適する階層の名称と，**図 2** 中の**森林内の光の強さ**の正しい組合せを，次のページの①～⑤のうちから一つ選べ。

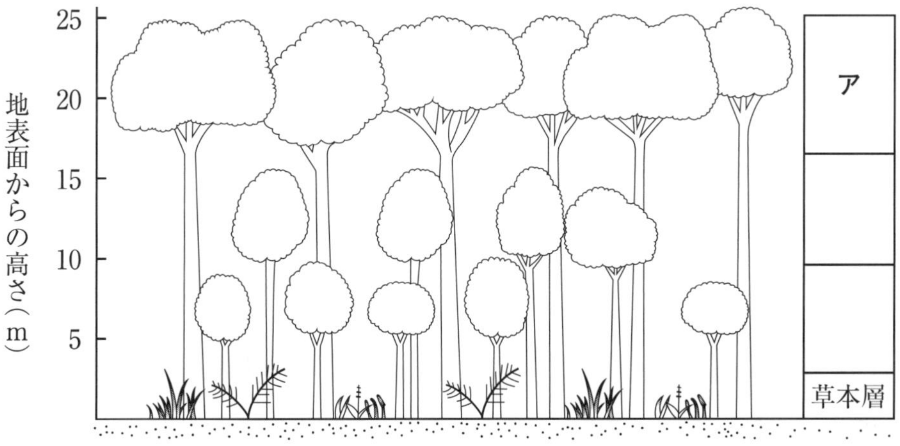

図 1

a

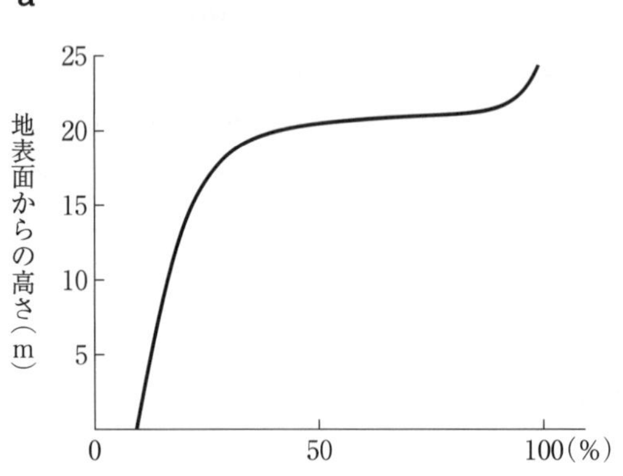

b

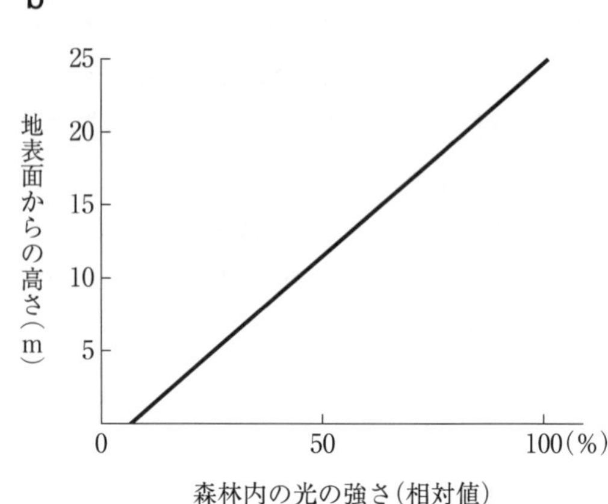

c

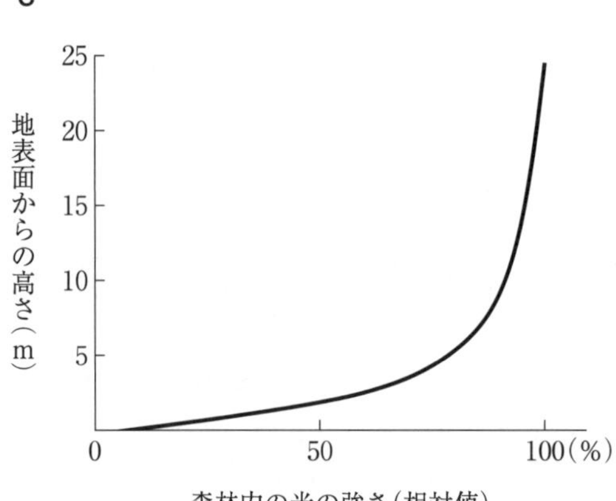

図 2

	ア	森林内の光の強さ
①	高木層	a
②	低木層	a
③	高木層	b
④	低木層	c
⑤	高木層	c

（ 2015年 8月試験 大問4 問 1 ）

答えの出し方

ア の中に「高木層」が入るか「低木層」が入るかと聞かれたら「高木層」であろう。

さて、地表から25mの所では太陽光は何にも遮られないから「森林内の光の強さが100%である」であることはすぐ分かる。でそれからちょっと下がった20m辺りでは？ すでに高木の葉っぱに遮られて光は25%ぐらいまでしか受けられないことは理解できるだろうか？ aが正解である。

すなわち①**が正解**となる。

次は、前問に引き続く問題である。

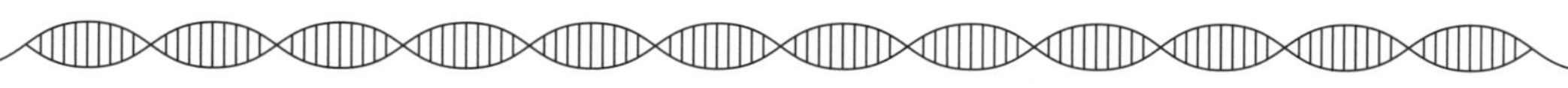

次の文章は，植生の遷移と土壌の形成について述べたものである。文章中の空欄 イ と ウ に入る語句の正しい組合せを，下の①～⑤のうちから一つ選べ。

> ある場所の植生が時間とともに次第に変化していく現象を遷移という。
>
> 遷移が進行し，植物相が イ 状態を極相という。日本のような温暖で降水量の多い場所では，陰樹が多い森林植生が極相となる。
>
> よく発達した森林の地表には，落葉や枯死した植物体などが堆積していく。これらの堆積物は微生物のはたらきで分解され， ウ 質とよばれる黒褐色の有機物に変化する。

	イ	ウ
①	大きく変化する	腐　植
②	それ以上は全体として大きな変化を示さない	腐　植
③	大きく変化する	粘　土
④	それ以上は全体として大きな変化を示さない	粘　土
⑤	それ以上は全体として大きな変化を示さない	岩　石

（2015年8月試験 大問4 問2）

答えの出し方

森林が陰樹で覆われてそれ以上大きな変化を示さない状態に達したとき、その状態は「極相」という。落ち葉や枯れ死した植物体の堆積物が微生物の働きで分解したものは、腐食質と呼ばれる黒褐色の有機物と呼ばれる。

②が正解である。これも国語力の問題。

次も、前問に引き続く問題である。

次の文章は，二次遷移について述べたものである。文章中の空欄 **エ** と **オ** に入る語句の正しい組合せを，下の①～⑤のうちから一つ選べ。

> **エ** のように，すでに土壌が形成されており，土壌中に植物の種子などが残っている場所で始まる遷移を二次遷移という。二次遷移の場合，土壌中に種子や地下茎などが残っているので，一次遷移に比べて比較的 **オ** 進行する。

	エ	オ
①	山火事の跡地	遅　く
②	耕作を止めた田畑	速　く
③	海底から隆起してできた新島	速　く
④	火山の噴火によってできた溶岩台地	速　く
⑤	森林の伐採地	遅　く

（2015年8月試験 大問4 問3）

答えの出し方

火山島の出現や陸化した湖沼地のように最初に草も木もない状態から遷移が出発した（一次遷移）のではなく、（a）山火事の跡地、（b）耕作を止めた田畑、（c）森林の（人力による）伐採地、のような場所で始まる遷移は「二次遷移」という。

「二次遷移」の場所では、植物の根や種が土の中に残っており、また土が栄養が多いことが特徴である。

だから **エ** の欄は、①、②、⑤のどれも正解になりうる。

しかしそのような場合は、土層の中に植物の種子や根が残っているため遷移（二次遷移）は一次遷移より速く進行する。①②⑤の中で **オ** 欄が「速く」となっているのは②だけ。

したがって**②が正解**である。

4−2 気候条件と植生バイオーム

ある地域の植生とそこに住む動物の全体（生物相）をバイオームという。その場所の年平均気温（℃）、年降水量（mm）が決まれば、その場所のバイオームも大体決まってしまう。

図18は横軸が北極（左端）から赤道（右端）を表し、縦軸が乾燥か（下の位置）湿潤か（上の位置）を示している。記載されている文字を完全に暗記する必要はないが、乾燥地形として、熱帯地方のサバンナ、中緯度地方のステップ、高緯度北極地方のツンドラの3つは図の上でしめる位置を記憶したい。アフリカの草原に寝そべっているライオンや象の群れ、などはサバンナの光景である。またアメリカ西部やロシアの大草原はステップである。

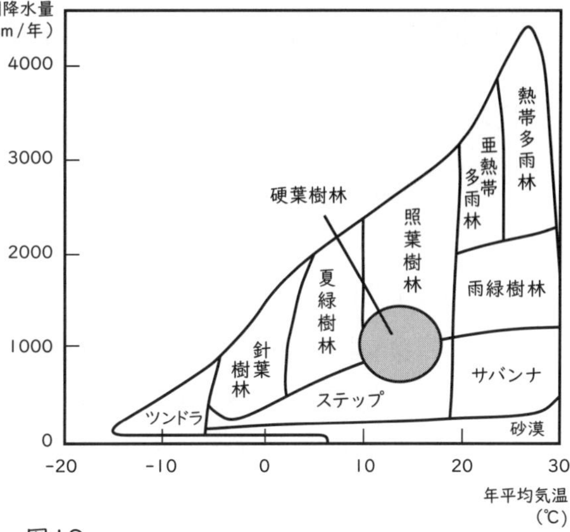

図18
年平均気温（℃）、年降水量（mm）とバイオームの関係

> この図に記されている森林区分を年降雨量の多い日本列島に当てはめた問題が2015年8月に出た。記憶している知識がなくても、少し考えれば正解ができるであろう。

次の文章は，日本の植生の水平分布について述べたものである。文章中の空欄 ク に入る語句と ケ に入る植物名の正しい組合せを，下の①～⑤のうちから一つ選べ。

日本は南北に細長いため緯度による気温の差が ク という特徴をもつ。**図4**のように，寒冷な北海道東北部の亜寒帯地域にはトドマツ，エゾマツなどの針葉樹林が分布している。北海道南部の低地，東北地方から関東内陸には夏緑樹林が分布している。また，関東・北陸の低地から九州には照葉樹林が分布している。さらに沖縄を含む南西諸島には ケ がみられる亜熱帯多雨林が発達している。

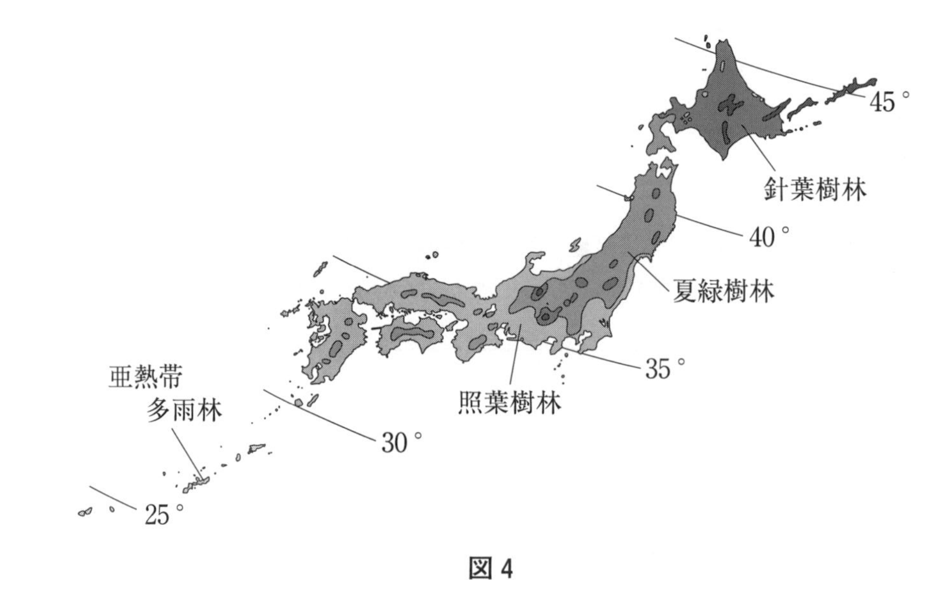

図4

	ク	ケ
①	大きい	スダジイ，アラカシ，タブノキ
②	小さい	スダジイ，アラカシ，タブノキ
③	大きい	ヘゴ，アコウ，ガジュマル
④	小さい	ヘゴ，アコウ，ガジュマル
⑤	大きい	地衣類，コケ，ハイマツ

（2015年8月試験 大問4 問5）

答えの出し方

日本列島は南北に長く、緯度による気温の差が**大きい。**沖縄地方の樹木を **ケ** の欄からさがすと？ **ヘゴ、アコウ、ガジュマル**が沖縄地方のような亜熱帯の植物であることは知っていること。

③が正解である。

なお、**「アラカシ」「タブノキ」**は、関東地方南部以南、四国九州にかけて生育する照葉樹林の木であること、**「ハイマツ」**や**「カラマツ」**が高山や北海道のような寒冷地の木であることも知っておきたい。

2015年11月の問題もやっておこう。

次の**図1**に示したブナは，高さ30mほどに達し，葉は薄く楕円(だえん)形で秋から冬にかけて落葉する落葉広葉樹である。このブナを優占種とする**バイオームの名称**と，それが低地に分布している**地域**の正しい組合せを，下の①～⑤のうちから一つ選べ。

図1

	バイオームの名称	地　域
①	照葉樹林	沖縄から九州南部
②	照葉樹林	九州，四国から関東地方
③	夏緑樹林	東北地方から北海道南部
④	夏緑樹林	九州，四国から関東地方
⑤	針葉樹林	東北地方から北海道南部

（2015年11月試験 大問4 問3）

答えの出し方

ブナがどの地方に生えているどんな分類の木かまったく知らなくても、問題文と表に大きなヒントが隠されている。

それは「ブナは落葉広葉樹だ」という部分である。つまりブナは冬には葉が落ちる木なのである。

いっぽう表の「バイオームの名称」の所には「夏緑樹林」というのがある。つまり「夏は緑の葉がしげっているが、冬は葉が落ちる」という名前なのだ。九州や四国は冬、木の葉は枯れ落ちているか？ いや九州や四国は冬でも山は青々といている。「冬の落葉」はどう見ても東北北海道の風景なのである。

ここまで考えれば、前もって暗記してきた知識がなくても、**③の正解**をもぎ取ることが出来るだろう。

4－3　高山のバイオーム変化

富士山のような高い山では、ふもとから山頂へ行くにつれて、バイオームの変化が次々に現れている事がある。

これに関して、2015年11月の過去問をやっておこう。

次の文章は，日本の山岳地に見られるバイオームについて述べたものである。文章中の空欄 ケ ～ サ に入る語句の正しい組合せを，下の①～⑤のうちから一つ選べ。

> 日本の中央部には高い山々が連なっており，同じ緯度でも低地から高地にかけて標高差によるバイオームの変化が見られる。本州中部を例にとると，標高 2400 m ～ 2500 m 付近では低温と強風のため樹木が大きく生育できず ケ となる。 ケ より標高が高いところは コ とよばれ， サ などの低木林が見られ，夏になるとコマクサやハクサンイチゲなどの美しい草原(お花畑)が広がる。

	ケ	コ	サ
①	森林限界	山地帯	マングローブ
②	森林限界	高山帯	ハイマツ
③	森林限界	山地帯	ハイマツ
④	サバンナ	高山帯	マングローブ
⑤	サバンナ	山地帯	ハイマツ

（2015年11月試験 大問4 問5）

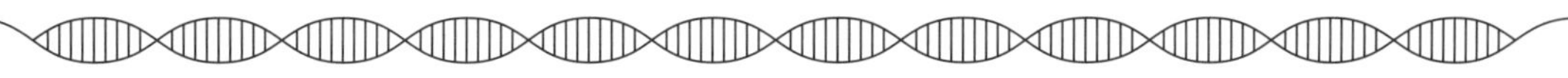

答えの出し方

例えば富士山（3,776m）では、およそ標高2,300mの五合目辺りより高いところには木のない岩石のむき出しの斜面が山頂まで続く。これを五合目付近が森林限界であるという。ただ、富士山以外の高山では、頂上付近にハイマツのような低木や高山植物の「お花畑」が現れる。**②が正解である。**

なお、「マングローブ」というのは、沖縄やインドネシアのような熱帯、あるいは亜熱帯地方で、海岸の海水中の土地に根を張って生える樹木のことである。サバンナは乾燥した熱帯地方の草地のことで、ライオンや象がいるような場所である。

図19
富士山の五合目（標高2,300m）から頂上を見た風景

それでは、大問4の過去問をやってみよう。

4 植生の多様性と分布について，**問 1 ～問 4** に答えよ。

問 1

次の文章は，本州西南部における植生の遷移の例について述べたものである。文章中の空欄 **ア** ～ **エ** に入る語句の正しい組合せを，下の①～④のうちから一つ選べ。

> 遷移には，陸地から始まる **ア** 遷移と，湖や沼から始まる **イ** 遷移がある。**ア** 遷移では，火山の噴火跡などの岩上に地衣類やコケ植物が生育する。その後，土壌が形成されると，ススキなどが生育する草原に変わる。やがて，草原に低木が侵入してくる。草原や低木の間にはアカマツなどの幼木が生育するようになり，これらを中心とした **ウ** 樹林が形成される。**ウ** 樹の幼木は，高木層の発達した森林の林床（りんしょう）では光が不足するため，生育しにくい。しかし，スダジイやシラカシなどの **エ** 樹の幼木は暗い林床でも成長することができるため，**エ** 樹を中心とした極相林が形成される。

	ア	イ	ウ	エ
①	湿 性	乾 性	陽	陰
②	湿 性	乾 性	陰	陽
③	乾 性	湿 性	陽	陰
④	乾 性	湿 性	陰	陽

問 2

次の文章は，森林の土壌について述べたものである。文章中の空欄 **オ** ～ **キ** に入る語句の正しい組合せを，下の①～④のうちから一つ選べ。

> 森林の土壌は発達して，**図 1** のように層状になっている。腐植層は，有機物の分解速度が遅い寒帯や亜寒帯の森林では **オ** ，分解速度が速い熱帯の森林ではかなり **カ** 。腐植層の下には，岩石が風化した層があり，その下は母岩がある。
>
> 植物の根は，風化した細かい岩石と腐植質がまとまった粒状の構造で良く成長する。それは，この構造が有機物に富み，保水力が **キ** からである。

図 1

	オ	カ	キ
①	厚　く	薄　い	高　い
②	厚　く	薄　い	低　い
③	薄　く	厚　い	高　い
④	薄　く	厚　い	低　い

問 3

図 2 は，ある 2 つの**地域 a・b** の植生の写真および年平均気温と年降水量を示したものである。**地域 a・b のバイオーム名**と，**地域 b に生育する植物**の正しい組合せを，下の①〜④のうちから一つ選べ。

地域 a	**地域 b**

年平均気温：25.7 ℃ 年降水量　：3040.1 mm	年平均気温：21.5 ℃ 年降水量　：34.2 mm

図 2

	地域 a の バイオーム名	**地域 b の バイオーム名**	**地域 b に生育する植物**
①	ツンドラ	ステップ	サボテン類
②	ツンドラ	砂　漠	フタバガキ，ガジュマル
③	熱帯多雨林	ステップ	フタバガキ，ガジュマル
④	熱帯多雨林	砂　漠	サボテン類

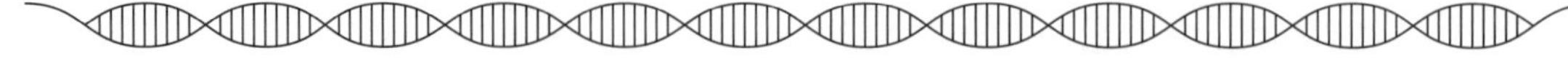

問 4

次の文章と**図 3** は，日本の中部地方の垂直分布の例について示したものである。**B のバイオーム名**および文章中の空欄 **ク** に入る植物名の正しい組合せを，下の①～⑥のうちから一つ選べ。

A：標高は，約 2500 m 以上。ハイマツなどが見られる。
B：標高は，約 1600 ～ 2500 m。シラビソやコメツガなどが多い。
C：標高は，約 800 ～ 1600 m。 **ク** などに覆(おお)われている。
D：標高は，約 800 m 以下。スダジイやタブノキの森林が広がる。

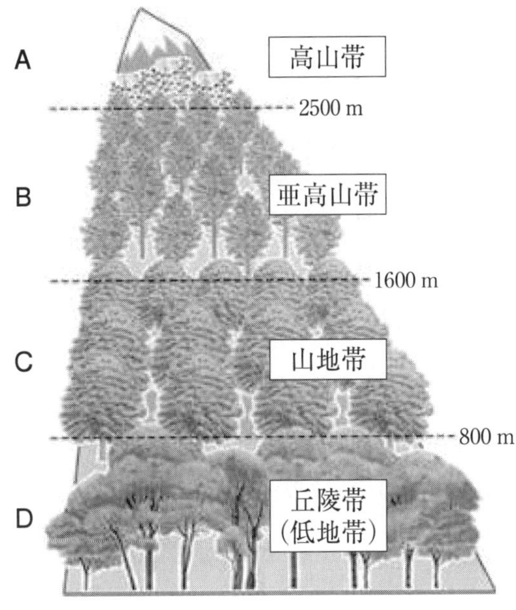

図 3

	B のバイオーム名	ク
①	照葉樹林	トドマツ，エゾマツ
②	照葉樹林	ブナ，ミズナラ
③	夏緑樹林	トドマツ，エゾマツ
④	夏緑樹林	メヒルギ，ヘゴ
⑤	針葉樹林	ブナ，ミズナラ
⑥	針葉樹林	メヒルギ，ヘゴ

（ 2016年11月試験 ）

答えの出し方

【問1】

これまでの説明で正解が出せるであろう。

ア は乾性、イ は湿生、ウ は「陽（樹林）」、エ は「陰（樹）」である。

③が正解である。

【問2】

寒い地方では、落ち葉が分解されにくく腐食層が厚くなり、熱帯地方では薄（うす）くなる。根が粒上構造の土でよく成長するのは保水力が高いからである。

①が正解。

【問3】

地域 a は年平均気温が高く（25.7℃）、雨の多い（年降水量 3,040.1mm）「熱帯多雨林」である。

地域 b は雨が少なく植物がほとんど見られない砂漠である。地域 b に生える植物はサボテン類である。

④が正解。

ツンドラは凍土、北部シベリア、カナダなど雨の少ない寒冷地（年平均気温マイナス5℃以下）のバイオーム名である。

【問4】

標高の高い亜高山帯にはエゾマツ、トドマツのような針葉樹林が見られる（B のところ）。800m ～ 1,600m の山地帯では落葉広葉樹のブナやミズナラなどが見られる。メヒルギやヘゴは沖縄など暑い地方の植物である。

以上のことから**⑤が正しい。**

なお、B と ク は別の場所であることに注意。

4 植生の多様性と分布について，**問 1 ～問 4** に答えよ。

問 1

次の文章は，森林が成立する地域の特徴と森林の構造について述べたものである。文章中の空欄 ア と イ に入る語句の正しい組合せを，下の①～④のうちから一つ選べ。

> 草原と比較して，森林は降水量が ア 地域に成立する植生である。日本の発達した森林では，高木層・亜高木層・低木層・草本層と，垂直方向に異なる植物が葉を広げる イ が見られる場合が多い。

	ア	イ
①	多　い	ギャップ
②	多　い	階層構造
③	少ない	ギャップ
④	少ない	階層構造

問 2

次の文章は，植生の一次遷移について述べたものである。文章中の空欄 [ウ] と [エ] に入る語句と，**[ウ] 林から [エ] 林に遷移が進む理由**の正しい組合せを，下の①～④のうちから一つ選べ。

土壌の形成されていない場所から始まる一次遷移は，コケ植物などの先駆種が進入し，やがて土壌の形成が進むとススキなどの草原，そして低木林が形成される。その後 [ウ] 林，[ウ] と [エ] の混合した森林，[エ] 林の順に遷移が進む。遷移が進行した結果，それ以上は種の構成に大きな変化が見られなくなる。このような状態を極相という。

【[ウ] 林から [エ] 林に遷移が進む理由】

a　陽樹は，比較的強い光の下では陰樹より成長が遅いから

b　森林内部は暗いため，陽樹の芽生えは育ちにくいから

	ウ	エ	[ウ] 林から [エ] 林に遷移が進む理由
①	陽　樹	陰　樹	a
②	陽　樹	陰　樹	b
③	陰　樹	陽　樹	a
④	陰　樹	陽　樹	b

問 3

図1は，世界のバイオームの地理的な分布を示したものである。**図1のオの地域に見られる植生の特徴**および**カの地域に見られるバイオームの名称**の正しい組合せを，下の①〜⑥のうちから一つ選べ。

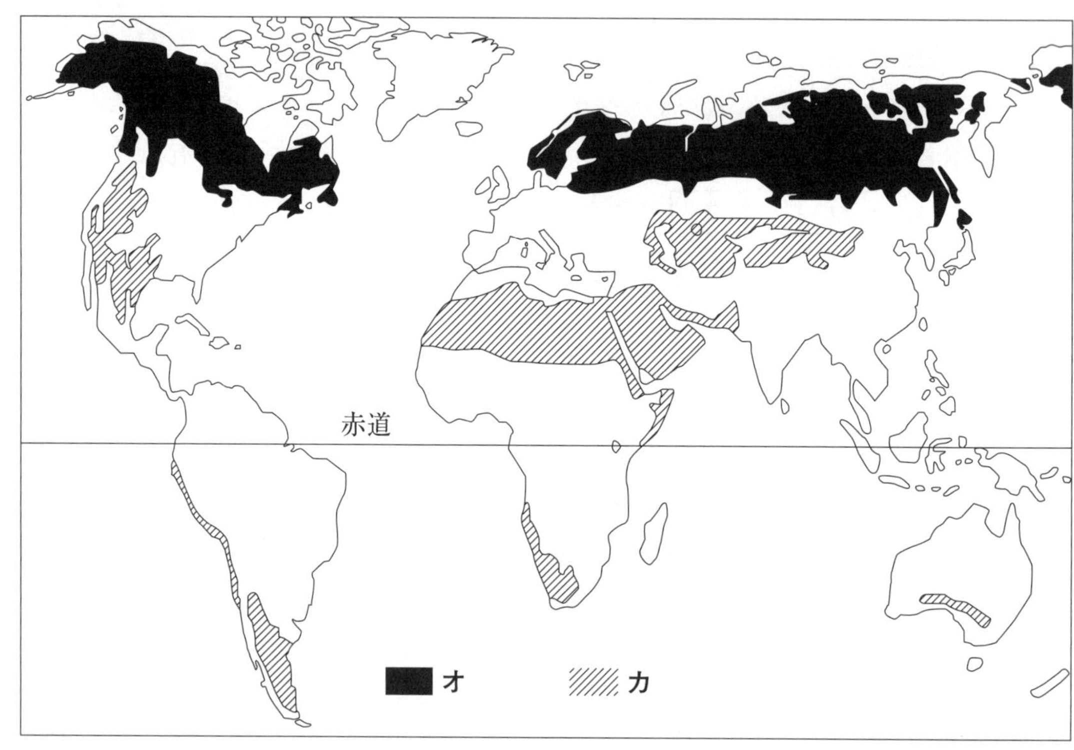

図1

	オの地域に見られる植生の特徴	カの地域に見られるバイオームの名称
①	高木は見られず，低木，草本，コケ，地衣類などが生育する。	サバンナ
②	高木は見られず，低木，草本，コケ，地衣類などが生育する。	砂　漠
③	常緑の針葉をもつ針葉樹が生育する。	サバンナ
④	常緑の針葉をもつ針葉樹が生育する。	砂　漠
⑤	イネのなかまが優占する草原で，樹木はほとんど見られない。	サバンナ
⑥	イネのなかまが優占する草原で，樹木はほとんど見られない。	砂　漠

問 4

次の文は，日本のバイオームについて述べたものである。また，**図 2** は日本の本州中部の山岳地帯の高山を標高によって 4 つに区分したものである。文章中の空欄 **キ** ～ **ケ** に入る語句の正しい組合せを，下の①～⑤のうちから一つ選べ。

山岳地では，標高が 100 m 増すごとに気温が約 0.6 ℃ ずつ低下し，それに応じてバイオームも変化する。このような標高に応じたバイオームの分布を **キ** 分布という。**図 2** の山地帯に分布するバイオームは **ク** である。また，そこでは主に **ケ** などが見られる。

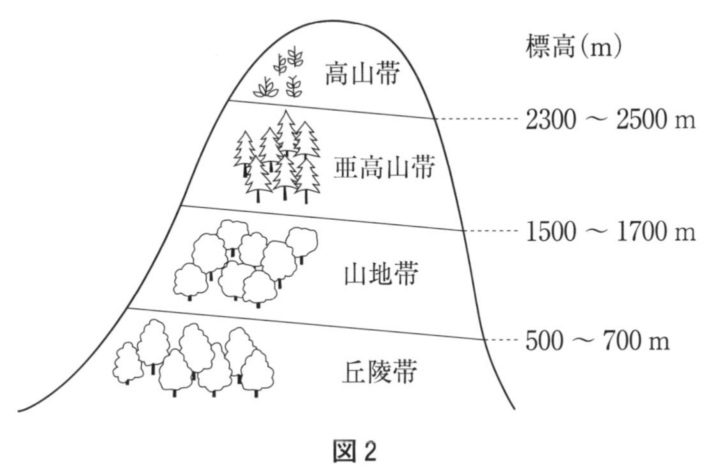

図 2

	キ	ク	ケ
①	垂　直	照葉樹林	シラビソやコメツガ
②	垂　直	夏緑樹林	ブナやミズナラ
③	垂　直	照葉樹林	ブナやミズナラ
④	水　平	夏緑樹林	シラビソやコメツガ
⑤	水　平	照葉樹林	シラビソやコメツガ

（ 2017年11月試験 ）

答えの出し方

【問1】

ア は「森林は草原に比べて降水量が多い」。

イ は「階層構造」。

国語力だけで正解が出せるだろう。

②が正解である。

【問2】

ウ は陽樹、エ は陰樹、そしてbが正しい。

したがって、②が正解である。

【問3】

地理の問題。

カ が砂漠であることは分かるでしょう。

オ は寒冷地であって、北海道もこの中に入っていることに注意する。針葉樹の地域である。

④が正解。

この地帯より北側が「ツンドラ」である。

【問4】

キ は垂直、山地帯では夏は緑に、冬は葉が枯れ落ちる「夏緑樹林」の地域となる。

②が正解である。

4 植生の多様性と分布について，問1～問4に答えよ。

問 1

次の文章は，植生が移り変わる過程について述べたものである。文章中の空欄 ア ～ ウ に入る語句の正しい組合せを，下の①～⑥のうちから一つ選べ。

> 火山の噴火や大規模な山崩れなどが起こると，それまであった土壌や，植物の根や種子などが全くない裸地ができる。しかし，そのような裸地にもやがて植物が侵入し，日本では多くの場合，数百年後には森林になる。このように，ある場所の植生が時間とともに変化していくことを ア という。
>
> ア の初期に侵入する植物を イ という。 イ は，地衣類やコケ植物，風によって種子が運ばれるススキやイタドリといった草本などである。やがて樹木が侵入し，森林に移行し，最終的には構成する種がほとんど変化しないように見える状態となる。この状態を ウ という。

	ア	イ	ウ
①	遷　移	先駆種(先駆植物)	階層構造
②	遷　移	ギャップ	極　相
③	遷　移	先駆種(先駆植物)	極　相
④	相　観	ギャップ	階層構造
⑤	相　観	先駆種(先駆植物)	階層構造
⑥	相　観	ギャップ	極　相

問 2

表 1 は，陽樹と陰樹の特徴と植物例を示したものである。コナラが優占するある森林を観察したところ，林床にはコナラの幼木があまり見られず，タブノキの幼木の方が多いことが分かった。この理由について述べた文として正しいものを，下の①〜④のうちから一つ選べ。

表 1

	特　徴	植物例
陽　樹	弱い光のもとでは育たない。 強い光のもとでは陰樹よりも生育が早い。	コナラ，アカマツ
陰　樹	幼木のときは弱い光のもとで育つ。 ある程度成長すると強い光のもとでよく生育する。	タブノキ，アラカシ

① 林床に届く光の量が多く，陽樹よりも陰樹の幼木の方が生育が早いため。

② 林床に届く光の量が多く，陰樹よりも陽樹の幼木の方が生育が早いため。

③ 林床に届く光の量が少なく，陰樹の幼木は生育できないため。

④ 林床に届く光の量が少なく，陽樹の幼木は生育できないため。

問 3

図 1 は，年平均気温，年間降水量と，陸上の主なバイオームとの関係を示したものである。文章中の空欄 **エ** ～ **カ** に入る語句の正しい組合せを，下の①～⑤のうちから一つ選べ。

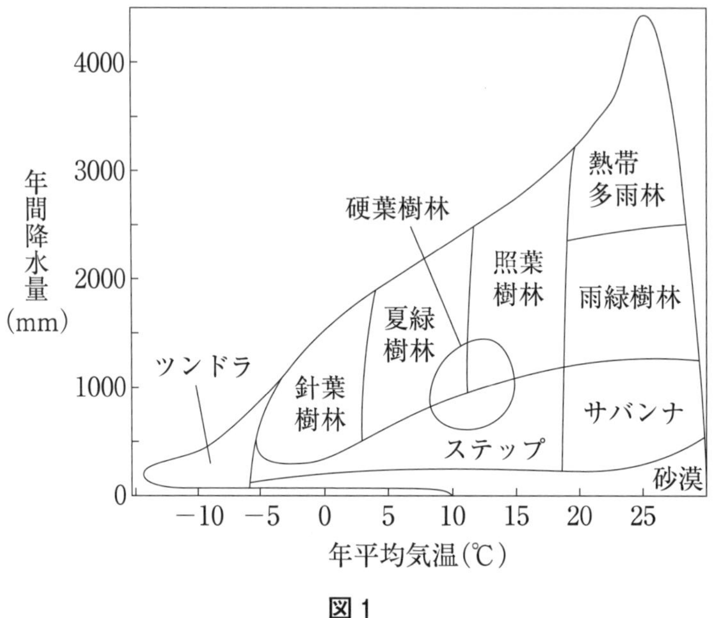

図 1

バイオームは植生に基づいて分類され，その分布は，主に年平均気温と年間降水量で決まる。年間降水量の **エ** 地域では森林が発達し，年平均気温が高い地域から低い地域に向かって，熱帯多雨林→照葉樹林→夏緑樹林→針葉樹林と変化する。これらのうち，冬の寒さが厳しい冷温帯に分布する夏緑樹林では， **オ** 広葉樹が優占する。

年平均気温が高い地域のバイオームを比較すると，年間降水量が多い地域から少ない地域に向かって，森林→ **カ** と変化する。

	エ	オ	カ
①	少ない	落　葉	草原→荒原
②	少ない	常　緑	荒原→草原
③	多　い	落　葉	荒原→草原
④	多　い	常　緑	草原→荒原
⑤	多　い	落　葉	草原→荒原

問 4

花子さんは冬休みに中部地方の森林へ行き，優占種の写真(**図 2**)を撮影した。また，この植物の特徴を**観察記録**にまとめた。**図 3** は中部地方の垂直分布と標高の目安を示したものである。文章中の空欄 キ と ク に入る語句の正しい組合せを，下の①～⑤のうちから一つ選べ。

図 2

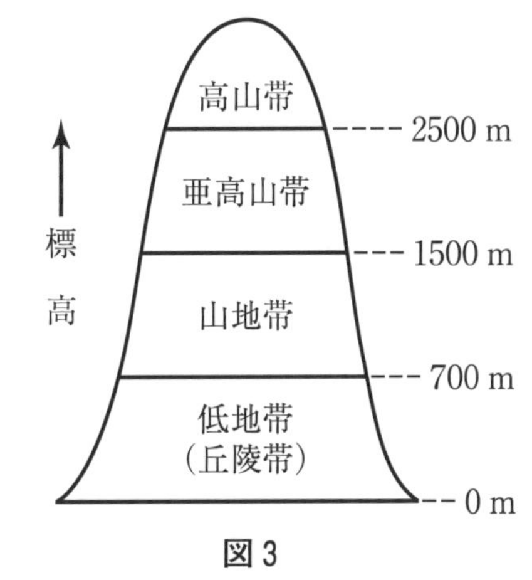

図 3

【観察記録】

・木の枝には緑色の葉がついていた。

・葉は厚く，光沢があった。葉の縁にはギザギザがあり，先端は細くとがっていた。

・木の枝にはどんぐりがついていた。木の下にもたくさんのどんぐりが落ちていた。

写真と**観察記録**を基に図鑑で調べたところ，この森林の優占種は，スダジイであることが分かった。このことから，花子さんが観察を行った地域のバイオームは キ で， ク の森林であると考えられる。

	キ	ク
①	照葉樹林	低地帯（丘陵帯）
②	照葉樹林	高山帯
③	針葉樹林	亜高山帯
④	夏緑樹林	高山帯
⑤	夏緑樹林	低地帯（丘陵帯）

（ 2018年11月試験 ）

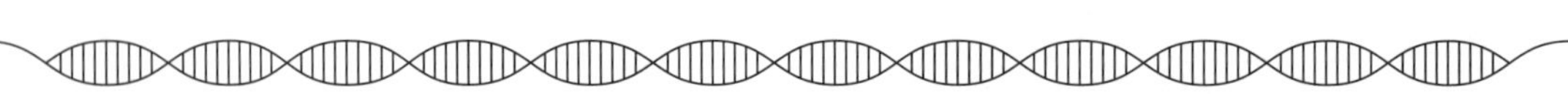

答えの出し方

【問1】

ア は遷移、イ は先駆種、ウ は極相という。したがって、**③が正解である。**

【問2】

林床（林の地面）は届く光の量が少ない。

陰樹は生育するが、陽樹は生育できない。

④が正解である。

【問3】

年降水量が多いと森林が発達する。「夏緑樹」とは「夏は緑の葉が茂り、冬は葉が落ちる」の意味。

オ は落葉である。

カ は草原→荒原である。

⑤が正しい。

【問4】

冬休みに緑の葉の木があった、ということは低地帯の照葉樹林を観察している。

したがって、**①が正解である。**

5 生態系とその保全

5−1 生態系

生態系を構成する生物は、**「生産者」「消費者」「分解者」**の3つに分けられる。

生産者とは、植物のことで、葉緑体によって有機物(デンプン)を生産するからである。

消費者とは、植物を直接食べる草食動物や、動物を食べる肉食動物等を指す。

分解者はキノコ類、細菌類のことで、有機物を無機物に変えるものをさす。

この大問5には暗記すべき項目はほとんどなく、過去問で知識を増やしていくのが効果的である

それでは、大問5の過去問をやってみよう。

5 生態系とその保全について，**問 1 ～問 3** に答えよ。

問 1

図 1 は，生態系における炭素の循環の一部を模式的に示したものである。**図 1** の **a** および **b** に当てはまる語句の正しい組合せを，下の①～⑤のうちから一つ選べ。

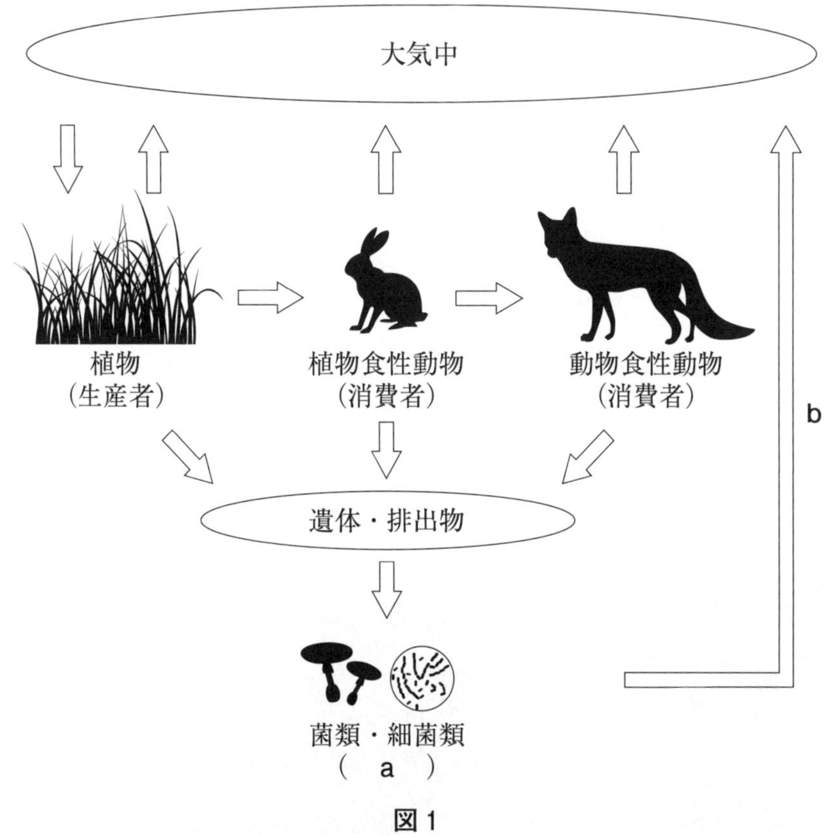

図 1

	a	b
①	生産者	燃焼による移動
②	生産者	光合成による移動
③	生産者	呼吸による移動
④	消費者(分解者)	燃焼による移動
⑤	消費者(分解者)	呼吸による移動

問 2

生態系におけるエネルギーの流れを模式的に示した図として正しいものを，次の①～④のうちから一つ選べ。

①

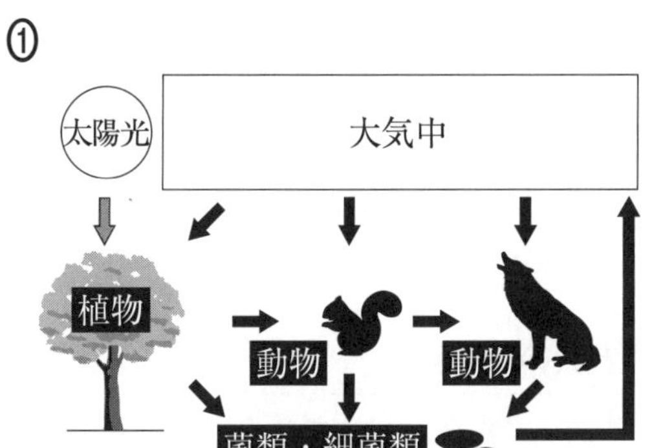

②

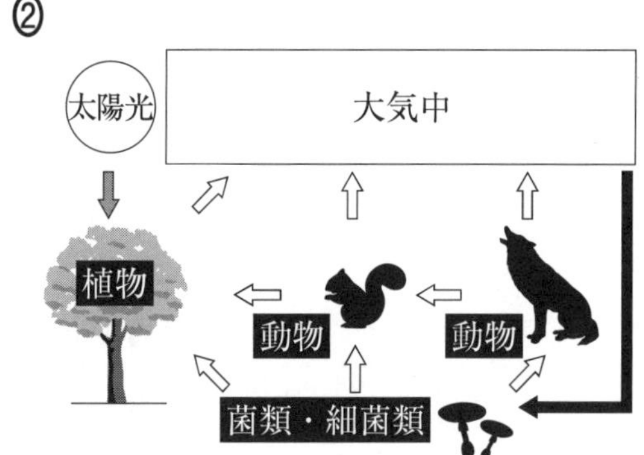

③

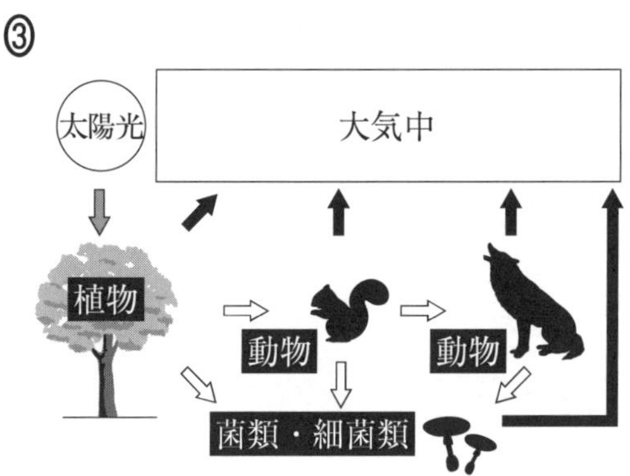

④

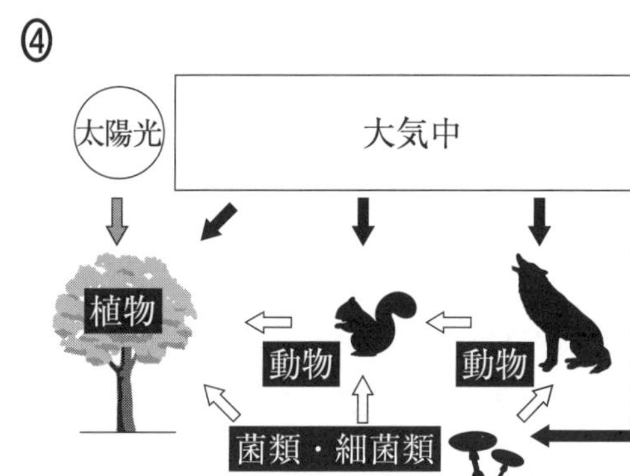

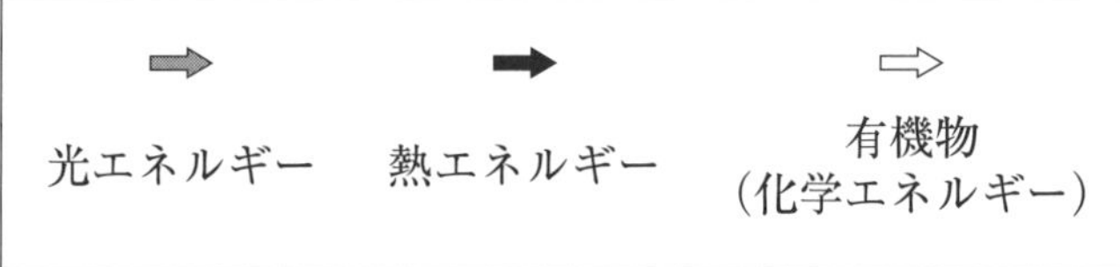

問 3

オオクチバスおよびブルーギルは外来生物で，スポーツフィッシングや食用のために日本に人為的に持ち込まれた魚類である。ある地域の13地点の池で，網を投げてオオクチバスやブルーギルが捕獲できるかを調査した。

表1は，オオクチバスやブルーギルがいた池とオオクチバスやブルーギルがいなかった池で，網を1回投げるごとに捕獲できた魚の種類と数の平均値を示したものである。**表1から推測できること**のうち，もっとも可能性のある文の組合せを，下の①～⑥のうちから一つ選べ。

表1　捕獲できた魚の種類と数の平均値

	オオクチバスやブルーギルがいた場所(8地点)	オオクチバスやブルーギルがいなかった場所(5地点)
在来種の数	3.9匹	41.5匹
オオクチバス・ブルーギルの数	18.0匹	0　匹

【表1から推測できること】

c　オオクチバスやブルーギルが，在来種の魚を食べている。

d　オオクチバスやブルーギルが，在来種の魚に食べられている。

e　オオクチバスやブルーギルが，在来種の魚が食物としている生物を食べている。

f　オオクチバスやブルーギルが，在来種の魚が食物としている生物に食べられている。

① c，d

② c，e

③ c，f

④ d，e

⑤ d，f

⑥ e，f

（2016年11月試験）

答えの出し方

【問1】

生態系の問題では、でんぷんを作る葉緑素を持つ植物が生産者。動物を消費者とよぶ。キノコや細菌などは、消費者に入るがとくに「分解者」と呼ばれる。キノコ、菌類も呼吸によって大気中に二酸化炭素をはき出す。**⑤が正解である。**

【問2】

植物からデンプンの形の有機物が、動物や菌類に取り込まれる。したがって、樹木から白矢印が出ている**③が正解である。**

【問3】

オオクチバスやブルーギルなどの外来魚が、以前から住んでいた（在来）魚を食べ、あるいは以前から住んでいた魚のエサを横取りして食べるようになったため、在来魚が急速に減ってしまった。

c、e が正しく、**②が正解である。**

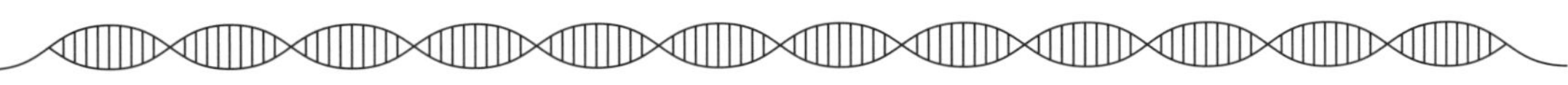

5 生態系とその保全について，**問1～問3**に答えよ。

問 1

図1は，生態系における炭素の循環を模式的に示したものである。図中の**A～D**は生態系内でそれぞれ異なる栄養段階に属する生物群を表す。**BとC**のうち**植物食性（草食）動物を表す記号とDの生物の例**の正しい組合せを，下の①～⑤のうちから一つ選べ。

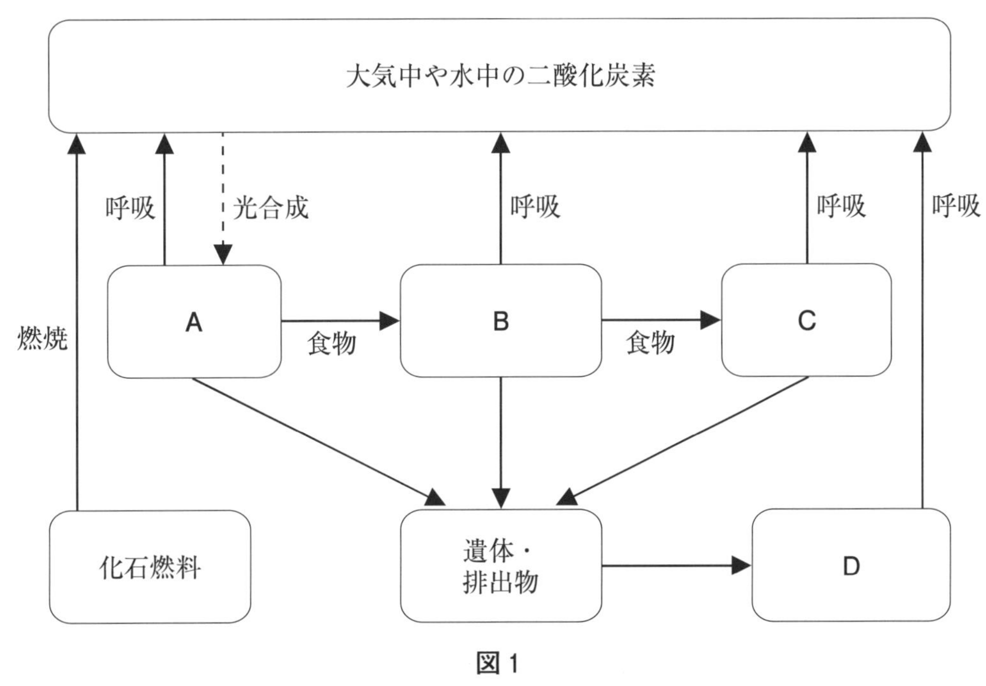

図1

	植物食性(草食)動物を表す記号	Dの生物の例
①	B	フクロウ，キツネ
②	B	タンポポ，コナラ
③	B	菌類，細菌類
④	C	タンポポ，コナラ
⑤	C	菌類，細菌類

問 2

表1は，生態系における栄養段階，主なエネルギーの獲得源とその種類，生物の例を比較してまとめたものである。表中の空欄 ア ～ ウ に入る語句の正しい組合せを，下の①～⑤のうちから一つ選べ。

表1

栄養段階	エネルギーの獲得源	エネルギーの種類	生物の例
ア	太陽光	光エネルギー	イネ，サクラ
一次消費者	有機物	**イ**	バッタ，チョウ
二次消費者	有機物	**イ**	**ウ**

	ア	イ	ウ
①	三次消費者	化学エネルギー	ノウサギ，シカ
②	三次消費者	電気エネルギー	ノウサギ，シカ
③	三次消費者	熱エネルギー	クモ，カマキリ
④	生産者	化学エネルギー	クモ，カマキリ
⑤	生産者	電気エネルギー	ノウサギ，シカ

問 3

次の文は，外来生物について述べたものである。文中の下線部(a)**移入**の原因と，(b)**特定外来生物**の例の正しい組合せを，下の①～⑥のうちから一つ選べ。

> 外来生物は，本来は分布していなかった場所に(a)**移入**してきた生物のことである。外来生物はもともとその生態系に存在していた在来種にとって強力な競争者になったり，捕食者になったりする場合があり，生態系へ大きな影響を与えることになる。日本では2005年6月に施行された法律によって，生態系・人の身体・農林水産業などに被害を与えるとともに，生物多様性を低下させる可能性のあるものを，(b)**特定外来生物**に指定している。

【(a)移入の原因】

E　気候の変化によって分布域を広げてきた。

F　ペットとして国外から持ち込まれた。

G　渡り鳥のからだに付着して移動してきた。

【(b)特定外来生物の例】

ジャワマングース
（フイリマングース）

オオクチバス

I

ヤンバルクイナ

マリモ

	(a)移入の原因	(b)特定外来生物の例
①	E	H
②	E	I
③	F	H
④	F	I
⑤	G	H
⑥	G	I

（2017年11月試験）

答えの出し方

【問1】

Aは光合成を行っている植物。

Bは植物を食べる草食動物。

Cは肉食動物である。

Dは「分解者」と呼ばれるキノコ（菌類）、細菌類である。

③が正解である。

【問2】

ア は植物で、生態系では「生産者」である。

イ はデンプンや肉からエネルギーを得るので、「化学エネルギー」が入る。

ウ は他の動物を食べる動物で、「クモ、カマキリ」が入る。

正解は④。クモ、カマキリはトラやライオンと同じ肉食動物である！

【問3】

利根川で大繁殖をしているアメリカナマズ、伊豆大島のタイワンザルなど、外来生物の大部分はペットとして持ち込まれた動物である（F）。

Ｉのヤンバルクイナは鹿児島県奄美地方や沖縄県に昔からいた鳥である。マリモも北海道阿寒湖に昔からあった植物である。

Hのジャワマングースは鹿児島県の奄美大島の毒蛇であるハブの天敵として人工的に持ち込まれた外来生物、オオクチバスはブラックバスともよばれる魚で、元は外国から食用として輸入されたものが箱根の芦ノ湖に放流されたもので、その後全国的に広がった食欲旺盛な外来の魚である。

③が正しい。

5 生態系とその保全について，**問1～問3**に答えよ。

問 1

図1の**A**および**B**は，生態系における炭素または窒素の循環の一部を示すものである。このうち，**炭素の循環を示すもの**と，**図1**中の空欄 **ア** と **イ** に入る語句の正しい組合せを，下の①～⑤のうちから一つ選べ。

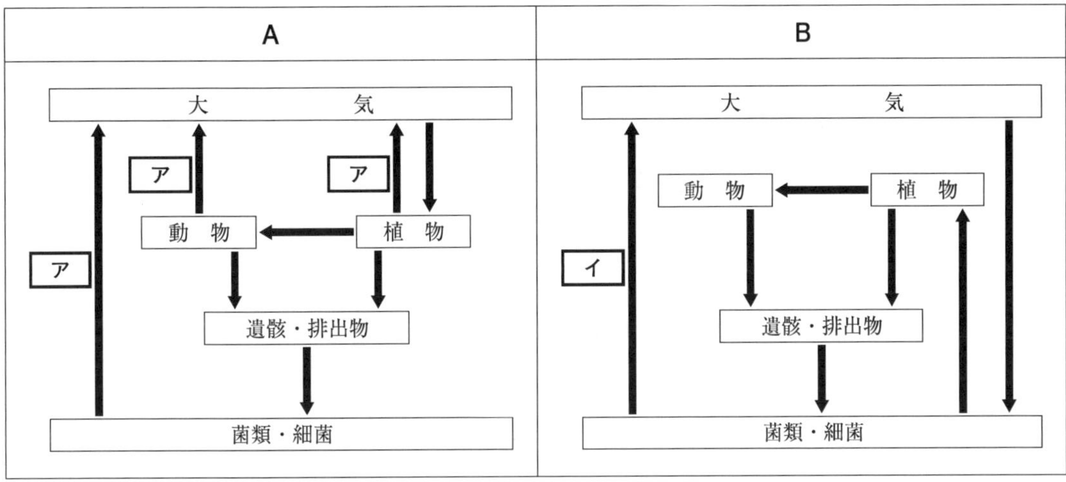

図1

	炭素の循環を示すもの	ア	イ
①	A	呼　吸	燃　焼
②	A	呼　吸	脱　窒
③	A	光合成	燃　焼
④	B	光合成	脱　窒
⑤	B	呼　吸	燃　焼

問 2

生態系に関する次の文a～dについて，正しい文の組合せを，下の①～⑤のうちから一つ選べ。

a　大気中の酸素が地表から放射される熱を吸収し，一部を地上に戻して気温を上昇させることを温室効果という。

b　湖沼や海などで窒素やリンなどを含む栄養塩類の濃度が高くなることを，富栄養化という。この結果，植物プランクトンなどが異常に増殖することがある。

c　河川や湖沼に流れ込む汚濁物質は，生物濃縮の働きで水によって薄められて減少する。

d　ある生態系において，食物網における上位の捕食者が，その生態系のバランスを保つのに重要な働きをしている場合がある。

①　a，b
②　a，c
③　a，d
④　b，c
⑤　b，d

問 3

次の文章は，環境の変化と生物の分布について述べたものである。文章中の空欄 [ウ] ～ [オ] に入る語句の正しい組合せを，次のページの①～⑥のうちから一つ選べ。

> 2014年8月，東京の代々木公園で蚊に刺された人を中心にデング熱の発症が確認された。デング熱は蚊が媒介するウィルス性の感染症であり，日本ではヒトスジシマカ(図2)がデング熱を媒介する蚊として生息している。
>
> ヒトスジシマカは，年平均気温が11℃以上で生息が可能になる。ヒトスジシマカの生息域の北限は，1950年までは関東地方であった。2010年では，東北地方北部まで生息域が [ウ] している(図3)。これは [エ] の影響があると考えられ，今後 [エ] が進めば，デング熱の発生する地域の [オ] が予想される。

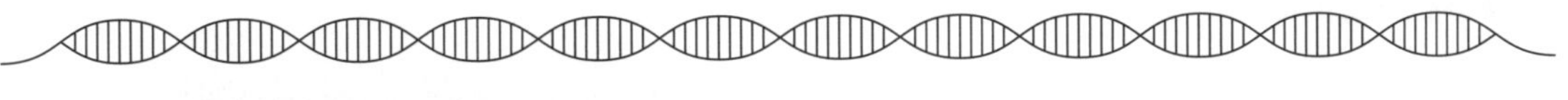

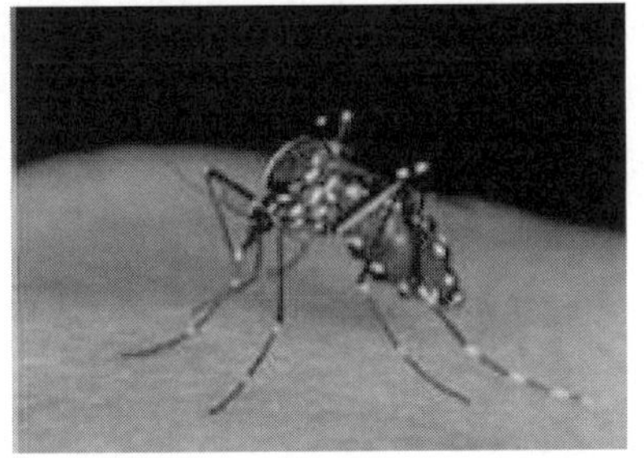

図2　ヒトスジシマカ

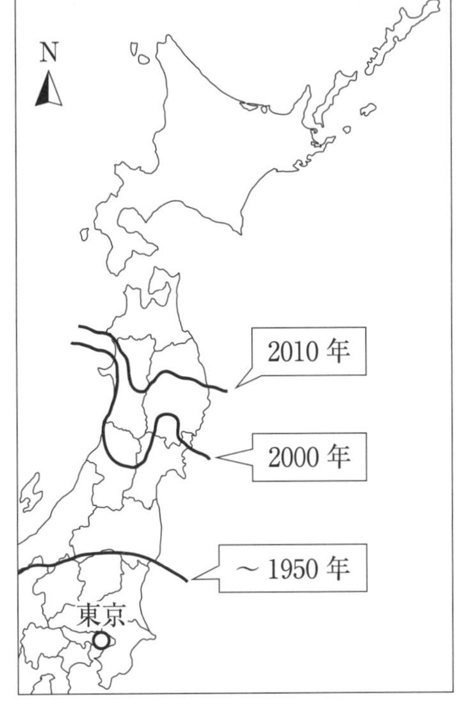

図3　ヒトスジシマカの生息域の北限の変化

	ウ	エ	オ
①	縮　小	外来生物	縮　小
②	縮　小	地球温暖化	縮　小
③	縮　小	外来生物	拡　大
④	拡　大	地球温暖化	縮　小
⑤	拡　大	外来生物	拡　大
⑥	拡　大	地球温暖化	拡　大

（2018年11月試験）

答えの出し方

【問1】

炭素は大気中の二酸化炭素が光合成によってデンプンとして植物に取り込まれる。大気中の窒素は直接植物には取り込まれず、「根粒バクテリア」などの細菌類によって化学的に固定されて植物に取り込まれる。したがってAが炭素、Bが窒素の循環である。

ア は動物も植物も大気に吐き出していることから二酸化炭素を排出する呼吸である。

イ は細菌によって窒素が大気に戻される「脱窒（だっちつ）」の過程を表している。

②が正解である。

【問2】

a. 酸素→二酸化炭素、とすると正しい文章になる(×)。

b. 正しい。

c. 生物濃縮の働きで濃度が増す(×)。

d.　正しい。例：ライオンがシカを一定量捕食しないと、木の実を食べるシカが増えすぎて樹木が減ってしまう。

正解は⑤。

【問3】

国語の問題。

ウ 生息地域は拡大している。

エ 地球温暖化の影響である。

オ 拡大が予想される。

正解は⑥。

歩け、歩け。続ける事の大切さ

伊能忠敬（江戸時代の商人・天文学者）

地学基礎
Basic Earth Science

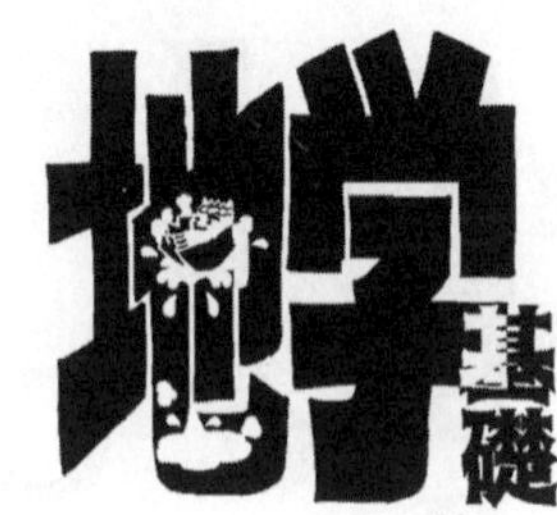

高認　「地学基礎」の学び方

地学は「1．宇宙と星」、「2．太陽と地球と惑星」、「3．火山と地震」、「4．岩石と古生物」、「5．気象と海洋」、の五つの分野からなっている。この本では、各分野の先頭に［説明］として、およその内容の説明文があり、そのあとに最近3年に行われた6回の試験のうち、2016年、2017年、2018年の各11月試験と、2018年の8月試験の4回の試験で出題された過去問と、その答の出し方が解説されている。解説では説明しきれなかった話題が過去問で取り上げていることも多いので、過去問は「腕試し」ではなく知識を増やすための材料と考えてほしい。解説と過去問研究を合わせれば、高認地学の90パーセント程度の範囲をカバーしていると考えられ、この本でしっかり勉強すれば高認地学は高得点で合格することができるはずである。

地学は、他の理科の科目と大きく違う面がある。例えば古生物の分野では、オーストラリアで発見された先カンブリア時代のエディアカラ生物群の成果は、最近10年以内になされた学問的成果であるが、それがもう高認の出題テーマになっている。筆者が6年前の2014年に作った「高認理数系学習室」の地学の内容も、今の高認地学の出題テーマに合わなくなってきている。地学は日々内容が新しく変わっていく「若々しい科目」なのである。

それと地学は、他の理科の科目である物理、化学、生物とは違って、教科書に書かれた多くの事柄を暗記していなくても問題を解くことができる科目だ。ポイントを押えた知識だけで、約40点の最低合格点はなんとか確保できる。このことはこの本の過去問を解いているうちにみなさんも気が付くと思われる。「試験場で問題文を読んで、そこで考え始める」、それで十分正解が出せる問題が多い。では、何の勉強もしないでいいのかというとそうではない。やはり具体的に問題の解き方を学んで正解を導き出す要領（ようりょう）は身に付けておかなくてはならない。この点、国語の現代文の試験や、地理や現代社会と似ている。国語の現代文の問題を解くのに、暗記しておくことはあまりない。しかし、書かれた小説の文章から「その時主人公の気持ちはどうであったか？」などの文章の道筋、論理をたどる訓練は必要なのである。

このような能力を高めるための一番の早道が、過去問研究なのである。この本でしっかり勉強して良い成績で高認地学を突破してください。

1．宇宙と星

恒星の距離と測り方

夜空をかざる星の大部分は、太陽と同様に自分で光を放つ**恒星**である。恒星までの距離は「光年」で測られる。光年とは、1秒間に30万*km*（地球7回り半相当の距離）と超高速で走る光でも1年かかる距離である。冬の夜空で一番明るい恒星であるシリウス（おおいぬ座α星）は太陽系から8.6光年の距離に、夏の夜空で一番明るい織女星（ベガ：こと座α星）は25光年の距離にある。

太陽系から近い位置にある恒星の場合には、「**年周視差**」で地球から恒星までの距離を測定する。この場合、半年の時間間隔を置いて恒星を観測すると、地球の公転軌道の直径分だけズレた位置から観察することになるため、少し違った位置に見える。その角度の差のことを「年周視差」という。

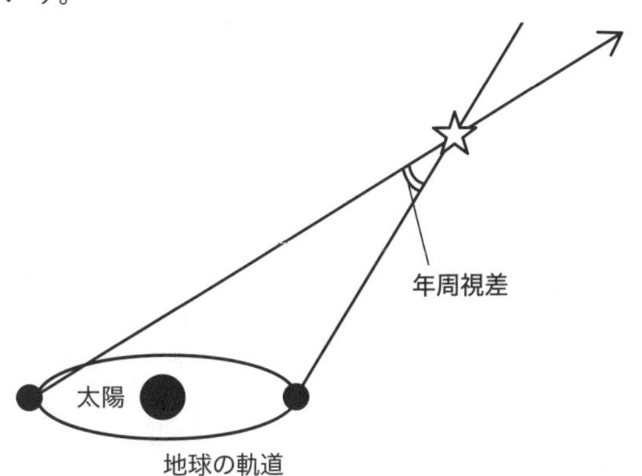

図1 年周視差を利用して恒星までの距離を測定する

ヘルツスプリング・ラッセル（HR）図

恒星の見かけの明るさは「等星」という呼び名であらわす。一番明るいのが1等星で、オリオン座のリゲル、ベテルギウスなどがある。2等星、3等星と順に暗くなっていき、晴れた日の夜空にかろうじて見える星が6等星とされる。1等星は6等星の明るさの100倍である。つまり、↗「等星」の数値が1つ減ると明るさはおよそ2.5倍になるというわけだ。

同じ明るさの恒星であっても、距離が遠ければ見かけの明るさは暗くなる。そこで、同じ距離から見た場合に何等星の明るさに見えるかという「明るさのものさし」を使うようになった。これを「絶対等級」と呼び、どの星も地球から32.6光年（10パーセクの位置といい、年周視差が0.1秒に見える恒星までの距離）の位置にあると仮定して正味の明るさの等級を示している。

星の色とヘルツスプルング・ラッセル図

星には特有の色がある。一般に星の色は、その恒星の表面の温度を表している。同じ1等星でも、夏の南空をかざるさそり座のα星：アンタレスは赤い。冬の夜空を彩るオリオン座のリゲルは青白い色をしている。赤い星は表面温度が低く、青白い星は表面温度が高い。そこで、星の色を温度の高い星（青白く見える星）から低い星（赤く見える星）まで、ランク付けをして、O－B－A－F－G－K－Mの型に分ける（*Oh! Be a Fine Girl Kiss Me!* と覚えよう！）。青い星はB型、赤い星はM型で、太陽はG型になる。

図2は縦軸に絶対等級を、横軸に星の型をとって恒星をプロットしてあるヘルツスプルング・ラッセル（HR）図である。絶対等級4の右側、この図の中央付近にYと書いてあるところを中心とした左上から右下に連なったS字状の曲線上に多くの点が集まっていることに気付くだろう。この線上に集まっている星を「主系列星」と呼ぶ。

恒星は、宇宙空間に漂う水素を主体とするガスの塊から自然に生み出される。恒星の中では、集めたガスの量に応じた速度・規模で核融合反応（水

素原子H４個からヘリウム原子He１個が生み出される）が起き、これに伴って膨大なエネルギーが放出されていく。

集めたガスの量が多いと核融合反応が活発で表面温度が高くなり、星は青白い色になる。集めたガスの量が少ないと核融合反応が穏やかに始まり、温度の低い橙色から赤色の星になる。主系列星の明るさは重い（質量が大きい）ほど明るく、明るさは質量の４乗に比例する。つまり、質量が２倍になれば明るさ（絶対等級）は16倍になる。

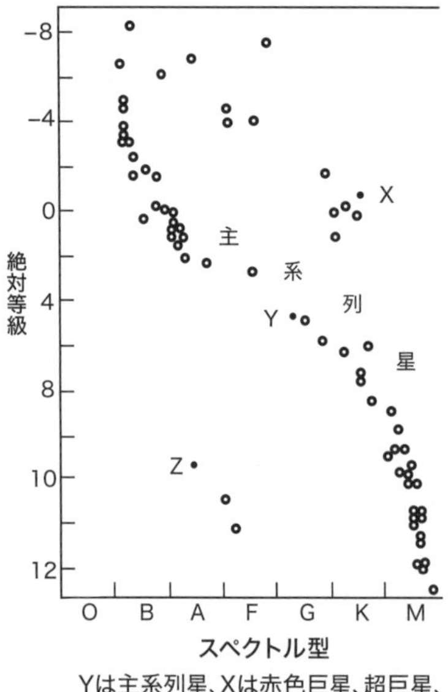

Yは主系列星、Xは赤色巨星、超巨星、Zは白色矮星

図2 ヘルツスプルング・ラッセル(HR)図

星は燃料である水素原子を使い果たすと膨張を始める。すると、図２の主系列を離れて、X点の方向に向かって移動を始める。星の大きさはもとの大きさの何十倍あるいは何百倍に膨張して赤くて巨大な「赤色巨星」、あるいは「超巨星」の道をたどり始めるわけだ。こうした星の命はこの先あまり長くない。

星の最後

水素原子を使い果たすと、今度はヘリウムHeよりもっと重い原子の製造過程（核融合反応）が始まる。炭素Cや酸素Oの製造を経て鉄Fe原子の製造を始めることによりこの過程は終局を迎える。最後に星は、大爆発を起こす。鉄より重い元素である銅Cuや銀Agや金Au、ウランUなどは、この最後の爆発の時に生み出されたと考えられている。

この大爆発によって飛び散った星間物質は、かに星雲やこと座のリングのような星雲（図３）となり、次の世代の新しい恒星（二世代目の星）をつくる材料となるというわけだ。われわれの太陽はこのようにしてできた二世代目の星であるといわれる。

大爆発の後、中心に残った星そのものは次の３つのいずれか１つのコースを選んで最後の運命を迎えることになる。

(*a*) 惑星状星雲とその中心にある白色矮星として残る

(*b*) 何も残らない

(*c*) 中性子星からブラックホールへの道をたどる。

(*a*) のコースに入った星は、図２のXの領域から主系列星のラインを一気に飛び越えてZの領域に入り、白色矮星となり、そこで長い余生を送ることになる。

かに星雲（© 国立天文台）

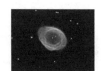

こと座のリング星雲〈環状星雲〉（© 国立天文台）

図３　代表的な星雲

銀河系の姿と構造

図4　アンドロメダ大銀河と伴う銀河
（© 国立天文台）

渦をまく銀河系宇宙

図４は、われわれの銀河系のお隣にあるアンドロメダ大銀河にある巨大な渦銀河（うずぎんが）である。われわれの属する銀河系宇宙もこれと同じような渦を巻く姿をしている。

図５は、銀河系宇宙の構造を示す模式図である。銀河系の主要部分は、円盤型をしていて（B）、その端のほうに太陽が乗っている。中心部は膨らみ出た「バルジ」と呼ばれる構造をしている（A）。そして、この円盤全体は「ハロー」と呼ばれる大きな球（C）に包まれている。ハローの中には、球状星団（きゅうじょうせいだん）（X）という古い星の集まりが分布している。

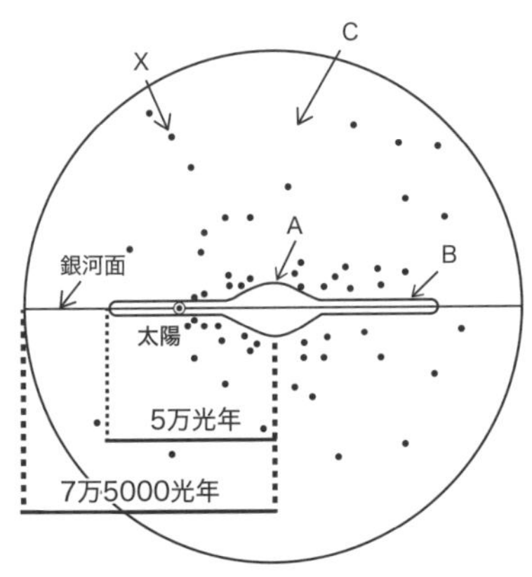

図5 銀河系宇宙の構造
Aはバルジ、Cはハローの部分、
太陽系はBのあたりにいる。

ハッブル=ルメートルの法則とビッグバン説

天文台の望遠鏡で写真観測すると、銀河系と同じ渦銀河が非常にたくさんあることが分かる。そして、その一つひとつの距離を測ってみると、われわれの銀河宇宙から遠い銀河ほど急速にわれわれから遠ざかっていることが 1929 年に発見された（**ハッブル=ルメートルの法則**）。

もしこの観測事実が正しいとすると、宇宙全体は遥か昔から同じ姿をしていたのではなく、われわれの宇宙には「始まり」があったことになる。多数の渦銀河を含む宇宙全体が１点に集中していたが、今から約 138 億年前、途方もない大爆発が起きて、宇宙全体がこの時から広がり始めたのだ（**ビッグバン説**）。常識的にはとても信じられないようなこの説が、天文学、物理学といった専門家の間では、疑いのない事実として認められつつある。

1 太陽の進化に関する**問1〜問4**に答えよ。

夜空を彩る星座の中で有名なオリオン座は，いくつかの恒星(自ら光を放つ星)で形づくられている。**図1**はオリオン座の写真である。矢印は夜空で赤く輝くベテルギウスを示している。この恒星は赤色巨星(巨星)に分類される。恒星はいつまでも輝き続けるのではなく様々な進化の過程を持っている。

私たちに身近な太陽も進化の途中にあり，核融合反応が起きることで，大量のエネルギーを放出している。その進化の過程は**図2**の順序で進んでいくと考えられている。

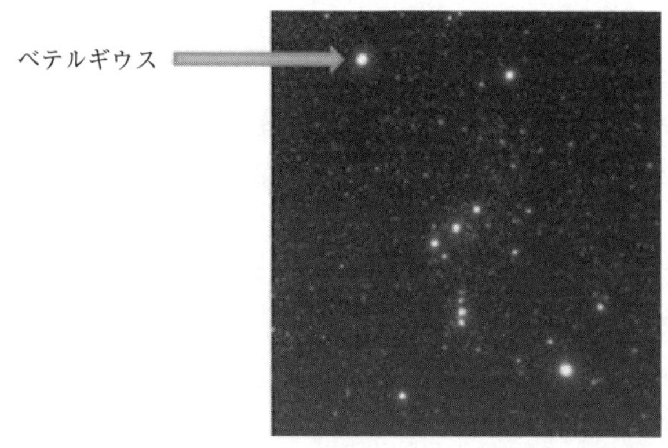

図1　オリオン座

星間物質 ⟶ 原始星 ⟶ 主系列星 ⟶ 赤色巨星 ⟶ 惑星状星雲＋白色矮星(わいせい)

図2　太陽の進化

問1　現在の太陽は**図2**のどの段階か。最も適当なものを，次の①〜④のうちから一つ選べ。

① 原始星
② 主系列星
③ 赤色巨星
④ 惑星状星雲＋白色矮星

問 2　赤色巨星は主系列星が膨張して形成される。この特徴として最も適当なものを，次の①〜④のうちから一つ選べ。

① 主系列星の時より恒星の平均密度は大きく，表面温度は高い。
② 主系列星の時より恒星の平均密度は小さく，表面温度は高い。
③ 主系列星の時より恒星の平均密度は大きく，表面温度は低い。
④ 主系列星の時より恒星の平均密度は小さく，表面温度は低い。

問 3　図 2 に示した惑星状星雲と白色矮星について述べた文として最も適当なものを，次の①〜④のうちから一つ選べ。

① 惑星状星雲のガスが再び同じ中心部に収縮して，新しい惑星ができる。
② 惑星状星雲は，赤色巨星が放出したガスで構成されている。
③ 白色矮星の直径は，その星が主系列星の時の直径より大きい。
④ 白色矮星の表面温度は，赤色巨星の表面温度と比較して低温である。

問 4　今後の太陽の核融合反応の継続時間と，核融合反応が終わったときに中心核を構成する主な元素の組合せとして最も適当なものを，次の①〜④のうちから一つ選べ。

	核融合反応の継続時間	元素
①	約 6 億年	Hc(ヘリウム)
②	約 60 億年	He(ヘリウム)
③	約 6 億年	C(炭素)，O(酸素)
④	約 60 億年	C(炭素)，O(酸素)

（2017 年 11 月試験）

答えの出し方

【問1】

星は星雲の中で原始星として生まれ、その後「主系列星」として長い安定期にはいる。この間、星の中では水素H原子4個からヘリウムHe1個を作り出す核融合反応を起こして熱と光を放射し続ける。燃料となる水素を使い果たすと、星は主系列を離れ、半径が膨張して赤色巨星の道に進む。太陽の場合、半径が膨張して地球の軌道まで膨張して地球も飲み込んでしまう。その後、恒星の中止付近で核融合エネルギーの原料であるヘリウム原子がなくなると急に半径が縮まって大爆発を起こし、最後は惑星状星雲と半径が今の地球程度にまで縮まった白色矮星となって星は一生を終える。現在の太陽は、安定期の「主系列星」である。**②が正解。**

【問2】

星の大きさが膨張するのであるから、平均密度は小さくなる。星の色は、赤→黄→青白、の順に温度が高くなる。「赤色」巨星になるのであるから、温度は下がる。**④が正解。**

【問3】

①「新しい惑星ができる」の部分が誤り。「新しい星（恒星）ができる」が正しい（×）。

②正しい（○）。

③「白色矮星」の「矮」は「小人（こびと）」の意味。主系列星であった時より小さくなるのである（×）。

④星の温度は、低い方から高い方へ、「赤」→「黄」→「白」の順であって、温度が高くなるから「白色」になるのである（×）。

②が正解。

【問4】

太陽も地球も誕生してから約46億年が経過したことがわかっていて、現在はちょうど太陽の寿命の半分くらいまで来たところである。燃え尽きて白色矮星になるまではあと約60億年と考えられる。中心部で核融合の燃料である水素を使い切ると、今度は、できたヘリウムを燃料として核融合反応が起き、炭素や酸素が生み出される。「核融合反応が終わったとき」には炭素や酵素が中心核を形成する。**④が正しい。**

1 宇宙の歴史に関する**問 1**～**問 4** に答えよ。

宇宙の歴史はとても長く，その誕生は約 138 億年前にさかのぼるとされる。**図 1** は，138 億年間を 1 年(365 日)として，いくつかのできごとをカレンダーに表したものである。はじめに宇宙の始まりであるビッグバンが 1 月 1 日 0 時に起こったものとする。その直後には中性子と，水素の原子核である A が形成され，これらが集まって B の原子核となった。最初の恒星の誕生(135 億年前)は 1 月 8 日にあたり，最初の銀河の誕生(133 億年前)は 1 月 14 日となる。このように，宇宙を構成する最初の恒星や銀河は，1 月前半に誕生したことがわかる。その後，太陽が 46 億年前に誕生するなど，宇宙は非常に長い時間をかけて現在に至っている。

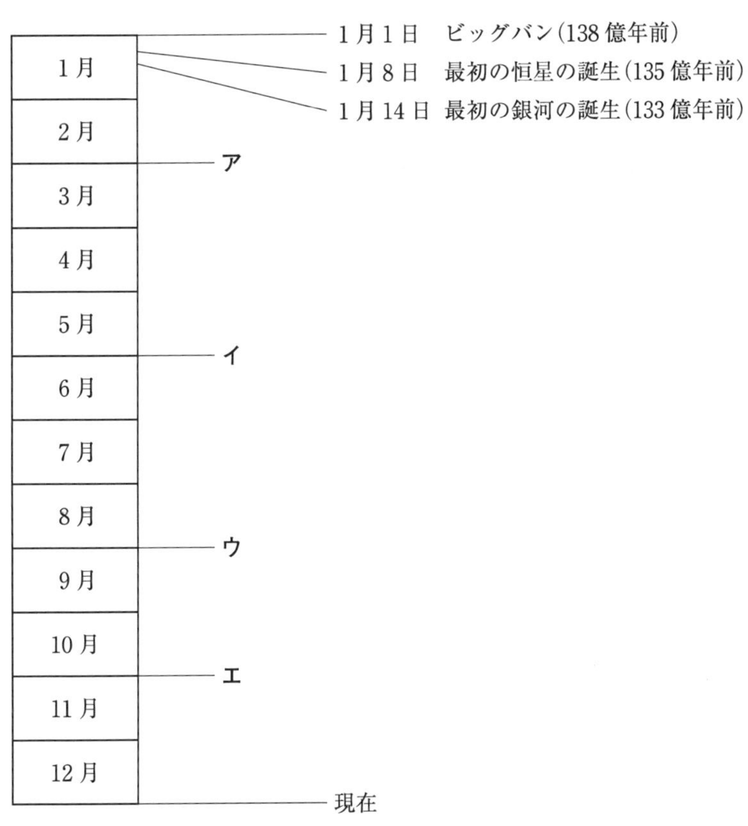

図 1　宇宙のカレンダー

Science & Our Daily Life 科学と人間生活
Basic Physics 物理基礎
Basic Chemistry 化学基礎
Basic Biology 生物基礎
1 宇宙と星

問 1 宇宙の誕生(ビッグバン)が138億年前とすると，**図1**の1か月は平均しておよそ何億年間に相当するか。最も適当なものを，次の①～④のうちから一つ選べ。

① 3億年間
② 6億年間
③ 12億年間
④ 24億年間

問 2 **図1**の1月1日に起こったビッグバンについて説明した文として最も適当なものを，次の①～④のうちから一つ選べ。

① 宇宙が誕生した時は，低温・低密度であった。
② 宇宙が誕生した時は，低温・高密度であった。
③ 宇宙が誕生した時は，高温・低密度であった。
④ 宇宙が誕生した時は，高温・高密度であった。

問 3 文中の **A** と **B** に入る語句の組合せとして最も適当なものを，次の①～④のうちから一つ選べ。

	A	B
①	陽子	炭素
②	陽子	ヘリウム
③	電子	炭素
④	電子	ヘリウム

問 4 **図1**において，太陽が誕生した時期として最も適当なものを，次の①～④のうちから一つ選べ。

① ア
② イ
③ ウ
④ エ

（2018年8月試験）

答えの出し方

【問 1】

これは単なる割り算の計算問題。

138 億 ÷ 12 = 11.5 億。**③が正しい。**

【問 2】

宙の始めのビッグバンのころは、高温で高密度であった。**④が正解。**

【問 3】

水素の原子核は陽子。太陽の熱源は水素原子 4 個を核融合して 1 個のヘリウム原子を作り出すときに生み出されるエネルギーである。実は宇宙の始まりの頃にも、すでにヘリウムが作り出されていたことが分かっている。**正解は②。**

【問 4】

太陽も地球も誕生してから約 46 億年たっている。これは宇宙年齢 138 億年のだいたい $\frac{1}{3}$ である。1 年 12 か月に例えると 8 ヶ月を過ぎたあたりに相当し、「ウ」のあたりである。**③が正解である。**

1 銀河系と恒星に関する**問1～問4**に答えよ。

私たちの銀河系は天の川銀河とも呼ばれ(以下，銀河系と呼ぶ)，**図1**のような構造であると推定されている。銀河系はバルジと円盤部とそれらを取り巻くハローと呼ばれる部分からできている。

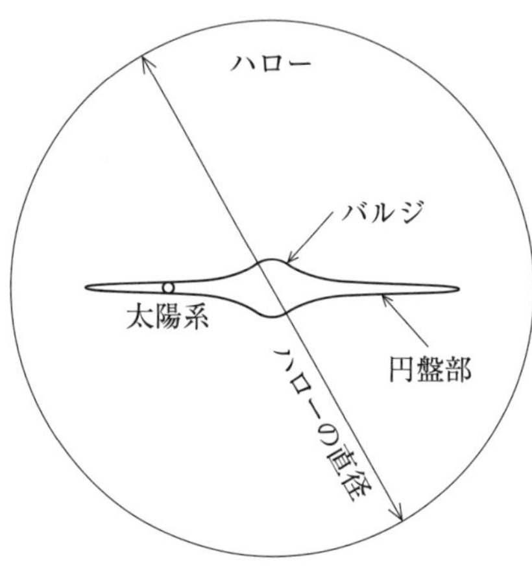

図1　銀河系の模式図

問1　銀河系の円盤部の直径とハローの直径の組合せとして最も適当なものを，次の①～④のうちから一つ選べ。

	円盤部の直径	ハローの直径
①	1万光年	2万光年
②	5万光年	10万光年
③	10万光年	15万光年
④	15万光年	20万光年

問 2　私たちが星空を見たとき，天の川が大きく見えた。天の川は次の銀河系断面図の**A**～**D**のうちどの方向を見たものか。最も適当な組合せを，下の①～④のうちから一つ選べ。

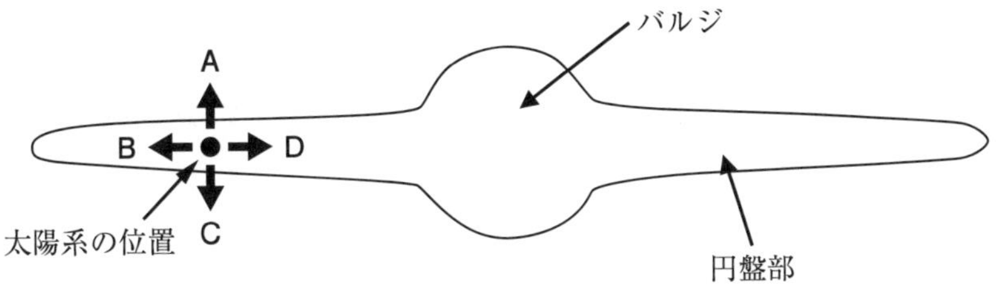

① A と B

② B と C

③ A と D

④ B と D

問 3　銀河系の中に存在する恒星の数は現在どの程度と推定されているか。最も適当なものを，次の①～④のうちから一つ選べ。

① 5億～10億個

② 1000億～2000億個

③ 10兆～20兆個

④ 1000兆～2000兆個

問 4　こと座のベガの見かけの等級は約0.0等であり，北極星の見かけの等級は約2.0等である。ベガは北極星の約何倍明るく見えるか。ただし，5等級の明るさの差は100倍であり，これより1等級の明るさの差は約2.5倍となる。最も適当なものを，次の①～④のうちから一つ選べ。

① 0.4倍

② 2.5倍

③ 5倍

④ 6倍

（2018年11月試験）

答えの出し方

【問 1】

銀河系の直径は約 10 万光年。ハローの直径はその 1.5 倍。**③が正解である。**

なお、ハローの部分には、古い星が球状に集まった球状星団が分布している。

【問 2】

天の川は銀河系を横方向、すなわちB、Dの方向に見たものである。**④が正解。**

【問 3】

銀河系に含まれる星（恒星）の数は、約 1,000 億から 2,000 億個(記憶すること)。**②が正しい。**地球上に住む人の数は約 76 億人だから、銀河系の星の数はその約 20 倍くらいである。「銀河系の星の数は、世界中の人の両手両足の指の数ぐらい」。

【問 4】

目で見た星の明るさは、1等星、2等星、3等星・・・というクラス分けがされる。

1等星は2等星の 2.5 倍明るい。2等星は3等星の 2.5 倍明るい。ということは、1等星は3等星の 2.5 × 2.5=6.25 倍となって、約6倍明るいことになる。こと座のベガ(織女星)は0等星、北極星は2等星、でやはり2等級の差。したがって、ベガは北極星の約6倍明るいことになる。**④が正解。**

2. 地球と惑星

太陽系の８つの惑星

太陽の周りを巡る惑星は８個ある。太陽に近い順から、水星、金星、地球、火星、木星、土星、天王星、海王星となる。その先にある冥王星は準惑星に格下げされて、太陽系の惑星の座から外されてしまった。

水星、金星、地球、火星の４つ（図６では黒丸で示してある）は「地球型惑星」といい、半径が小さく、表面が固体、平均密度が大きいという特徴がある。地球は太陽から３番目の惑星で、平均密度（比重）は 5.5 である。地球には海というかたちで大量の水が存在している。火星にもかつては大量の水があったと推測されている。水星の表面には月の表面と同じように多数の円形の「クレーター」が見られ、隕石の落下や小惑星の衝突によって生じたものと考えられている。

木星、土星、天王星、海王星の４つは「木星型惑星」といい、半径が大きく、表面からかなり中の方までガスでできていて、平均密度が小さい（土星は比重が 1.0 以下で「水に浮く」）という特徴がある。いずれも多くの衛星と輪（わ）（リング）がある。火星の軌道と木星の軌道の間には、「小惑星（しょうわくせい）」が多数存在する「小惑星帯」がある。

惑星は自分で光を出していないが、太陽の光に照らされているので観察することができる。地球の月、火星の２つの衛星と比べて、木星にはガリレオの４大衛星をはじめ 60 余りの衛星があるなど、木星型惑星は数多くの衛星を周りに回らせている。土星には大きな輪（わ）があるので有名だが、近年、木星、天王星、海王星にも輪があることが発見された。

海王星
木星
金星
水星
火星
地球
太陽
土星
小惑星帯
天王星

図6 太陽系

惑星の公転に関するケプラーの3つの法則

17 世紀の始め、ドイツのヨハネス・ケプラーは太陽の周りを回る惑星に関して３つの法則を発見した。

まず、その軌道の形は厳密には円ではなく、楕円形（だえんけい）をしている。楕円形には焦点が２つあるが、そのうちの一つが太陽であるような軌道を描いている（ケプラーの第１法則）。

惑星の軌道が楕円形であるため、太陽からの距離は変化する。また、太陽からの距離に応じて、公転運動の速度も変化する。太陽の近くにいるときには速く動き、離れているときには遅く動くのである。距離と速度の関係をもっと厳密（げんみつ）にいうと「面積速度一定の法則」となる。一定時間惑星が進む時、その初めの位置と太陽、終わりの位置と太陽、およびそのあいだの軌道を結んだおうぎ形の面積は一定となる（図7：ケプラーの第２法則）。

さらに、太陽に近い惑星ほど公転周期が短く、遠い惑星ほど公転周期が長い。惑星の太陽からの平均距離の３乗と公転周期の２乗との比は、太陽系すべての惑星について一定となっている（ケプラーの第３法則）

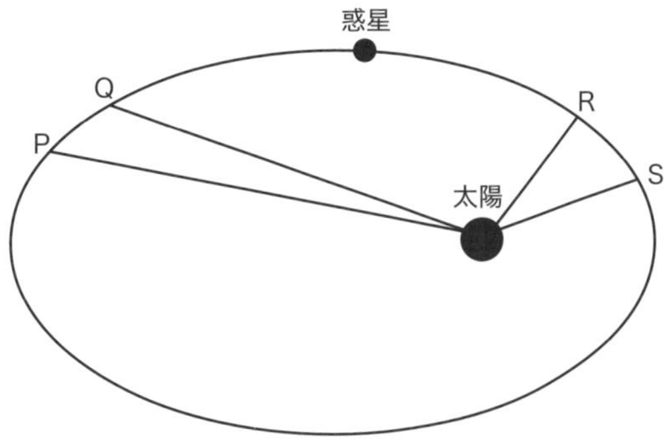

図7 面積速度一定の法則

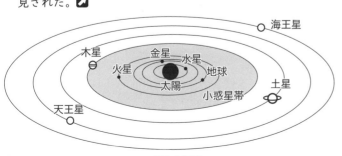

1 太陽に関する**問 1**～**問 4** に答えよ。

Kさんは，授業で学んだ太陽について先生に質問に行きました。

Kさん：太陽ができたのはどれくらい前なのですか？
先生　：およそ **ア** 前だと考えられています。これほどの長い時間，太陽の中心部では核融合反応が起こっています。
Kさん：太陽ではどのような核融合反応が起こっているのですか？
先生　：太陽の中心部は高温・高圧で， **イ** 個の水素原子核が **ウ** 個のヘリウム原子核に変わる核融合反応が起こり，エネルギーとなって放射されているのです。
Kさん：そうですか。ところで，**図 1** の太陽表面の黒い点は黒点(a)ですよね。
先生　：そうです。黒点では，その周辺が突然明るくなることがあります。この現象をフレアといいます。
フレアが発生すると地球にも数日以内に影響があります(b)。

問 1 文中の **ア** にあてはまる数値として最も適当なものを，次の①～④のうちから一つ選べ。

① 50 億年
② 100 億年
③ 500 億年
④ 1000 億年

問 2 文中の **イ** と **ウ** に入る数値の組合せとして最も適当なものを，次の①～④のうちから一つ選べ。

	イ	ウ
①	1	4
②	4	1
③	3	2
④	2	3

問 3　下線部黒点(a)について，黒点の数が特に多いときの現象や太陽の状態として最も適当なものを，次の①～④のうちから一つ選べ。

① 太陽が月の引力の影響を強く受けている。

② 太陽に落下する小天体の数が増えている。

③ 太陽の表面温度が約 4000 度になっている。

④ 太陽の活動が活発になっている。

問 4　下線部地球にも数日以内に影響があります(b)について，フレアの影響で数日以内に起こる現象として最も適当なものを，次の①～④のうちから一つ選べ。

① エルニーニョ現象

② 地震や火山噴火

③ オーロラや電波障害

④ 流星の増加

（2016 年 11 月試験）

答えの出し方

【問 1】

地球も太陽も含め太陽系全体は約 50 億年前に誕生したと考えられている。**①が正解。**

【問 2】

太陽で起きている核融合反応は、4 個の水素原子から、1 個のヘリウム原子が生み出される反応である。**②が正しい。**

【問 3】

太陽の黒点数は約 11 年周期で増減を繰り返している。黒点数が多いほど、太陽活動が活発な時期である。実は太陽の表面温度は 6,000 度だが、黒点部分の表面温度は約 4,000 度であるので③も正しく見える。**④が正しい。**

【問 4】

フレアが起きると、太陽から放出される太陽風によって地球の高緯度地方にオーロラが活発に表れ、電波障害が起きる。**③が正しい。**

①のエルニーニョ現象は、南米エクアドル沖の赤道に沿った海域の海面水温が平年より高くなり、その状態が 1 年ぐらい続く現象です。世界全体の気候に影響を及ぼす。

④の流星の増加は、かつての彗星(すいせい)軌道の位置を地球が通過した時に、彗星の残留物質である流星が多く現れる現象で、「ペルセウス座流星群」、「しし座流星群」などが有名。

2 地球の内部に関する**問1〜問4**に答えよ。

地球は構成物質の違いなどから，層構造をしていると考えられている。**図1**は地球の層構造の模式図である。図中の**A〜D**は地球内部の各層を表している。

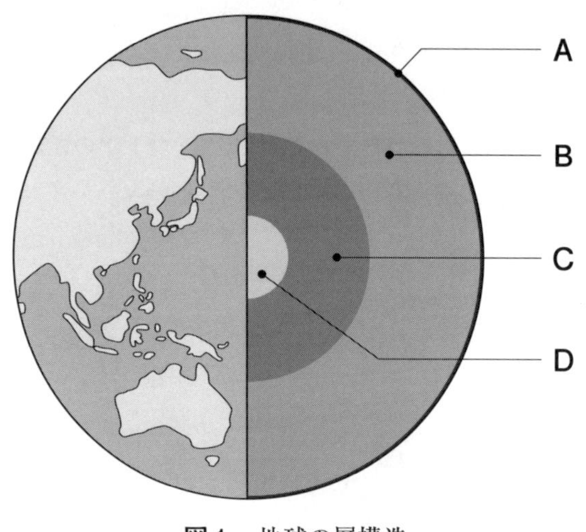

図1　地球の層構造

問1　**図1**の**A〜D**の名称の組合せとして最も適当なものを，次の①〜④のうちから一つ選べ。

	A	B	C	D
①	マントル	地　殻	外　核	内　核
②	内　核	外　核	マントル	地　殻
③	地　殻	マントル	内　核	外　核
④	地　殻	マントル	外　核	内　核

問2　**図1**の**A〜D**で，主に鉄とニッケルでできているところはどこか。また，かんらん岩質岩石からできているところはどこか。これらの組合せとして最も適当なものを，次の①〜④のうちから一つ選べ。

	鉄とニッケル	かんらん岩質岩石
①	C，D	A
②	C，D	B
③	A，B	C
④	A，B	D

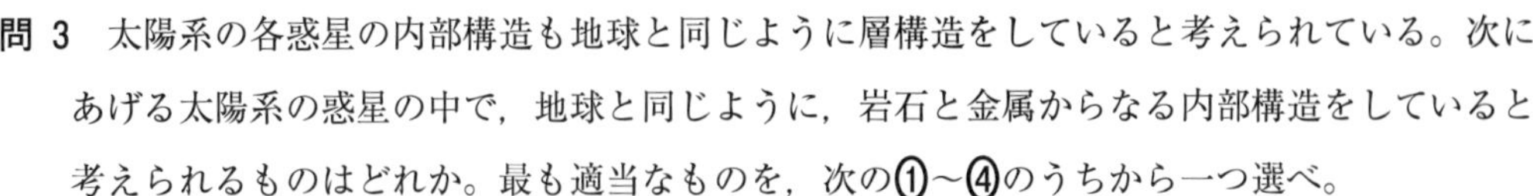

問 3　太陽系の各惑星の内部構造も地球と同じように層構造をしていると考えられている。次にあげる太陽系の惑星の中で，地球と同じように，岩石と金属からなる内部構造をしていると考えられるものはどれか。最も適当なものを，次の①～④のうちから一つ選べ。

① 海王星
② 土星
③ 木星
④ 金星

問 4　図１のＣとＤの境界は地表から 5100 km のところにある。地球の半径を 6400 km とすると，Ｄの体積は地球全体の体積のおよそ何 % になるか。最も適当なものを，次の①～④のうちから一つ選べ。なお，球の体積は，半径の３乗に比例する。

① 1 %
② 4 %
③ 20 %
④ 36 %

（2016 年 11 月試験）

答えの出し方

【問 1】

Ａは地殻、Ｂはマントル、Ｃは外核、Ｄは内核である。Ｃの外核の部分は液体である。**④が正しい。**

【問 2】

鉄とニッケルでできているのは「核」と呼ばれるＣとＤの部分である。Ｂのマントルはかんらん岩質岩石からできている。**②が正解である。**

【問 3】

惑星のうち太陽から近い水星、金星、地球、火星の４惑星は「地球型惑星」と呼ばれ、外側の岩石の層と、内部の金属の核の構造をしている。これに対して、木星、土星、天王星、海王星の４つの惑星は「木星型惑星」と呼ばれ、表面から厚いガス層からなっている。地球と同じような構造をしているのは金星である。**④が正しい。**

【問 4】

地球の中心部のＤの部分は球形をしていて、その半径は 6,400 − 5,100 = 1,300*km* である。これは地球半径の約２０％、すなわち$\frac{1}{5}$である。「体積の比は、相似比の３乗である」から、地球全体に対するＤの部分の比率は、$\frac{1}{5}$の３乗で、$\frac{1}{125}$になる。**①が正解である。**

2 原始太陽系星雲と地球に関する**問1**〜**問4**に答えよ。

原始太陽はおよそ46億年前，銀河系の片隅で星間物質が収縮し誕生した。一方，原始太陽に取り込まれなかった星間物質はそのまわりを回りながら円盤状に集積し，原始太陽系星雲が形成された。星間物質の中には固体成分も含まれており，これらの固体成分は岩石主体と氷主体に大別される。

問1 次の図は惑星の公転軌道面を横から見た模式図であり，●は原始太陽，☀は現在の太陽を表し，灰色の部分は原始太陽系星雲の広がりを示している。原始太陽系星雲のようすと，現在の太陽系のようすを表したものはどれか。最も適当なものを，次の①〜④のうちから一つ選べ。

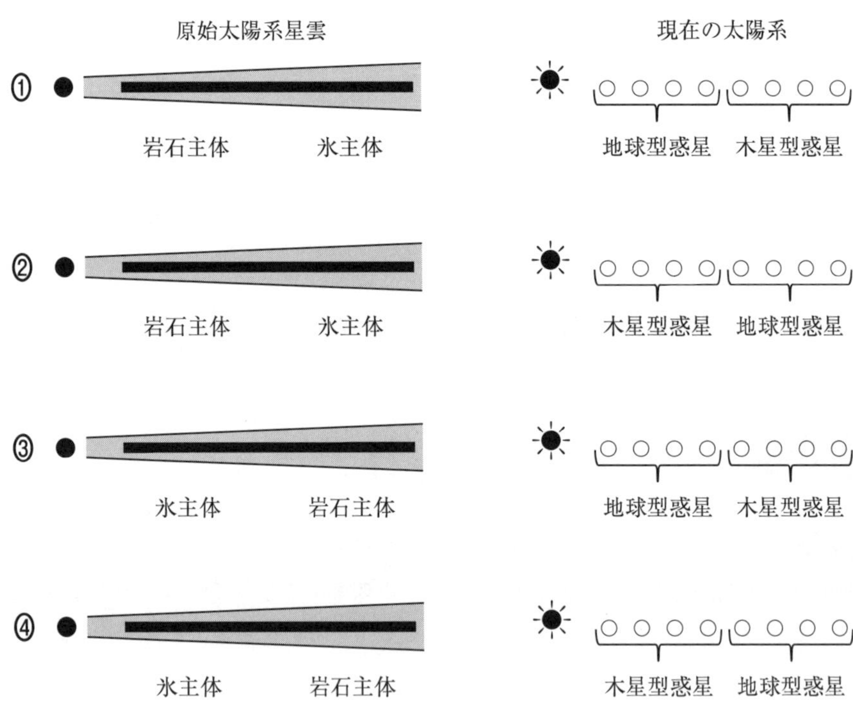

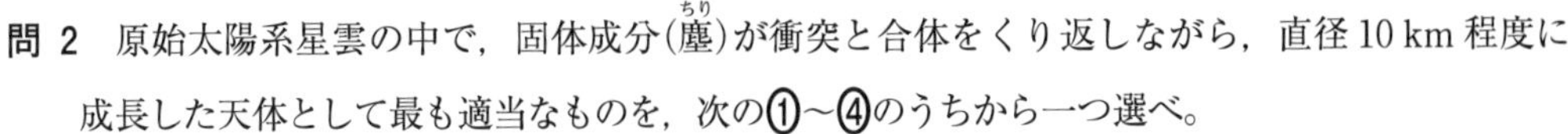

問 2 原始太陽系星雲の中で，固体成分(塵)が衝突と合体をくり返しながら，直径 10 km 程度に成長した天体として最も適当なものを，次の①～④のうちから一つ選べ。

① 微惑星

② 彗星

③ 流星

④ 準惑星

問 3 原始地球が大きく成長したころの地表面は，原始大気の保温効果や天体の衝突エネルギーにより，とけていたと考えられている。この状態の名称として最も適当なものを，次の①～④のうちから一つ選べ。

① 溶岩台地

② ホットプルーム

③ マグマオーシャン

④ マグマだまり

問 4 月のクレーターは隕石の衝突によって形成されたことがわかっている。地球にも隕石の衝突によるクレーターは存在するが，月のクレーターの数と比べるとはるかに少ない。
この理由として**誤っているもの**を，下の①～④のうちから一つ選べ。

① 地球では流水や氷河などによってクレーターが侵食され，古いクレーターはほとんど目立たなくなった。

② 月の引力は地球の引力よりも強いため，月では地球より多くの天体の衝突が起こる。

③ 大気圏に侵入してくる小天体は，破壊されたり燃え尽きてしまったりするものが多く，クレーターが形成されにくい。

④ 地球はプレート運動があるため，古いクレーターが残りにくい。

（ 2017 年 11 月試験）

答えの出し方

【問1】

太陽に近い方は岩石主体の地球型惑星、遠い方はガスや氷主体の木星型惑星ができる。**①が正解である。**

【問2】

直径10km程度の成長した天体を「微惑星」という。**①が正解である。**

【問3】

地球表面全体が溶けた溶岩（マグマ）に覆い尽くされた状態を「マグマオーシャン」という。**③が正解である。**

【問4】

明白に誤っているのは②の「月の引力は地球の引力よりも強い」の部分である。月表面での月の引力は、地球のそれ（$g = 9.8m/s^2$）の約$\frac{1}{6}$しかない。①、③、④はおのおの地球上にクレーターが少ししか見られない理由として正しい。**②が正解である。**

2 太陽系の惑星と太陽系外の惑星に関する**問1**～**問4**に答えよ。

地球に生命が存在できるのは液体としての水の存在が大きい。地球で液体の水が存在し続けているのにはいくつかの理由がある。一つは太陽からの距離(a)が液体の水を保つのに適していることである。もう一つは地球の大きさと質量(b)が大気や水を表面にとどめておくのに適当なことである。惑星表面で水が液体で存在できる温度になる範囲は，中心の恒星(主星)の表面温度と，主星からの距離によって決まる。この範囲をハビタブルゾーンという(**図1**)。

2009年に打ち上げられた人工衛星ケプラーは太陽以外の恒星を公転する惑星を数多く発見した。その中には，大きさが地球と同じぐらいで，ハビタブルゾーンにある惑星が見つかっている。地球から約500光年離れたケプラー186と命名された恒星には，5つの惑星ケプラー186**b**, **c**, **d**, **e**, **f**が発見された。その一つケプラー186**f**はハビタブルゾーンにあり，直径が地球の1.1倍であることから生命の存在が期待されている(**図2**)。

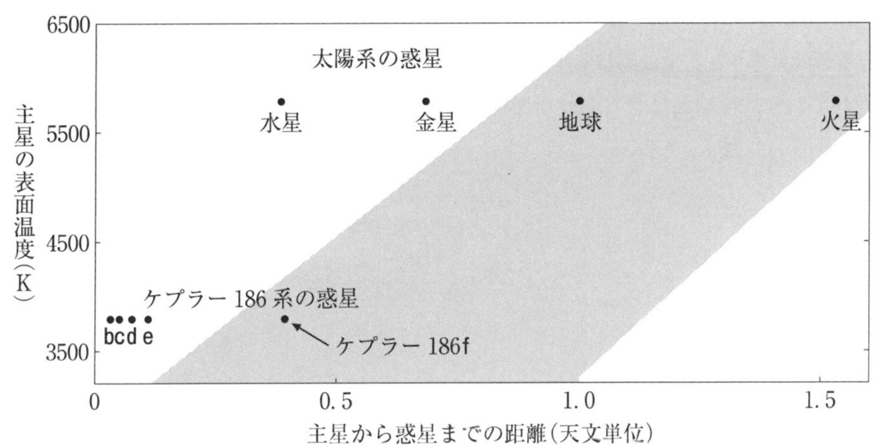

図1　主星の表面温度とハビタブルゾーン(灰色部分)の関係

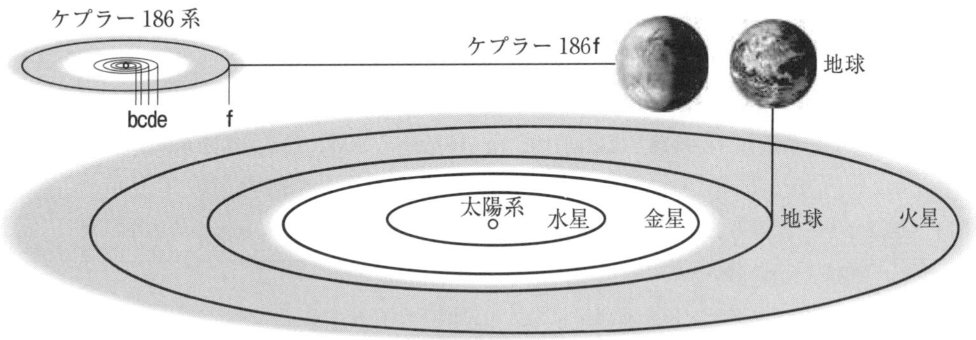

図2　「太陽系」と「ケプラー186系」のハビタブルゾーン(灰色部分)と惑星の軌道
太陽系とケプラー186系は同じ縮尺で描いてある。

(**図1**，**図2**ともに https://www.nasa.gov/sites/default/files/files/Kepler186_FINAL-Apr2014.pdf により作成)

※ハビタブルゾーンの範囲はいくつかの見積もりがあり，上記の図はNASAのWebサイトをもとに作成した。

問 1　下線部<u>太陽からの距離</u>(a)に関して，太陽(▽)と惑星(▼)の位置関係を表した図として最も適当なものを，次の①～④のうちから一つ選べ。

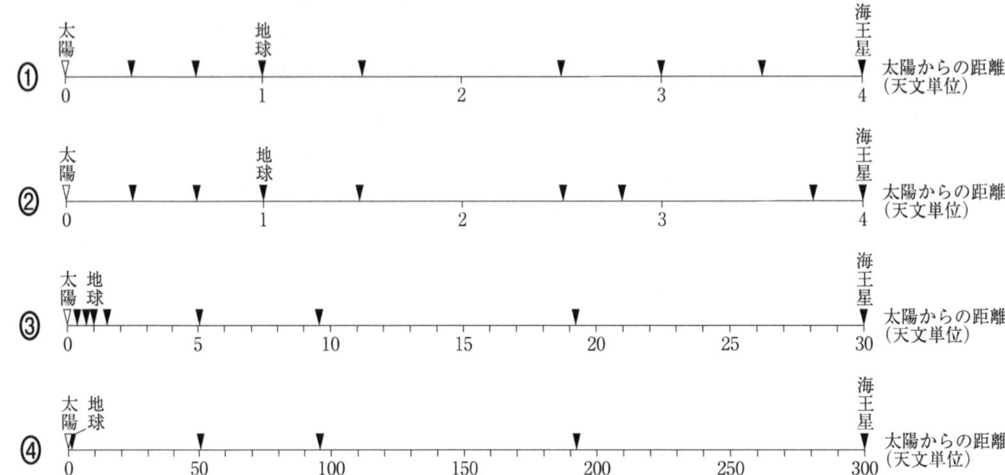

問 2　下線部<u>地球の大きさと質量</u>(b)に関して，大きさと質量は地球とほぼ等しいが，ハビタブルゾーンから外れており，地球とは全く違った環境を持つ惑星として最も適当なものを，次の①～④のうちから一つ選べ。

① 水星
② 金星
③ 木星
④ 海王星

問 3　図1・図2から，火星はハビタブルゾーンの境界付近にあるが，現在の火星の表面には液体の水が安定して存在していない。火星について述べた文として**誤っているもの**を，次の①～④のうちから一つ選べ。

① 直径，質量ともに地球の約 $\frac{1}{2}$ である。
② 大気が希薄なため温室効果が弱く，表面温度はおおむね氷点下である。
③ 水が流れていたと思われる地形や，かつて活動した火山の地形が見られる。
④ 自転周期と自転軸の傾きが地球とほぼ同じで，1日の長さが地球に近く，季節変化がある。

問 4　図1・図2から，太陽系とケプラー186系について述べた文として最も適当なものを，次の①～④のうちから一つ選べ。

① 太陽系のハビタブルゾーンにある惑星は大気中に酸素が存在する。
② 太陽系のハビタブルゾーンより内側にある惑星は，大気が存在しない。
③ ケプラー186系のハビタブルゾーンは，太陽系よりも主星に近い。
④ 主星から受ける単位面積当たりの熱量は，ケプラー186f のほうがケプラー186b よりも大きい。

（2018年8月試験）

答えの出し方

【問１】

太陽と地球の間の距離と１として、太陽から水星、金星、火星、（小惑星セレス）、木星、土星、天王星、海王星までの各距離は

0.0、0.3、0.6、1.2、2.4、4.8、9.6、19.2、38.4（0.3以後は順に２倍している）

に、0.4 を加えた

0.4、0.7、1.0、1.6、2.8、5.2、10.0、19.6、38.8

に「だいたいなっている」（チチウス・ボーデの法則）。

正しくは、

0.4、0.7、1.0、1.5、2.8、5.2、9.6、19.2、30.1

であるが、かなりよい一致を示していることが分かる。

海王星の太陽からの距離は、地球から太陽までに距離の 30 ～ 40 倍である、と知っていれば、**③が正解である**ことが分かるだろう。

【問２】

金星は地球とほとんど同じ大きさの惑星であることは知っておきたい。しかし金星の大気は二酸化炭素 CO_2 に厚く覆われ、温室効果のために表面温度は 450℃にも達している灼熱（しゃくねつ）の世界である。**②が正解である。**

木星は地球の約 10 倍の半径がある巨大な惑星である。

【問３】

①もし直径が半分ならば、体積は８分の１のはずで、質量は$\frac{1}{2}$ではありえない。ほとんど誤りであると考えられるが、保留としておく。

②正しい。③正しい。④正しい。

となって誤っているのはやはり①であった。**①が正解。**

火星の質量は地球の 10.7％とされている。

【問４】

①太陽系のハビタブルゾーンにある惑星は、地球と火星の２個である。地球大気には酸素があるが、「火星大気には酸素がある」は正しいかどうか？ 保留としておく。

②金星はハビタブルゾーンの内側にあるが大気が存在する（×）。

③図１によると、ケプラー 186 のハビタブルゾーンは太陽系より主星に近い（〇）。

④ケプラー 186*b* の方が、ケプラー 186*f* より主星の近くをまわっているので、ケプラー 186*b* の方が単位面積当たりの熱量は大きい（×）。

以上の結果**③が正解となる。**ということは保留した①の「ハビタブルゾーンにある火星大気には酸素が存在する」は誤りであったことになる。

2 太陽系に関する**問1～問4**に答えよ。

Ｋさんは授業を通して宇宙に興味を持った。Ｋさんは近所に住んでいる星が好きなＳさんと天体観測へ行った。以下はそのときの会話である。

Ｋさん：望遠鏡で何を観察するのですか。

Ｓさん：今はちょうど(a)彗星が観察できるんですよ。のぞいてみてください。

Ｋさん：きれいに輝いていますね。中心から尾のようなものが伸びていますね。

Ｓさん：いいところに気が付きましたね。(b)彗星の尾は，観察を続けると長さや向きが変化する様子がわかるんですよ。

Ｋさん：そうなのですか。あれ，望遠鏡から彗星がいなくなってしまいました。何か他の天体を見せてもらってもいいですか。

Ｓさん：どうぞ。これなんかはどうですか。

Ｋさん：この特徴的な縞(しま)模様は木星ですね。木星の近くに小さな天体が見えますが，もしかして木星の(c)衛星ですか。

Ｓさん：そうです。よくわかりましたね。肉眼で見るとあれが木星ですよ。

Ｋさん：ずいぶん明るいのですね。あ，(d)流星が見えました。

問1　下線部(a)彗星について述べた文として最も適当なものを，次の①～④のうちから一つ選べ。

① すべての彗星は太陽に突入して最後に消滅する。
② 彗星は太陽のような恒星が一生を終えたときに誕生する。
③ 彗星は太陽系の最も外側にあるオールトの雲が起源のものもある。
④ 恒星は彗星がまき散らした塵(ちり)を集めて誕生する。

問 2　下線部彗星の尾(b)について，太陽のまわりを公転する彗星の尾の変化を示した模式図として最も適当なものを，次の①～④のうちから一つ選べ。

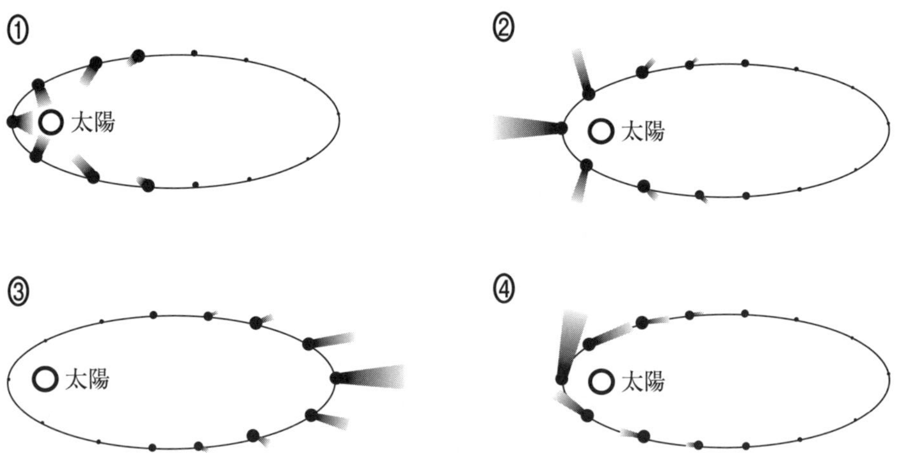

問 3　下線部衛星(c)について述べた文として**誤っているもの**を，次の①～④のうちから一つ選べ。

① 月は地球の衛星である。

② 地球型惑星より木星型惑星の方が多くの衛星を持っている。

③ 地球の衛星より火星の衛星の方が多い。

④ 衛星には太陽のように自ら輝くものもある。

問 4　下線部流星(d)について説明した文として最も適当なものを，次の①～④のうちから一つ選べ。

① 宇宙を漂(ただよ)う塵(ちり)が大気圏に突入し，発光する現象である。

② 地球付近を高速で移動する恒星の軌跡である。

③ 小惑星が太陽の光を反射して，急激に明るく見える現象である。

④ 星間ガスが急激に収縮し，核融合反応が起こり発光する現象である。

（2018 年 11 月試験）

答えの出し方

【問1】

①まれに彗星が太陽に突入するものはあるが大部分の彗星は太陽に突入はせず、ふたたび遠方に離れていく（×）。②白色矮星である（×）。④恒星と流星とし、「を集めて」を「が」にすれば正しい（×）。**③が正解である。**

【問2】

彗星の尾は太陽の光の圧力を避けるようになびくので、太陽に近いところで大きくなり、なびく向きは、太陽の反対方向である。**②が正しい。**「④が正しい」と誤って理解しないように。

【問3】

①正しい。②正しい。地球型惑星の衛星の数は、水星と金星はゼロ、地球は1個（月）、火星は2個である。木星型惑星の木星は60個、土星は53個、天王星は26個、海王星は13個の惑星がある（2018年天文年鑑による）。③正しい。地球は1個、火星は2個。④衛星には自ら輝くものはない（×）。**④が正解である。**

【問4】

①正しい。一晩にいくつも現れる流星は、地球に飛んでくる0.1 mmぐらいから数cmのどのチリが大気圏に突入して光ったもの。せいぜいそのぐらいの大きさである。

②恒星というのは、太陽と同じもの。その存在密度は「太平洋全体にスイカ1個」程度。それが、1晩に何個も現れるなどということはあり得ない。

③小惑星の小さいもの（直径数十メートル程度）が、月までの距離より近い位置に接近することもまれにあるが、数年に一度程度。それに、たとえ接近しても普通は見えない。ただし、2013年のロシアのチェリャビンスク隕石の落下は③に相当する出来事だが、大勢の人がまぶしく光る隕石を観察した。しかし、これも地球全体として数十年に一度の出来事で、1晩にいくつも見られる流星とは別の現象である。

④これは恒星の誕生の記述である。**①が正解である。**

3．火山と地震

地震を起こすプレートの動き

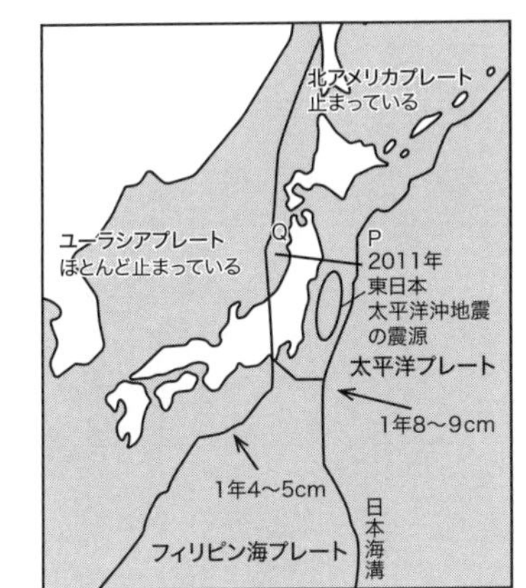

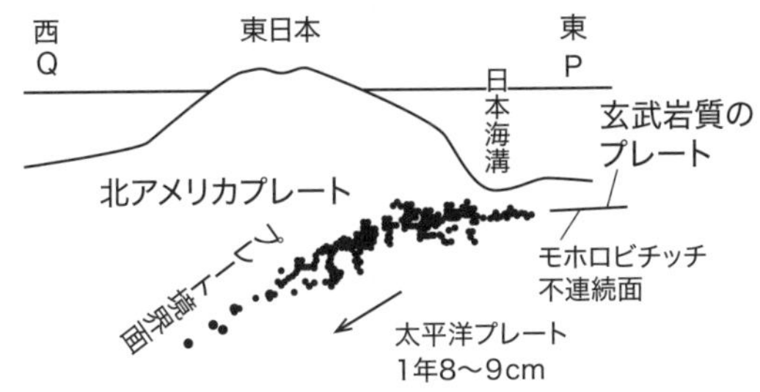

図8 日本列島とその周辺でのプレートの配置（上図）と
東日本左図PQ線断面での地震の分布

地表から深さ 2,900*km* までは、マントルと呼ばれる固体の層である。そのうち地表から 500*km* 付近までの上部マントルの部分は、長い年月で見ると、１枚のベルトコンベアのようにゆっくり移動していて、「**プレート**」と呼ばれる。そして、「**マントル対流**」と呼ばれる対流運動を行っている。

地球の表面全体は全部で 20 枚のプレートでおおわれている。日本列島付近には「北アメリカ」「ユーラシア」「フィリピン海」「太平洋」という４枚のプレートが集まっている。このうち「太平洋プレート」は１年に約９*cm* の速度で西方向に進んで来て、日本海溝のところで日本列島の東半分をのせている北アメリカプレートの下に沈み込んでいく。東北地方北部をＰＱ線で切った断面図を下に示した。

図中の黒丸は地震の発生場所である。沈み込んでいく太平洋プレートと北アメリカプレートの境界面にきれいに並んでおり、そこで地震が起きていることが分かる。2011 年３月 11 日の東日本大震災（東日本太平洋沖地震）も、この境界面のすべりで起きたマグニチュード 9.0 の巨大地震であった。

プレート境界で見られる３つの型

２つのプレート境界では３つの型の動きがみられる。

まず、上記の日本海溝の例のように一方のプレートが他方のプレートとぶつかって、他方のプレートの下に沈み込んでいく「沈み込み型」がある。

次に、マントルの深いところから湧き上がって新たなプレートが生じ、両方へ分かれていく海嶺型のプレート境界がある。大西洋の真ん中を南北に走る「大西洋中央海嶺」はこのような「海嶺型」あるいは「湧き出し型」がある。

３つ目として、プレート境界面の一方と他方の進む向きが正反対で、ただこすれあうだけという「トランスフォーム型」の境界がある。

地震記録から分かること

地震による地面の揺れを計る地震計の記録を見ておこう。地震が最初に起き始めた地下の１点を「震源」といい、その真上の地上の点を「震央」という。

図９は 1995 年に起きた兵庫県南部地震の神戸市中央区（震央距離 16.5*km*）での記録と、同じ地震の大阪市中央区（震央距離 44.9*km*）での記録である。どちらの記録にも、まず小さな縦揺

れのＰ波が記録され、しばらくしてから大きな揺れの横波のＳ波が記録されている。

震央から距離の近い神戸市中央区の記録では、Ｐ波が来てからＳ波が到達するまでの初期微動継続時間（しょきびどうけいぞくじかん）が２．５秒程度と短かったのに対して、距離が遠かった大阪市中央区の記録では約６秒かかっていて、初期微動継続時間が神戸より長かったことが分かる。

初期微動継続時間が t 秒であるとき、観測点から震央までの距離である震央距離をＤ km とすると、その関係はおよそＤ＝８×t であることが知られている（大森公式）。

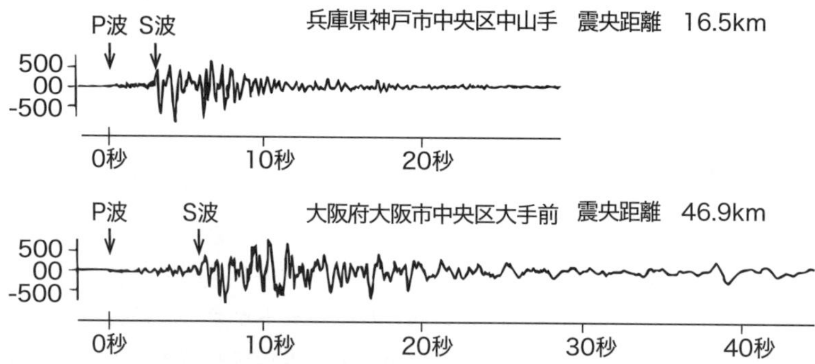

図9 1995年兵庫県南部地震の神戸市中央区(震央距離 16.5km)での記録(上図)と大阪市中央区(震央距離 44.9km)での記録(下図)

3 火山や噴火に関する**問1**～**問4**に答えよ。

日本の火山では，地下にマグマだまり(**図1**)をもつものが多い。地下にあるマグマが上昇すると火山噴火が起きる。火山噴火によって溶岩の他に火山ガスや火山灰などが噴出する。日本においては，火山噴火による被害がたびたび起こるので，私たちは火山噴火についてよく理解しておく必要がある。

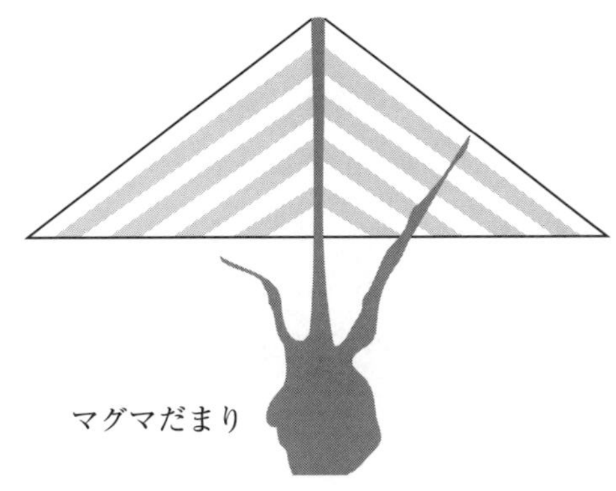

図1　マグマだまりの模式図

問1　マグマだまりについて述べた文として，最も適当なものを，次の①～④のうちから一つ選べ。

① マグマだまりはマグマが発生する場所である。
② マグマだまりのマグマは地下水に岩石がとけてできたものである。
③ マグマだまりのマグマは周囲の岩石とほぼ同じ密度になっている。
④ マグマだまりはリソスフェアとアセノスフェアの境界にできる。

問2　火山噴火を起こすしくみとして最も適当なものを，次の①～④のうちから一つ選べ。

① マグマだまりでマグマが冷えると体積が大きくなるから。
② マグマだまりの熱で周囲の岩石から気体が発生するから。
③ マグマだまりの圧力が下がってマグマから気体が発生するから。
④ マグマだまりの熱で周囲の岩石をとかし，マグマの体積が大きくなるから。

問 3 火山ガスに含まれる成分として最も多いものを，次の①～④のうちから一つ選べ。

① 酸素
② 水蒸気
③ 硫化水素
④ アンモニア

問 4 火山灰が原因となって引き起こされる被害として**誤っているもの**を，次の①～④のうちから一つ選べ。

① 農作物が枯れることがある。
② 集中豪雨が起きやすくなる。
③ 雨が続くと泥流（でいりゅう）（火山泥流）を起こすことがある。
④ 鉄道や航空などの交通機関に影響を与えることがある。

（2016 年 11 月試験）

【問 1】

①マグマだまりは地下深くから上昇してきたマグマ（融けた溶岩）が、火山の地下で一時的にたまる場所である。ここでマグマが発生するわけではない（×）。

②マグマだまりは地下水と関係がない（×）。

③マグマがマグマだまりにたまって安定しているのは、マグマ自身の密度と周囲の岩石とがほぼ同じ密度だからである。もしマグマの密度の方が軽いと、マグマはさらに上の層へ移動する（○）。

④マグマだまりは、火山の山体の内部か直下にあるため地表からせいぜい 10*km* の深さまでに存在する。リソスフェア（岩石圏）とは、地球内部最上部の地殻部分と、マントル上部と併せた部分で、地表からおよそ 100*km* ほどの深さにある。ここまでは地震波速度は固体の中を通るので

P 波は毎秒 8 *km* 程度と早い。その下がアセノスフェアであるが、完全な固体の岩石圏とは違って部分的に液体となっているため、地震波速度が遅い層となっている。マグマだまりは地下 10*km* までに存在し、リソスフェアとアセノスフェアの境界は地下 100*km* かそれ以上の深さにある。したがって④は（×）。

③が正解。ただし、その理由を正しく理解しておきたい。この問題は、高認としては高度な難問である。

【問 2】

①液体のマグマが冷えて固体になると体積は小さくなる。固体になると体積が増える水 H_2O は、物質としては例外的な存在である。

②熱で周囲の岩石から気体が発生することはない（×）。

③**正しい。**火山噴火はビール瓶の栓（せん）を抜くのにたとえられる。栓を抜くと瓶の中の圧力が下がって、ビールの中に溶け込んだガスが一気に泡となって吹き上げるのである。火山の噴火現象もおおよそこれと同じ現象である（○）。

④マグマだまりが形成された時点で、周囲の岩石とマグマはほぼ同温度の安定関係にあり、改めて「周囲の岩石が溶ける」ということは起きない（×）。

正解は③である。この問題も高認としては高度な問題である。↗

【問 3】

②の水蒸気が正解である。③の硫化水素も多少は含まれるが「最も多い」わけではない。①酸素、④アンモニアは含まれない。**正解は②。**

【問 4】

①正しい。火山灰の降下や有毒な硫化水素の噴出で農作物が枯れることがある。

②これは、どうかな？ たぶん誤りだが、保留とする。

③正しい。1991 年長崎県雲仙普賢岳の噴火のときには、土石流が発生した。

④正しい。1991 年雲仙普賢岳噴火のときには、島原鉄道の線路が土石流に埋まった。また、2018 年 3 月 1 日の宮崎県霧島山新燃岳の噴火では、鹿児島空港発の飛行機が欠航した。

というわけで、②が誤りだった。**正解は②。**

3 地震と地震波の伝わり方に関する**問 1**～**問 4** に答えよ。

日本は体に感じないものまで含めると，毎日のように地震が発生する地震多発地域である。

平成 27 年 5 月 30 日小笠原諸島西方沖でマグニチュード 8.1 の地震が発生した。この地震の震源は深さが 682 km と非常に深く，全国に地震の揺れが伝わった。**図 1** はこの時の震度分布を示した図であり，**✕** は震央である。

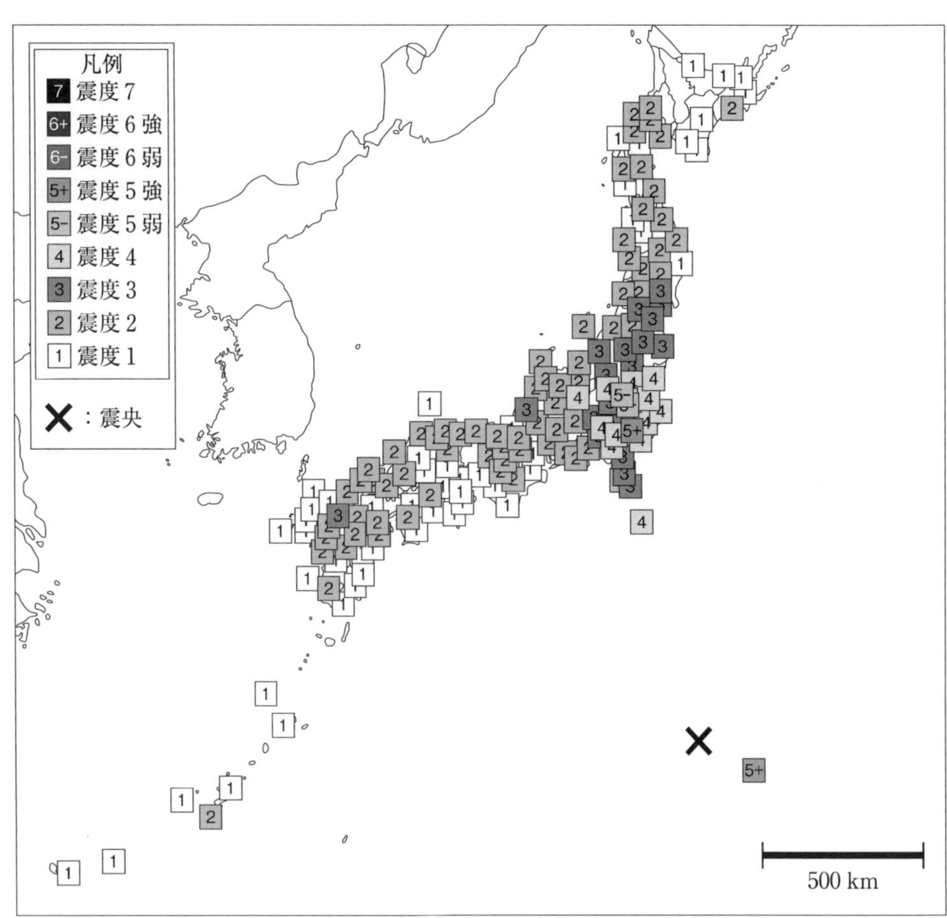

図 1　震度分布図（気象庁の web サイトにより作成）

問 1　日本付近で起こる地震の特徴として最も適当なものを，次の①〜④のうちから一つ選べ。

① 海洋地域で起こる地震では，常に津波を伴う。
② 火山の近くでは，地震は発生しない。
③ 震源が 100 km より深い地震は，海洋プレートの沈み込み面に沿って起こる。
④ 人間の活動が盛んな場所ほど，地震が起こりやすい。

問 2　P 波について説明した文として最も適当なものを，次の①〜④のうちから一つ選べ。

① 地震波の中で伝わる速さが速く，初期微動を引き起こす。
② 地震波の中で伝わる速さが遅く，主要動を引き起こす。
③ 地球の表面だけを伝わる地震波で，周期の長い揺れを引き起こす。
④ 地球の地下深くだけを伝わる地震波で，周期の短い揺れを引き起こす。

問 3　図 1 から読み取れることとして最も適当なものを，次の①〜④のうちから一つ選べ。

① 北海道は震央付近と比べて，震度が大きな観測点が多い。
② 東日本よりも西日本の方が，震度 3 以上を記録した観測点が多い。
③ 関東地方には，震央付近と同じ震度が観測された場所がある。
④ この地震の最大震度は，震度 4 である。

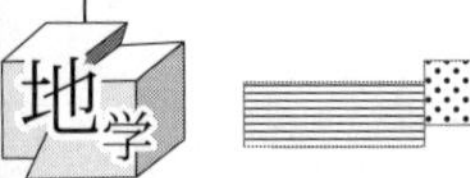

問 4　図 2 は均質な岩石でできた地下を地震波が伝わるようすを模式的に示している。図中の点線は地震が発生してから地震波が伝わるまでの時間を 5 秒ごとに示したものである。また，★は震源，╳は震央を示しており，観測点 A ～ C は震央から等間隔の距離にあるとする。

図 2 を参考にして，地表面の各地に地震波が伝わるまでの時間を示した図として最も適当なものを，次のページの①～④のうちから一つ選べ。ただし，震央は╳で示してあり，●は図 2 の観測点 A ～ C と一致している。

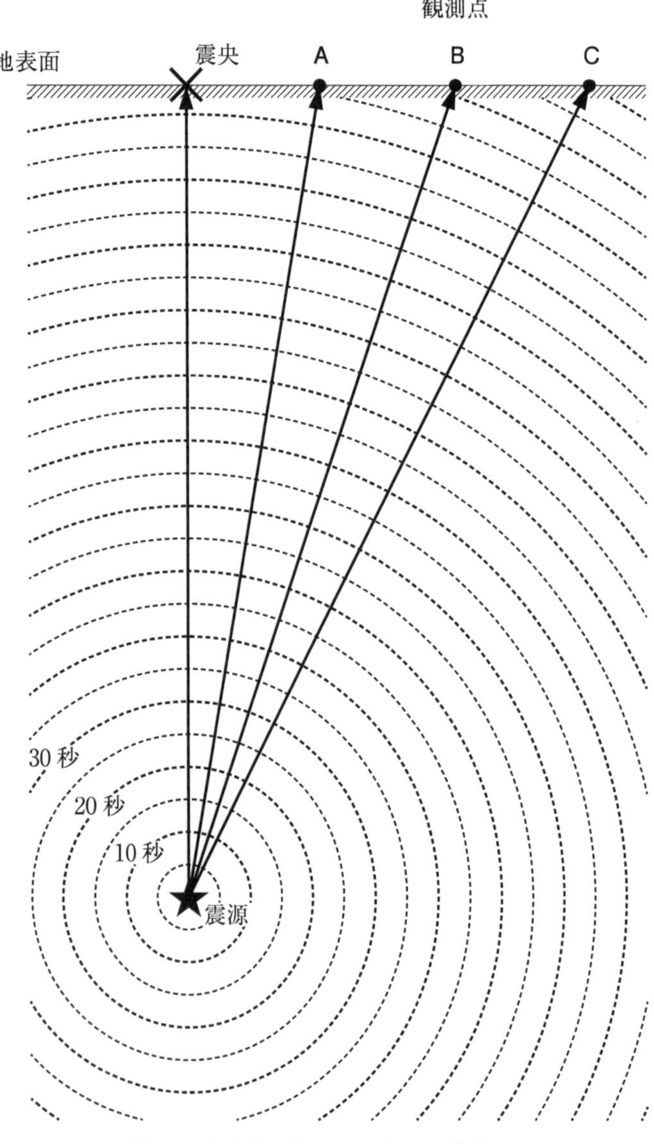

図 2　地震波が伝わるようすの模式図

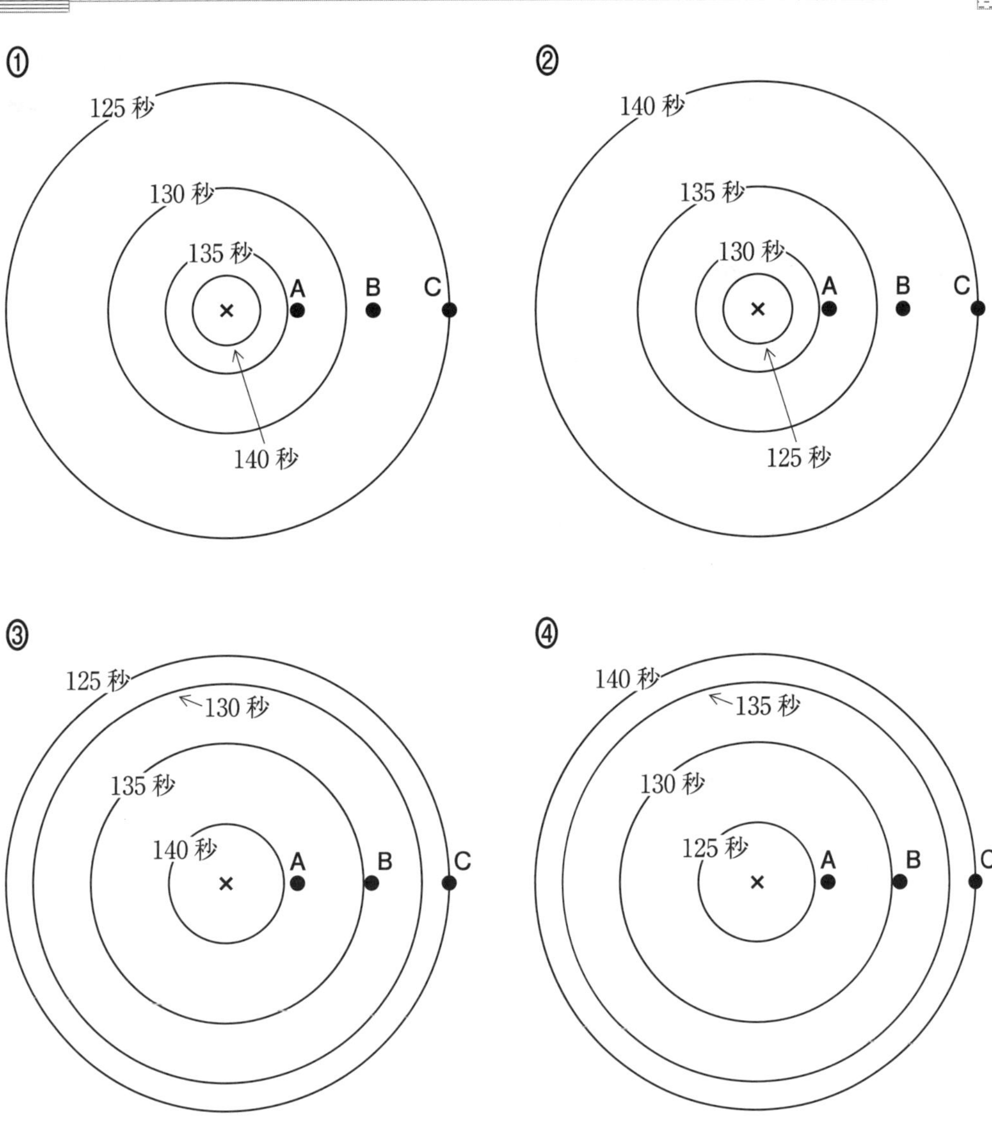

図中の数値(秒)は地震が発生してからの時間である。

（ 2017 年 11 月試験）

答えの出し方

【問1】

①地震の規模を表すマグニチュードMが6.3以下だと海域で起きる地震であっても津波は起きない（×）。

② 2016年4月16日の熊本地震は阿蘇山のすぐ近くで起きた（×）。

③震源の浅い地震は、「直下型地震」として、活断層にそって起きることが多いが、震源が100*km*より深い地震は、だいたいが海洋プレートの境界面に起きたものである。

これが正解だが、地震の専門家でもこう言い切るには勇気が必要である（○）。

④人間活動と自然現象としての地震の発生は無関係である（×）。ただしこれにも多少の異論は残る。

正解は③である。しかし③④の異論を書いておこう。

③海洋プレートの境界面に起きる地震は、震源が100*km*より『深いものしか起きない』と理解しては誤りになる。このような地震で震源が100*km*より浅い地震もかなり多く起きている。逆に震源が100*km*より深い地震でプレート境界面の地震でないものもかなりある。

④人間の活動が地震を引き起こす例がある。例えばダムの貯水の影響で周辺地域で地震活動が活発になった例がある。ただし「人間活動が活発なところほど地震が起きやすい」とまではいえず（×）でいいだろう。

いずれにしても、この問題、高認の問題として少々議論の余地があると考えられる。

【問2】

①正しい。だから②は誤り。主要動を引き起こすのはP波ではなくS波である。③これは地震の表面波（レーリー波とラブ波）である。P波ではない。④「地下深くだけ」が誤り。**正解は①。**

【問3】

図1を見て何がいえるかという問題。

①北海道は震度2までで、震度は小さかった（×）。

②震度3を記録した場所は、西日本より東日本の方が多い（×）。

③震央に近い小笠原で震度5強であったが、関東地方南部でも震度5強の場所があった（○）。

④この地震の最大震度は4ではなく5強である（×）。

正解は③。

【問4】

震央（震源の真上の点）が一番地震波が速く伝わって来るので、ここが秒数が一番小さいはずである、したがって①、③は誤り。図2を見ると、震央とA点での地震波到達時間の差は5秒以下（たぶん2秒ほど）と間隔が短いのに、B点とC点の間には10秒ほどの差がある。つまり円の外側ほど時間線（等時線）間隔が縮まっている**④が正解である。**この問題は高認としては高度な難問である。

3 プレートに関する**問1～問4**に答えよ。

地球の表層はプレートと呼ばれるかたい部分におおわれている。その下には流動性の高い［A］とよばれる部分がある。プレートは十数枚あり，(a)相互に動き続けている。

日本列島は，4つのプレートが分布する世界でも特殊な場所に存在している。**図1**は，日本付近のプレートの分布を表しており，図中の太い黒線と点線はプレートの境界を示している。日本付近では，(b)プレートの沈み込みや衝突によっていろいろな現象が生じている。

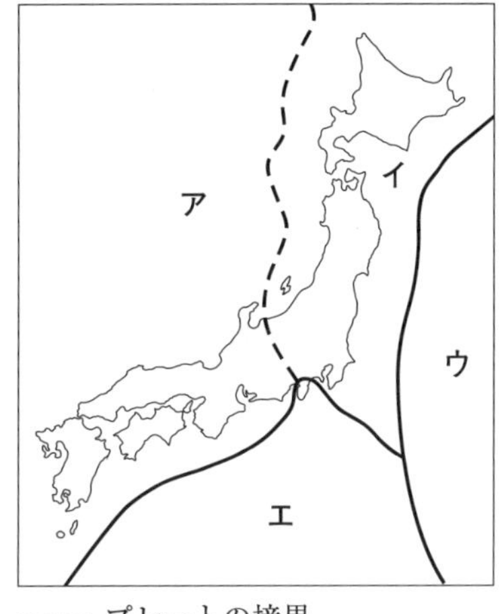

図1 日本付近のプレートの分布

問1 文中の［A］に入る語句として最も適当なものを，次の①～④のうちから一つ選べ。

① リソスフェア
② アセノスフェア
③ 大陸の地殻
④ 海洋の地殻

問 2　下線部相互に動き続けている(a)について，プレートのアとイに対する，プレートのウとエの動きを表している図として最も適当なものを，次の①～④のうちから一つ選べ。

①
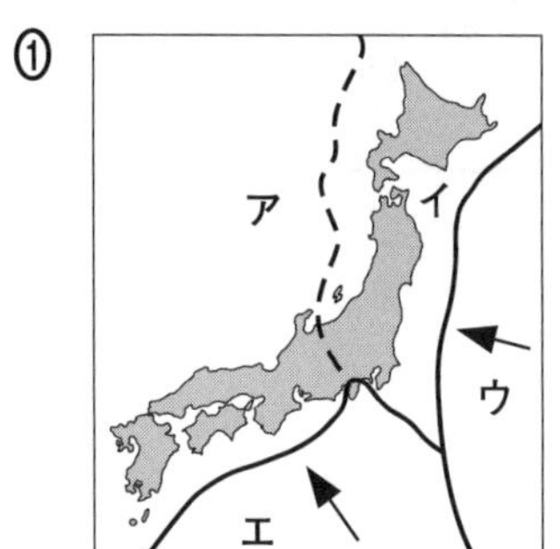

②
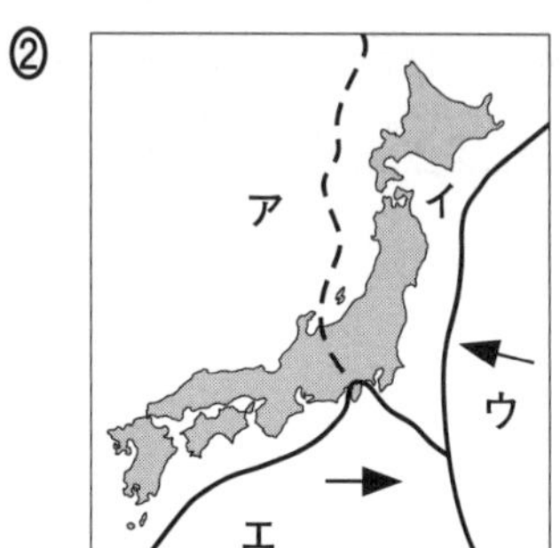

③
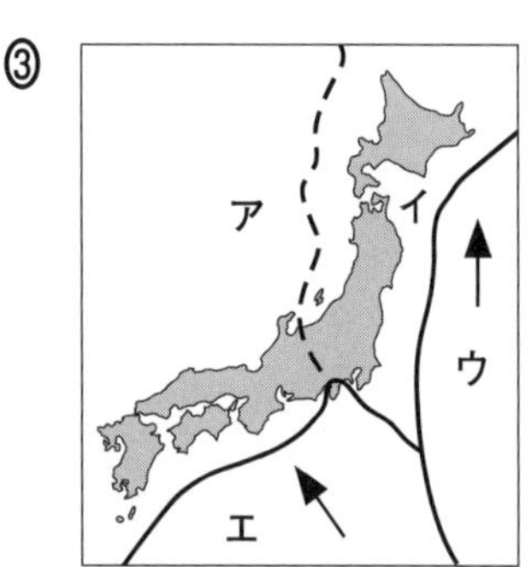

④
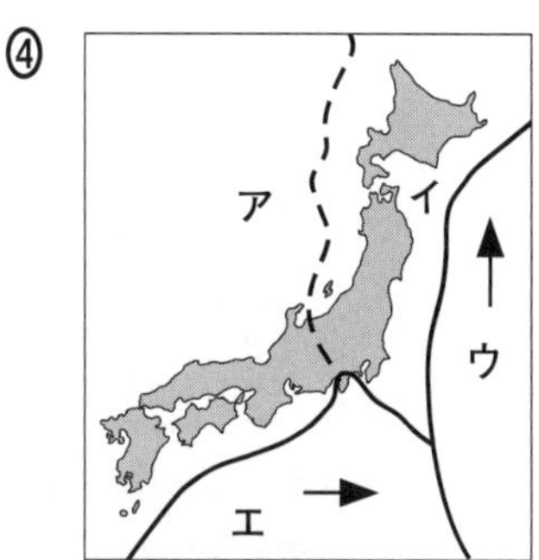

問 3　図 1 で，プレートのア～エの名前の組合せとして最も適当なものを，次の①～④のうちから一つ選べ。

	ア	イ	ウ	エ
①	ユーラシアプレート	北アメリカプレート	フィリピン海プレート	太平洋プレート
②	フィリピン海プレート	ユーラシアプレート	太平洋プレート	北アメリカプレート
③	フィリピン海プレート	ユーラシアプレート	北アメリカプレート	太平洋プレート
④	ユーラシアプレート	北アメリカプレート	太平洋プレート	フィリピン海プレート

問 4　下線部(b)プレートの沈み込みや衝突によっていろいろな現象が生じているについて述べた文として**誤っているもの**を，次の①～④のうちから一つ選べ。

① プレートが沈み込む場所では海溝やトラフが見られる。

② 震源が 100 km より深い地震は沈み込むプレートに沿って発生している。

③ 日本列島では造山運動が起こっている。

④ 日本列島の火山はプレートの境界に分布している。

（2018 年 8 月試験）

答えの出し方

【問 1】

正解は②のアセノスフェアで、一部液体化していて流動性が高い。①のリソスフェアは岩石圏で、地殻と上部マントルとを合わせたものである。

【問 2】

「ア」はユーラシアプレート、「イ」は北米プレートでほとんど動いていない。「ウ」の太平洋プレートは 1 年 9 *cm* の速度で西北西に進み日本海溝の所からイの北米プレートの下に沈み込んでいる。「エ」はフィリピン海プレートで 1 年に 5 *cm* の速度で北西に進んで南海トラフの海溝線からアのユーラシアプレートの下に沈み込んでいる。**①が正しい。**

【問 3】

「ア」はユーラシアプレート、「イ」は北アメリカプレート、「ウ」は太平洋プレート、「エ」はフィリピン海プレートであって、**④が正しい。**

【問 4】

①、②、③は正しい。④日本列島の火山は、日本列島の中央部に並んでいて、プレート境界には並んでいない。誤っているのは**④でこれが正解である。**

ここで②は正しいのだが、「プレートに沿って起きる地震は 100*km* の深いところだけで起きる」と誤解しないように。プレートの境界では地下数 *km* の浅いところからでも地震は起きている。P347 の図 8 を見て下さい。

3 火山島の形成とプレートの運動に関する**問1**～**問4**に答えよ。

ハワイ島は現在も活動を続けている火山島である。ハワイ島の火山は，粘性の低い [ア] を繰り返し噴出するため，**図1**のように山腹の傾斜のゆるやかな [イ] となっている。ハワイ島から北西には，アリューシャン列島付近まで海山および火山島が列をつくって並んでいる(**図2**)。ハワイ島の下には<u>マントル深部から高温の物質が供給される場所</u>(a)があり，この上を太平洋プレートが一定の速さで動いていくことによって，火山島がつくられたと考えられている。

図1　ハワイ島のマウナロア火山

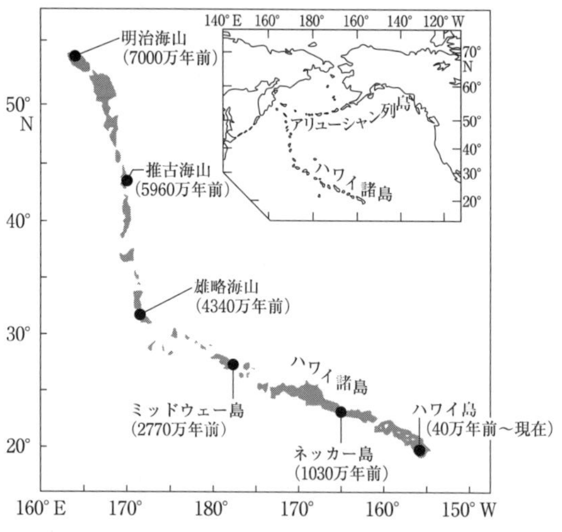

図2　ハワイ諸島と天皇海山列

●は主な火山島，海山の位置を示す。

また(　　)内の数字はそれらの形成年代を表す。

問1　文中の [ア] と [イ] に入る語句の組合せとして最も適当なものを，次の①～④のうちから一つ選べ。

	ア	イ
①	玄武岩質マグマ	盾状火山
②	玄武岩質マグマ	成層火山
③	流紋岩質マグマ	盾状火山
④	流紋岩質マグマ	成層火山

問 2　下線部マントル深部から高温の物質が供給される場所[(a)]として最も適当なものを，次の①〜④のうちから一つ選べ。

① マグマだまり

② 火山前線(火山フロント)

③ 底盤(バソリス)

④ ホットスポット

問 3　図2の雄略海山(ハワイ島からの距離約 3500 km)は約 4340 万年前にハワイ島の位置で形成され，太平洋プレートの移動によって現在の位置まで移動してきたと考えられる。これをもとに求めたこの期間の太平洋プレートの移動速度として最も適当なものを，次の①〜④のうちから一つ選べ。

① 1.2 cm/年

② 8.1 cm/年

③ 12 cm/年

④ 81 cm/年

問 4　今から約 2300 万年前の古第三紀末，明治海山は次の図中の A 〜 D の○のうちどの位置にあったと考えられるか。最も適当なものを，下の①〜④のうちから一つ選べ。

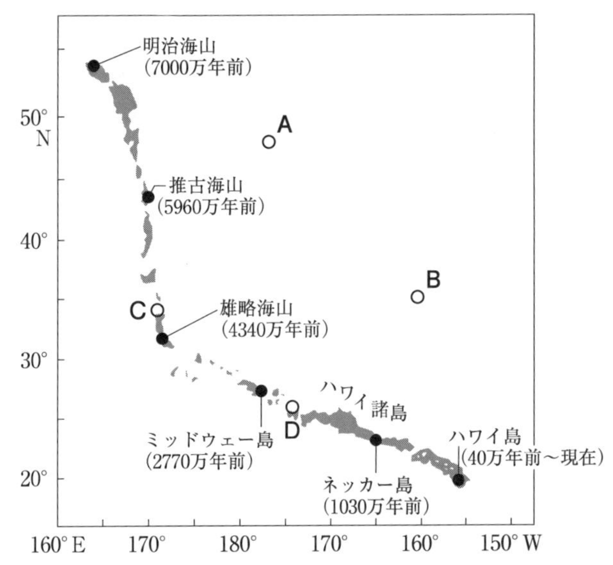

① A

② B

③ C

④ D

(2018 年 11 月試験)

【問 1】

マグマには、色が黒くて粘度が低い（さらさらした）玄武岩質マグマと、粘度の高い（ねっとりとした）流紋岩質のマグマがある。ハワイ列島の火山は玄武岩質マグマを繰り返して噴出する、盾(たて)状火山になっている。**①が正しい。**

【問 2】

ハワイ列島は太平洋プレートという上部マントルの動き（「ベルトコンベア」）にのって、1年9 *cm* の速度で海洋プレートの境界面に西北西に運ばれている。この上部マントルよりもっと深い層から、ホットスポットとよばれる深層のマグマが上昇してくる特別な点があり、ハワイ列島の火山のマグマはこのホットスポットで深層から湧き上がってきたマグマである。**④が正しい。**

【問 3】

3,500*km* を 4,340 万年で割り算すると、1年あたり 8.1*cm* になる。**②が正しい。**

【問 4】（引っかかりやすい難問）

7,000 万年前に、現在のハワイの位置で生み出された明治海山は、1年 8.1*cm* の速度で地図の左上の位置まで移動した。いっけん明治海山は 2,300 万年前には、ここに書かれた海底山脈の線に従って現在の位置にたどり着いたと考えそうである。そうすると、この図のCのあたりかな？と思って③が正解としそうである。ところが**この考えは「みごとにワナにハマッテしまって」いる。**

実は太平洋のプレートの進行方向は、4,340 万年前に 60° ほど折れ曲がっているのだ。すなわち、4,340 年以前は北北西方向（時計の文字盤の 11 時方向）に進んでいたのが、4,340 万年以後は西北西方向へと向きを変えたのである。この海山列を生み出したのは現在のハワイ島付近に湧き出すホットスポットで、この位置は変わらない。7,000 万年前明治海山もほぼ現在のハワイの位置で生まれた。生まれて 2,600 万年の間、明治海山は北北西に進んだ。そこで、進行方向を西北西に変え、現在の明治海山の位置まで移動したのである。そうすると、**2,300 万年前には図のAの位置にあったことになる。**

正解はAの位置で①が正解である。次ページの 5 枚の図をじっくり見て理解してください。

一番犯人らしくないのが実は犯人だった。名探偵シャーロック・ホームズの世界だね！

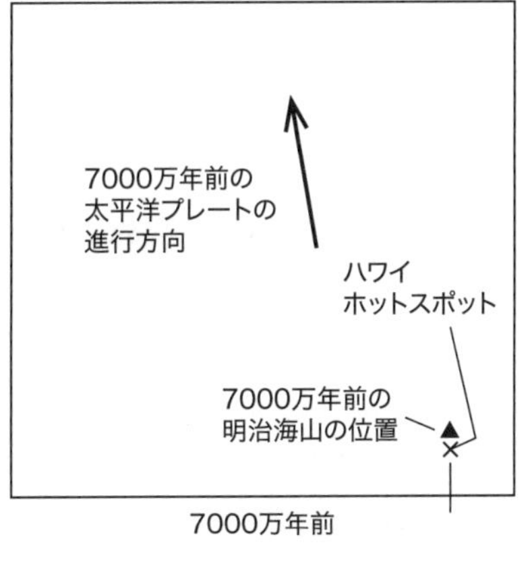

7000万年前

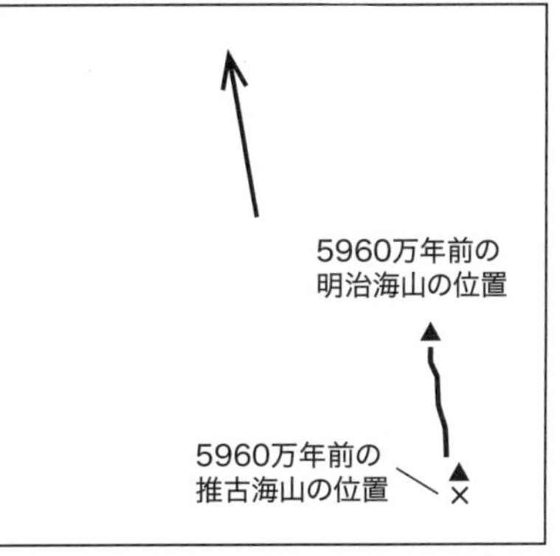

5960万年前

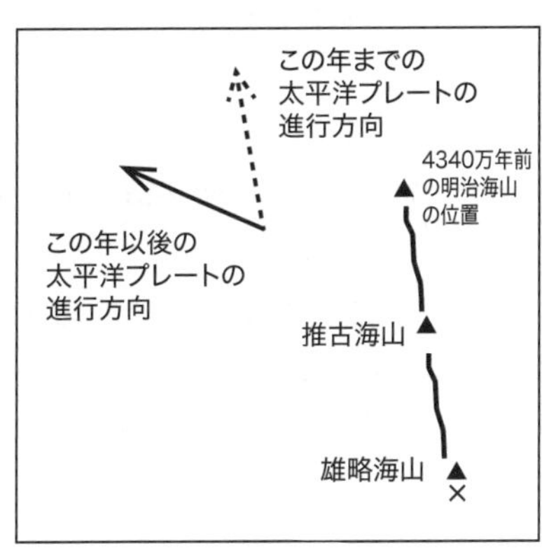

4340万年前

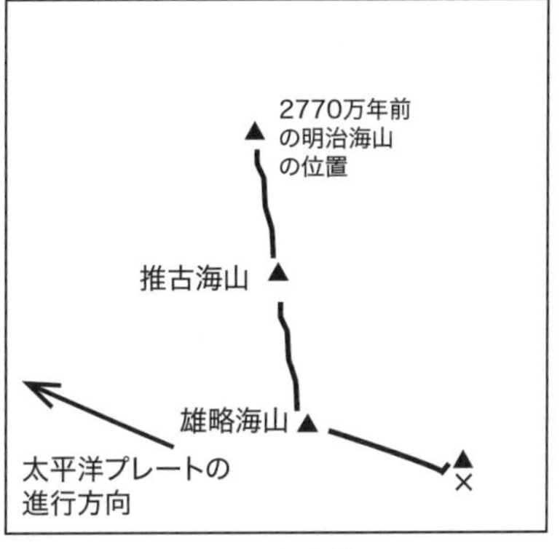

4340万年前

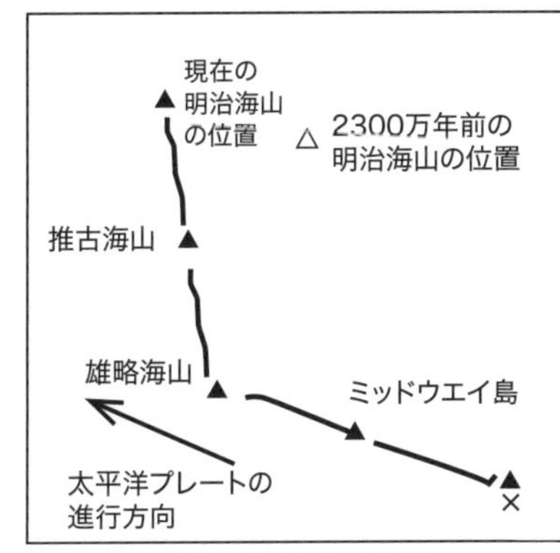

現在の海山と海底山脈

図　7000万年間の明治海山の位置の変遷図

4．古生物

さーっと読んで、記憶に残るものがあればよいでしょう。ムキになって全部暗記する必要はありません。

4－1　地球誕生から先カンブリア時代まで（46億年前～5.4億年前）

地球・太陽を始め、太陽系全体は約46億年前にできたと考えられている。地球ができた後5億年ほどの間には、**隕石の大量落下の時期**があり、また二酸化炭素や水蒸気など温室効果ガスの大気のために、地球表面は岩石も融解するほどの高温の状態となって、地球全体の表面が溶けた液体状の溶岩・マグマで覆われた、**マグマオーシャンの時代があった。**

その後、地球表面の温度が下がると**大量の雨が降った時期**があり、海が形成され、固体の岩石で覆われた陸地ができて、「堆積岩」からなる地層が形成され始めた。最古の堆積岩の年代は約40億年前である。また、原核生物（細胞の中に核がなく遺伝子を担うDNAが散らばった状態の単細胞からなる生物、顕微鏡で観察できる微生物）の痕跡を含んだ微生物の痕跡は35億年ほど前の地層の中に見られる。

今から20億年から10億年前には、大気中の二酸化炭素と水から光合成を行って酸素を放出するシアノバクテリアからなるストロマトライトとよばれる植物の集合体が浅海域に発生・繁栄して、大気中に大量の酸素が蓄積された。このため、海水中に溶けていた**鉄イオンが酸化して赤褐色の酸化鉄となって海底に堆積した。**

先カンブリア時代の末期になると、海の中に多細胞の真核生物である**「エディアカラ生物群」**が発生した。これは、眼で観察できる大きさの初めての生物群で、オーストラリアで発見された。骨や甲羅、貝殻のような**硬組織を持たず、**海底に根を付けて海水の動きのままに揺らいで生きていた生物群と推定されている。先カンブリア時代はいまから5.4億年前、生物種が急に爆発的に発生する前までの時期である。先カンブリア時代は、40億年ほどの長さがあり、46億年前から現在までの約88％を占める、大変長い時代であった。

4－2　古生代（5.4億年前～2.5億年前）

古生代の最初の**カンブリア紀（5.4億年前～4.9億年前）**には、海に生きた多種類の生物が突然出現した（**カンブリア爆発**と呼ばれる）。オパビニアやアノマロカリスのような奇妙な形の生物が海の中を泳いでいた。

カンブリア紀に発生して古生代の最後（ペルム紀）まで生きた**「三葉虫」**は古生代の「示準化石」になっている。**「示準化石」**とはその化石が出てきたらその地層の**時代が分かる化石**のことである。

デボン紀（4.2億年前～3.6億年前）は「魚の時代」と呼ばれ、魚が豊富に表れた。デボン紀の最後には生物の大量絶滅が起きた。

古生代の**石炭紀（3.6億年前～3億年前）**には**シダ類**（リン木、フウイン木など）が大森林を造り、北米大陸などで産する石炭となった。この時代**昆虫類と両生類**（カエルの仲間）が発生した。

古生代末期（ペルム紀：二畳記ともいう）の最後にも生物の大量消滅が起きている。

4 － 3　中生代（2.5 億年前～ 0.66 億年前）

中生代は、**恐竜（爬虫類）**と**アンモナイト（巻貝の一種）の時代**になる。鳥類や小型の哺乳類（ネズミの仲間）が発生した時代である。

約 6,600 万年前、中米ユカタン半島に落下した巨大隕石によって、恐竜をはじめ中生代に栄えた大部分の生物は一瞬のうちに消滅したと考えられている。

4 － 4　新生代（6,600 万年前～現在）

古第三紀、新第三紀、第四紀の３つに区分される。中生代末にかろうじて生き残ったネズミによく似た小型の哺乳類が急速に多様化し、現在みられる動物が出そろった。第四紀は人類が現れ反映して現代にいたる時代になる。

以上の知識を基に過去問の研究に進むことにしよう。過去問を解くうちにも、この説明で足りなかった知識を加えることになるだろう。

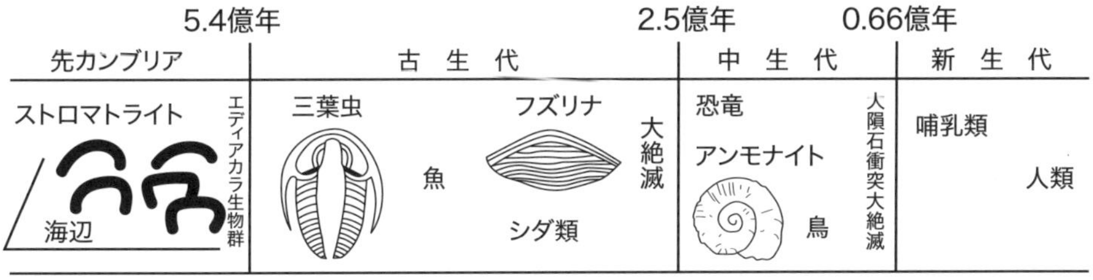

先カンブリア	古生代	中生代	新生代
ストロマトライト 海辺 エディアカラ生物群	三葉虫 魚 フズリナ シダ類 大絶滅	恐竜 アンモナイト 鳥 大隕石衝突大絶滅	哺乳類 人類

5.4億年　2.5億年　0.66億年

図10 高認地学で古生物として最低知っておくべき枠組み

4 地質時代に関する**問 1** ～**問 4** に答えよ。

地球の歴史は，先カンブリア時代・古生代・中生代・新生代に大別される。これらは地質時代と呼ばれ，化石から推定される生物の絶滅や出現の時期で決められている。最古の化石は約 35 億年前のものが知られており，約 5.4 億年前に始まる古生代には生物が爆発的に多様化した。そして，それぞれの<u>地質時代ごとに特徴的な生物の繁栄</u>(a)があった。

問 1 先カンブリア時代・古生代・中生代・新生代の長さの比を正しく表しているのはどれか。最も適当なものを，次の①～④のうちから一つ選べ。

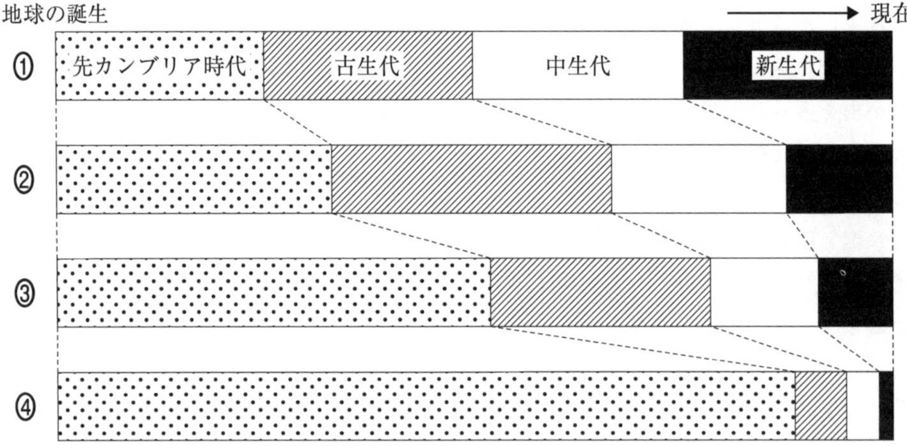

問 2 先カンブリア時代にはどのような生物が現れたか。最も適当なものを，次の①～④のうちから一つ選べ。

① 硬(かた)い殻や歯をもつ生物が現れた
② 多細胞生物が現れた
③ 陸上に生息する生物が現れた
④ 脊椎(せきつい)動物が現れた

問 3 地球史上最大規模の大量絶滅は古生代末期に起こった。古生代末期の地質時代はどれか。最も適当なものを，次の①～④のうちから一つ選べ。

① 古第三紀
② 三畳紀
③ ペルム紀
④ ジュラ紀

問 4　下線部地質時代ごとに特徴的な生物の繁栄[(a)]について，新生代の特徴として最も適当なものを，次の①～④のうちから一つ選べ。

① 哺乳類と人類の繁栄

② 大型爬虫類とアンモナイトの繁栄

③ 魚類・両生類の繁栄

④ 海に生息する無脊椎動物の繁栄

（2016年11月試験）

答えの出し方

【問 1】

地球ができたのが46億年前。最古の生物の発生が35億年前。これを地質年代の初めとする。古生代の初めは5.4億年前であるから、全体の$\frac{6}{7}$が先カンブリア時代。$\frac{1}{7}$だけが古生代以後になる。**④が正しい。**実際には地質年代の初めはもう少しさかのぼる。

【問 2】

先カンブリア時代には、シアノバクテリア、地球の大気中に酸素をもたらしたストロマトライト、および末期には、オーストラリアで発見されたエディアカラ生物群がある。この生物群はすでに多細胞生物ではあったが骨などの硬組織を持たず、海底に根を張って、流れにまかせてふわふわ揺らいでいたとされる。①、④は骨という硬組織をもつので誤り。また海に住んでいた生物であったので、③も誤りである。**②が正しい。**

【問 3】

これはできなくてもよろしい。生物年代は先カンブリア時代、古生代、中生代、新生代の4区分で十分でしょう。この下の区分の「紀」を覚えるのは、高認程度としては細かすぎます。まあ、それでもいちおう書いておきます。

古生代は5.5億年前のカンブリア紀に始まり、オルドビス紀、シルル紀、デボン紀、石炭紀、二畳紀の2億年前に終わる。**この二畳紀を「ペルム紀」ともいう。だから③が正解になります。**

中生代は恐竜とアンモナイト（巻き貝の一種）の時代で、三畳紀、ジュラ紀、白亜紀と続いて、約6,600万年前に恐竜全滅とともに終わります。

新生代は、第三紀と第四紀に分かれ、現代は第四紀になります。

知っているに越したことはないですが、ムキになって覚えなくていいでしょう。

【問 4】

「新生代」は現代につながる最も新しい地質年代。**①が正解である。**

②は中生代の特徴。③は古生代デボン紀の、④は先カンブリア時代末期のエディアカラ生物群の繁栄期のことである。

4 地球の大気組成の変遷と先カンブリア時代に関する**問 1** ～**問 4** に答えよ。

地球の大気組成は誕生初期から常に一定ではなく，**図 1** のように大きく変遷している。

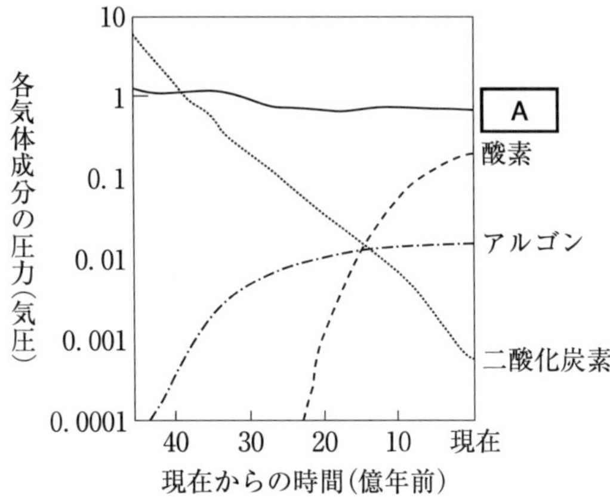

図 1 地球の大気組成の変遷(岩波新書「生命と地球の歴史」により作成)

問 1 **図 1** の [A] に入るものとして最も適当なものを，次の①～④のうちから一つ選べ。

① 水素
② 窒素
③ 二酸化硫黄
④ 水蒸気

問 2 **図 1** より大気中の酸素濃度がある時期から増加したことがわかる。その理由として最も適当なものを，次の①～④のうちから一つ選べ。

① 大気中の二酸化炭素が紫外線により酸素に変化した。
② 海水中の水が分解し，酸素が発生した。
③ 地球内部に含まれていた酸素が放出された。
④ 光合成生物が出現し，酸素を放出した。

問 3 先カンブリア時代(5.4 億年以前)の海底に形成された縞状鉄鉱層は，現在，鉄資源として利用されている。この地層の形成過程の説明として最も適当なものを，次の①～④のうちから一つ選べ。

① 海底火山の活動が活発化し，鉄を多く含む噴出物が堆積した。

② 地球の表面がまだ高温の時期に，鉄が地球表層に濃集した。

③ 海水中の鉄イオンが酸化され，酸化鉄が堆積した。

④ 巨大隕石が衝突し，鉄成分が多量に供給された。

問 4 先カンブリア時代の地層から，原核生物や真核生物の化石が発見されている。原核生物や真核生物について説明した正しい二つの文の組合せとして最も適当なものを，下の①～④のうちから一つ選べ。

a 原核生物は先カンブリア時代末に絶滅した。

b 真核生物は現在も生息している。

c 真核生物は原核生物よりも後に出現した。

d 先カンブリア時代に陸上に進出した真核生物が確認されている。

① a と b

② a と d

③ b と c

④ c と d

（2017 年 11 月試験）

答えの▶出し方

【問1】

現在の大気の成分は？ 窒素が78%、酸素が21%と知っておけばよろしい。表で現在の所を見て、［A］は酸素より多い成分で**窒素である。②が正解。**

【問2】

約20億年前から10億年前までに大気中の酸素が急に増えている理由は、ストロマトライトという浅海の植物が現れて盛んに光合成を行ったため。**④が正解。**

【問3】

大気中の酸素が増えたために、海水中に酸素がとけ込み、鉄イオンが酸化されて酸化鉄が堆積したためで、**③が正解。**

【問4】

(*a*) 原核生物は細胞の中に核がなく、遺伝子を伝えるDNAが細胞内に散らばって存在している単細胞の生物で、現在では、大腸菌、乳酸菌、クシクラゲ（ネンジュモ）などが知られている。原核生物は現在も生き残っている（×）。

(*b*) 真核生物は、細胞内に核があって、遺伝子をになうDNAがそこに収まっている生物。ゾウリムシをはじめ、昆虫類、軟体動物、脊椎動物などはすべて真核生物である。しまりすの親方も真核生物です（○）。

(*c*) 正しい。(*d*) 先カンブリア時代には陸上生物はいなかった（×）。

*b*と*c*が正しく、**③が正解である。**

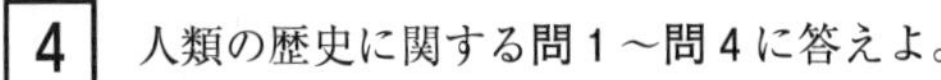

4 人類の歴史に関する**問 1 ～問 4** に答えよ。

Ｌさんは夏休みに博物館で開催されていた「地球環境と生命の進化展」を訪れた。Ｌさんは人類の歴史のコーナーで立ち止まった。そこには最古の人類の資料やタンザニアで発見された猿人(360 万年前)の足跡の写真が展示されていた。

問 1 最古の人類(サヘラントロプス)が誕生した地域と年代の組合せとして最も適当なものを，次の①～④のうちから一つ選べ。

	地　域	年　代
①	アフリカ	700 万年前
②	アフリカ	400 万年前
③	ヨーロッパ	700 万年前
④	ヨーロッパ	400 万年前

問 2 タンザニアで発見された猿人(360 万年前)が生きていた地質時代の区分として最も適当なものを，次の①～④のうちから一つ選べ。

① 白亜紀
② 古第三紀
③ 新第三紀
④ 第四紀

問 3 人類の歴史について述べた文として**誤っているもの**を，次の①～④のうちから一つ選べ。

① 直立二足歩行を始めたことが人類の大きな特徴である。
② 人類は，私たちホモ・サピエンスだけが現在まで生き残っている。
③ 人類は直立二足歩行し，その後，脳容量が増加した。
④ 人類は世界各地で誕生し，誕生した地域ごとに進化した。

問 4 旧人(ネアンデルターレンシス，ネアンデルタール人)が生きていた地質時代の説明として最も適当なものを，次の①～④のうちから一つ選べ。

① 温暖な気候のもと，恐竜や裸子植物が繁栄していた。

② リンボク，ロボク，フウインボクなどのシダ植物の森林が繁栄していた。

③ 温暖な気候のもと，海ではヌンムリテス(カヘイ石)が繁栄していた。

④ 氷期と間氷期を繰り返す気候変動が起きていた。

（2018年8月試験）

答えの出し方

【問 1】

現在では17種類以上の現代人（ホモサピエンス）以外の「人類」が知られているが、その大部分の発祥の場所はアフリカである。最古の人類と考えられているサヘラントロプスは約600~700万年に現れたと推定されている。**①が正解である。**

ただしこれが判明したのは2001年のことで、それまでは400万年前にいたアウストラロピテクスが最古の人類とされてきた。この問題、20年前、2000年ごろの旧大検だと②が正解だった。

【問 2】

一番新しい地質年代区分である④第四紀である。**④が正解。**

①の白亜紀は中生代末期の年代区分である。↗

【問 3】

①、②、③は正しい。現代では人類はアフリカで誕生し、世界に広まったと考えられている。④が誤りで、**④が正解。**

【問 4】

ネアンデルタール人は、現生人類（ホモサピエンス）の発生した時期と重なって生きていた人類で、約20万年前に現れ、3万年前頃に消滅した主としてヨーロッパ大陸にいた人類である。氷河期を経験しており**④が正しい。**

①恐竜や裸子植物が繁栄していたのは中生代（2.5億年前～6.6千万年前）である。

②**リンボク、ロボク、フウインボクなどシダ植物**が繁栄したのは古生代の石炭紀である（約3億年前）。

③海でカヘイ石が繁栄したのは新生代第3紀である。

4 次の文は，地学部の先生と部員のＡさん，Ｂさんが博物館に行ったときの会話である。**問１～問４**に答えよ。

Ａさん：先生，ここに展示してある岩石は，グリーンランドで見つかった今からおよそ38億年前のれき岩や砂岩などの堆積岩と変成岩だと書いてあります。

先生：この岩石から，当時の地球では［Ａ］ということがわかりますね。

Ｂさん：先生，こっちには縞（しま）模様が特徴的な岩石があります。

先生：それは(a)縞状鉄鉱層ですね。鉄の含有量が多いものは鉄鉱石として利用されています。

Ｂさん：岩石は地球の歴史の解明だけでなく，私たちの生活にも役立っているのですね！

先生：そうですね。さて，次は化石を見ていきましょう。ここにある化石はオーストラリアのエディアカラから見つかったので(b)エディアカラ生物群と呼ばれています。

Ａさん：今まで見てきた岩石や化石は，すべて先カンブリア時代のものなのですね。

Ｂさん：地球が誕生したのが約46億年前で，先カンブリア時代の終わりが今から約５億4000万年前ですよね？

先生：そうです。地球の歴史46億年のおよそ［Ｂ］％が先カンブリア時代ということになります。

Ｂさん：地球の歴史のほとんどが先カンブリア時代なのですね！

先生：そうなりますね。さあ，次の時代もどんどん勉強していきましょう。

Ａさん：はい，次も楽しみです！

問１ 文中の［Ａ］に当てはまる文として最も適当なものを，次の①～④のうちから一つ選べ。

① 海が形成されていた
② 大森林が形成されていた
③ オゾン層が形成された
④ マグマオーシャンに覆われていた

問２ 下線部(a)縞状鉄鉱層の形成と最も関係の深いできごとを，次の①～④のうちから一つ選べ。

① 超大陸パンゲアの形成
② 最古の生物の誕生
③ 光合成生物の誕生
④ 最古の岩石の形成

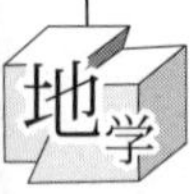

問 3　下線部エディアカラ生物群(b)について述べた文として最も適当なものを，次の①～④のうちから一つ選べ。

① 単細胞生物しか存在しなかった。

② その多くは現在まで生き残っている。

③ 運動能力に優れ，自由に動き回っていた。

④ 体に殻や骨はなく，柔らかい組織で構成されていた。

問 4　文中の［B］に当てはまる数字として最も適当なものを，次の①～④のうちから一つ選べ。

① 66

② 77

③ 88

④ 99

（2018 年 11 月試験）

答えの出し方

【問 1】

①堆積岩は主として海底に堆積した土砂で形成される。**①が正しい。**

②先カンブリア時代に陸上生物はない（×）。

③ 30 億年以上前にはまだ大気に酸素 O_2 はなく、酸素 O_2 が紫外線の影響を受けて形成されるオゾン（O_3）層もまだ形成されていなかったはず（×）。

④マグマオーシャンの時代は地球形成直後の、隕石の大量落下、および大気中に二酸化炭素が大量に存在していた時代（約 40 億年前）のことで、海が形成される以前の出来事である（×）。

【問 2】

縞状鉄鉱層は光合成を行うストロマトライトが浅海に発生し、大気に酸素を大量に供給して以後のことである。大気中の酸素が海水中に解け、溶けていた鉄イオンが酸化して海底に堆積したものである。**③が正解。**

【問 3】

①エディアカラ生物群は先カンブリア時代末期に生きていた多細胞生物である（×）。

②現代には生き残ってはいない（×）。

③昆布（こんぶ）のように海底に根を張ってなびいていただけであった。運動能力はほとんどなかった（×）。**④が正しい。**

【問 4】

先カンブリア時代は約 40 億年前に始まり、5.6 億年前に終わっている。すると 34.4 億年が先カンブリア時代で、

34.4 ÷ 40 = 0.86。**③が正解である。**（難問）

5．気象と海洋

天気図と風の関係

天気予報は毎日テレビに登場して、誰にとっても馴染深いねえ。天気図の見方、どういう時に晴れになり、どういう時に曇って雨が降るのか？台風や低気圧の中ではどう風が吹くのか？知ってなきゃいけないことを最低限シッカリ押さえておこう。

低気圧とは、大気の圧力が周囲より低い場所のことで、周囲から風が中心に向かって吹き込んでくる。すると低気圧の中心付近では、四方から集まってきた空気は、上空に逃げるほかない。このようにして低気圧の中心では上昇気流が発生する。

すると、空気が断熱膨張して温度が下がり、空気が含んでいた水蒸気は飽和点以下となって、大気中に液体の水の玉を作りだす。つまり雲の発生である。その後上昇気流によってどんどん水蒸気が補給され、雲が製造されるのと、低気圧の中心付近は厚い雲に覆われ、雨が降り始める。低気圧の中心付近で天気が悪くなるわけである。

北半球では地球回転の影響で、風は低気圧の中心に向かって吹くのではなく、風の進路は右側に曲げられる。その結果、北半球では低気圧の周りを反時計方向に回る。数字「６」の字を書くように中心に向かいながら反時計方向に吹き込むのである。南半球ではこの逆で、低気圧の中なかでは時計回りに風が吹く。

周辺より気圧の高いところは「高気圧」と呼ばれ、中心は気圧が高いため、周囲に向かって風が吹き出す。中心付近では上空から下降する空気の流れが起きていて、雲など全くできない。高気圧の中では晴れているのである。

（１）低気圧発生の原因

では、どうして低気圧は発生するのであろうか？

原因は２つあって、①周辺よりある地域が熱せられた場合、②温かい空気が冷たい空気の気団に向かって吹き込んだ場合である。

夏、日射が強い時、広い陸地と海が隣り合っている場合には、陸地の方がすぐ熱せられるのに対しての海の表面はなかなか温度が高くならない。すると陸地に上昇気流が生じ低気圧ができて、海に高気圧ができるのである。

図11は日本付近の夏の天気図である。中国大陸北部に996hPa（ヘクトパスカル）の低気圧がある。一方、日本の太平洋側に「小笠原高気圧（太平洋高気圧）」と呼ばれる中心気圧1,022hPaの優勢な高気圧があり、日本列島のほぼ全域は、この高気圧から伸びてきた「くじらの尻尾」と呼ばれる高気圧の尻尾に覆われ、夏の晴天が続く。

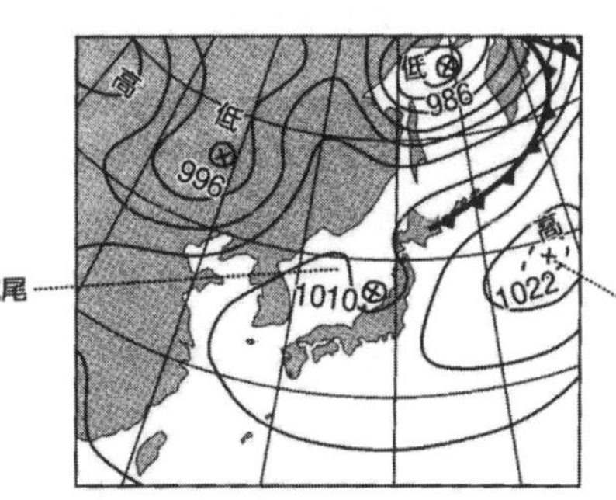

図11　日本付近の夏の天気図

図12は日本付近の冬の天気図である。冬には、大陸の中心部が強く冷えて高気圧がでんとひかえている。図の左上端近く、シベリア中部にある中心気圧1,052hPaの優勢な高気圧である。逆に北海道東方の海域には968hPaの優勢な低気圧があり、天気図全体は「西高東低」の典型的な冬型の気圧配置となっている。シベリア中部の優勢な高気圧から吹き出す冷たい北風が来る日も

来る日も続き、日本海側の地方では連日雪の日が続く。太平洋側の地方では、日本海側で雪を降らせた後の乾燥した冷たい冬の北風が吹き続ける。

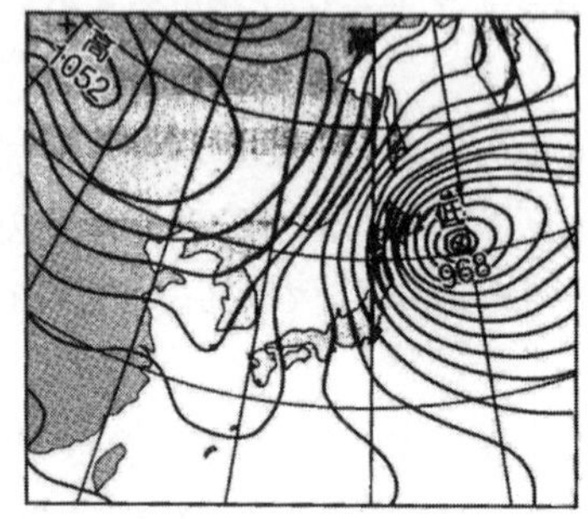

図 12　日本付近の冬の天気図（西高東低）

次に、6月の梅雨時の天気を見てみよう（図13）。太平洋に夏の小笠原高気圧ができかかっているが、まだ勢力は弱い。また冬の大陸高気圧も 1,012hPa に弱まってはいるが、まだ健在である。こういうときには、日本列島付近には南のできかけの小笠原高気圧からは湿った温かい空気と、北のシベリアの高気圧から吹き出す冷たい風が衝突する。

そして、南からやってきた温かい空気が、北からの冷たい風の上に乗り上げる。ここに、湿った温かい空気の上昇気流が生じ、雲を生じ雨が降り続く。天気図の上に、北側に半円、南側にとげの印の突き出た「停滞前線」が描かれているが、これが２つの風の衝突する場所である。このように、温かい空気と冷たい空気が衝突する場所も前線と呼ばれて、低気圧の中心地とは別に、雲ができ雨が降り続く場所となるのである。↗

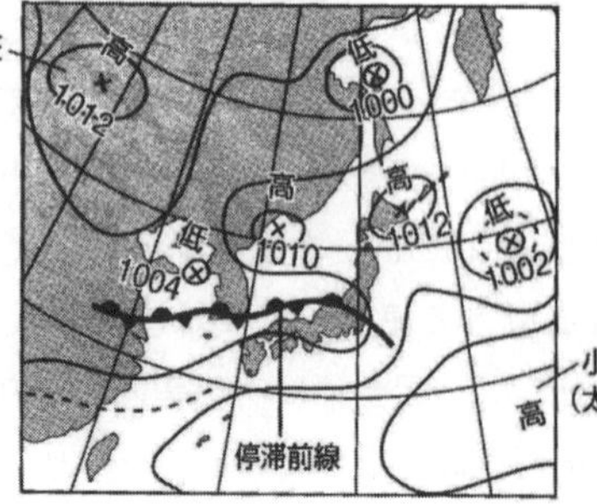

図 13　梅雨の季節（6月）の天気図

注：6～7月に梅雨前線が存在するのは、実はヒマラヤ山脈（チベット高原）があるためであることが近年解明されてきた。すなわちヨーロッパ方面から東に向かって吹いて来るジェット気流は、6～7月頃、ヒマラヤ山脈・チベット高原にぶつかる。ここで北の中央アジアを経由して中国・日本へ来る風（北まわりの風）と、南のインドを経由してインド洋の蒸気をたっぷり含んだ温かい南まわりの風に分かれる。この北まわりの冷たい乾いた風と、南まわりの温かい湿った風が、中国・日本付近で南北両方の風がぶつかり、梅雨前線（停滞前線）が形成されるのである。

海洋問題は海流の流れを押さえておく

太平洋の海流は、北半球ではおおまかに時計方向に大循環をなしている。このうち**黒潮**は海洋学者ストンメルが 1948 年に**「西岸境界流」**と名付けた、太平洋で一番強い流れである。大西洋でこれに当たるのが**「メキシコ湾流」**で、メキシコ沖合からアメリカ合衆国の沖合を海岸線にほぼ平行に北東に進んで、イギリス付近に達する。

その存在理由を理論的に証明した論文はわずか５ページ、これがその後 50 年間海洋学の金字塔を打ち立てたんだからすごいよねえ。北太平洋や大西洋の赤道寄り北側の海域で大きく時計まわりの渦になっているのは、赤道近くで東から西へ向かう貿易風、日本付近の中緯度で東向きの偏西風が吹いているからである。

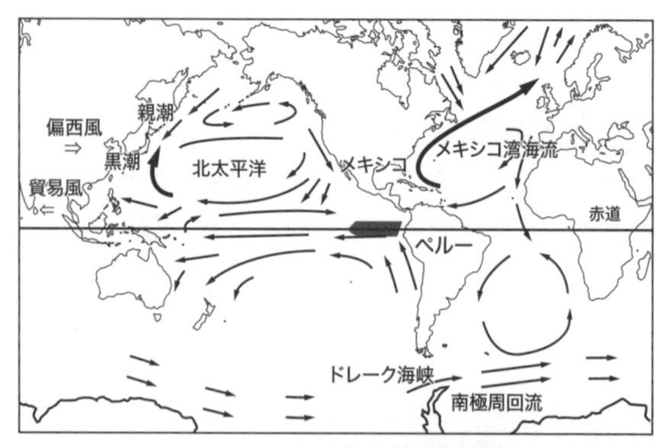

図 14　太平洋と大西洋の海流図

さらに、南極大陸をぐるりと一周して西から東へ向かって流れている**「南極周回流」**がある。南アフリカと南極大陸のあいだのドレーク海峡を通り抜けていくのだが、ここは世界最大の海の難所になっている。大西洋側から西に向かって太平洋に行く時、風も海流も行きたい方向に逆らって吹き、流れているのだ。海流の流れで正しいものはどれか？ という問題が出ることがあるが、このような世界の海流の特徴をシッカリ押さえておけばいいだろう。なお、海水には1ℓ（約1kg）当たり35gの塩分NaClが含まれている。

南半球にあるペルー沖の海域では、西向きに吹く貿易風によって海岸付近の表面の水が沖に運ばれ、これを補う形で深層の冷たい栄養に富んだ水が海の表面にわき上がってくる。この表面を覆う冷水が赤道に沿って太平洋の中央付近まで広がる（冷水の「舌」)。これが通常の年のペルー沖海域の様子である。➚

ところが5年に一度ほどの割合で、貿易風の弱い年がある。すると、ペルーの海岸近くで深層水の湧き出しが起きず、ペルー沖から赤道に沿って突き出す冷水の「舌」は現れない。ペルー沖の海は、赤道に沿って温かい水で表面が覆われるのだ。このような年を「エルニーニョの年」という。エルニーニョ現象が起きると、インドネシアで雨の量が減り日本では暖冬や冷夏となるほか、世界中で異常気象が起きる。

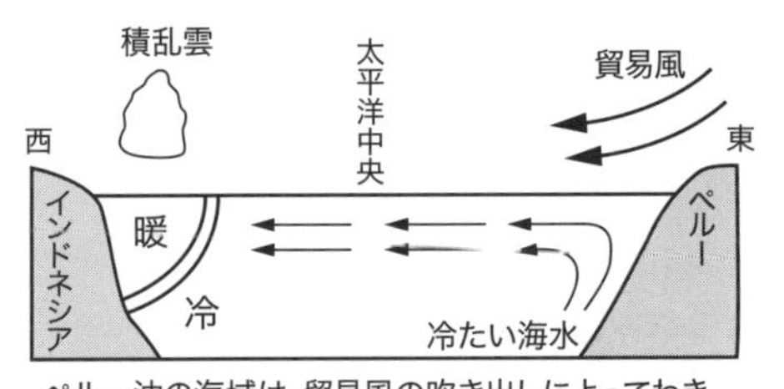

ペルー沖の海域は、貿易風の吹き出しによってわきあがってきた深層海水が赤道に沿って沖に広がる。

図15 通常の年のペルー沖海域のようす

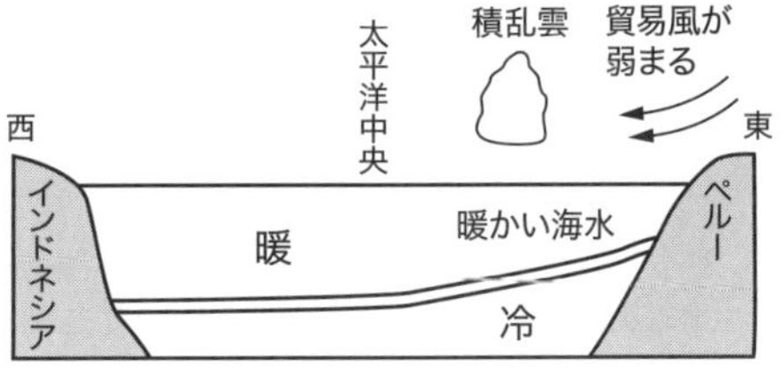

図16 エルニーニョの年のペルー沖海域のようす

5 海洋の循環に関する**問1**～**問4**に答えよ。

海洋には，深層循環(上下方向の循環)と呼ばれる，表層から深層への海水の大循環がある。ある特定の海域(a)で沈み込んだ海水は，**図1**に示すように，深層をゆっくりと流れ，地球規模の循環を形成している。沈み込んだ海水が再び表層近くへ上昇するまでに約1000～2000年を要する(b)と考えられている。

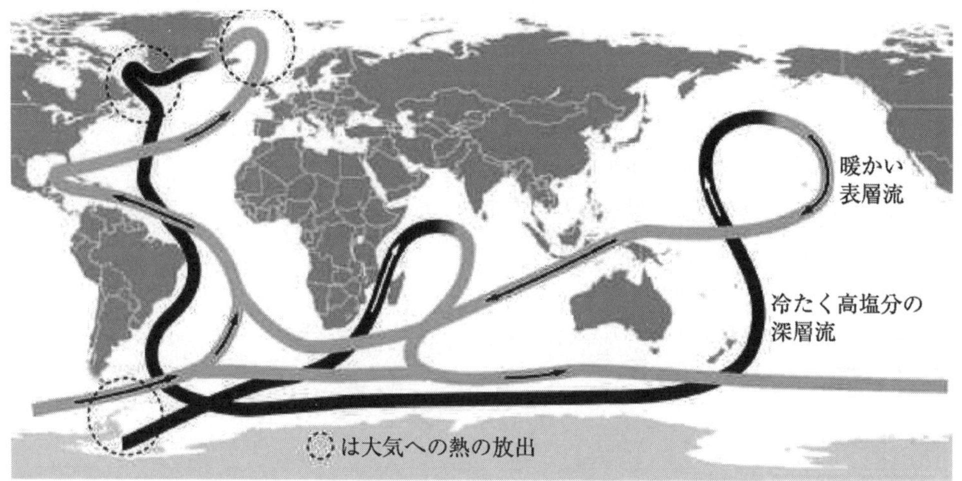

図1　表層から深層への海水の大循環モデル
図中の矢印は流れの方向を示す。
(「IPCC Climate Change 2001　Synthesis Report」により作成)

問1　下線部ある特定の海域(a)として最も適当なものを，次の①～④のうちから一つ選べ。

① インド洋
② 赤道大西洋
③ 赤道太平洋
④ 北大西洋

問2　深層循環(上下方向の循環)が形成される原因として最も適当なものを，次の①～④のうちから一つ選べ。

① 活発な蒸発によって，海水の密度が減少するため。
② 海水の一部が凍ることで，残った海水の密度が増加するため。
③ 風によって海水がかき混ぜられるため。
④ 太陽放射によって海水が暖められるため。

問 3　海洋の上下方向の構造について述べた文として最も適当なものを，次の①～④のうちから一つ選べ。

① 深層の水温は，低緯度でも高緯度でもほぼ一定である。

② 深層は風の影響をうけ，海水が常に混ざり合っている層である。

③ 水温躍層(主水温躍層)は，深くなるほど水温が上昇する層である。

④ 水温躍層(主水温躍層)は，一般に水深 2000 m より深い場所を指す。

問 4　下線部(b)沈み込んだ海水が再び表層近くへ上昇するまでに約 1000 ～ 2000 年を要するについて，この期間を 2000 年とし，沈み込んだ海水が再び表層近くへ上昇するまでに移動した距離を 30000 km としたとき，この海水の平均移動速度として最も適当なものを，次の①～④のうちから一つ選べ。なお，1 年は 3000 万秒として考えよ。

① 0.5 mm/ 秒

② 5 mm/ 秒

③ 5 cm/ 秒

④ 0.5 m/ 秒

（2016 年 11 月試験）

答えの出し方

【問 1】

海洋深層水の形成は図 1 の黒い太線の始まる海域である。それは北大西洋である。**④が正しい。**

【問 2】

深層循環は、温度が低く塩分の多い「重い海水」が形成されることによって起きる。**②が正解である。**

①活発な蒸発が起きると、海水の塩分濃度が上がり、海水の密度が増加する（×）。

④海水が温められると海水の密度が下がり、上層が軽く深層が重くなって循環はむしろ阻害される。

【問 3】

①正しい。（この文が正しいというのは、多くの人は意外に感じるであろう。要注意）

②深層の海水は風の影響は直接には受けない（×）。

③温度躍層(おんどやくそう)は、下（深い方）に下がると水温が急に下がる温度構造をしている層のことである（×）。

④温度躍層はふつう海面から 200m までの浅い層に見られる（×）。

①が正解である。

【問 4】

30,000 km $= 3.0 \times 10^4 km$

$= 3.0 \times 10^7 m$

2,000 年 $= 2.0 \times 10^3$ 年

$= 6.0 \times 10^{10}$ 秒

だから、

$3.0 \times 10^7 \div 6.0 \times 10^{10}$

$= 0.5 \times 10^{-3} m/s$

となって、1 秒に 0.5mm で**①が正しい。**

なんと深層流は蟻(あり)の速さでほぼ地球を一周しているのだ。

5 水の状態変化に関する**問1**～**問4**に答えよ。

図1の**ア**～**カ**は水の状態変化を表している。地表と大気の間では，水が状態変化を繰り返すことにより，エネルギーの受け渡しをしている。

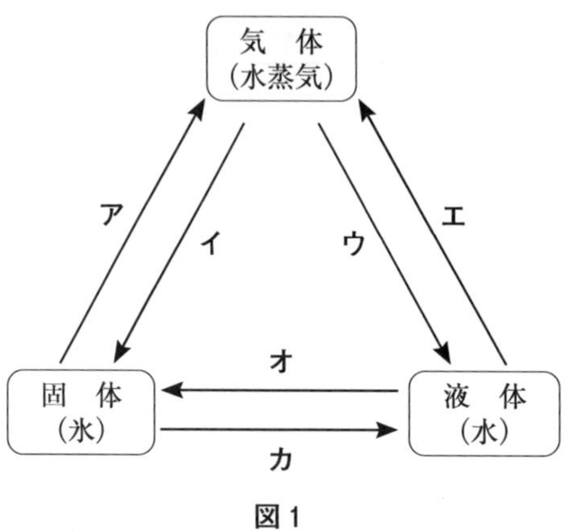

図1

問1 地球表層の水の状態変化に伴い出入りする熱の総称として最も適当なものを，次の①～④のうちから一つ選べ。

① 潜熱
② 伝導
③ 放射
④ 対流

問2 水は3つの状態から他の状態に変化する際に熱を放出したり，吸収したりする。**図1**の**ア**～**カ**のうち，熱を放出する状態変化の組合せとして最も適当なものを，次の①～④のうちから一つ選べ。

① **ア**，**ウ**，**オ**
② **ア**，**エ**，**カ**
③ **イ**，**ウ**，**オ**
④ **イ**，**エ**，**カ**

問 3　気温 25 ℃，湿度 50 % の空気の露点温度として最も適当なものを，**図 2** を参考にして，下の①～④のうちから一つ選べ。

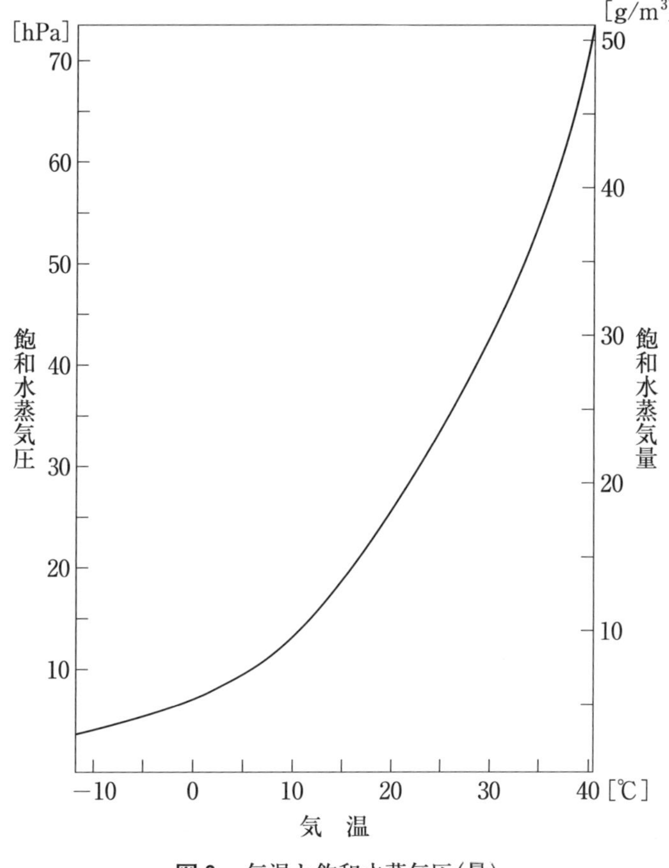

図 2　気温と飽和水蒸気圧(量)

① 10 ℃

② 14 ℃

③ 18 ℃

④ 22 ℃

問 4　雲は，直径 0.01 mm 程度の水滴や氷晶が集まってできたものである。一方，平均的な雨粒 1 個の直径は約 1 mm である。雨粒を 1 個作るためには，雲粒は何個必要か。最も適当なものを，次の①〜④のうちから一つ選べ。ただし，雲粒も雨粒もその形は球形であるとし，体積は半径の 3 乗に比例する。

① 1×10^3 個

② 1×10^4 個

③ 1×10^5 個

④ 1×10^6 個

（ 2018 年 11 月試験）

【問 1】

水の状態変化（液体・固体（氷）・気体（水蒸気））に伴う熱の収支は「潜熱（せんねつ）」という。**①が正解。**

【問 2】

熱を放出するのは、水蒸気が液体の水になるとき（ウ）、液体の水が氷になるとき（オ）および、水蒸気が直接氷になるとき（イ）である。**③が正解である。**

【問 3】

気温 25℃の飽和水蒸気量はグラフから $1\ m^3$ 当たり約 24 g である。湿度５０％であるから、この空気には $1\ m^3$ 当たり 12g の水蒸気が含まれている。$1\ m^3$ 当たり 12g が飽和水蒸気圧になる気温は 14℃である。したがって露点温度は 14℃である。**②が正しい。**

【問 4】

雨粒 1 滴は、雲の水滴の 100 倍の半径がある。体積は 1,000,000（百万）倍であるので雨粒 1 滴作るためには雲の水滴 1×10^6 個必要である。**④が正しい。**

5 温室効果に関する**問1～問4**に答えよ。

地球温暖化を説明する場合に温室効果という言葉がよく用いられる。温室効果は，大気中に含まれる温室効果ガス(a)によって起こる。**図1**と**図2**は温室効果を説明する模式図である。**図1**は温室効果ガスがない(大気がない)場合を示している。一方，**図2**は温室効果ガスがある(大気がある)現在の地球の様子を示している。**図2**の場合は，**図1**に比べて点線で示されている大気の温室効果がはたらき，地球表面の平均的な温度は [A] くらいに保たれている。

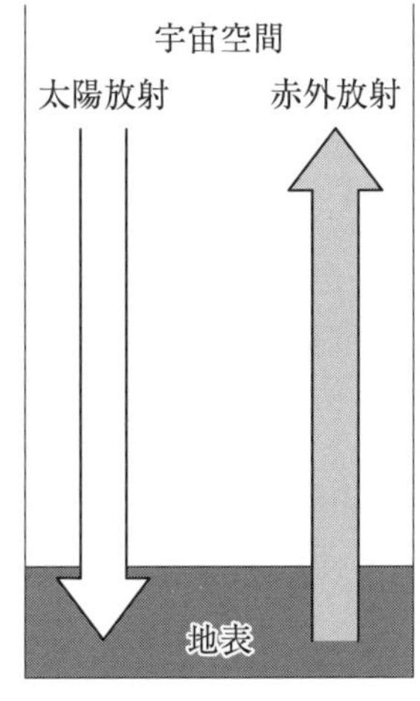

図1　大気がない場合

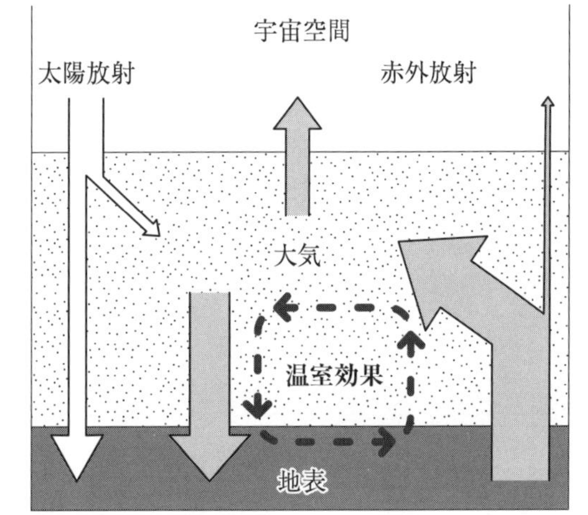

図2　大気がある場合

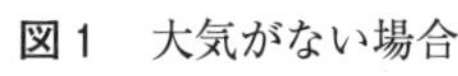

矢印の太さはエネルギーの量を示す。

問1　下線部温室効果ガス(a)として**誤っているもの**を，次の①～④のうちから一つ選べ。

① アルゴン
② 二酸化炭素
③ 水蒸気
④ メタン

問2　文中の [A] に入る数値として最も適当なものを，次の①～④のうちから一つ選べ。

① 5℃
② 15℃
③ 25℃
④ 35℃

問 3　温室効果に関連した文として最も適当なものを，次の①～④のうちから一つ選べ。

① 温室効果は人間活動のみによってもたらされた。
② 温室効果は昼と夜の温度差を大きくしている。
③ 大気は，地表と宇宙空間の両方に赤外線を放射している。
④ 大気は，赤外放射よりも太陽放射を吸収しやすい。

問 4　温室効果ガスが増加することによって起こる現象として**誤っているもの**を，次の①～④のうちから一つ選べ。

① 郊外の気温が都市部に比べ高くなる。
② 氷河が後退(縮小)する。
③ 大気から地表に向かう放射が増える。
④ 海水面が上昇する。

（2018年8月試験）

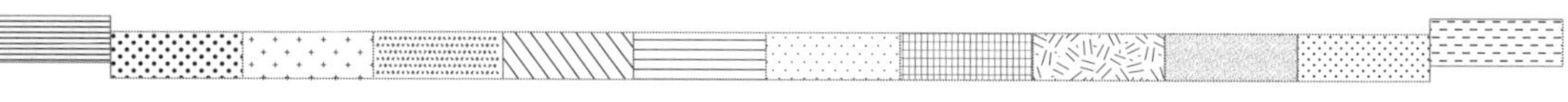

答えの出し方

【問 1】

①アルゴンは温室効果ガスではない。**①が正解。二酸化炭素、水蒸気、メタンガスが温室効果ガスであることは記憶しておくこと。**特に二酸化炭素が重要である。

【問 2】

地球表面の平均温度は、およそ15℃である。**②が正しい。**

【問 3】

①火山噴火による火山ガスの放出、大規模な森林火災、その他の自然作用によってももたらされる（×）。

②温室効果は夜の温度を上げるので、むしろ昼夜の温度差は小さくしている（×）。

③正しい。

④大気は、赤外放射の方が吸収しやすい（×）。

①が正解である。

【問 4】

①二酸化炭素が多く発生する都市部の方が温室効果ガスの発生が大きいので、郊外より都市部の方が気温が高くなる（×）。

②正しい。

③大気の温度が上がるので、大気から地表に熱赤外線の放射量が増える（○）。

④南極やグリーンランドの大陸氷が溶けるので海水面が上昇する（○）。

正解は①。

5 大気の大循環に関する**問1～問4**に答えよ。

次の**図1**は対流圏の大気循環を模式的に表したものである。大気は赤道付近で上昇して(a)南北に分かれ，緯度20～30°付近で下降する(b)。地球全体を循環しながら，低緯度から高緯度へ熱を運んでいる。

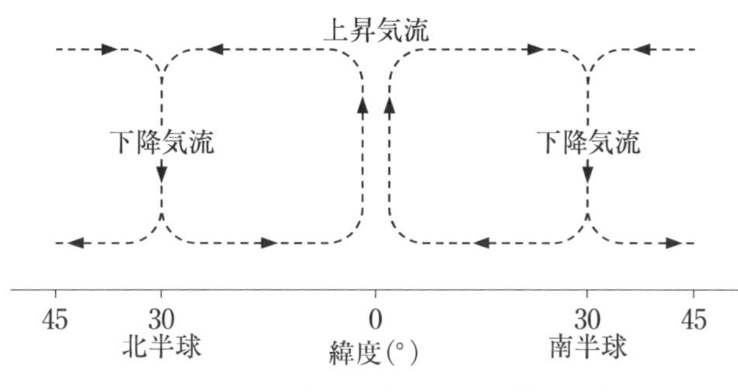

図1　対流圏内での大気の循環(模式図)

問1　下線部赤道付近で上昇して(a)について，大気が上昇する理由として最も適当なものを，次の①～④のうちから一つ選べ。

① 赤道付近の圏界面は気圧が低く，地表付近の大気が引かれるから。

② 地球の自転により，赤道付近の大気が膨らむから。

③ 赤道付近は強い太陽放射(日射)を受けて，暖められるから。

④ 赤道付近には大陸が少ないため，上昇気流が起こりやすいから。

問2　下線部緯度20～30°付近で下降する(b)について，この地域の特徴として最も適当なものを，次の①～④のうちから一つ選べ。

① 四季のはっきりした気候である。

② 高温多湿な熱帯多雨林が広がっている。

③ 年間を通して雨の少ない寒冷地が広がっている。

④ 乾燥地帯が多く，砂漠も見られる。

問 3　図 1 の下降気流の一部は地表付近で貿易風となる。北半球における貿易風の吹いている方向を表した模式図として最も適当なものを，次の①〜④のうちから一つ選べ。

①
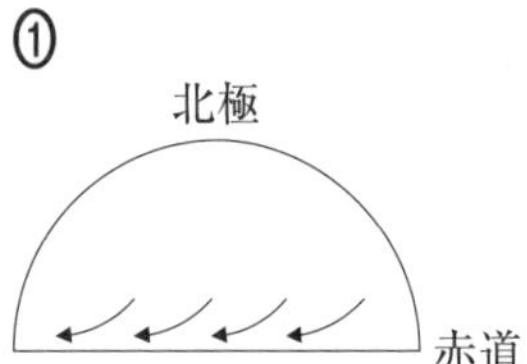

②
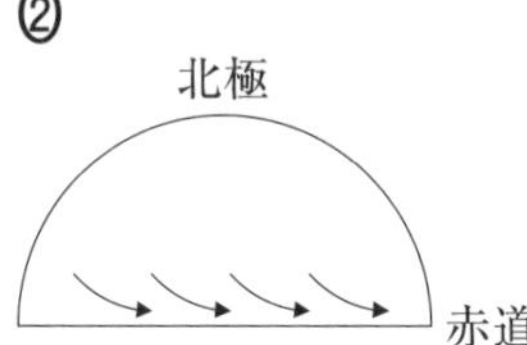

③
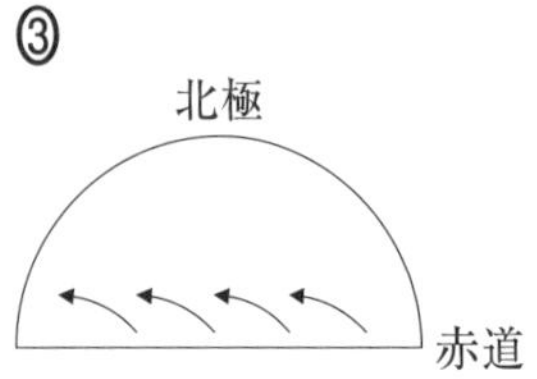

④
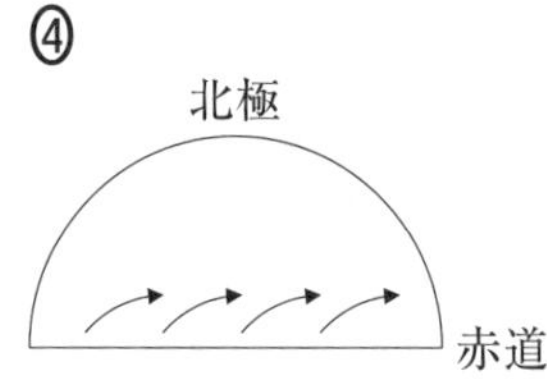

問 4　大気の大循環により，中緯度地域にある日本の上空では西寄りの風が吹いている。この風は偏西風と呼ばれており，その中で特に強い風はジェット気流と呼ばれている。旅客機はこのジェット気流を利用して飛行することがある。ジェット気流が吹いている高度として最も適当なものを，次の①〜④のうちから一つ選べ。

① 1.2 km
② 12 km
③ 120 km
④ 1200 km

（2018 年 11 月試験）

答えの出し方

【問 1】

赤道付近は太陽によってもっとも暖められる。**③が正しい。**

【問 2】

降下気流が起きる地域は、雲ができず、雨が少なくなり、乾燥地帯が多く、砂漠も現れる。**④が正しい。**赤道直下には砂漠が少なく、北緯 20°～25°あたりにむしろ砂漠が多いことを世界地図で確かめてください。なお、この問題のテーマである赤道から北緯・南緯両側 20～30 度までの大気循環を**ハドレー循環という。**

【問 3】

貿易風というのは、太平洋の赤道付近で、西向き（南米大陸からインドネシア方向に）赤道に近づく方向に吹く風で、**①が正しい。**地球回転の影響で、北半球で吹く風は右に曲げられる。①と④がこの法則に従っている。

【問 4】

空気が気象現象を起こしているのは地表から約 15km までの対流圏の内部で、その上にある成層圏では、風や雲の現象はほとんど起きない。偏西風(ジェット気流)は対流圏の上限層付近で、西から東に向かって吹く風である。**②が正しい。**日本付近では低気圧や高気圧が西から東に移動するのは、これらが偏西風に「流されて」いるためである。

あとがき

1.「高認学習室」シリーズ刊行の変遷と、今後の刊行計画

「しまりすの親方式　高認全科目学習室」を初めて刊行したのは2010年7月のことであった。その後、「高認全科目学習室」は「新版」（2012年6月）、「三訂版」（2013年9月）と改訂を重ねた。この間、これらの本によって学習し、みごと高認合格を勝ち取った人からのご報告をしばしばお受けした。筆者としても大きな喜びを感じ続けていた。

2014年度試験から理科科目の内容が大幅に変更されて「科学と人間生活」がほぼ必修科目として新設された。生物をはじめ、教科書の変更点を反映して問題内容が大きく変化したため、それ以前の過去問が使えなくなってきた。改正された理科系科目の教科書内容にあわせて「高認学習室」の本も一新せざるを得なくなり、2014年10月に「高認理数系学習室」を新たに刊行した。さらに世界史Aの範囲も高校教科書の変更があったため「高認文系学習室」として2015年11月に新たに刊行した。それ以来2019年までの高認試験は、ほぼこの2冊の「高認学習室」で皆様の高認受験勉強のお役に立ってきたと考えられる。

しかし、それでも、2015年に最後の「学習室」を刊行して以後、その後に行われた高認試験を調べてみると、世界史Aと国語に大きな内容変更があったのをはじめ、やはり時代の変化を反映して英語、現代社会などの科目にもスマートフォンの利用の話題など変化が見られた。5年以上前の過去問を教材にした「高認学習室」では内容が時代に合わなくなってきた。

それと、2015年までに作った「高認学習室」では、各科目最低合格ラインの約40点を超えるので十分、という姿勢で執筆していた。このために、1科目あたり30ページ以内で理数系6科目で約200ページ、文系5科目で約270ページの本として刊行することができたのである。

ところで、高認の各科目にも点数によって評点がつけられる。80点以上なら評価A、60点以上79点までは評価B、最低点以上59点までが評価Cである。しまりすの親方は去年・池袋の高認予備校に出かけ、文科省による高認の成績評価が、大学の推薦入試の際に、大きな役割を果たすことがあるという話を伺った。ということは、高認は、40点ギリギリの評価Cでの合格でよいという考えも成り立つ一方で、できるだけよい成績で合格するほうが、あとの大学受験に有利になる場合があるということに気が付いた。この考えに立つと、「高認学習室」も各科目評価Aが取れるように内容を変える必要がある。さらに、英語と国語の場合には、もし高認で90点取れたら、大学受験準備がだいぶ楽になるはずである。つまり、今回の「高認学習室」の役目は、ぎりぎり40点で合格を目指すのではなく、皆さんの英語や国語の本物の実力を上げて、大学受験の水準に近づけることを強く意識して執筆したのである。

このためには１科目あたり 30 ページほどというこれまでの「高認学習室」ではダメであるという結論に達した。そこで、各科目を 50 ～ 90 ページほどの学習内容とし、努力家の受験者には、ほとんどの科目で評価Ａが取れるように高度な問題まで点数を取りきる内容に改めることとした。このため、英数国の主要３科目で１冊。理科５科目で１冊、社会４科目（近日刊行予定）で１冊の合計３冊の「高認学習室」を新たに刊行することとした。

２．高認を終えた後の進路

キミはいずれ無事に高認を合格することになるだろう。そのあとは、一生の職業技術を手にするために専門学校に進む人、あるいは大学の受験準備を始める人、高校卒業を条件とする資格試験を受ける人、高卒を条件とする警察官などの職業試験に向かう人、さまざまであろう。あるいは、アメリカやオーストラリアなどの外国大学への留学を目指す人もいるでしょう。学びリンクから毎年刊行されているの「高認があるじゃん！」には、高認合格後の進路案内も詳しく書いてありますので、この本を買って読まれるといいでしょう。

プロフィール

しまりすの親方 ［都司（つじ） 嘉宣（よしのぶ）］

地震学者。理学博士。長年にわたり地震・津波の研究を続け、東京大学地震研究所准教授として27年間勤務。2011年の東日本震災の津波の際には、テレビをはじめ多くのメディアに解説者として出演した。2012年退職後は、公益財団法人・深田地質研究所（東京都文京区本駒込）で客員研究員を務めた。定年退職をし、2019年3月に茨城県龍ケ崎市に「合同会社・地震津波防災戦略研究所」（同市）を設立。同研究所の所長となる。また、個別指導スクールIE 北小金校（JR常磐線北小金駅北口駅前）の講師を務める。ここで私の高認の個別指導を受けたい人は、電話（047−330−4109）でご連絡ください。

【正誤についてのお問合せ】

万一、誤りと疑われる個所がございましたら、以下のWEBサイトにてご確認いただきますようお願いいたします。なお、正誤のお問合せ以外の本誌内容に関する受験指導等は一切行っておりません。

学びリンク株式会社（※トップページから「出版」コーナーにて、正誤表をご確認ください。）

⇒ http://manabilink.co.jp/

"読めばわかる"参考書！

しまりすの親方式　高認 理科 学習室 5科目版

2020年7月15日　初版第一刷発行

著　者：しまりすの親方

発行者：山口教雄

発行所：学びリンク株式会社

〒102-0076　東京都千代田区五番町10　JBTV五番町ビル2F

TEL：03-5226-5256　FAX：03-5226-5257

ホームページ：http://manabilink.co.jp/

専用ポータルサイト：https://www.stepup-school.net/

表紙・本文イラスト：河西哲郎

編集・本文デザイン・制作：株式会社 Levier、株式会社日新

印刷・製本：株式会社 シナノ パブリッシング プレス

ISBN978-4-908555-34-3（不許可複製転載禁止）

出典：文部科学省　高等学校卒業程度認定試験 過去実施問題

本誌に掲載の過去問題は、文部科学省が発表する問題を一部編集・加工しております。